高 等 学 校 教 材

生产管理学

PRODUCTION MANAGEMENT

朱玉杰　沈博昌　刁鹏飞　主编

哈尔滨工业大学出版社
HARBIN INSTITUTE OF TECHNOLOGY PRESS

内 容 简 介

本书主要以制造业为生产管理的研究对象，并对生产管理的内涵进行了拓展，树立了现代生产管理的理念。书中许多管理方法与理念对其他行业同样适用，或有重要的借鉴意义。本书分为七章，主要包含生产管理概述、生产管理的发展史、生产战略管理、需求预测、新产品开发和生产流程设计与选择、库存管理与控制及设备管理等内容。

本书可作为高等学校工业工程专业的教材，亦可作为企业生产经营管理干部进修的重要参考书。

图书在版编目(CIP)数据

生产管理学/朱玉杰,沈博昌,刁鹏飞主编. —哈尔滨:哈尔滨工业大学出版社,2019.3
ISBN 978－7－5603－7917－3

Ⅰ.①生… Ⅱ.①朱…②沈…③刁… Ⅲ.①企业管理-生产管理 Ⅳ.①F273

中国版本图书馆 CIP 数据核字(2018)第 300202 号

策划编辑　刘培杰　张永芹
责任编辑　张永芹　张天放
封面设计　孙茵艾
出版发行　哈尔滨工业大学出版社
社　　址　哈尔滨市南岗区复华四道街10号　邮编150006
传　　真　0451－86414749
网　　址　http://hitpress.hit.edu.cn
印　　刷　哈尔滨圣铂印刷有限公司
开　　本　787mm×960mm　1/16　印张24　字数470千字
版　　次　2019年3月第1版　2019年3月第1次印刷
书　　号　ISBN 978－7－5603－7917－3
定　　价　58.00元

(如因印装质量问题影响阅读,我社负责调换)

前　言

　　生产是人们创造产品或服务的有组织的活动,是人类社会持续发展的原动力,也是一种消耗自然资源的人类活动。生产活动是人类社会赖以生存和发展的最基本活动,自从有了生产活动,就有了对生产的管理。随着生产力的不断发展和科学技术的不断进步,同时也产生了一些资源浪费、生产过程复杂、生产方式不合理等问题。因此,人们渐渐开始重视生产活动中合理而有效的管理方法,如何合理组织资源消耗与生产活动的转化,如何以最少的投入换来最大的产出,如何对生产过程进行计划、组织、控制与实施,如何更为有效地组织生产等都是生产管理学研究的内容。

　　生产管理学是研究如何将生产要素组织成现实生产力,以有效的方式创造出产品和服务的一门学科。它是随着近代工业生产的发展而发展起来的实践性很强的学科。到了21世纪的今天,生产管理又面临着新的重大挑战。企业在生产管理上必须做出新的努力,寻求新的理论和技术;用生产管理来研究和解决服务管理这个新问题,把生产管理的领域扩展到服务业中去;如何在生产管理中应用计算机技术来改善管理工作,成为现代生产管理学主要的研究对象。

　　本书以制造业为生产管理的主要研究对象,并以现代生产管理的理念,对生产管理的内涵进行了拓展。书中许多管理方法与理念对其他行业同样适用,或有重要的借鉴意义。以制造业为对象,并非不涉及服务业。

　　全书按照生产系统的定位、选择、设计、运行、维护对生产管理各方面的内容进行了精准凝练,内容新颖,结构严密,逻辑性强,符合认知规律。本书适合工业工程专业已独立开设生产计划与控制、设施规划与物流分析、质量控制与管理等相关专业课的学生使用,使其从庞杂的生产管理体系中,明晰生产管理最具代表性的内容。

　　全书分为七章,包含生产管理概述、生产管理的发展史、生产战略管理、需求预测、新产品开发和生产流程设计与选择、库存管理与控制及设备管理等内容。第一、二章由朱玉杰编写,第三、四、五章由沈博昌编写,第六、七章由刁鹏飞编写。朱玉杰负责总纂定稿。侯宇晗、卢旭参与了资料的收集与整理。

编者在编写本书过程中参阅了很多文献资料,特此向有关作者致以衷心的感谢。

由于编者水平有限,书中难免有疏漏之处,敬请读者批评指正。

编 者
2019 年 1 月

目　　录

第一章　生产管理概述 …… 1
- 第一节　生产管理学 …… 1
- 第二节　生产 …… 12
- 第三节　生产管理 …… 23
- 思考题 …… 34

第二章　生产管理的发展史 …… 36
- 第一节　生产管理发展概述 …… 36
- 第二节　泰勒的科学管理 …… 68
- 第三节　典型生产方式 …… 75
- 思考题 …… 95

第三章　生产战略管理 …… 97
- 第一节　战略及战略管理 …… 97
- 第二节　企业战略 …… 99
- 第三节　生产战略 …… 119
- 思考题 …… 138

第四章　需求预测 …… 139
- 第一节　市场调查的基本问题 …… 140
- 第二节　预测概述 …… 150
- 第三节　定性预测方法 …… 168
- 第四节　定量预测方法 …… 175
- 第五节　预测方法的选择及监控 …… 208
- 思考题 …… 212

第五章 新产品开发和生产流程设计与选择 ... 215

第一节 新产品开发 ... 215
第二节 生产流程设计与选择 ... 261
思考题 ... 266

第六章 库存管理与控制 ... 267

第一节 物资管理 ... 267
第二节 ABC 分类控制法 ... 277
第三节 库存概述 ... 282
第四节 库存问题模型 ... 295
第五节 仓库管理 ... 317
思考题 ... 322

第七章 设备管理 ... 324

第一节 设备管理概述 ... 324
第二节 设备前期管理 ... 334
第三节 设备磨损与故障 ... 349
第四节 设备的使用及维修管理工作 ... 365
思考题 ... 374

参考文献 ... 376

第一章　　生产管理概述

第一节　　生产管理学

　　生产是人类社会持续发展的原动力,也是一种消耗自然资源的人类活动。生产活动是人类社会赖以生存和发展的最基本活动,自从有了生产活动,就有了对生产的管理。随着生产力的不断发展和科学技术的不断进步,同时也产生了一些资源浪费、生产过程复杂、生产方式不合理等问题。因此,人们渐渐开始重视生产活动中合理而有效的管理方法,如何合理组织资源消耗与生产活动的转化,如何以最少的投入换来最大的产出,如何对生产过程进行计划、组织、控制与实施,如何更为有效地组织生产等都是生产管理学研究的内容。

一、生产管理学的研究对象

　　生产管理学是研究如何将生产要素组织成现实生产力,以有效的方式创造出产品和服务的一门学科。它是随着近代工业生产的发展而发展起来的实践性很强的学科。生产管理是计划、组织、控制生产活动的综合管理活动。内容包括生产计划、生产组织及生产控制。通过合理组织生产过程,有效利用生产资源,经济合理地进行生产活动,以达到预期的生产目标。生产管理是企业经营管理理论中历史最悠久、理论体系最严密的一个古老学科,到了21世纪的今天,它又面临着新的重大挑战。

　　生产管理是以离散制造企业的生产管理为重点,以企业的生产计划编制与控制为主线,将企业生产管理归结为生产系统规划与设计、企业层运作、车间层执行、生产现场控制和先进制造技术五个方面,综合反映了近年来生产管理领域最新的研究成果、工具和方法。生产管理涵盖了生产管理的基本概念、生产系统设施规划与布置、需求预测、库存分析与控制、物料需求计划、企业资源计划、车间层的作业计划、车间作业控制和车间信息化管理,以及近年来出现的先进制造理念与技术。

　　首先,全球范围大市场的形成与发展加剧了企业之间的国内外市场的激烈竞争,迫使企业必须从时间、质量、成本和服务上不断增强自己的竞争力以求得生存和发展。这就要求企业在生产管理上必须做出新的努力,寻求新的理论和技术。其次,在当今社会经济生活中,服务业正在蓬勃兴起和迅猛发展,它在社会经济中的地位急剧上升,迫切需要引入先进的管理思想和技术,以改善和提高自己的管理质量和水平。这就要求生产管理来研究和解决服务管理这个新问题,把生产管理的领域扩展到服务业中去。最后,信息技术的广泛应用正改变着企业生产管理的面貌,信息技术已成为提高生产率、提高产品质量和增加经济效益的主要力量。近年来出现了一些新型生产方式,如精益生产、敏捷制造和智能制造等,都是在计算机系统的支持下得以实现的。这样又产生了如何在生产管理中应用计算机技术来改善管理工作的问题。

为了迎接这种种挑战,生产管理学做了重大的更新。首先欧美国家已将生产管理学教本定名为《生产与运作管理》(Production and Operations Management)或直接称之为《运作管理》(Operations Management)。

运作管理就是对运作过程的计划、组织、实施和控制,是与产品生产和服务创造密切相关的各项管理工作的总称。在当今社会,不断发展的生产力使得大量生产要素转移到商业、交通运输、房地产、通信、公共事业、保险、金融和其他服务性行业和领域,传统的有形产品生产的概念已经不能反映和概括服务业所表现出来的生产形式。因此,随着服务业的兴起,生产的概念进一步扩展,逐步容纳了非制造的服务业领域,不仅包括了有形产品的制造,而且包括了无形服务的提供。

这里的生产是指将资源转换成产品或服务的过程,而运作则是指与产品或服务生产有关的所有活动的总和,这种更名意味着生产管理领域的扩展,从传统的对物质产品制造活动的管理,发展到包括非制造性服务活动在内的所有业务的管理。生产与运作是一切社会组织将对它的输入转化为输出的过程。因此生产和运作活动是普遍的,没有哪一个行业不从事生产和运作活动。同时,生产与运作又是各种社会组织投入资源最多的活动,它对社会组织的活动效益影响很大。

二、生产管理学的研究内容

(一) 从市场竞争的角度看

当前,激烈的市场竞争对企业提出了越来越高的要求,这种环境要求包括四个方面,质量(Q)、成本(C)、交货期(D)和服务(S)。Q是指满足顾客对产品和服务在质量方面的要求;C是指满足顾客对产品和服务在价格和使用成本方面的要求,即不仅产品在形成过程中的成本要低,而且在用户使用过程中的成本也要低;D是指满足顾客对产品和服务在时间方面的要求,即交货期要短而准;S是指提供产品之外为满足顾客需求而提供的相关服务,如产品售前服务及售后服务等。

因此,生产管理的根本任务,就是在用户需要的时间内提供其所需数量的合格产品和满意的服务。为完成生产管理的根本任务,引出了生产管理的三个基本问题。

1. 如何保证和提高产品质量

质量包括产品的使用功能、操作性能、社会性能(指产品的安全性能、环境性能及空间性能)和保全性能(包括可靠性、修复性及日常保养性能)等内涵。生产管理要实现上述的产品质量特征,就要进行质量管理(quality management),包括产品的设计质量、制造质量和服务质量的综合管理。

2. 如何才能使产品的价格既为顾客所接受,又为企业带来一定的利润

这涉及人力、物料、设备、能源、土地等资源的合理配置和利用,涉及生产率的提高,以及企业资金的运用和管理。归根结底是努力降低产品的生产成本。这是生产管理所要解决的成本管理(cost management)问题。

3. 如何保证适时、适量地将产品投放市场

在这里,产品的时间价值转化为生产运营管理中的产品数量与交货期控制问题。在现代化大生产中,生产所涉及的人员、物料、设备、资金等资源成千上万,如何将全部资源要素在它们需要的时候组织起来、筹措到位,是一项十分复杂的系统工程。这也是生产管理所要解决的一个最主要的问题——进度管理(delivery management)。

以上三个问题简称为 QCD 管理。保证 QCD 三个方面的要求是生产管理最主要的任务。在企业的实际管理工作中,这三个方面的需求是互相联系、互相制约的。提高质量可能引起成本增加;为了保证交货期,可能引起成本的增加和质量的降低。所以,为了取得良好的经济效益,生产管理应很好地完成计划、组织控制职能,做到综合平衡。

QCD 管理是生产管理的基本问题,但它并非生产管理的全部内容。生产管理的另一大基本内容是资源要素管理,包括设备管理、物资管理及人力资源管理。事实上生产管理中的 QCD 价值条件管理与资源要素管理这两大类管理是相互关联、相互作用的。质量保证离不开物资质量、设备性能及人的劳动技能水平和工作态度。成本降低取决于人、物料、设备的合理利用;反过来,对设备与物资本身也有 QCD 的要求。因此,生产管理中的 QCD 管理与资源要素管理是一个有机整体,应当以系统的集成的观点来看待和处理这些不同的分支管理之间的相互关系和相互作用。

(二) 从企业生产活动过程的角度看

生产管理学的研究内容可从企业生产活动过程的角度分析。就有形产品的生产来说，生产活动的中心是制造部分，即狭义的生产。所以传统的生产管理学的中心内容主要是关于生产的日程管理、在制品管理等。但是，为了进行生产，生产之前的一系列技术准备活动是必不可少的。例如工艺设计、工装夹具设计、工作设计等，这些活动可称为生产技术活动。生产技术活动基于产品的设计图纸，所以在生产技术活动之前是产品的设计活动。"设计—生产技术准备—制造"这样的一系列活动，构成了一个相对完整的生产活动的核心。

进一步而言，在当今技术进步日新月异、市场需求日趋多变的环境下，产品更新换代的速度正变得越来越快。一方面，这种趋势使企业必须经常投入更大精力和更多的资源进行新产品的研究与开发；另一方面，由于技术进步和新产品对生产系统功能的要求，使企业不断面临着生产系统的选择、设计与调整。这两方面的课题从企业经营决策层的角度来看，其决策范围向产品的研究与开发、生产系统的选择、设计这样的"向下"方向延伸；而从生产管理职能的角度来看，为了更有效地控制生产系统的运行，生产出能够最大限度地实现生产管理目标的产品，生产管理从其特有的地位与立场出发，必然要参与产品开发与生产系统的选择设计，以便使生产系统运行的前提——产品的工艺可行性、生产系统的经济性有所保障。因此，生产管理的关注范围从历来的生产系统的内部运行管理"向宽"延伸。这种意义上的"向宽"延伸是向狭义生产过程的前阶段延伸。"向宽"延伸还有另一层含义，即向制造过程的后一阶段延伸——更加关注产品的售后服务与市场。所有这些活动构成了生产管理学的研究内容，按照生命周期理论，可以将其归纳为生产系统设计、生产系统设立和生产系统改善三个部分。

生产管理学是研究企业人员、物料、设备和环境组成的系统，对该系统进行设计、运行和改善，并使其发挥功能的一门学科。

三、生产管理学的研究方法

(一) 理论和实践相结合的研究方法

生产管理是一门应用科学，它和生产实践关系密切。计划、组织和控制生产活动的理论和方法都是在总结生产实践的基础上形成的，而实践的经验一旦被总结成为理论和指导原则，又反过来会指导实践工作，提高生产的管理水平。这种从实践上升到理论，再由理论回到实践的循环是生产管理这门学科发展的途径，也是研究生产管理所应采取的方法。

生产管理学与工业生产的关系是极为直接和密切的。组织、计划、控制生产的原理和方法,都是在总结工业生产实践的基础上得出的,而一旦上升为具有普遍意义的理论和方法之后,反过来对提高整个工业企业的管理水平、推动生产的发展,起着巨大的促进作用。

(二) 定性分析和定量分析相结合的研究方法

对于生产经营中的各种事物,从定性概念发展为定量分析,从依靠经验判断转向采用数理决策方法,是现代管理的重要特征之一。组织企业的生产活动,传统的办法是依靠个人的经验进行定性分析。定性分析对于处理企业生产中出现的不可控的、难以度量的、无法建立数学模型进行科学计划的问题,具有很大的优势。如宏观经济的景气状况,国家的产业政策等,往往只能依靠人们的经验、学识来分析和判断。但是,定性分析也存在缺乏科学依据、主观性强、容易导致个人独断专权等缺点,需要与定量分析相结合。在生产管理中,最初的定量分析是利用初等数学知识进行简单的计划。随着线性代数、概率论、数理统计、运筹学等学科的产生和发展,定量分析在生产管理中应用的深度和广度不断扩张,而且定量分析也越来越细,特别是计算机技术的发展,为定量分析在生产管理中的应用开辟了广阔的前景。因此,定性分析和定量分析的结合有利于取长补短,能有效组织生产,提高生产管理水平,促进生产管理的科学发展。

(三) 系统分析的研究方法

系统分析是指以系统的观点来考察和研究问题。所谓系统是由两个或两个以上既相互区别又相互联系、相互作用的要素组成的具有特定功能的有机整体。一般来说,系统具有整体性、相关性、目的性、层次性、环境适应性等特点。企业是一个系统,它包含若干子系统,生产系统是其重要的子系统之一。对生产系统的管理要求实现系统的最优化,系统分析的研究方法能使管理者全面地理解问题并提供解决问题的思路,实现对生产活动计划、组织、分析和控制的最优化选择。

把工业企业看成是若干相互联系、相互影响的组成部分结合起来的一个整体(系统)。同时企业又是社会这个更大的系统的一部分。从系统观点出发,生产管理所要解决的问题,不仅仅是一般性的分工协作问题,而是企业生产制造系统的整体最优化问题。

生产管理是一门内容十分广泛的学科,以上所列三种研究方法只是生产管理中最常用、最典型的研究方法,而不是全部。

四、研究生产管理学的意义

由于生产管理是对组织中负责制造产品或提供服务的职能部门的管理,所以生产管理、财务管理和市场营销被誉为现代企业经营的三大基石。从企业经营的过程来看,企业经营是人们利用各种投入,例如资本、劳动和信息,通过一个或多个转换过程(例如储存、运输、切割)创造出产品或服务,并且为确保获得满意的产出需在转换过程的各个阶段进行检测(反馈),并与制定好的标准做比较,以决定是否需要采取纠正措施(控制)的过程。图1.1说明了这个过程。从图1.1可以看出,生产管理实质上就是创造涉及投入到产出的产品或服务的转变或转换过程,并且在这个转换过程中实现价值增值。

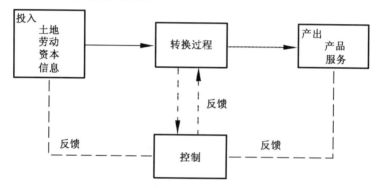

图1.1 企业的生产管理过程

从这个意义上理解生产管理的作用可以归结为以下几点:

(一)生产管理可以实现经营目标

生产管理就是要把这种处于理想状态的经营目标,通过组织产品制造过程转化为现实。生产管理属于企业管理系统中的基础部分,因为生产活动是制造业企业的基本活动。制造业企业的主要特征是商品生产,它销售的是自己生产的产品而不是商品销售,因此生产什么样的产品、生产多少产品、什么时候生产产品满足用户和市场的需求,就成为制造业企业经营的重要指标。

(二)生产管理可以使企业更好地适应市场力量对比的变化

在卖方市场条件下,企业采用的是生产型管理。因为产品在市场上处于供不应求的状态,所以只要产品生产出来,就能够卖出去。生产管理关心的是提高生产效率,增加产量。但是在市场经济条件下,市场变成了买方市场,竞争加剧,对商品的要求出现多元化趋势,不但要求品种多、质量高,而且要价格便宜、服务周到、交货准时,这种对产品需求的变化,无疑对生产管理提出了新的挑战。

(三) 生产管理的强化可以更好地适应企业领导角色的转化要求

在现代市场经济条件下,企业的上层经理人员应集中精力,做好与企业的长期发展密切相关的经营决策。这需要有一套健全有力的生产管理系统做保证,否则,如果企业的高层经理人员纠结于日常生产管理活动,就难以做好企业的宏观决策。从这个意义上讲,生产管理属于基础性管理,它为做好经营决策提供了条件。

(四) 生产管理过程是实现价值增值的必要环节

从人类社会经济发展的角度来看物质产品的生产制造是除了自然生成(如粮食生产)之外人类能动地创造财富的最主要的活动。工业生产制造直接决定着人们的衣食住行的方式,也直接影响着农业、矿业等社会其他产业技术装备的能力,进一步说,在今天,随着工厂规模的不断扩大、产品和生产技术的日益复杂、市场交换活动的日益活跃,一系列连接生产活动的中间媒介活动变得越来越重要。因此,与工业生产密切相关的金融业、保险业、对外贸易业、房地产业、仓储运输业、技术服务业、信息业等服务行业比重越来越大。这些行业在人类创造财富的整个过程中起着越来越重要的作用,成为人类创造财富的必要环节,而作为构成社会基本单位的企业,其生产活动是人类最主要的生产活动,也是企业创造价值、服务社会和获取利润的主要环节。

(五) 生产管理是企业竞争力的源泉

现代企业面临着许多问题,如体制、资金、设备、技术、生产、政府、银行、股东的关系等问题。任何一个方面出了问题,都有可能影响经营成果。但消费者和用户只关心企业所提供的产品或服务的效用。因此,企业之间的竞争实际上是企业产品的竞争,企业竞争的关键最终体现在企业提供的产品或服务的质量、价格和适时性上。哪个企业的产品质量好、价格低,又能及时推出,这个企业在竞争中就能取胜。一个企业产品的竞争力,在很大程度上取决于企业生产管理的绩效。从这个意义上来说,生产管理是企业竞争力的真正源泉。在市场需求日益多样化、顾客需求越来越高的情况下,如何适时、适量地提供高质量、低价格的产品,是现代企业经营管理领域中最富有挑战性的内容之一。

(六) 生产管理是生产力发展的标志

生产是人类社会所从事的最基本的活动,是社会财富的源泉。不从事生产活动,人类社会就无法生存,社会就不能发展。生产系统是社会化生产要素的集合体,也是社会生产力发展的标志。生产管理在科学有效的管理方法、手段和管理艺

术的指导下,充分利用现代先进技术,尤其是信息技术,对社会各种资源进行合理配置,使生产系统优质、高效、灵活、准确地运转,为人们提供了具有一定效用的产品或服务,满足了人们的物质与精神需求,改变了人们的生活方式,推动了社会的发展。

五、现代生产管理学

生产管理的历史可以追溯到古代埃及金字塔和中国万里长城的建设,近代生产管理的历史始于英国蒸汽机的发明,其发展的原动力是产业革命。在产业革命之前,产品是由手工艺工匠在作坊里生产出来的,一个人通常自始至终负责制作一件产品,如一条毯子、一件家具,使用的工具都是简单的。我们今天使用的机器当时还没发明出来。产业革命开始于18世纪的英国,在美国国内战争结束后又传到美国。机械力迅速取代了人力,并且工厂中制造产品的成本也相应降低。

现代先进技术,尤其是信息技术,对社会各种资源进行合理配置,使生产运营系统优质、高效、灵活、准确地运转,为人们提供了具有一定效用的产品或服务,满足了人们的物质与精神需求,改变了人们的生活方式,推动了社会的发展。

生产管理的特征是随着时代的发展而变化的。传统生产管理的着眼点主要在生产系统内部,即着眼于在一个开发、设计好的生产系统内,对开发、设计好产品的生产过程进行计划、组织、指挥、协调与控制等。但是,近二三十年来,随着世界经济及技术的发展,制造业企业所处的环境发生了显著的变化,由此引发了生产管理特征的深刻变化。

(一)现代生产管理的特点

1. 生产经营一体化

与传统生产管理相比,现代生产管理的范围变得更宽了。如上所述,当代企业面临着诸多新课题,如果从企业经营决策的角度来看,为了使生产系统有效运行的前提(生产工艺的可行性、生产系统构造的合理性)得到保障,生产管理的决策范围必然要求深入到产品的研制开发与生产系统的选择、设计与改造的领域中去。所以生产管理不再是仅仅对现有生产系统进行计划、组织、协调与控制的管理,而是要参与到新产品研制开发和生产系统的选择、设计和改造中去。

由于生产管理的成果(产品的质量、成本、交货期等)直接影响产品的市场竞争力,在市场竞争日趋激烈的今天,人们将越来越多地从其产品的市场竞争力上去考察生产管理的成果和贡献,并力图通过市场信息的反馈来不断改进生产管理工作。为了使生产系统的运行更有效,适时适量地生产出能够最大限度地满足市场

第一章　生产管理概述

需求的产品,避免盲目生产,减少库存积压,在管理上要求把供、产、销更加紧密地衔接起来。生产的安排,需要更多更加及时地获得市场和顾客需求变化的信息。因此,生产管理的范围,从以往的生产系统的内部运行管理向"外"延伸了。

计算机技术和网络技术的发展,计算机辅助设计(CAD)、计算机辅助工艺过程设计(CAPP)、计算机辅助制造(CAM)、制造资源计划(MRPII)、企业资源计划(ERP)、办公自动化(OA)、供应链管理(SCM)、客户关系管理(CRM)及计算机集成制造系统(CIMS)等在企业中的推广应用,为企业内部、供应链内部的信息继承和供、产、销、财务、人事等功能的集成提供了有力的支持,使生产管理与企业管理紧密融合和相互渗透成为可能。

综上所述,企业的经营活动与生产活动、经营管理与生产管理的界限会越来越模糊,企业的生产与经营(包括营销、财务等活动在内)间的内在联系将更加紧密,并互相渗透,朝着一体化的方向发展,形成了一个完整的生产与经营的有机整体。这样的生产系统能够更有效地配置和调度资源,灵活地去适应环境的变化,这是现代生产管理重要的发展趋势之一。

2. 多品种生产、快速响应与灵活应变

多品种、中小批量生产将成为社会生产的主流方式,从而带来了生产管理上的一系列变化。20 世纪初,以福特制为代表的大量生产方式揭开了现代化社会大生产的序幕,该生产方式创立的生产标准化原理、作业单纯化原理及分工专业化原理等奠定了现代化社会大生产的基础。但是发展到今天,在市场需求多样化面前,这种生产方式一方面显露出缺乏弹性、不能灵活适应市场需求变化的弱点;另一方面,飞速发展的电子技术、自动化技术及计算机技术等,从生产工艺技术及生产管理方法两方面,对从大量生产方式向多品种、中小批量生产方式的转换提供了有力的支持。生产方式的这种转变,使得生产管理面临着如何解决多品种、中小批量生产与降低成本之间的矛盾,从而要求生产管理从管理组织结构、管理制度到管理方法要采取新的措施。日本丰田汽车公司在这方面做了有益的尝试,丰田生产方式给大家提供了成功的经验。

由于市场复杂多变,快速响应和灵活应变的能力已成为当代企业生存和发展的关键。密切与市场、与顾客的联系,管理机构扁平化,以提高对市场变化的反应速度和决策速度;提高生产系统的弹性和可重构性,在发展壮大自己核心能力的同时,广泛开展社会协作和组织动态联盟,以提高企业的应变能力。以上两点是现代生产管理的必然选择。

3. 人本管理与不断创新

随着知识经济时代的到来,信息和知识将成为最重要的财富和资源。在知识经济社会,创新是经济增长的主要动力。一个企业的竞争力的强弱,取决于该企业创新能力的强弱。对于生产系统也是一样,一个生产系统能否有效地运行,能否根据需求的变化、环境的变化而呈现灵活的应变能力,关键在于不断创新。而创新能力主要依赖于人的智力。所以要想企业的生产系统保持充沛的活力,要想企业取得和保持竞争优势,必须重视智力资源的充分开发和有效利用。现代企业强调人才的作用,重视对员工的教育和培训。

(二) 现代生产管理学面临的挑战

当今企业所处的市场环境可以用两句话来概括:技术进步突飞猛进,市场需要多样且变化迅速。进入20世纪70年代,以石油危机为转折点,一方面,由于能源价格飞涨,原来的市场格局发生了巨大变化;另一方面,随着社会经济的发展,卖方市场逐渐转变为买方市场,消费者的行为变得更具选择性。因此,市场需求开始朝着多样化方向发展。与此同时,20多年来,自动化技术、微电子技术、计算机技术等新技术的发展日新月异,产品的生命周期日益缩短,生产工艺和技术装备的更新速度大大加快,新的时代环境使当代企业面临严峻挑战和一系列新的课题。

由于现在是买方市场,顾客对产品质量、产品性能的要求变得更高、更苛刻。不仅要求产品价廉物美,还要求其能满足顾客的个性化需求。而且,由于技术进步快,市场需求变化大,产品的生命周期越来越短,这就要求企业不断更新换代。这种趋势使得企业必须投入更大的力量和更多的精力不断地进行新产品的研究与开发。

市场需求的多样性使得以往那种单一品种大批量生产,靠扩大产量降低成本的生产方式逐渐无法适应今天的要求,因此要求企业以大批量生产方式转向多品种、中小批量生产。而这种生产方式的转变,要求企业的生产管理体制和管理方法必须面向多品种、中小批量生产进行相应的变革。

技术的飞跃发展为管理工具和手段的不断改进、为生产系统增强其功能和提高运作效率提供了可能。在激烈的市场竞争中,随着产品的不断更新换代和管理工具、管理手段的不断发展,企业的生产系统也面临着不断的重新选择、重新设计与改造。

以供应链管理为代表的新理念(供应链内企业之间加强协调与合作),以及电子商务B2B、B2C的出现,加速了网络经济时代的到来,使生产管理的领域不能再局限于一个企业的范围之内,而需向企业外部的供应系统和分销系统扩展。

(三) 现代生产管理学的机遇

抓住信息消费快速增长和国家信息化机遇期,制定正确的经营战略加速发

第一章 生产管理概述

展。提高自主创新能力,依靠科技进步、科学管理等手段形成竞争优势。深化与制造业、金融业、物流业等的合作,通过企业间强强联合,实现优势互补,提高竞争力和经济效益。依靠互联网技术,调整经济结构,转变经济发展方式,走中国特色的新型信息化道路,充分利用国家加速推进信息化、扶持信息产业发展的优惠政策加速发展。

随着市场经济的发展,企业不能再将成本管理简单地等同于降低成本,而应是资源配置的优化和资本产出的高效管理。因此,企业不仅要关注产品的生产成本,而且要关注其产品在市场上实现的效益。尤其是在科学技术高速发展的今天,企业单纯依靠成本的降低来获取优势是不可能的,在知识经济时代,企业更多的应靠技术的投入,从而产生更大的收益,也即现代生产管理中所谓的相对降低成本,从而提高成本效益。

在现代制造业中,间接费用的比重极大地增加了,间接费用的结构和可归属性也彻底发生了改变,许多费用甚至完全发生在制造过程以外,如设计生产程序费用、组织协调生产过程费用、组织订单费用等。加之现代技术的制造环境和灵活多变的顾客化生产的需要逐渐形成和发展起来,它们改革了制造费用的分配方法,并使产品成本和期间成本趋于一致,大大提高了成本信息的真实性。

随着社会经济环境的发展、变化及高新技术和管理科学的不断创新,成本管理的范围日益扩大。传统的企业生产管理范围主要是企业内部的生产过程,而对企业的供应与销售环节则考虑不多,对于企业外部的价值链更是视而不见,使企业未能获得全面的发展竞争战略。然而,对于处于开发型、竞争型市场环境中的企业来说,企业生产管理更有必要注意企业外部环境的影响。所以应该把成本管理问题放在整个市场环境中予以全面考虑。通过了解整个行业的价值链来进行成本管理,更有助于企业战略目标的实现。因此,现代企业生产管理不仅包括生产领域成本的控制,而且包括流通领域成本的控制,还要对研究、开发和设计成本进行控制。不仅要通过管理工作控制成本,而且要通过技术工作管理成本。

要实行全面、科学的企业生产管理,必须保证有真实的、及时的、完整的成本信息。所以,原始记录、会计凭证、统计资料等基本数据必须准确、及时、完整地反映企业生产活动的全过程和各环节的基本情况。而且,要制定完善的成本核算方法。成本核算既是对信息反馈的过程,又是对企业成本计划的实施进行检查和控制的过程。成本核算正确与否,直接影响企业的损益,对企业经营决策有着重大的影响。

综上所述,随着经济的发展,生产管理越来越复杂,尤其是现代生产管理又与科技进步紧密相连,深化生产管理改革一直是一个突出而又迫切的问题,企业生产管理水平能否随形势发展而提高,经营能否顺利进行,又取决于成本信息的反馈水平。因此,只有不断提高信息管理水平,尽可能地吸收和借鉴中外企业生产管理的成功经验,抓住机遇,适时提高企业生产管理水平,才能使企业真正成为市场竞争中的强者。

第二节 生 产

生产是人们创造产品或服务的有组织的活动,它是人类社会赖以生存和发展的基础。生产主要是在企业内进行的,但随着服务业的兴起和发展,生产的概念已经扩展,生产不再只是工厂里从事的活动,而是一切社会组织将其主要的资源投入进去的最基本的活动,没有生产活动,社会组织就不能存在。(也可以说,任何一种生产活动都是在社会组织中进行的。)因此,在介绍生产概念之前,我们首先给大家介绍社会组织。

一、社会组织

(一) 社会组织的定义

世界上存在各种社会组织。公司、学校、商店、医院、车站、旅馆、消防队、饭馆、运输公司、银行、建筑公司等,都是社会组织。每一个社会组织都是具有特定的目标和功能的、社会化的生产要素的集合体(如医院的目标是救死扶伤)。我们之所以称之为社会组织,有三个原因。

第一,每一个组织都有一个明确的目的,这个目的一般是以一个或一组目标来表示的;

第二,每一个组织都是由人组成的;

第三,每一个组织都发育出一种系统性的结构,用以规范和限制成员的行为。

各种社会组织的出现是社会分工的结果。试想一下,如果没有现存的社会组织,我们的生活该是什么样的? 人们居住的将不是高楼大厦,穿的将不是棉布、毛料制品、化纤制品,出门旅行将不是乘火车、船、飞机,通信也将不是电话、电报、传真、电子邮件,这些都将停留在最低级、最原始的状态,如住茅屋、穿土布、步行、骑马传送物品。尽管人们经常抱怨这些社会组织服务的不好,但它们为人们提供的各种产品或服务远比人们自己为自己做的好得多。

输出是一切社会组织赖以生存的基础,社会组织的输出主要是产品和服务。社会组织若不提供输出,或提供的输出因品种、质量或其他问题不为人们所接受,就得不到社会的承认,就会在竞争中被淘汰,也就不可能生存下去。生存的根本条件是使顾客满意。有输出就一定有输入。输入的是原材料、能源和信息。任何一个社会组织都不是独立存在的,在进行输入和输出的过程中,要受到诸多因素的影响,诸多条件的限制。诸多因素和条件可归纳为两大类:内部资源条件和外部环境。社会组织的生产经营活动是以其内部的资源条件为基础,并受到各种外部环境的约束,内部条件包括人、财、物、技术等方面。外部约束来自经济、政治、社会、法律和市场等方面。社会组织就是在这样的条件下进行的。

(二) 社会组织的基本职能

社会组织的基本职能有三项:生产、理财、营销。

1. 生产

生产是一切社会组织最基本的活动。一个社会组织的大部分人力、物力和财力都投入到生产活动之中,以制造社会所需产品和提供顾客所需服务。生产活动的好坏,直接关系到一个组织的经济效益。

2. 理财

理财是为社会组织筹措资金并合理地运用资金。对于一个社会组织,可以被看作是资金汇集的场所,不断有资金进入,也不断有资金流出。只要进入的资金多于流出的资金,社会组织的财富就会不断增加。当然,对于一个组织追求的是进入资金和流出资金差越大越好。

3. 营销

营销是调查了解顾客需求,为新产品开发提供信息。同时以最有效的渠道让顾客了解、接受公司的产品或服务,并以最快的途径将产品或服务送到顾客手里。

以上这三种基本职能是一切组织都有的,离开这三项基本职能,任何一个社会组织都无法生存。但我们也知道,一个社会组织除了上面提到的基本职能外,还有供应、采购、人事等职能,这些职能也是普遍存在的。

生产、理财、营销这三种基本职能是相互依存的。发现需求(营销)是生产经营活动的前提,如果该产品或服务没有市场,即使有生产和资金也是毫无意义的;有资金和市场,制造不出产品或提供不了服务,也只能眼看着市场被别人占领;有市场和生产能力,但没有资金购买原材料、支付工资等,显然也是不行的。因此,它们之间是相互依存、互相依赖、缺一不可的。

二、生产概念扩展

(一) 服务业的兴起

经济学家将经济的发展分成前工业(preindustrial)社会、工业化(industrial)

社会和后工业(postindustrial)社会三个阶段。

在前工业社会,人们主要从事农业和采掘业,包括种植庄稼和树木、捕鱼、狩猎、采掘煤炭和岩盐、利用天然气、淘金等。农业和采掘业的实质是从自然界直接提取所需的物品。在前工业社会,人们利用体力、兽力和简单的工具,以家庭为基本单位进行生产。劳动生产率低下,受自然条件的影响大,生活节奏与自然界同步,主要活动是同自然界打交道。

在工业社会,人们主要从事制造业。制造业的实质是通过物理的或化学的方法,改变自然界的物质形态,产生人们需要的人造物品——产品。分工是工业社会组织生产活动的基本原则。通过分工,提高了人们操作的熟练程度,节约了不同工作之间的转换时间,并促进了机器的发明。人们利用机器和动力,以工厂为单位进行生产,使劳动生产率大幅度提高。在工业社会,人们的生活节奏加快,生活质量以拥有的产品数量来衡量,主要活动是同经过加工的物品打交道。

在后工业社会,人们主要从事服务业,其实质是提供各种各样的服务。人类利用智慧和创造力,以信息技术为依托,通过不同的社会组织,为顾客提供服务。信息成为关键资源。生活质量由保健、教育和消遣来衡量,主要活动是人们之间的交往。

一提到服务业,我们可能马上会想到餐饮、旅店类服务行业,它一般包括五个方面的活动:

第一,业务服务:咨询、财务、金融、银行、房地产等;

第二,贸易服务:零售、维修等;

第三,基础设施服务:交通运输、通信等;

第四,社会服务:餐馆、旅店、保健等;

第五,公共服务:教育、公共事业、政府等。

可见,服务业的范围十分广泛。服务业的重要性日益被人们所认识,它已经成为现代社会不可分离的有机组成部分。如果没有服务业,就不会有现代社会。没有交通和通信这样的基础设施,工农业生产就不可能进行;没有政府提供的服务,各种社会组织就不可能正常运行;没有各种生活服务,人们就不能正常生活。这些都是人们了解的常识。

服务业的兴起是社会生产力发展的必然结果,也是社会生产力发展水平的一个重要标志。在社会生产力水平比较低下的时期,社会绝大部分成员从事农业生产,自己养活自己。当农业生产力发展到一定水平,农业人口除了养活自己之外,还能提供剩余农产品时,才可能有一部分人脱离农业生产,去从事手工业和其他行业。由手工业到机器大工业,劳动生产率得到了极大的提高。工业的发展,尤其是

第一章 生产管理概述

制造业的发展,为农业提供先进的装备,反过来又促进了农业劳动生产率的进一步提高。工农业劳动生产率的提高,使剩余劳动力转移到服务业,从而促进了服务业的发展。服务业的发展反过来又促进了工农业生产的发展。

从人口就业分布的变化也可以看到服务业的兴起。以美国为例,20世纪初,美国从事服务业的人数不到全部就业人数的40%;1950年,这个比例达到55%;现在达到80%。相反,从事农业和采掘业的就业人数,从20世纪初的40%下降到1950年的12%,现在不到5%。美国国民收入的70%是服务业创造的。现代社会出现的人口老龄化,将促进闲暇服务业和保健业的发展。双职工家庭和单亲家庭的增多,将促进餐饮业的发展。我国自改革开放以来,不仅工农业生产得到了很大的发展,服务业也日益引起人们的重视。尤其是运输业和通信业,面貌已大大改观。

(二) 对生产的全面了解

生产是一切社会组织将它的输入转化为输出的过程。服务业的兴起,生产概念得到了延伸和扩展,过去西方学者把有形产品制造称为 production,提供无形产品活动称为 operation。我们为了区分 production 和 operation,将它们分别译为"生产"和"运作",一般情况下,将两者都称为生产或生产运作。

在生产的定义中,有四个关键词:社会组织,输入,转化,输出。为了更好地理解"生产",书中列出了几个典型的社会组织的输入、转化和输出的内容,请大家看一看。

从表1.1可以看出,一切社会组织在进行生产时,最后是向社会提供它的"输出","输出"是产品或服务。输入是由输出决定的,生产什么样的产品和提供什么样的服务,决定了需要什么样的原材料、信息、能源。输入到输出,需要转化来实现。转化是通过人的劳动来完成的,转化的过程就是生产。

表1.1 典型社会组织的输入、转化和输出

社会组织	主要输入	转化的内容	主要输出
工厂	原材料	加工制造	产品
运输公司	产地的物资	位移	销地的物资
修理站	损坏的机器	修理	修复的机器
医院	病人	诊断与治疗	恢复健康的人
大学	高中毕业生	教学	高级专门人才
咨询站	情况、问题	咨询	建议、办法、方案

同时,转化是在生产系统中实现的。生产系统也是由输出决定的,输出不同,

15

生产系统也不同,这里的输出,我们要从"质"和"量"两个方面来理解:"质"——钢铁厂的生产系统与机床厂的生产系统是不同的;银行的运作系统与通信的运作系统是不同的。"量"——同是生产汽车的,大批量生产和小批量生产的生产系统是不同的;同是提供住宿,大宾馆和小旅店的运作系统也是不同的。

(三) 生产系统

上面我们提到了生产系统,究竟什么是生产系统呢? 下面给大家介绍此概念。生产系统是指在正常情况下支持单位日常业务运作的信息系统。它包括生产数据、生产数据处理系统和生产网络。一个企业的生产系统一般都具有创新、质量、柔性、继承性、自我完善、环境保护等功能。生产系统在一段时间的运转以后,需要改进完善,而改进一般包括产品的改进、加工方法的改进、操作方法的改进。总之,生产系统是由人和机器构成的、能将一定输入转化为特定输出的有机整体。这个有机整体是人造的,是由输出决定的。

三、生产类型

生产类型是生产系统结构类型的简称,是产品的品种、产量和生产的专业化程度在企业生产系统的技术、组织、经济效果等方面的综合表现。不同的生产类型所对应的生产系统结构及其运行机制是不同的,相应的生产系统运行管理方法也不相同。作为一个管理者,首先应了解自己所经营的企业属于哪种类型,然后再根据生产类型的特点,选择最适宜的生产系统结构和最有效的运行管理机制。因此,认识生产类型是生产系统设计和运行管理的第一步,也是最重要的一步。

现实社会中的企业、行业种类甚多,如机械工业、电子工业、纺织工业、钢铁工业、医药工业、化工工业、石油工业、采掘工业、食品工业、零售业、餐饮业、物流服务业等。为了便于对企业进行研究,可按照不同的划分标准,将企业分为不同的生产类型,根据不同的生产类型,研究相应的管理方法,做到有的放矢。

对生产进行分类,可以有很多的分类方法。在这里我们给大家介绍的是从管理的角度来加以分类的。现代生产(生产运作)可分为制造性生产和服务性生产;传统生产可分为大量生产、成批生产和单件小批生产。

(一) 现代生产(生产运作) 类型

1. 制造性生产

制造性生产是通过物理和(或)化学作用将有形输入转化为有形输出的过程。如通过锯、切削加工、装配、焊接、弯曲等物理或化学过程。通过制造性生产能够产生自然界原来没有的物品。

第一章 生产管理概述

(1) 连续性生产与离散性生产。

按工艺过程的特点,可以把制造性生产分为两种:连续性生产与离散性生产。

① 连续性生产是指物料均匀、连续到按一定工艺顺序运动,在运动中不断改变形态和性能,最后形成产品的生产。连续性生产又称作流程式生产,如化工(塑料、药品、肥皂、肥料等)、炼油、冶金、食品、造纸等的生产过程。

② 离散性生产是指物料离散地按一定工艺顺序运动,在运动中不断改变形态和性能,最后形成产品的生产,如轧钢和汽车制造。轧钢是由一种原材料(钢锭)轧制成多个产品(板材、型材、管材);汽车制造是由多种零件组装成一种产品。像汽车制造这样的离散性生产又称作加工装配式生产。机床、汽车、锅炉、船舶、家具、电子设备、计算机、服装等产品的制造,都属于加工装配式生产。在加工装配式生产过程中,产品是由离散的零部件装配而成的。这种特点使得构成产品的零部件可以在不同地区,甚至不同国家制造。加工装配式生产的组织十分复杂,是生产管理研究的重点。

流程式生产与加工装配式生产在产品市场特征、生产设备、原材料等方面有着不同的特点,如表1.2所示。

表1.2 流程式生产与加工装配式生产的比较

特征	流程式生产	加工装配式生产
用户类型	较少	较多
产品品种数	较少	较多
产品差别	有较多标准产品	有较多用户要求的产品
营销特点	依靠产品的价格与可获性	依靠产品的特点
资本/劳动力/材料密集	资本密集	劳动力、材料密集
自动化程度	较高	较低
设备布置的性质	流水式生产	批量或流水式生产
设备布置的柔性	较低	较高
生产能力	可明确规定	模糊的
扩充能力的周期	较长	较短
对设备可靠性的要求	高	较低
维修的性质	停产检修	多数为局部修理
原材料品种数	较少	较多
能源消耗	较高	较低
在制品库存	较低	较高
副产品	较多	较少

由于流程式生产与加工装配式生产的特点不同,生产管理的特点也不同。对流程式生产来说,生产设施地理位置集中,生产过程自动化程度高,只要设备体系运行正常,工艺参数得到控制,就能正常生产合格产品,生产过程中的协作与协调任务也少。但由于高温、高压、易燃、易爆的特点,对生产系统可靠性和安全性的要求很高。相反,加工装配式生产的生产设施地理位置分散,零件加工和产品装配可以在不同地区甚至在不同国家进行。由于零件种类繁多,加工工艺多样化,又涉及多种多样的加工单位、工人和设备,导致生产过程中协作关系十分复杂,计划、组织、协调任务相当繁重,生产管理大大复杂化。因此,生产管理研究的重点一直放在加工装配式生产上。在讨论制造业生产方面,本书也将以加工装配式生产为主要内容。

(2) 备货型生产与订货型生产。

按照企业组织生产的特点,可以把制造型生产分成备货型生产与订货型生产两种。流程式生产一般为备货型生产,加工装配式生产既有备货型又有订货型。

① 备货型生产是指在没有接到用户订单时,按已有的标准产品或产品系列进行的生产。生产的直接目的是补充成品库存,通过维持一定量成品库存来满足用户的需要。例如,轴承、紧固件、小型电动机等产品的生产,属于备货型生产。

② 订货型生产是指按用户订单进行的生产。用户可能对产品提出各种各样的要求,经过协商和谈判,以协议或合同的形式确认对产品性能、质量、数量和交货期的要求,然后组织设计和制造。例如,锅炉、船舶等产品的生产,属于订货型生产。

为了缩短交货期,还有一种"按订单装配"式生产,即零部件是事先制作的,在接到订单之后,将有关的零部件装配成顾客所需的产品。很多电子产品的生产属于按订单装配式生产。服务业也有很多按订单装配式生产的例子,例如,餐馆按顾客的点菜来炒菜,每种菜的原料是事先准备好的。按订单装配式生产必须以零部件通用化、标准化为前提。

以往,对生产计划与控制方法大都以备货型生产为对象。人们认为,对备货型生产所得出的计划与控制方法,也适用于订货型生产。其实不然。例如,用线性规划方法优化产品组合,适用于备货型生产,但一般不能用于订货型生产。原因很简单,用户不一定按工厂事先优化的结果来订货。表 1.3 列出了备货型生产与订货型生产的主要区别。

值得一提的是,订货型生产与签订合同是有区别的。无论是订货型生产还是备货型生产,订货方与供货方都要签订合同,但如果签订合同后直接从成品库存供货,这并不是订货型生产,而是备货型生产。

第一章　生产管理概述

表1.3　备货型生产与订货型生产的主要区别

项目	备货型生产	订货型生产
产品	标准产品	按用户要求生产，无标准生产，大量的变形产品与新产品
对产品的需求	可以预测	难以预测
价格	事先确定	订货时确定
交货期	不重要，由成品库随时供货	很重要，订货时确定
设备	多采用专用高效设备	多采用通用设备
人员	专业化人员	需多种操作技能

2. 服务性生产

服务性生产也称作非制造性生产，它的基本特征是提供劳务，而不是制造有形产品。但是，不制造有形产品不等于不提供有形产品。

（1）服务性生产的分类。

①按照是否提供有形产品可将服务性生产分成纯劳务生产和一般劳务生产两种。纯劳务生产不提供任何有形产品，如咨询、法庭辩护、指导和讲课等。一般劳务生产则提供有形产品，如批发、零售、邮政、运输、图书馆书刊借阅等。

②按顾客是否参与也可将服务运作分成两种：顾客参与的服务生产和顾客不参与的服务生产。前者如理发、保健、旅游、客运、学校、娱乐中心等，没有顾客的参与，服务不可能进行；后者如修理、洗衣、邮政、货运等。顾客参与的服务运作管理较为复杂。

③按劳动或资本密集程度和与顾客接触程度可将服务运作分成四种：大量资本密集服务、专业资本密集服务、大量劳务密集服务和专业劳务密集服务，如表1.4所示。

表1.4　按劳动或资本密集程度和与顾客接触程度对服务业分类

劳动或资本密集程度	资本密集	劳动密集
与顾客接触程度	低	高
服务类型	大量资本密集服务：航空公司、大酒店、游乐场	大量劳动密集服务：中小学校、批发、零售
服务类型	专业资本密集服务：医院、车辆修理	专业劳动密集服务：律师事务所、专利事务所、会计事务所

(2) 服务性生产的特点。

服务业以提供劳务为特征,但服务业也从事一些制造性生产,只不过制造性生产处于从属地位,例如饭馆,它需要制作各种菜肴。

由于服务业的兴起,提高服务运作的效益日益引起人们的重视。然而,服务性生产的管理与制造性生产的管理有很大不同,不能把制造性生产的管理方法简单地搬到服务业中。与制造性生产相比,服务性生产有以下几个特点:

① 服务性生产的生产率难以测定。一个工厂可以计算它所生产的产品的数量,但一个律师的辩护则难以计量。

② 服务性生产的质量标准难以建立。

③ 与顾客接触是服务性生产的一个重要内容,但这种接触往往导致效率降低。

④ 纯劳务性生产不能通过库存来调节。理发师不能在顾客少时存储几个理发脑袋(人),以便顾客多时提供极快的服务。

因此,需要专门对服务性生产的管理进行研究。

(二) 传统生产类型

制造业的产品千差万别,产量大小相差悬殊,工艺过程又十分复杂,如何按照其基本特征将其分类,以把握各种生产类型的特点和规律,是进行生产管理的基本前提。

产品的生产(生产过程)是指从原材料投入到成品出产的全过程,通常包括工艺过程、检验过程、运输过程、等待停歇过程和自然过程。

从生产管理角度,可以把零件从到达一个工作地到离开该工作地工人所从事的加工作业称作一道工序。

为了有效地组织和管理生产,首先应了解它们的特征和运行规律。要做到这一点,最好的办法是对企业的生产进行分类。按一定标志对生产过程划分的类别,就是生产类型。

划分生产类型的标志很多,前面我们在介绍制造性生产时已经介绍了一些分类方法。但最能反映生产过程、生产技术水平和生产组织方式特征的分类标志是产品生产的重复程度及与之相联系的生产专业化程度。按这种标志分类,可将生产过程分为大量生产、单件生产、成批生产三种类型。

1. 大量生产

大量生产产品品种单一,产量大,生产重复程度高。美国福特汽车公司曾长达19年始终坚持生产T型车一个车种,是大量生产的典型例子。

大量生产由于产品产量大、品种单一而稳定,在生产的计划与控制工作中要应用标准的生产作业计划,并对生产过程实行严格的控制,包括质量控制等,还要求有充足的原材料与配件供应,以保证生产连续的、不间断的进行。另外,还要加强成本控制,因为这种企业主要依靠降低成本来获利。

2. 单件生产

单件生产与大量生产相对立,是另一个极端。单件生产品种繁多,每种仅生产一件,生产的重复程度低。

单件生产的产品品种复杂多变,因此要求生产计划工作保持较高的灵活性。单件生产的生产管理,一般对厂级计划制订比较粗略,让基层单位根据生产的实际情况加以灵活处理,物资管理上则不需要有很多储备,相当部分的物资可在接到具体订货任务后进行采购。这种类型的管理重点应是解决不时出现的生产瓶颈——生产能力最弱的环节,以缩短产品的生产周期。在财物控制中往往将下属工厂作为利润中心,按赢利的大小来奖励管理人员,以激励他们为实现企业经营目标的主动性和积极性。

3. 成批生产

成批生产介于大量生产与单件生产之间,即品种不单一,每种都有一定的批量,生产有一定的重复性。它们一般为定型产品(成批生产特点介于大量生产和单件生产之间)。当今世界上,单纯的大量生产和单纯的单件生产都比较少,一般都是成批生产。由于成批生产的范围很广,"大量大批生产""单件小批生产"和"多品种中小批量生产"的说法比较符合企业的实际情况。各种生产类型的关系如表1.5所示。

成批生产的生产管理,重点放在合理安排批量上,做好生产的成套性和提高设备利用之间的平衡,为此要利用库存调节负荷与能力的不平衡。质量控制和成本控制也是成批生产管理的重点。

生产类型对企业生产经营有着重要的意义。生产类型选择正确,能适应产品市场的需要性质,就能保证企业经营取得成功;若选择的生产类型与产品市场不相适应,就会导致企业经营的失败。例如,彩色电视机最早是由美国发明的。20世纪60年代中期,美国的电视机生产厂家认为该类产品尚处于成长期,都采用批量生产方式,产品质量主要靠技术工人的熟练技术来保证。可到了20世纪60年代末,从美国引进彩电产品技术的日本,在短时间内就建立了高度自动化的大量生产系统,产品成本大大低于美国,产品质量可靠、稳定。仅仅几年的时间,日本的彩电产品就占有了美国乃至全球彩电市场的大部分销售额。由此可见生产类型选择的重要作用。

表1.5 大量生产、成批生产、单件小批生产特点比较

项　目	传统生产类型		
	大量生产	成批生产	单件小批生产
产品种类	在一定时间内,固定生产某种或少数几种产品	产品品种有数十种以上	产品不固定
工作地专业化程度	每个工作地固定完成1~2种零件或工序,专业化高	每个工作地定期轮番生产,每个工作地专业化程度不高	每个工作地完成每种产品的生产,每个工作地专业化程度很低
设备及其布置	采用专用设备,设备按产品工艺过程布置	部分设备按机群式布置,一部分设备按工艺过程布置	通用设备,按机群式布置
工艺装备	采用专用工装	部分采用专用工装,主要为通用工装	通用工装
生产对象的移动方式	平行移动,少数用平行顺序移动	平行顺序移动	顺序移动
工艺过程的拟订	详细按每道工序拟订零件的加工工艺,制定工序卡片	按零件制定加工工艺,编制加工工艺,制定工序卡片	工艺过程卡
产品周期	短	较长	长
作业的弹性程度	小	较大	大
生产管理的重点	作业标准的制定	生产批量的制定,产品更换的生产准备工作	作业日常控制
产品生产的效率	高	较高	低
生产成本	低	较高	高

对于服务性生产,也可以划分成与制造性生产类似的生产类型。医生看病,可以看作是单件小批生产,因为每个病人的病情不同,处置方法也不同;而学生的入学体检内容是一致的,可以看作是大量大批生产。中小学教育,可以看作是大量大批生产,因为课程、课本、大纲相同;大学本科的教育可以看作是中批生产,专业设置不同,课程、大纲不同,但每个专业都有一定批量;硕士研究生是小批量生产,而博士研究生是单件生产。

第三节　生产管理

一、定义

生产管理是对生产系统的设计、运行与维护过程的管理,它包括对生产活动进行计划、组织与控制,是计划、组织、控制生产活动的综合管理活动。通过合理组织生产过程,有效利用生产资源,经济合理地进行生产活动,以达到预期的生产目标。

生产管理是对企业生产系统的设置和运行的各项管理工作的总称。其内容包括:①生产组织工作。即选择厂址、布置工厂、组织生产线、实行劳动定额和劳动组织、设置生产管理系统等;②生产计划工作。即编制生产计划、生产技术准备计划和生产作业计划等;③生产控制工作。即控制生产进度、生产库存、生产质量和生产成本等。

生产管理的任务是对客户产品交付异常情况进行及时有效地处理。通过生产组织工作,按照企业目标的要求,设置技术上可行、经济上合算、物质技术条件和环境条件允许的生产系统;通过生产计划工作,制定生产系统优化运行的方案;通过生产控制工作,及时有效地调节企业生产过程内外的各种关系,使生产系统的运行符合既定生产计划的要求,实现预期生产的品种、质量、产量、出产期限和生产成本的目标。生产管理的目的就在于,做到投入少、产出多,取得最佳经济效益。而采用生产管理软件的目的,则是提高企业生产管理的效率,有效管理生产过程的信息,从而提高企业的整体竞争力。

二、生产管理的内容

(一)生产系统的设计

生产系统的设计,包括产品或服务的选择和设计设施的定点选择、设施布置、服务交付系统设计和工作设计。生产系统的设计一般在设施建造阶段进行。生产、服务过程中,扩建新设施,增加新设备,增加新的生产线,对老的设施进行调整和重新布置等,也都是生产系统的设计,它不仅仅只存在于开始建设阶段。

在生产系统的生命周期内,不可避免地要对生产系统进行更新,包括扩建新设施,增加新设备,或者由于产品和服务的变化,需要对生产设施进行调整和重新布置。在这种情况下,会遇到生产系统设计问题。生产系统的设计对生产系统的运

行有先天性生产管理的影响。如果产品和服务选择不当,将导致方向性错误,造成人力、物力和财力上无法弥补的浪费。服务设施选址将直接决定产品和服务的成本,影响生产经营活动的效果,这一点对服务业尤其重要。

生产系统的设计对其运行有先天性的影响。如果产品和服务选择不当,将导致方向性的错误,一切人力、物力和财力都将付诸东流。厂址和服务设施的位置选择不当,将铸成大错。在何处建造生产设施对生产经营活动的效果有很大的影响,尤其是对服务业。因此,生产系统设计的好坏,决定了产品的好坏或服务成本的高低,决定了在价格上的竞争力,甚至决定了一个组织的兴衰。

(二) 生产系统的运行

生产系统的运行,主要解决生产系统如何适应市场的变化,按用户的需求,输出合格产品和提供满意服务的问题。生产系统的运行,主要涉及生产计划、组织与控制三个方面的内容。

(1) 生产计划。

生产计划解决生产什么、生产多少和何时何地生产的问题。它包括预测对本企业产品和服务的需求,确定产品和服务的品种与产量,设置产品交货期和服务提供方式,编制生产计划,做好人员班次安排、统计生产进展情况等。

(2) 组织。

制订了详细的生产计划以后,生产管理的组织功能要求对参与企业生产的原材料、机器、设备、劳动力、信息等各要素,生产过程中的各个工艺阶段、各个方面进行合理地组织和协调,进行生产工作,保证按计划完成生产任务。

组织方面解决如何合理组织生产要素,使有限的资源得到充分而合理的利用的问题。生产要素包括劳动者(工人、技术人员、管理人员和服务人员)、劳动资料(设施、机器、装备、工具、能源)、劳动对象(原材料、毛坯、在制品、零部件和产品)和信息(技术资料、图纸、技术文件、市场信息、计划、统计资料、工作指令)等。劳动者、劳动资料、劳动对象和信息的不同组合与配置,构成了不同的组织生产的方式,简称生产方式,例如,福特生产方式、丰田生产方式等。一种生产方式不是一种具体方法的运用,而是在一种基本思想指导下的一整套方法、规则构成的体系,它涉及企业的每个部门和每一项活动。

(3) 控制。

在企业的生产管理实践中,为了保证计划能够顺利完成,最经济地按质、按量、按期完成生产任务,必须对分析工作得出的有关生产过程的信息进行及时反馈,与生产计划对比,纠正偏差,这就是生产控制工作。

控制方面解决如何保证按计划完成任务的问题,主要包括接受订货控制、投料控制、生产进度控制、库存控制和成本控制等。对订货生产型企业,接受订货控制是很重要的。接不接,接什么,接多少,是一项重要决策,它决定了企业生产经营活动的效果。投料控制主要是决定投什么,投多少,何时投,它关系到产品的出产期限和在制品数量。生产进度控制的目的是保证零件按期完工,产品按期装配和出产。库存控制包括对原材料库存、在制品库存和成品库存的控制。如何以最低的库存保证供应,是库存控制的主要目标。

总之,计划、组织和控制是生产系统的运行管理中不可缺少的三个组成部分。计划工作着眼于未来,是对生产工作各个方面、各个阶段的总体安排;组织工作围绕生产过程进行,保证生产计划的完成;控制工作立足现在,参照过去,根据分析得出的生产信息,对未来的生产过程进行纠偏和监督,使各生产环节紧密结合,保证按品种、质量、交货期完成生产任务。

(三) 生产系统的维护与改善

任何系统都有生命周期。如果不加以维护和改善,系统就会终止。生产系统的维护与改善包括对设施的维修与可靠性管理、质量的保证、整个生产系统的不断改善和各种先进的生产方式和管理模式的采用。

从企业生产活动过程的角度看,本书的书名是《生产管理学》,这就体现着制造业的生产管理的主要内容。希望通过阅读本书,读者可以基本掌握生产管理的相关内容。当然,这里的"生产"是"现代生产"的内涵,也是"运作"的内涵,存在于任何组织的生产活动。只是本书在阐述相关理论和方法时,以制造业为代表,因此这不表示本书的内容只考虑生产制造不考虑服务。同时许多制造业的生产管理问题具有一定的普遍性,对其他行业也具有一定的参考意义。

三、生产管理的目标

生产管理所追逐的目标可以用一句话来概括:高效、低耗、准时地生产合格产品和(或)提供满意服务。根据企业的经营目标和经营计划,从产品品种、质量、数量、成本、交货期等市场需求出发,采取有效的方法和措施,对企业的人力、材料、设备、资金等资源进行计划、组织、指挥、协调和控制,生产出满足市场需求的产品。

生产管理所追逐的目标包括六个方面:效率、品质、成本、交货期、安全、士气。

(一) 效率

效率是指在给定的资源下实现产出最大。也可理解为相对作业目的所采用的工具及方法,是否最适合并被充分利用。效率提高了,单位时间人均产量就会提

高,生产成本就会降低。效率是对时间而言,指能够迅速地满足客户的需要。在当前激烈的市场竞争条件下,谁的订货提前期短,谁就能争取用户。

(二) 品质

品质是把顾客的要求分解,转化成具体的设计数据,形成预期的目标值,最终生产出成本低、性能稳定、质量可靠、物美价廉的产品。产品品质是一个企业生存的根本。对于生产主管来说,品质管理和控制的效果是评价其生产管理绩效的重要指标之一。所谓品质管理,就是为了充分满足客户要求,企业集合全体的智慧、经验等各种管理手段,活用所有组织体系,实施所有管理及改善的全部,从而通过优良品质、短交货期、低成本、优质服务来满足客户的要求。合格产品和(或)满意服务是指质量。

(三) 成本

成本是产品生产活动中所发生的各种费用。企业效益的好坏在很大程度上取决于相对成本的高低,如果成本所挤占的利润空间很大,那么企业的净利润则相对降低。因此,生产主管在进行绩效管理时,必须将成本绩效管理作为其工作的主要内容之一。低耗是指生产同样数量和质量的产品,人力、物力和财力的消耗最少。低耗才能低成本,低成本才有低价格,低价格才能争取客户。

(四) 交货期

交货期是指及时送达所需数量的产品或服务。在现在的市场竞争中,交货期的准时是非常重要的。准时是在客户需要的时间,按客户需要的数量,提供所需的产品和服务。一个企业即便有先进的技术、先进的检测手段,能够确保所生产的产品质量,而且使生产的产品成本低、价格便宜,但是如果没有良好的交货期管理体系,不能按照客户指定的交货期交货,直接影响客户的商业活动,客户也不会购买你的产品。因此交货期管理的好坏是直接影响客户进行商业活动的关键,不能严守交货期也就失去了生存权,这比品质、成本更重要。准时是在客户需要的时间,按需要的数量,提供所需的产品和服务。

(五) 安全

安全生产管理就是为了保护员工的安全与健康,确保财产免遭损失,安全地进行生产,提高经济效益而进行的计划、组织、指挥、协调和控制的一系列活动。安全生产对于任何一个企业来说都是非常重要的,因为一旦出现工作事故,不仅会影响产品质量、生产效率、交货期,还会对员工个人、企业带来很大的损失,甚至对国家也产生很大的损失。

（六）士气

员工士气主要表现在三个方面：离职率、出勤率、工作满意度。高昂的士气是企业活力的表现，是取之不尽、用之不竭的宝贵资源。只有不断提高员工士气，才能充分发挥人的积极性和创造性，让员工发挥最大的潜能，为公司的发展做出尽可能大的贡献，从而使公司尽可能地快速发展。

四、生产管理的分析方法

伯法认为，管理科学中用到的关于生产和业务管理中的各种分析方法，不外是在遵循科学方法的基础上利用各种模型，并且以这些模型来表示所研究的系统整体或某些分支部分。在分析各个领域中的问题时，首先需确定研究的系统边界，这样才能划定研究的范围。确定范围的指导原则是准确判断哪些因素或变量可能对所研究的系统产生影响。一般来说，问题的界限或范围越宽，出现次优化的可能性就越小。其次是构造模型。构造模型时，应该与实际的生产情况相适应，抽掉一些次要的因素，具体分析对生产过程有影响的因素，同时需要考虑到可控因素与不可控因素的关系，进而确定使用哪一种模型。模型的选择主要是根据因素间的关系和作用来决定的。分析方法中必须确定衡量效率的尺度，建立起一套行之有效的标准，来衡量生产行动中各种可供选择方案的效果。这些方面的衡量尺度可以包含利润、贡献、总成本、增量成本、机器停工时间、机器利用率、劳动成本、劳动力利用率、产品单位数量和流程时间等。

所有运用数量方法研究生产问题的模型都可以概括为一个公式：$E = f(x_i, y_j)$。其中 E 代表效率，f 代表函数关系，x 代表可控变量，y 代表非可控变量。可控变量是指那些可以在很大程度上按照管理者的意愿操纵调节的因素。非可控变量是指那些管理者不能控制，至少是不在所限定的问题范围内的因素。这个公式的含义为：效率可以表示为那些限定该系统的变量的函数。模型建立起来后，就可以用效率作为衡量生产行动中各种可供选择方案效率的尺度，并在分析的基础上产生出可供选择的各种方案，并对这些可供选择的方案做出评价。

伯法列出的分析方法主要有：成本分析、线性规划、排队模型、模拟技术、统计分析、网络计划模型、启发式模型、计算机探索求解方法、图解和图像分析等。这些方法在生产系统的各个方面都有着相应的用途。

（一）成本分析

成本分析是最常用的分析方法。这种方法以关于不同成本因素的特性知识为依据，具有多种形式。它并不是一大堆会计数字的简单堆积，而是经营状况的数据表现。从相关的数字中,管理者能够获取有效的信息。管理者并不关心抽象的成本,他们感兴趣的是自己考虑的各种可供选择的方案中涉及的具体成本变化。成本分析的基本方法是损益平衡分析法,即利用经营规模变化时不同成本在变化上的差别来进行分析。

增量成本分析法是最有价值的简单分析方法之一。它仅仅用来研究那些受到可能会采用的方针或行动影响的成本。伯法指出,对成本进行分析,并不是要计算出每一个可供选择方案的运行总成本,而是只研究不同方案相比较时有差别的具体成本。这些成本主要指的是存货成本、调整劳动力成本、加班加点费和外包成本。增量成本分析在生产系统分析的各个领域内被广泛应用,通常在线性规划和排队分析模型中很常见。

(二)线性规划

线性规划的实质是最优化,即在满足既定的约束条件情况下,按照某一衡量指标,来寻求最优方案的数学方法。线性规划是非常重要的通用模型,主要用来解决如何将有限的资源进行合理配置,进而在限定条件内获得最大效益的问题。线性规划被广泛应用于工业、农业、管理和军事科学等各个领域,是现代管理与决策者最常用的一个有效工具。在生产中决定多个品种的最优构成问题、库存控制问题、原料供应问题等,都可以采用线性规划。线性规划在实际运用中,往往存在着求解困难的情况,对此,一般采用"单纯形法"来解决。

(三)排队模型

很多生产问题都会或多或少地涉及排队。只要在生产过程中存在随机分布现象,就肯定会产生排队问题。各种库存实际上就是对排队的缓冲。完全的均衡分布在现实中是不存在的。在这类问题中,会在随机不定的时间间隔内遇到需要某种服务的人、部件或机器。为满足这种服务所需要的活动,往往会花长短不一的时间。在一定的到达率和服务率的条件下,可以运用数学方法计算并安排排队问题。在当代,排队分析被广泛应用在通信系统、交通系统、生产系统及计算机管理系统等服务系统上。排队论提供了一种数学手段,能够预测某个特定排队的大概长度和大概延误时间,以及其他相关重要数据,包括排队场地安排、优先服务处理、排队成本控制、排队长短与发生事故的关系等。掌握这些信息,会使人们更有针对性地解决相关的随机分布问题,做出明智的决策。

(四)模拟技术

生产管理问题的模拟技术是一项迅速成长的技术。尽管模拟所依据的基本观念很早就有,但模拟技术的迅速成长实际上是由高速的计算机发展带动前进的。

这种方法是运用数理模型来进行模拟试验,用计算机处理相关数据,以选定的效率标准作为衡量尺度,观察和检测各项变量在模型中的运行结果的方法。这种模型是试验性的,不一定能产生出最优答案。模拟方法的长处是可以在各种可供选择的方案之间进行比较,实际上是一种通过反复试验求得解决复杂问题的方法。

(五) 统计分析

统计分析为精确处理数据提供了一套方法结构。它不仅能够根据所建立的预测模型得出各种结论,而且能够估计到预测可能发生错误的风险有多大。统计分析经常应用于假设检验,能够使我们处理某一系统中的因素或变量在测定数值上的巨大变动问题,而这些因素或变量有可能规定着相关系统的范围。运用统计推断的方法,可以对相关系统的问题做出结论,而且可能是很精确的结论。在生产和业务管理中,统计分析方法本身有着广大的独立应用领域。统计原理作为分析方法的一种通用工具,常常能对其他分析方法的应用提供帮助,并在总体分析工作中做出贡献。

(六) 网络计划模型

第二次世界大战后,研究与发展工作和其他大型一次性工程项目在经济活动中越来越重要,尤其是导弹工程和太空计划的庞大规模和复杂性,要求用特殊方法来提供工程规划,安排进度并进行控制,这些促成了网络计划的诞生。网络计划的基本原理是把需要完成的工作以网络的形式做出计划,工作中涉及的所有事件都列入网络,这些事件的分布安排应按照施工操作的时序和阶段间的相互依赖关系进行。根据网络计划模型可以计算出作业进度的具体数字,从而使管理者对作业的计划进度了如指掌,能更灵活合理地支配时间。网络计划技术采用的形式是独特的,尤其是"关键线路"的观念,负荷平衡、最低费用法和有限资源的安排。这些互相联系的概念,能够给工程项目的管理提供合理的依据。网络计划模型有两大具体方法,一是关键线路法(CPM),二是计划评审法(PERT)。

关键线路法是20世纪50年代杜邦公司的一种内部计划方法,曾用于化工厂维修工程的计划和管理,进而被广泛应用到很多工程之中。几乎在同一时期,美国海军也致力于发展一种规划和管理北极星导弹研制生产的方法,这一项目要对近三千个订立合同的单位实现计划和管理,工作量之大可想而知。其结果就是使计划评审法应运而生。杜邦公司运用CPM,使路易维尔工厂的维修工程项目的所需时间从125小时下降为78小时;美国海军运用PERT,使完成北极星导弹的研制开发比预定时间缩短了两年。尽管这两种方法在细节上有所差别,但二者所依据的原理异曲同工。二者的差别,恰恰能说明管理的现实需要对技术方法的影响。关键

线路法是从具有大量实际经验的维修工程作业中发展起来的,因而其各项工作的活动时间是已知的,线路上的时间是确定的;计划评审法则是从探索研究和发展的环境中产生的,因而其各种工作的活动时间具有很高的不确定性,所以它用概率方法来形成线路上的预期时间。在如何制定箭头图的细节方面,二者存在一定的差异。关键线路法所形成的网络系统略微简单些,它用节点表示事件活动,用箭头表示项目中各项事件的顺序。计划评审法则需要用变量来安排时间。

网络计划模型以紧凑的形式概括了很多重要信息。从网络计划中能够很容易地计算出诸如最早和最晚的完成时间、活动进度安排中可利用的时差、关键线路等。给定了活动网络、关键线路和计算进度表的统计资料,就能给管理者提供安排工程的具体计划。由于存在事件活动本身的时差,以及项目完成日期上的时差,就能够提供计划进度安排上的灵活性,得出不同的进度安排方案。然后,可以从资源负荷平衡的角度来比较运用情况,还可以通过活动费用的高低来评价方案是否有价值。不同的活动,对资源运用情况变化的响应是不同的,有些活动可能对资源的变化没有任何反应,甚至放慢进度有可能会比正常进度耗费更多。由于不同活动具有不同的"费用-时间"特性,因而就有可能对费用进行权衡。如果遇到有限的关键资源供给问题,由于资源的稀缺性,就需要从恰当安排有限资源的角度来审查计划方案,并利用存在的时差降低资源消耗,甚至可以在时间和资源利用之间进行权衡,采用延长工期的方法。

(七) 启发式模型

所谓启发式,本身就意味着能够引导管理者去寻求答案。就管理上的意义而言,启发式模型是指用于决策的指导原则。或许,这些指导原则算不上是最优的,但是在被人们应用时是始终如一的,而且是有效的,能够避免更加复杂的问题求解程序。在这里,伯法明显借鉴了西蒙的满意型决策思路,他强调,有很多问题,我们或没有时间或没有兴趣去探究更彻底的答案,但是,现有的原则足以使我们找到可行方案。或许它不一定是绝对正确的,但这种简单的法则是最适用的。管理者碰到的问题,大多数都很复杂,如果要进行严密精确的分析会步履艰难,很难用数学的方法来求解,但又不得不寻求答案,这时,凭借经验法则形成的逻辑依据就不失为可用的最佳方法。所谓启发式模型,就是这样一套符合逻辑和具有连贯性的法则。从某种意义上来说,启发式方法是管理工作中历史最悠久的思考方法。通过这种方法,以有可能放弃最好的解决方案为代价,减少了探索的工作量。在业务管理中,这种方法被大量用于装配线的平衡、设备布置、车间作业进度计划、仓库位置选择、存货控制,以及一次性工程项目的进度安排等领域。

第一章 生产管理概述

（八）计算机探索求解方法

对于某些非常复杂的问题，利用计算机探索求解不失为一剂良药。计算机技术的发展促进了启发式模型的应用，运用计算机可以对某些准则函数的一组有限的可行试解方案按顺序进行审查。通过规定每一个独立变量的数值，计算准则函数并记录下有关的结果，就可以得出一个试验评定值。把每一个试验评定值与以往得到的最佳值进行比较，若发现它有着明显的优越性，就采用它而摒弃先前的最佳值，以此类推，直至无法寻求优化解为止。这就是登山式的逐步探索法。在这一基础上，计算机就能按照预定的工作程序，把已发现的各项独立变量的最佳组合方案打印出来。采用计算机直接探索方法的优点在于建立了准则函数模型，它没有线性数学形式的局限，突破了变量的数目限制。在业务管理上，计算机探索求解方法已被用于制定总体计划和作业进度计划问题，还被用于解决资源有限的工作安排问题。计算机探索求解方法在企业管理中具有更大的灵活性，它不需要精密的模型设计和严格的数学形式，所以比较自由，能够在成本模型中更贴近现实。因此，伯法认为计算机探索求解方法在现实管理中具有越来越大的用途。

（九）图解和图像分析法

图解和图像分析法是在生产系统中所用的传统分析方法，这种分析手段中最重要的形式就是表示活动顺序或时间安排的流程图。

五、生产管理人员的基本素质

（一）主动性

主动性是指管理者在工作中不惜投入较多的精力，善于发现和创造新的机会，提前预计到事情发生的可能性，并有计划地采取行动提高工作绩效、避免问题的发生，或创造新的机遇。不能积极主动地前进，不敢为人先，集体的成绩就会受到限制。如果生产管理人员不能对企业的总体绩效产生积极的推动作用，就是在为自己的事业自掘坟墓。衡量生产管理人员工作成效的标准之一就是要看其个人主动发起的行动数量。在这一点上，生产管理人员与冲浪运动员颇为相似。冲浪者只有赶在浪潮前面，才能够精彩地冲向岸边。而如果每次都慢半拍，就只能在海里起起落落，等待下一波浪涛的到来。走在时代前列需要真正的努力与积极性。

（二）执行力

现在很多的企业都面临着执行不到位的问题。好的产品要有好的策划，好的策划要有好的执行，好的执行要有好的团队，好的团队要有好的生产管理人员。执

行力的强弱,是衡量一个团队战斗力强弱的重要依据,也是生产管理人员胜出的一个要素。个人执行力是团队执行力的基础,而基础的关键是生产管理人员的执行力。生产管理人员作为地方区域的决策者、领导者,承上启下,非常的重要。作为总部、你的上级,他们的决策、行销推广方案下来了,都希望得到100%的执行。如果你及你的团队在执行的过程中,总是打折,他们会怎样想?还会提拔重用你吗?还是怀疑你的能力,换掉你呢?

(三) 关注细节

任何事情从量变到质变都不是一个短暂的过程,如果生产管理人员不能持之以恒地落实好每一个细节,就达不到"举重若轻"的境界。有一家著名出版社的中层主管,希望该出版社在出版界的某一特定领域占据支配地位,经过上级领导的同意,他决定以相当可观的价格购买一家比较小的出版社。该主管急于推行这一购买活动以确保出版社在市场中的重要地位,因此给手下施加压力,让他们在没有做好细致的准备之前就仓促上阵,他说道:"我们以后能清除那些细节。"

然而,他手下的快速行动忽略了一个不容忽略的细节。数以千计的客户订购了这家出版社的产品,出版社订单在握,这很好;账单及时开出,这也很好。但是只有20%的客户支付了货款,不知是什么原因,有人忘记了检查货款回收率。这件事情不是被有意隐瞒的,而是被湮没在其他大量琐碎的财务细节中,这样,非但不能使整个战略产生预期效果,而且其造成的损失妨碍了出版社几年内的其他投资。

如果管理者认为宏图大略才是当务之急,那么此想法将会诱使他相信所有的细节不值得关注。但与此同时,也将有一大堆"小事"带来一连串麻烦,导致他的重大机会被破坏,直至化成泡影。

(四) 影响力

如果说传统意义上的领导主要依靠权力,那么现代意义上的领导则更多是靠其内在的影响力。一个成功的领导者不是身居何等高位,而是能够凭借自身的威望、才智,把其他成员吸引到自己的周围,取得别人的信任,引导和影响别人来完成组织目标,并且使组织群体取得良好绩效的人。领导者的影响力日渐成为衡量一个领导者成功与否的重要标识。

一个拥有充分的影响力的领导者,可以在领导岗位上指挥自如、得心应手,带领队伍取得良好的成绩;相反,一个影响力很弱的领导者,过多地依靠命令和权力的领导者,是不可能在分队中树立真正的威信和取得满意的领导效能的。

（五）培养他人的能力

优秀的生产管理人员更关注员工的潜能的开发，鼓励和帮助下属取得成功。安排各种经历以提高他的能力，帮助他成长。如果指示太过详尽，就可能使部属养成不动脑筋的依赖心理。一个命令一个动作地机械工作，不但谈不上提升效率，更谈不上培养人才。在训练人才方面，最重要的是引导被训练者反复思考、亲自制订计划并付诸实行。只有独立自主，才能独当一面。对生产管理人员而言，最重要的工作就是启发部属的自主能力，使每一个人都能独立作业，而不是成为唯命是从的傀儡。

（六）带领团队的能力

管理从来不是一个人的事情，富有发展潜质的生产管理培训人员表现出团队取向的工作风格，他们乐于协同作战，在实际管理工作中，他们是"领头雁"，是足球场上的"灵魂人物"；他们善于营造一种团队协作、平等沟通的文化氛围；他们坚信1+1不等于2，善于运用头脑风暴放大集体的智慧；他们以开放的心态欢迎批评、面对冲突，从来不放弃寻找最好的问题解决办法；他们彼此欣赏，鼓舞士气，关注团队成员的共同发展。

团队合作对生产管理人员的最终成功起着举足轻重的作用。据统计，管理失败最主要的原因是生产管理人员和同事、下级处不好关系。对管理者而言，真正意义上的成功必然是团队的成功。脱离团队，去追求个人的成功，这样的成功即使得到了，往往也是变味的和苦涩的，长此以往是对公司有害的。因此，一个优秀的生产管理人员绝不是单兵作战，而是带领下属共同前进。

六、生产管理人员所需技能

自从20世纪初，美国推行泰罗的科学管理以来，美国制造业的劳动生产率一直高于欧洲各工业发达国家。美国在制造业的领先地位促进了农业劳动生产率的提高和服务业的发展，也使得美国很多企业逐渐把生产管理放到次要地位，使从事生产管理的人员成了"灰姑娘"。日本经济的振兴，主要靠的是制造业的高效率、低成本与高质量。面对日本企业咄咄逼人的挑战，美国一些企业又重新把注意力放到生产上，提出了各种夺回制造业优势的对策。美国国防部根据国会的要求，委托里海大学亚科卡研究所对美国制造技术规划进行研究，亚科卡研究所提出了"21世纪制造企业战略"报告。该报告对汽车工业、化学工业、半导体工业和电子产品工业进行了分析，提出要在2006年以前通过采用敏捷制造，夺回美国制造业在世界上的领先地位，服务业的竞争也同样激烈。

要搞好生产管理,必须有一支高水平的生产管理人员队伍。生产管理人员在生产运作之中运用了企业的绝大部分资金(固定资产——设施、设备等,流动资金——原材料、在制品、成品)来组织生产运作,他们活动的效果决定了企业效益的好坏。因此,生产管理人员在企业中的作用是十分重要的。

生产管理人员与其他管理人员一样,也是通过他人来完成工作任务的。但与其他管理人员不同,生产管理人员必须具备两方面的技能:

(一) 技术技能

技术技能包括两方面:专业技术与管理技术。生产管理人员面临的是转化物料或提供各种特定服务这样的活动,他们必须了解这个过程,具备有关的专业技术知识,特别是工艺知识。不懂专业技术的人是无法从事生产管理的,但仅有专业技术知识对生产管理人员是不够的,他们还需懂生产过程的组织、计划与控制、现代生产管理技术。这些正是本书要讲的内容。

(二) 行为技能

生产管理人员要组织工人和技术人员进行生产活动,他们必须具备处理人际关系的能力,要善于与他人共事,调动他人的积极性,协调众人的活动。

因此,企业对生产管理人员的要求是很高的。要获得这些技能,当一名有效的生产管理人员,一靠培训,二靠实践。生产管理人员是企业的宝贵财富,企业主管应当充分发挥他们的作用。

思 考 题

1. 什么是生产管理学?其研究对象是什么?
2. 生产管理学的研究方法有哪些?
3. 现代生产管理有什么特点?
4. 社会组织的基本职能及它们之间的关系是什么?
5. 经济学家将经济的发展分成哪几个阶段?每个阶段的特点是什么?
6. 服务业一般包括的活动有哪些?
7. 服务性生产的基本特征和特点是什么?
8. 服务性生产有什么类型?
9. 典型的社会组织的输入、转化和输出的内容是什么?
10. 输入、转化及输出之间的关系是什么?
11. 流程式生产与加工装配式生产有什么特点?

12. 订货型生产与备货型生产有什么特点?
13. 大量生产、单件生产及成批生产的内涵是什么?
14. 如何对大量生产、单件生产及成批生产进行管理?
15. 各举一个制造业与服务业中的大量大批生产与单件小批生产的例子,并说明其特点。
16. 为什么说单件小批生产不如大量大批生产的经济效益好?结合你所熟悉的一个企业,说明该企业的生产类型及其特征。
17. 生产管理的目标是什么?
18. 生产管理人员应具备什么样的能力?
19. 生产系统运行的主要内容是什么?
20. 生产运作、制造性生产、生产(生产过程)、工序、生产管理及生产系统的概念分别是什么?

第二章　生产管理的发展史

第一节　生产管理发展概述

生产是人类社会发展的原动力,也是一种消耗自然资源的人类活动。生产活动是人类社会赖以生存和发展的最基本活动,自从有了生产活动,就有了对生产的管理。随着科学技术的不断进步、生产力的不断发展,产生了一些资源浪费、生产过程复杂等问题。因此,人们开始重视合理的生产活动管理方法,包括如何合理组织资源消耗与生产活动的转化,如何以最少的投入换来最大的产出,如何对生产过程进行计划、组织、控制与实施,如何有效地组织生产等。

生产管理的历史可以追溯到古埃及金字塔和中国万里长城的建设时期,近代生产管理的历史始于英国蒸汽机的发明时期,其发展的原动力是产业革命。在产业革命之前,产品是由手工艺者在作坊里生产出来的,一个人通常自始至终负责制作一件产品,如一条毯子、一件家具。他们使用的工具都是简单的,我们今天使用的机器当时还没发明出来。产业革命开始于18世纪的英国,在美国内战结束后又传到美国。机械力迅速取代了人力,并且使在工厂中制造产品更加经济。

在制造业发展的初期,产品是在手工艺生产这一制度下生产出来的。手工艺生产是指技术高的工人利用简单且富有柔性的工具,根据顾客的特定要求生产商品的一种生产系统。手工艺生产本身有严重的缺陷,因为产品是经技术高的工人一个零件一个零件地装配出来的,所以生产效率低、成本高。另一个缺陷是生产成本并不随产量的增加而下降,即根本不存在刺激企业扩大规模的规模经济效益。结果,出现了很多小型企业,每个企业都有自己的标准体系。促使产业革命加快发展的一个重大变化是标准度量制的产生,它大大减少了对定制品的需求。工厂开始迅猛发展,大量农业人员被吸引到工厂去工作。

接着,许多发明创造从此改变了生产的面貌,机器代替了人力,钢铁制成的机器比使用的简单木制工具效率更高、更耐用。其中意义最重大的是蒸汽机的发明。1835年蒸汽机车的诞生和1839年汽油发动机汽车的诞生,以及1889年路巴索落和帕拿尔在法国成立第一家汽车制造厂,标志着生产管理的发展进入了一个新

第二章 生产管理的发展史

的阶段。汽车的生产首先带动了钢铁制造业的发展,所以继汽车业之后,钢铁企业也较早地进入了生产管理的新时代。理论来自实践,最初的生产管理理论多半来自汽车产业和钢铁制造业。比如,近代生产管理的鼻祖泰勒的"科学管理",其基本框架的形成,就是基于其本人在美国米德比尔钢铁制造厂的管理实践和研究中积累的经验和知识。"大量生产方式"是美国福特汽车公司的生产管理方式,而JIT(just in time)生产方式是由日本丰田汽车公司的生产管理负责人大野耐一开创的丰田生产方式(toyota production system,TPS)的核心内容。

尽管发生了这些巨大的变化,管理理论与实践并未获得长足的发展,这时迫切需要有一套比较系统、切实可行的管理方法做指导,大量生产开始后需要对工厂进行系统地管理,需要进行财务、人事等有关的生产经营活动。

本节将从如何将生产管理从经验性活动上升到科学管理的几个阶段进行介绍,来了解生产管理的发展历史。

一、生产管理的发展历程

生产管理是企业经营管理理论中历史最悠久、理论体系最严密的一个古老学科。中国的万里长城、埃及的金字塔等古代人类浩大的工程修建都是人类生产管理中最典型的代表。表2.1概括了生产管理学的一些重要理论与方法出现的时代与代表人物。

表2.1 生产管理的发展史

年份		主要理论与观点	创始人或代表人物
劳动分工时代	1776年	劳动分工理论,主张生产制造劳动专业化	亚当·斯密
	1790年	零件互换性	埃尔·惠特尼
	1883年	按技能进行劳动分工和委派任务	查尔斯·巴贝奇
科学管理原理时代	1911年	科学管理原理	泰勒
	1911年	工业心理学,动作研究与时间研究	吉尔布雷思夫妇
	1912年	活动规划图	甘特
	1913年	装配流水线	福特
	1915年	库存管理的数学模型	哈里斯
	1930年	工人动机的霍桑实验	梅奥

续表 2.1

	年份	主要理论与观点	创始人或代表人物
统计与运筹学时代	1931 年	质量控制图	休哈特
	1935 年	统计抽样法应用与质量控制	道奇,罗米格
	1947 年	线性规划法	乔治·丹齐克
	1951 年	质量成本理论	朱兰
	1954 年	排序理论	约翰逊
	1955 年	任务分配匈牙利算法	库恩
	1956 年	网络计划的关键路线法	美国杜邦公司
	1958 年	网络计划的计划评审法	美国海军
基于成本竞争时代	1960 年	零缺陷质量	克罗斯比
	1961 年	全面质量控制(TQC)	费根鲍姆
	1962 年	价值工程	迈尔斯
	1963 年	物料需求计划(MRP)	奥里奇,怀特
	1970 年	最优生产技术(OPT)	高德拉特
	1973 年	计算机集成制造(CIMS)	哈林顿
全面质量管理时代	20 世纪 80 年代	准时化生产	日本丰田公司
	1980 年	约束理论(TOC)	高德拉特
	20 世纪 80 年代初	漏斗模型	贝希特,维恩达尔
	20 世纪 80 年代初	制造资源计划	美国生产与库存管理协会
	20 世纪 60 年代至 80 年代	全面质量管理	日本企业
	20 世纪 80 年代末	计算机集成制造系统	美国
基于时间的竞争与变革的管理时代	20 世纪 90 年代	敏捷制造	美国里海大学,国防部
	1990 年,1993 年	业务流程重组	哈默,钱皮
	20 世纪 90 年代中	企业资源计划	美国高德纳咨询公司
基于服务竞争的时代	20 世纪 90 年代末	大规模定制	美国
	20 世纪 90 年代末	绿色制造与供应链管理	美国,欧洲
	21 世纪初	可持续制造	美国,欧洲

下面将对主要事件进行系统介绍。

(一) 第一阶段——18世纪70年代

《国民财富的性质和原因的研究》简称《国富论》,它总结了近代初期各国资本主义发展的经验,并在批判吸收了当时有关重要经济理论的基础上,就整个国民经济运动过程做了系统、清晰的描述。2015年11月,它被评为最具影响力的20本学术书之一。它的作者亚当·斯密(1723—1790)是经济学的主要创立者,他在1776年发表的《国富论》一书中,对组织和社会将从劳动分工中获得巨大的经济利益进行了论述,如图2.1所示。

图2.1 亚当·斯密及其著作《国富论》

亚当·斯密在《国富论》中第一次提出了劳动分工观点,系统地阐述了劳动分工对提高生产率和促进国民财富的巨大作用。他在书中这样写道,"同样数量的劳动者何以因为劳动分工就能完成更多的工作呢? 其间,可以说有三个原因:第一,每一个劳动者的熟练程度提高了;第二,节省了通常从一种工作转到另一种工作所浪费的时间;第三,发明了许多机械,简化和减少了劳动,使得一个人能够完成许多人的工作"。

亚当·斯密的理论产生于第一次工业革命的年代,即从手工生产到机械生产的转变时期。在此之前,产品是手工作坊生产的少量的定制产品。手工生产的最大缺陷是生产率低、成本高。

(二)第二阶段——19世纪末至20世纪初

这一阶段的理论和方法有:泰勒的科学管理、吉尔布雷思夫妇的工作研究、甘特的甘特图、福特的装配流水线、哈里斯的经济订货批量(EOQ)。

1. 泰勒——科学管理

20世纪初,科学化管理运动发源于美国。泰勒(Frederick Winslow Taylor)是美国管理学家,科学管理的创始人,被管理界誉为"科学管理之父",也被称为"工业工程之父"。他倡导科学管理运动,并撰写了《科学管理原理》这一奠基性管理巨著(图2.2),将过去一直以来依靠经验进行的生产管理活动上升到科学的高度,使人们认识到通过科学的管理活动,也可以像采用先进技术那样为企业带来利润。

图2.2 泰勒及其著作《科学管理原理》

泰勒依据对工作方法的观测、分析和改进及提高工人的工资,将管理建立在科学之上。他通过对工作方法进行详细研究来确定做每一项工作的最佳方法,把工作分成两类:一类是操作工人从事的工作,另一类是主管人员或监督人员的工作。泰勒认为,科学管理的根本目的是谋求最高劳动生产率,最高的工作效率是雇主和雇员达到共同富裕的基础,要达到最高的工作效率的重要手段是用科学化的、标准化的管理方法代替经验管理。泰勒认为最佳的管理方法是任务管理法。他在书中这样写道,"广义地讲,对通常所采用的最佳管理模式可以这样下定义:在这种管理体制下,工人们发挥最大程度的积极性;作为回报,则从他们的雇主那里取得某些特殊的刺激"。这种管理模式将被称为"积极性加刺激性"的管理,或称为任务管理。

泰勒科学管理的基本观点是：

(1) 科学管理的中心问题是提高劳动生产率。

泰勒在《科学管理原理》一书中充分强调提高劳动生产率的重要性和可能性。他通过科学观察、记录和分析，进行工时和动作研究，在实现工时合理有效利用的基础上，制定合理的日工作量，这就是所谓的工作定额原理。

(2) 为了提高劳动生产率必须挑选和培训"第一流的工人"。

"第一流的工人"是指那些在体力及智力上能够适应做将要承担的工作，并愿意尽最大努力工作的人。泰勒认为，只要工作合适，每个人都能成为第一流的工人。而培训工人成为"第一流的工人"是企业管理者的责任。

(3) 要使工人掌握标准化的操作方法，使用标准化的工具、机器和材料，并使作业环境标准化。

他认为通过标准化，可以消除各种不合理的因素，将各种最好的因素有效地结合起来，形成一种最好的方法，以便充分提高劳动生产率，这便是所谓的标准化原理。

(4) 实行有差别的计件工资制。

为了鼓励工人达到或超额完成定额，在制定和执行有科学依据的定额（或标准）的基础上，对达到定额者以正常工资率付酬，超过定额以高工资率付酬，未达到定额者以低工资率付酬，借此来调动工人的积极性，从而促使工人提高劳动生产率。

(5) 工人和雇主双方都必须来一次"精神革命"。

泰勒试图在工人和雇主间谋求一种和谐的人际关系，使双方都把注意力从赢利的分配转到增加赢利数量上来。只要他们用友好合作及互相帮助代替对抗和斗争，就能够得到比过去更多的赢利。从而使工人的工资大幅度增加，使企业主的利润也大量增长。这样，双方没必要再为赢利的分配争吵。

(6) 把计划职能同执行职能分开，以科学工作法取代原来的经验工作法。

泰勒主张应有意识地把原来由工人全部承担的工作按其性质分成两部分，即分成计划职能和执行职能。由企业管理当局设立专门的计划部门承担计划职能，现场工人只依据计划从事执行职能。工人必须依据计划部门制定的操作方法和指令，使用规定的标准化工具进行工作，不得凭借经验自行改变。

(7) 实行"职能工长制"。

泰勒主张，为使工长能够有效地履行职责，必须将管理工作进行细分，使每一工长只承担一种职能，这样就形成了一个工人同时接受多个工长的领导，容易引起混乱。故"职能工长制"未能得到推广，但这种思想为后来的职能部门的确立和管理的专业化提供了参考。

(8) 提出"例外原则"。

泰勒认为,"例外原则"指组织的上层管理人员应把一般的日常管理问题授权给下级管理人员去处理,而自己只保留对例外事项的决策和监督权。

除此之外他还提出管理部门应负责制定计划,认真挑选和培训工人,找出完成每一项工作的最佳方法,实现管理部门与工人的合作,以及将管理活动从工作活动中分离出来。

2. 吉尔布雷思夫妇 —— 工作研究

吉尔布雷思(Frank Gilbreth)是一位工程师,他的夫人(Lillian Gilbreth)是个心理学家,他们致力于工程管理学的研究,改进了泰勒的方法,被称之为"动作研究(motion study)"。吉尔布雷思夫妇(图2.3)将各种动作分解成17个最基本的动素,然后对工作动作进行分析,消除多余笨拙动作,使工作更为省力和灵巧。

动作研究,是工业工程体系中最重要的基础技术,利用方法研究和作业测定两大技术,分析影响工作效率的各种因素,消除浪费,运用系统分析的方法把工作中不合理、不经济、混乱的因素排除掉,减轻劳动强度,合理安排作业,寻求更好、更经济、更容易的工作方法,并制定该工作所需的标准时间,从而提高劳动生产率和整体效益。其基本目标是避免浪费,包括时间、人力、物料、资金等多种形式的浪费。工作研究的目标在西方企业中曾经用一句非常简洁的话来描述过"Work smart, not hard."。

图2.3 吉尔布雷思夫妇

1912年,他们进一步改进动作研究方法,把工人操作时的动作拍成影片,创造了影片分析法,对动作进行细致的研究。1921年,他们又创造了工序图,为分析和建立良好的工作顺序提供了工具。

吉尔布雷思夫妇认为,要取得作业的高效率,以实现高工资与低劳动成本相结合的目的,就必须做到以下几点:

第一,要规定明确的高标准作业量。对企业的所有员工,不论职位高低,都必须规定其任务,这个任务必须是明确的、详细的、并非轻而易举就能完成的。他们主张在一个组织完备的企业里,作业任务的难度应达到非第一流工人不能完成的地步。

第二,要有标准的作业条件。要对每个工人提供标准的作业条件(从操作方法到工具、材料、设备),以保证工人能够完成标准的作业量。

第三,完成任务者付给高工资。如果工人完成了给他规定的标准作业量,就应该付给他高工资。

第四,完不成任务者要承担损失。如果工人不能完成给他规定的标准作业量,他迟早承担由此造成的损失。

上述内容是指,要科学地规定作业标准和作业条件,实行刺激性的工资制度。其中,作业标准和作业条件必须通过时间研究和动作研究才能确定下来。而这种刺激性的工资制度,也就是差别计件工资制。

3. 甘特 —— 甘特图表

亨利·甘特(图2.4)是泰勒创立和推广科学管理制度的亲密的合作者,也是科学管理运动的先驱者之一。甘特非常重视工作中人的因素,因此他也是人际关系理论的先驱者之一。

图2.4 亨利·甘特

他对科学管理理论的重要贡献有:

① 提出了任务和奖金制度；

② 强调对工人进行教育的重要性，重视人的因素在科学管理中的作用，其在科学管理运动先驱中最早注意到人的因素；

③ 制定了甘特图表——生产计划进度图（是当时管理思想的一次革命）。

甘特图表，即通过图表来显示项目、进度和其他时间相关的系统进展的内在关系随着时间进展的情况。他在20世纪早期引用了这种工作和方法。在图表上，项目的每一步在被执行的时间段中用线条标出。完成以后，甘特图表能以时间顺序显示所要进行的活动，以及那些可以同时进行的活动。

个人甘特图表和时间表是两种不同的任务表达方式，个人甘特图表可以使用户直观地知道有哪些任务在什么时间段要做，而时间表则提供更精确的时间段数据。此外，用户还可以在时间表中直接更新任务进程。

甘特图表以图示通过活动列表和时间刻度表示出特定项目的顺序与持续时间。一条线条图，横轴表示时间，纵轴表示项目，线条表示期间计划和实际完成情况。直观地表明计划何时进行，进展与要求的对比。便于管理者弄清项目的剩余人物，评估工作进度。甘特图表是以作业排序为目的，将活动与时间联系起来的最早尝试的工具之一，帮助企业描述工作中心、超时工作等资源的使用。

4. 福特——装配流水线

亨利·福特（图2.5），出生于密歇根州的迪尔伯恩，是美国著名企业家，被称为"为世界装上轮子的人"。他是第一位将科学管理原理应用于实践中的企业家。他发明的流水生产线开创了现代大量生产的序幕。

图2.5　亨利·福特

第二章　生产管理的发展史

在20世纪初,汽车在美国开始走俏。福特公司的T型车(图2.6)大获成功,供不应求。为提高运营效率,福特采纳了由泰勒提出的科学管理原理,应用了汽车装配线。1913年,福特发明的流水生产线拉开了现代大工业生产的序幕。他应用创新理念和反向思维逻辑提出,在汽车组装中汽车底盘在传送带上以一定速度从一端向另一端前行。前行中,逐步装上发动机、操控系统、车厢、方向盘、仪表、车灯、车窗玻璃、车轮,一辆完整的车组装成了。最后,他创建了装配流水线的生产组织方式。

图2.6　亨利·福特和T型车

在汽车业采用大量生产方式是福特的众多贡献之一。大量生产是指由技术不高或技术一般的工人使用极专业化且通常较昂贵的设备生产出大量标准化产品的一种生产系统。福特之所以能做到这一点,是因为他利用了许多重要概念,其中一个关键的概念是零件互换性。零件互换性最早是由美国一位发明家埃尔·惠特尼于18世纪末提出的。将这一概念用在汽车业生产上就是使零件标准化,从而使批量中的任一零件适合于装配线上的任一辆汽车。这就意味着与手工艺生产不同,零件无须定做,标准化的零件可通过使生产中测量零件的量具标准化和采用生产通用零件的新工艺,实现零件的可互换性,结果装配时间和成本大大减少。

福特使用的第二个概念是劳动分工。这是亚当·斯密在《国富论》中提出的一个重要概念。劳动分工意味着一个工作(如装配一辆汽车)被分解成一系列小的作业,以使每个工人完成整个工作的一小部分。与每个工人需要一定技术负责做许多作业的手工艺生产不同,利用劳动分工使分解的作业涉及面很窄,每个工人几乎不需要什么技术。

5. 哈里斯——经济订货批量

哈里斯(F. W. Harris)于1915年提出了库存管理的数学模型,也就是著名的经济批量模型,也是后来著名的经济订货批量模型。

20世纪30年代,在贝尔电话实验室(Bell Telephone Labs)工作的三个同事道奇(H. F. Dodge)、罗米格(H. G. Romig)和休哈特(W. Shewhart)提出了抽样与质量控制的统计程序。1935年,蒂皮特(L. H. C. Tippett)进行的研究为统计抽样理论提供了基础。初期这些模型并未在工业上获得广泛应用。然而第二次世界大战的爆发改变了这一状况。战争给制造业带来了很大的压力,很多学科的专家共同努力来促进军事和制造业的迅速发展。为了解决后勤组织和武器系统设计的复杂问题所做的工作,促使运筹学想跨学科发展,尤其是在生产领域的应用,使生产管理的预测和决策更加科学。第二次世界大战后,研究和改进定量方法的工作仍在进行,预测、库存管理、项目管理及运营管理中其他方面的决策模型相继被提出。

经济订货批量通过平衡采购进货成本和保管仓储成本核算,以实现总库存成本最低的最佳订货量。经济订货批量是固定订货批量模型的一种,可以用来确定企业一次订货(外购或自制)的数量。当企业按照经济订货批量来订货时,可实现订货成本和储存成本之和最小化。在库存管理中必须做出的基本决定之一就是对照发出重新补充库存的订单的成本平衡库存投资的成本。要回答的问题是,应该订多少货。正确的订货数量要使同发出订单的次数有关的成本与同所发订单的订货量有关的成本达到最好的平衡。当这两种成本恰当地平衡时,总成本最小。这时所得的订货量就叫作经济批量或经济订货量。

订货批量概念是根据订货成本来平衡维持存货的成本,了解这种关系的关键是平均存货等于订货批量的一半。因此,订货批量越大,平均存货就越大,相应地,每年的维持成本也越大。然而,订货批量越大,每一计划期需要的订货次数就越少,相应地,订货总成本也就越低。把订货批量公式化可以确定精确的数量,据此,对于给定的销售量,订货和维持存货的年度联合总成本是最低的。使订货成本和维持成本总计最低的点代表了总成本。上述讨论介绍了基本的批量概念,并确定了最基本的目标。简单地说,这些目标是要识别能够使存货维持和订货的总成本降低到最低限度的订货批量或订货时间。

购进库存商品的经济订货批量,是指能够使一定时期购、存库存商品的相关总成本最低的每批订货数量。企业购、存库存商品的相关总成本包括购买成本、相关订货费用和相关储存成本之和。

第二章　生产管理的发展史

经济订货批量模型是目前大多数企业最常采用的货物定购方式,是通过库存成本分析求得在库存总成本为最小时的每次订购批量,用以解决独立需求物品的库存管理问题。经济订货批量模型的提出将定量分析方法应用到了企业的生产管理中。

(三) 第三阶段——20世纪30年代

这一时期对生产管理理论与方法体系不断完善的贡献主要体现在两个方面。

1. 质量控制的提出

由于流水生产方式的发展,大批量生产逐渐成为许多企业采用的主要生产组织方式,随之而来的是如何提高质量控制水平。因为批量大,逐个检验极不经济,也不可能,于是休哈特和道奇提出了质量控制(quality control,QC)的方法,引入统计质量控制(statistic quality control,SQC)的概念,采用抽样检验的方法,解决了质量控制的经济性问题。

美国人戴明(W. Edwards Deming)和朱兰等人把工人参加质量管理和工序过程质量控制(process quality control,PQC)的思想带到了日本,经过日本人在企业经营管理中的进一步实践,创立了后来的全面质量管理(total quality management,TQM)理论。由于20世纪70至80年代全面质量管理在全世界范围内普及,到1987年,国际标准化组织颁布了ISO9000认证标准,对建立全球制造业的质量标准发挥了重要作用。

为达到质量要求所采取的作业技术和活动称为质量控制。这就是说,质量控制是为了通过监视质量形成过程,消除质量环上所有阶段引起不合格或不满意效果的因素,以达到质量要求、获取经济效益而采用的各种质量作业技术和活动。质量控制是为使产品或服务达到质量要求而采取的技术措施和管理措施方面的活动。质量控制的目标在于确保产品或服务质量能满足要求(包括明示的、习惯上隐含的或必须履行的规定)。

企业要在激烈的市场竞争中生存和发展,仅靠方向性的战略性选择是不够的。任何企业间的竞争都离不开产品质量的竞争,没有过硬的产品质量,企业终将在市场经济的浪潮中消失。而产品质量作为最难以控制和最容易发生的问题,往往让供应商苦不堪言,小则退货赔钱,大则客户流失,关门大吉。因此,如何有效的进行过程控制是确保产品质量和提升产品质量,促使企业发展、赢得市场、获得利润的核心。在企业领域,质量控制活动主要是企业内部的生产现场管理,它与有否合同无关,是指到达和保持质量而进行控制的技术措施和管理措施方面的活动。质量检验从属于质量控制,是质量控制的重要活动。在国际上,质量控制对象根据它们的重要程度和监督控制要求的不同,可以设置"见证点"或"停止点"。

"见证点"和"停止点"都是质量控制点,由于它们的重要性或其质量后果影响程度有所不同,它们的运作程序和监督要求也不同。

质量控制大致可以分为7个步骤:

① 选择控制对象;

② 选择需要监测的质量特性值;

③ 确定规格标准,详细说明质量特性;

④ 选定能准确测量该特性值或对应的过程参数的监测仪表,或自制测试手段;

⑤ 进行实际测试并做好数据记录;

⑥ 分析实际与规格之间存在差异的原因;

⑦ 采取相应的纠正措施。

当采取相应的纠正措施后,仍然要对过程进行监测,将过程保持在新的控制水准上。一旦出现新的影响因子,还需要测量数据分析原因进行纠正,因此这7个步骤形成了一个封闭式流程,称为"反馈环"。这点和六西格玛质量突破模式的DMAIC(define, measure, analyze, improve, control)有共通之处。

在上述7个步骤中,最关键的有两点:质量控制系统的设计与质量控制技术的选用。

2. 人际关系学的提出

科学管理十分强调工作设计的技术方面,而人际关系学说则强调在工作设计中人这一因素的重要性。心理学家吉尔布雷思和她的丈夫弗兰克·吉尔布雷思一起着重研究了工作中的人力要素。他们在20世纪20年代的研究大多是有关工人疲劳方面的问题,但到了20世纪20年代末,人们已经开始意识到影响人们工作效率的不仅仅是工作方法的问题,还与人的心理和精神因素有关。20世纪30年代,梅奥在西方电气公司的霍桑工厂进行研究,他的研究表明除了工作的实物和技术条件外,工人动机对提高生产率至关重要。

霍桑实验(图2.7)是人际关系理论发展的重要里程碑。由梅奥在著名的霍桑实验(Hawthorne experiment)中建立的人际关系学,首次提出企业的工人不仅仅是经济人,而首先是社会人的观点,把对人性的认识提高了一步,为企业管理者如何调动人的积极性提供了理论指导。

霍桑实验是管理心理学中的一个著名实验,是关于人群关系运动的实验研究,是指1924—1932年美国哈佛大学教授梅奥主持的在美国芝加哥郊外的西方电器公司霍桑工厂所进行的一系列实验。霍桑工厂是一个制造电话交换机的工厂,具有较完善的娱乐设施、医疗制度和养老金制度,但工人们仍愤愤不平,生产成绩很不理想。为找出原因,弄清照明的质量对生产效率的影响,美国国家研究委员会组织研究小组开展实验研究。

图 2.7　霍桑实验

　　古典管理理论都着重强调管理的科学性、合理性、纪律性,而未给管理中人的因素和作用以足够重视。他们的理论是基于这样一种假设,即社会是由一群无组织的个人所组成的;他们在思想上、行动上力争获得个人利益,追求最大限度的经济收入,即"经济人";管理部门面对的仅仅是单一的职工个体或个体的简单总和。基于这种认识,工人被安排去从事固定的、枯燥的和过分简单的工作,成了"活机器"。从 20 世纪 20 年代美国推行科学管理的实践来看,一方面泰勒制在使生产率大幅度提高的同时,也使工人的劳动变得异常紧张、单调和劳累,因而引起了工人的强烈不满,并导致工人的怠工、罢工及劳资关系日益紧张等事件的出现;另一方面,随着经济的发展和科学的进步,有着较高文化水平和技术水平的工人逐渐占据了主导地位,体力劳动也逐渐让位于脑力劳动,也使得西方的资产阶级感到单纯用古典管理理论和方法已不能有效控制工人以达到提高生产率和利润的目的。

　　霍桑实验对古典管理理论进行了大胆地突破,他发现非正式组织的存在,发现工人不是只受金钱刺激的"经济人",而个人的态度在决定其行为方面起重要作用。他认为,人才是企业发展的动力之源,有效沟通是管理中的艺术方法,企业文化是寻求效率逻辑与感情逻辑之间的动态平衡的有效途径。他第一次把管理研究的重点从工作和物的因素上转到人的因素上来,不仅在理论上对古典管理理论做了修正和补充,开辟了管理研究的新理论,还为现代行为科学的发展奠定了基础,而且对管理实践产生了深远的影响。管理不仅是对物质生产力的管理,更重要的是对有思想、有感情的人的管理。人的价值是无法估量的,是社会上最宝贵的资源,是生产力中最耀眼的明珠。只有最大限度地开发人力资源,切实树立"重视人、尊重人和理解人"的管理思维模式,企业的发展才可能有美好灿烂的未来。

(四)第四阶段——20世纪40年代

20世纪30年代,贝尔电话实验室的休哈特等人利用数理统计原理提出了抽样和质量控制的统计程序,而后,蒂皮特则进行了工作抽样研究。直到现在这两项研究仍在使用。第二次世界大战期间,为了解决后勤组织和武器系统设计的复杂问题所做的工作,促使运筹学向跨学科发展,尤其是在生产管理领域的应用,使生产管理的预测、决策更为科学。

此时的生产管理体系主要吸收了在第二次世界大战中创立的资源优化理论与方法,形成了运筹学在企业生产组织过程中的应用体系,在哈里斯提出EOQ模型后又将定量分析方法向前推进了一大步。直到现在,这些方法还是人们研究与应用的重点。

运筹学是现代管理学的重要部分,其主要目的是在管理人员做决策时为其提供科学依据,是实现有效管理、正确决策和现代化管理的重要方法之一。运筹学是应用数学和形式科学的跨领域研究,利用统计学、数学模型和算法等方法,去寻找复杂问题中的最佳或近似最佳的解答,它使用许多数学工具(包括概率统计、数理分析、线性代数等)和逻辑判断的方法,来研究系统中人、财、物的组织管理、筹划调度等问题,以期发挥最大效益。运筹学经常用于解决现实生活中的复杂问题,特别是改善或优化现有系统的效率。在应用方面,多与工业工程、仓储、物流、算法等领域相关。

运筹学起源于20世纪40年代,可是,人们普遍认为,运筹学的活动是从第二次世界大战初期的军事任务开始的。当时迫切需要把各项稀少的资源以有效的方式分配给各种不同的军事经营部门及在每一经营部门内的各项活动,所以美国及随后美国的军事管理当局都号召大批科学家运用科学手段来处理战略与战术问题,实际上这便是要求他们对种种(军事)经营进行研究,这些科学家小组正是最早的运筹小组。

第二次世界大战期间,运筹学成功地解决了许多重要的作战问题,为运筹学后来的发展铺平了道路。

第二次世界大战以后,当战后的工业恢复繁荣时,由于组织内与日俱增的复杂性和专门化所产生的问题,人们认识到这些问题基本上与战争中曾面临的问题类似,只是具有不同的现实环境而已,运筹学就这样潜入工商企业和其他部门,在20世纪50年代以后得到了广泛的应用。运筹学的发展及其在生产管理中的应用给生产管理带来了惊人的变化。存储理论、线性规划方法、网络计划方法、排序方法等一系列的定量化工具在生产管理中获得很频繁的应用。对于系统配置、聚散、竞争的运用机理深入的研究和应用,形成了比较完备的一套理论,如规划论、排队论、存储论、决策论等,其理论上的成熟和电子计算机的问世,又大大促进了运筹学的

第二章　生产管理的发展史

发展,世界上很多国家已成立了致力于该领域及相关活动的专门学会,美国于1952年成立了运筹学会,并出版了期刊《运筹学》,世界其他国家也先后创办了运筹学会与期刊,1959年成立了国际运筹学协会(International Federation of Operational Research Societies,IFORS)。

在生产管理中,运筹学的理论与方法发挥了举足轻重的作用。主要应用包括以下几方面:

① 计划问题的优化求解。利用线性规划、整数规划、模拟方法来求解适应需求的生产、存储和劳动力安排问题、配料问题、作业编制、日程安排等。

② 库存的管理。库存问题是生产管理中的一个核心问题,库存问题的核心在于多长时间检查库存、何时补充库存及每次补给量是多少。利用存储理论建立相应的数学模型可以解决上述问题。

③ 质量控制。20世纪四五十年代起,质量管理专家大量采用统计、运筹学方法进行质量控制,如正交实验方法、抽样检验、多元诊断、控制图等。

④ 厂址的选择。厂址的选择是新厂建设或老厂改造时一个重要的决策问题。运筹学中的线性规划方法、运输模型都可以有所作为。

⑤ 设备维修。设备维修是生产的一个基础工作,设备的维护决策、机器的可靠性分析都需要运筹学的知识。

运筹学在企业应用的未来发展趋势是多学科交叉,比如模糊方法、人工智能方法的结合,同时增加软系统方法应用。

(五) 第五阶段——20世纪50年代至60年代

这一阶段对于生产管理体系的建立具有历史性的影响。在此之前,生产管理体系包含了许多方面的工作,因为那时的管理体系还不是十分完整。再加上企业的管理活动大都与生产有关,所以基本上认为那时候的管理活动主要是生产管理方面的问题,虽然其间也出现了人际关系学说。但是,到了20世纪五六十年代,人际关系学、运筹学、质量管理学、设备管理学等逐渐形成自己的一套体系,整个管理学科也逐渐成形,这时的生产管理成为管理学科体系中的一个分支。从那时起,生产管理的学科体系就基本上确定下来了。

(六) 第六阶段——20世纪70年代

这一阶段的最大特点也是生产管理发展过程中一次质的飞跃——计算机开始进入企业的应用领域。

20世纪50年代以来,计算机在生产管理中得到了广泛的应用。20世纪60年代计算机开始在制造业使用,促进了自动化程度的提高。在制造业,到了20世纪70年代计算机开始引进到生产运营管理中,重大的突破就是在生产计划和库存控

制中运用了物料需求计划。物料需求计划可以借助计算机的计算能力来计算物料需求的时间和需求的数量,从而达到按需要准时生产的目的,大大地降低了库存。到了20世纪80年代,在此基础上发展出来了制造资源计划。制造资源计划不仅涉及物料,还涉及生产能力和一切制造资源,是一种生产资源的协调系统。制造资源计划把企业生产经营管理过程的销售、生产、库存、成本管理、车间作业、采购等业务活动统一起来。因此它统一了企业生产经营活动,使企业能够按物料转化为组织生产。随着信息技术和网络技术的发展,人们不断地改造制造资源计划。20世纪90年代初,由美国加特纳公司首先提出了企业资源计划的概念。企业资源计划除具有制造资源计划包含的功能以外,还包含金融投资管理、法规与标准、市场信息等功能。此外,它主要吸收了供应链的管理思想和敏捷制造技术,实现全供应链采购、生产、销售各环节的资源无间断集成企业资源计划,它是企业物流、信息流、资金流的集成,因此称为企业资源计划。

1973年,美国的哈林顿提出了计算机集成制造的概念。这是计算机技术在生产制造过程中的又一重大应用。由此发展出计算机集成制造系统,进一步把企业的经营过程集成一个完整的有机整体。20世纪90年代,在制造资源计划基础上又发展出来一种新的计算机辅助生产管理软件,即企业资源计划。企业资源计划从更广泛的资源空间进行资源的优化,实现供应链整体资源优化。计算机集成制造系统和企业资源计划的应用使企业处理物流与信息流的能力增强。随着网络技术的发展,计算机技术会更广泛地应用于企业生产管理中,提高相应企业市场的能力。但是如何与人、管理有机结合起来,是今后计算机辅助生产管理的一个重要研究课题。

最具代表性的任务就是IBM的奥里奇和怀特,他们在20世纪60年代中期将计算机技术用于编制企业物料需求计划,研究出了著名的物料需求计划系统,到20世纪70年代初的时候发展闭环式物料需求计划,成为当今计算机管理软件的奠基人。随着计算机系统的发展,使得短时间内对大量数据的复杂运算成为可能。人们为解决订货点法的缺陷,提出了物料需求计划理论,将此作为库存的订货计划,一般也称作基本物料需求计划。

物资需求计划,指根据产品结构各层次物品的从属和数量关系,以每个物品为计划对象,以完工时期为时间基准倒排计划,按提前期长短区别各个物品下达计划时间的先后顺序,是一种工业制造企业内物资计划管理模式。物料需求计划是根据市场需求预测和顾客订单制定产品的生产计划,然后基于产品生成进度计划,组成产品的材料结构表和库存状况,通过计算机计算所需物料的需求量和需求时间,从而确定材料的加工进度和订货日程的一种实用技术。

美国生产与库存控制协会(American Production and Inventory Control Society,APICS)对物料需求计划的定义是依据主生产计划(Master Production

Schedule, MPS)、物料清单、库存记录和已定未交订单等资料,经由计算得到各种相关需求(dependent demand)物料的需求状况,同时提出各种新订单补充的建议,以及修正各种已开出订单的一种实用技术。其主要内容包括客户需求管理、产品生产计划、原材料计划及库存记录。其中客户需求管理包括客户订单管理及销售预测,将实际的客户订单数与科学的客户需求预测相结合即能得出客户需要什么及需求多少。

物料需求计划是一种推式体系,根据预测和客户订单安排生产计划。因此,物料需求计划基于天生不精确的预测建立计划,"推动"物料经过生产流程。也就是说,传统物料需求计划依靠物料运动经过功能导向的工作中心或生产线(而非精益单元),这种方法是为最大化效率和大批量生产来降低单位成本而设计的。计划、调度并管理生产以满足实际和预测的需求组合。生产订单出自主生产计划,然后经由物料需求计划计划出的订单被"推"向工厂车间及库存。

企业资源计划的发展过程,虽然经历了订货点法、物料需求计划、闭环式物料需求计划、制造资源计划和企业资源计划五个阶段,但物料需求计划的方法依然是其核心和基础。物料需求计划的基本功能是实现物料信息的集成,保证及时供应物料,降低库存,提高生产效率。

随着人们认识的加深及计算机系统的进一步普及,物料需求计划的理论范畴也得到了发展,为解决采购、库存、生产、销售的管理问题,发展了生产能力需求计划,车间作业计划及采购作业计划理论,提出了闭环式物料需求计划,作为企业的一种生产计划与控制系统。物料需求计划逻辑流程如图2.8所示。

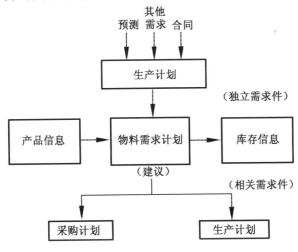

图2.8 物料需求计划逻辑流程

这一时期对生产管理的贡献还表现在对服务质量与生产率(service quality and productivity)的关注上,典型的案例如麦当劳的运作方式。人们开始关心服务业企业的运作管理问题,生产管理也变成了生产与运作管理。

(七) 第七阶段——20世纪80年代

由于信息技术的发展、经济全球化的趋势,以及世界范围的市场竞争环境,企业更加关心生产的组织方式。这一时期出现在生产运作管理体系中的新理论与方法包括准时化生产、全面质量管理、工厂自动化、制造战略、同步制造、精细生产、业务流程重构、供应链管理和电子化企业等。其中准时化生产与丰田生产方式,以及全面质量管理在这一阶段占据了举足轻重的地位。

1. 准时化生产与日本管理模式

20世纪80年代,日本的汽车产量超过了美国,成为世界汽车产量最大的国家。大量价廉质优的日本汽车进入美国,使美国在国内汽车市场的占有率由100%下降到64%。这样的结果源于日本汽车工业采用不同于福特的新生产方式,即丰田公司的生产方式——准时化生产。

准时化生产,简称"JIT生产方式",是日本丰田公司从20世纪50年代开始经过30年的历史磨炼,逐渐形成的一种生产方式。准时化生产是指建立在力求消除一切浪费和不断提高生产率基础上的一种生产理念。主要特点是零库存,用户需要多少,就供应多少。不会产生库存和占用流动资金,并且用户不需求的商品就不用订购,可避免商品积压、过时质变等不良品浪费,也可避免装卸、搬运及库存等费用。准时化生产的核心是"零库存、零缺陷",即通过不断地降低库存暴露矛盾,解决问题,进行永无休止的改进。

在倡导JIT生产方式以前,世界汽车生产企业包括丰田公司均采取福特式的"总动员生产方式",即一半时间人员和设备、流水线等待零件,另一半时间等零件一运到,全体人员总动员,紧急生产产品。这种方式造成了生产过程中的物流不合理现象,尤以库存积压和短缺为特征,生产线或者不开机,或者开机后就大量生产,这种模式导致了严重的资源浪费。丰田公司的JIT生产方式采取的是多品种、少批量、短周期的生产方式,达到消除库存、优化生产物流、减少浪费的目的。

JIT生产方式的基本思想是"在需要的时候,按需要的量生产所需的产品",也就是通过生产的计划和控制及库存的管理,追求一种无库存或库存达到最少的生产系统。为此而开发了包括"看板"在内的一系列具体方法,并逐渐形成了一套独具特色的生产经营体系。

JIT生产方式以准时生产为出发点,首先暴露出生产过量和其他方面的浪费,然后对设备、人员等进行淘汰、调整,达到降低成本、简化计划和提高控制的目的。在生产现场控制技术方面,JIT生产方式的基本原则是在正确的时间,生产正确数量的零件或产品,即时生产。它将传统生产过程中前道工序向后道工序送货,改为后道工序根据"看板"向前道工序取货,看板系统是JIT生产方式生产现场控制技术的核心,但JIT生产方式不仅仅是看板管理。

日本管理模式的特点是:

① 在提高生产率中重视人的作用。西方国家对提高生产率主要通过技术与设备的自动化与现代化水平来实现。但是日本企业更多是通过人的因素、人的改善精神来实现生产率的提高。

② 重视团队活动在生产活动中的作用。日本企业生产管理中有比较多的团队组织活动,比如改善团队、创造团队等。

③ 精细化思想。日本企业在生产管理中,以丰田公司为代表形成的生产管理模式,其基本特征是工作精细化,追求高质量。

JIT生产方式包含丰富的管理思想和方法,并且将它们有机地组成一个体系,它用最少的库存生产最多的产品,并且把全面质量控制也融合其中,实现了零缺陷生产。它经受住了1973年石油危机的考验,被认为是一种具有新的管理哲学的生产方式,并在20世纪80年代得到发达国家的承认和普遍重视。在这期间,工厂自动化以各种方式也促进了运营管理的发展,出现了多种生产方式,如计算机集成制造系统、柔性制造系统等。准时化生产在20世纪80年代获得全球的广泛关注,因而JIT生产方式和计算机集成制造系统成为20世纪最有竞争力的两个世界级制造战略武器。

20世纪90年代准时化生产进一步演变为精益生产,并且和全面质量管理思想相得益彰。精益生产和全面质量管理共同构成了日本管理模式。

2. 全面质量管理

20世纪80年代在管理实践和理论上,另一项重要贡献是全面质量管理和质量保证体系的诞生。全面质量管理在20世纪80年代在许多公司得到实施,更广泛地被企业使用是在20世纪90年代。ISO9000是国际标准化组织提出的关于企业质量管理和质量保证体系标准,是每个企业在国际市场上共同遵守的关于质量方面的准则。

全面质量管理是指一个组织以质量为中心,以全员参与为基础,目的在于通过用户满意和本组织所有成员及社会受益而达到长期成功的管理途径。在全面质量管理中,质量这个概念和全部管理目标的实现有关。全面质量管理是以产品质量为核心,建立起一套科学、严密、高效的质量体系,以提供满足用户需要的产品或服务的全部活动。

其特点包括:

① 全面性,全面质量管理的对象,是企业生产经营的全过程;

② 全员性,是指全面质量管理要依靠全体职工;

③ 预防性,是指全面质量管理应具有高度的预防性;

④ 服务性,主要表现在企业以自己的产品或劳务满足用户的需要,为用户服务;

⑤ 科学性,质量管理必须科学化,必须更加自觉地利用现代科学技术和先进的科学管理方法。

(八) 第八阶段——20世纪末

进入20世纪90年代以后,随着经济全球化和知识经济时代的到来,人们的需求日益个性化,使企业间的竞争日益加剧,可以预见,21世纪谁能率先在生产运作管理中采用先进的技术和管理方式,并不断创新,谁就能在竞争中取胜。所以20世纪末,美国人理查德·雪恩伯格尔提出了21世纪的世界级制造方式(World Class Manufacturing)的概念。这一概念有以下四个特点:

① 无缺陷的全面质量管理新技术;

② 准时化生产方式;

③ 充分授权的工人自主管理;

④ 满足用户要求的柔性制造系统。

生产管理学界认为世界级制造方式是一个相对概念,不同的经济技术发展时代赋予了它不同的含义,它代表了当今的生产运作管理水平。业界人士普遍认为当前流行的精益生产和计算机集成制造系统属于世界级制造方式。

1. 精益生产

精益生产是美国麻省理工学院国际汽车项目组的研究者约翰·克拉弗克(John Krafoik)在对日本汽车工业近几十年的生产方式进行总结后提出的。这种生产方式是以整体优化的观点,科学、合理地组织与配置企业拥有的生产要素,消除生产过程中一切不产生附加价值的劳动和资源,以"人"为本,以"简化"为手段,以"尽善尽美"为目标,可以使企业适应市场的应变能力增强,可取得更高的经济效益。

精益生产既是一种原理,也是一种新的生产方式,它是继大量生产之后对人类社会和人们生活方式影响最大的一种生产方式,是现代工业化的象征。

2. 计算机集成制造系统

计算机集成制造系统是由美国在20世纪70年代最先开始采用的。它是在自动化技术、信息技术及制造技术的基础上,通过计算机将制造工厂的全部生产活动所需要的各种分散的自动化系统有机地集成起来,形成高效率、高柔性的智能制造系统。它一般具有管理信息分系统,包括经营管理、生产计划与控制、采购管理、财务管理等功能;技术信息分系统,包括计算机辅助设计、计算机辅助工艺规程编制、数控程序编制等;制造自动化分系统,包括各种不同自动化程度的制造设备和子系统;计算机辅助质量管理分系统,包括制定质量管理计划、实施质量管理、处理质量方面的信息、支持质量保证等功能。

计算机集成制造系统的出现,完全改变了人们对企业经营活动的认识,对许多传统的观念提出了严峻的挑战,也使得生产管理又一次进入了发展新时期。

3. 最优生产技术

最优生产技术是以色列物理学家高德拉特于20世纪70年代提出的。最初被称作最优生产时间表,20世纪80年代改称为最优生产技术。

最优生产技术作为一种新的生产方式,它吸收了物料需求计划和准时化生产的长处。其独特之处不仅在于提供了一种新的管理思想,而且在于它的软件系统。最优生产技术原理和软件是它的两大支柱。

最优生产技术产生的时间不长,却取得了令人瞩目的成就,是继物料需求计划和准时化生产之后的又一项先进的生产方式。后来高德拉特又进一步将它发展成为约束理论。

4. 约束理论

约束理论又译"制约因素理论"。1984年高德拉特在其著作《目标》(*The Goal*)中最早介绍了约束理论在制造业环境下的应用。20世纪80年代后期,约束理论发展出以"产销率、库存、运行费"为基础的衡量标准,逐渐形成一种增加产销率而不是传统的减少成本的管理理论和工具,并最终覆盖到企业管理的其他职能。随着人们对约束理论的进一步了解,思维过程(thinking process,TP)于20世纪90年代在西方国家迅速发展起来,并远远超越了生产管理的范围,已经在理论研讨、企业应用、软件开发咨询、教育培训等领域形成相当大的规模和声势。

约束理论既是一套系统管理思想,也是一种通俗实用的管理工具。约束理论是指任何组织必须对系统进行不断地详细分析、识别和逐步消除阻碍组织进展的因素,使组织效率提高,以最终实现其目标的原理。简而言之,约束理论是围绕系统中存在的制约因素("约束")进行管理的一套管理思想和管理原则。它可以帮助企业或组织机构识别出在实现目标的过程中存在着哪些约束,并进一步指出如何实施必要的改善措施来消除这些约束,从而有效地实现其目标。

5. 企业业务流程再造

随着竞争的激烈和计算机及信息技术的发展,20世纪90年代前后,一些企业为了适应新的竞争环境,对企业传统的业务流程和组织模式进行了深入改造。麻省理工学院的教授哈默是企业业务流程再造(business process reengineering,BRP)的倡导者,他于1990年首先提出了企业业务流程再造的概念。1993年,哈默等人在《公司重组》一书中倡导企业应当进行业务流程再造。他把企业流程再造定义为:对企业过程的根本性的再思考和重新设计,从而使成本、质量、服务和反应速度等具有时代特征的关键指标获得巨大的改善。近年来,企业业务流程再造越来越多地受到各国企业的重视,很多企业通过业务流程再造使成本、质量、服务和反应速度等指标获得了显著的改善。

6. 供应链管理

随着20世纪90年代以来信息技术的广泛应用与全球化竞争的到来,一种新的企业运作策略出现了供应链管理。供应链管理在20世纪80年代就已经出现,但是真正受到全球的关注是在20世纪90年代初。供应链管理是一种系统的管理思想、一种整体优化的战略。它试图在供应商、分销商、用户所组成的产品价值链上的所有组织之间建立一个双赢的合作机制,从而使市场的竞争从单一企业的竞争转向供应链之间的竞争。供应链管理涉及的内容是多方面的,从管理的范围看,供应链管理包括需要预测、生产计划与控制、采购与供应、后勤管理等四大领域;从管理的层次上看,包括供应链管理设计战略层面的供应链设计与规划、合作伙伴关系建立等,战术层面的中期管理决策问题(采购、生产、库存、运输策略等),作业层面的短期日常管理活动(生产日程计划、货物的分发与运输等)。

尽管供应链管理的内容与形式不同,不同的条件下采用不同的策略,考察供应链管理绩效的指标各种各样,但是供应链管理的目标可以归纳为如下三个方面:把恰当的产品以最小的成本输送到恰当的地点;在维持尽可能低的库存的情况下仍然获得卓越的用户服务;减少从用户订单获取到交货的整个周期的时间。

供应链管理最重要的管理思想是集成与协调。通过集成(横向集成),实现跨企业资源的优化;通过协调,供应链系统达到同步化响应顾客需求。受用户需求不确定性增加和市场全球化的影响,任何一个企业为了赢得竞争,都必须摒弃过去那种从开发、制造、销售,乃至生产过程中运输、包装等都需要自己承担的做法,转而选择构建一条供应链来整合内外部资源,以获得竞争优势,供应链管理就是对这样一条供应链的管理。供应链管理是一种集成的管理思想和方法,是对供应链中的物流、信息流、资金流、增值流、业务流及贸易伙伴关系等进行的计划、组织、协调和控制一体化的管理过程。

第二章　生产管理的发展史

7. 敏捷制造

20世纪，美日两国的生产方式成为全球工业界的两大典范。上半叶以美国的福特大量生产方式为主，下半叶则是日本的准时化生产。20世纪末21世纪初，美国制造业为了夺回其全球制造业的霸主地位，发起了向日本企业的挑战，提出了新的制造战略——敏捷制造。敏捷制造是一种不同于大量生产与精益生产的生产方式。

1991年美国国会提出为国防部拟定一个较长时期的制造技术规划。里海大学亚科卡研究所根据国会的指令，邀请国防部、工业界和学术界人士参与联合研究。1991年正式出版《21世纪制造企业战略》研究报告。报告分两卷：第一卷分析2006年以前美国制造业面临的挑战，提出解决方案；第二卷研究敏捷制造企业的特征、敏捷企业的要素、敏捷制造的29项技能技术。

敏捷制造需要相关的支撑技术，如高速信息通信技术、信息集成技术、并行工程技术、数据通信标准等，强调基于互联网的信息开放、共享和集成。但更重要的是观念和组织上的转变、企业运作模式与社会协作体系的建立。

8. 大规模定制

最近几年，一些学者认为21世纪人们的个性化需求将更明显，产品生命周期缩短，顾客参与性也将更加明显。

大规模定制是敏捷制造之后被理论界研究比较多的一个管理模式。在生产方式中大批量标准化生产有着很好的规模效益，但缺乏按客户要求制造的灵活性。相反按客户要求制造的订货型企业交货期长，成本又高。因此，就产生了既按客户要求定制又有规模效益的大量定制生产方式。早在1970年，未来学家阿尔文·托夫勒(Alvin Toffler)在其著作《未来的冲击》一书中对大量定制就做出了设想，摩托罗拉在20世纪80年代率先采用大规模定制生产方式，取得了很好的经济效益。大规模定制是指低成本、快速、高效地向顾客运送各种定制化的产品和服务。1993年，约瑟夫·派恩(B. Joseph Pine II)在其著作《大规模定制》一书中对大规模定制的思想进行了完整的描述。

大规模定制生产主要是利用大规模生产的经济性与单件生产的多样性，在一个生产系统中同时实现两种原本相互冲突的生产理念，也就是把标准化生产与个性化生产统一在一个系统中。大规模定制的难点是快速识别顾客需求，即如何有效获取并进行细分顾客需求，然后把个性化需求转化为组件的标准生产。通过组件的标准生产实现生产规模效应，然后利用不同组件进行配置，完成产品个性需求，实现顾客需求的多样性。

当然，要实现大规模定制不是一件容易的事情，需要以下一些新的技术与管理策略：

① 要建立一种顾客参与的产品设计系统，顾客可以快速参与并体验自己需要的产品性能；要利用并行工程、质量功能配置等先进的产品开发与组织管理技术进行产品开发。

② 需求管理系统。传统的顾客需求处理系统在大规模定制中需要改变，要利用顾客关系管理、数据挖掘、在线订货等技术挖掘顾客需求，提高顾客相应的能力。

③ 生产计划与控制系统。大规模定制需要改变传统的生产计划与控制系统，根据产品组合策略建立不同的生产组件，利用成组生产技术进行组件生产，生产计划要有更高的柔性与调整能力，以适应需求变化。

④ 供应链系统。大规模定制下的供应链系统也要做出一定的调整，要对供应商进行组合分类，把供应商细分为核心组件供应商、一半外包供应商与临时分包合作伙伴等不同类型；推动供应商参与产品开发，提高供应系统的柔性与适应性。

大规模定制生产巧妙地将个性化和标准化结合在一起，使顾客在获得个性化的产品和服务的同时，只需要支付相当于大量生产产品的费用。大规模定制的关键是使产品部件模块化，模块化使产品部件制造起来如同标准件，而产品是通过组件的合并和修改来完成的。

(九) 21 世纪

这个时期的生产管理发展特点表现在如下几个方面：

① 发展柔性供应链，实现产品／服务的大批量定制生产。
② 对全球性供应商、生产与分销网络的管理。
③ 通过"服务性工厂(service factory)"创造新的竞争力。
④ 从服务性企业获得更好的服务，如物流服务等。
⑤ 构建基于时间的竞争(time-based competition)的运作管理模式。

二、企业中生产管理主题的历史演变

(一) 全球企业生产管理主题的演变历程

从世界范围来看，自第二次世界大战后到 20 世纪 70 年代末，世界制造型企业竞争的主题是"产量"；从 1978 年到 20 世纪 90 年代前后，企业竞争的主题是"质量"；1990—1996 年，企业竞争的主题是"成本"；1996—2003 年，企业竞争的主题是"速度"；2003 年以后，制造企业的竞争主题则是"整合"。

综合而言，全球企业生产管理主题的演变经历了产量、质量、成本、速度和整合

第二章　生产管理的发展史

资源五个阶段。

1. 产量

第二次世界大战后,生产管理所追求的是怎样把产品做得更多,怎样把生产的经济规模做得更大。

【背景】美国的成功和中国的好日子

第二次世界大战后,各国都准备进行战后重建,需要很多物资。美国是少有的没有受战火波及的国家,当全球开始进行战后重建时,美国的产品只要生产出来,基本上都能够卖出去。

2. 质量

1978年,全球生产管理思想产生了变化,即从过去追求产量,进入既要追求产量,也要兼顾产品质量的竞争主题,这种情况一直持续到1990年。

【背景】日本的经济"奇迹"

日本在第二次世界大战后短短30年内,竟然有五十几项产品在国际市场排名第一。日本之所以能够取得如此成就,原因就是懂得寻找市场的夹缝,避开与国际市场的正面交锋,利用产品的质量、性能、功能等特征创造差异化。

1995—1997年的三年间,中国众多著名企业像多米诺骨牌一样陆续垮台。上海、海南等地也出现了很多"烂尾楼"。究其原因,一方面是1992—1993年,我国进行了大力度的宏观调控,另一方面更重要的原因是伴随着产品的极大丰富,消费者质量意识增强,在消费者有选择余地的情况下,企业必须提高产品质量,产品才可能被消费者接受。

3. 成本

成本竞争是指企业在组织生产时,既要追求产品的产量和质量,又要保证成本是所有竞争对手中最低的,只有这样才可能获得利润。

【背景】日本经济衰退

1990年的海湾战争,导致石油价格大涨,造成全球经济衰退。与此同时,日本的经济泡沫开始破灭,整个经济开始走下坡路。直至今日,日本经济也未能恢复到鼎盛时期的状况。在此情况下,人们开始反思,企业生产经营中不仅要考虑产量和质量,在原材料成本大幅上升和竞争愈加激烈的社会中,只有将生产成本降低,企业才可能生存和发展。

4. 速度

1996年以后,随着市场的瞬息万变,意味着企业必须具有对市场的快速反应能力,而互联网的广泛应用意味着企业获得资讯的途径和时间更容易。可见,当时除了在产量、质量、成本之外,对市场的反应能力也成为企业竞争的主题之一。

【背景】金融风暴

1997年亚洲发生金融风暴,东南亚很多国家的企业都损失惨重,甚至倒闭。这场金融风暴固然有人为炒作的因素,但如果企业能对市场进行快速反应,通过预见性的转型是能够将损失降至最低的。

5. 整合

在理论界看来,未来市场竞争主题的发展方向不只是管好自身,而是对整个物流供应链进行全面整合,即在降低成本的同时保证产品的产量和质量。

【背景】丰田汽车的惊人利润

2003年,日本丰田汽车公司的股票在美国股票市场股价的总值,超越美国三大汽车厂(福特、克莱斯勒、通用)股票市场的总和,获得了80亿美元的利润,而美国三大汽车厂只有不到15亿美元的利润,且大部分利润源自营业外的收益。例如,福特依靠的是汽车贷款。

丰田汽车公司成功的关键在于整合。它把一级、二级、三级配套厂完全整合起来,从三级配套厂生产钢板,依次交给二级配套厂、一级配套厂,直到把部件交给丰田的组装厂,最后变成一部车子,据一份英国的统计资料显示,全部过程仅需4.58天。这意味着丰田汽车公司已经把物流供应变成了整合起来的生产流水线。在这种情况下,有人预言,在未来15年内没有任何一家汽车公司能够与丰田汽车公司相抗衡。

(二)中国企业生产管理主题的演变历程

中国制造业的发展虽然比其他国家晚了多年,但竞争主题的发展基本上也是沿着全球企业生产管理的主题进行的,如图2.9所示。

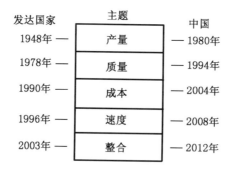

图2.9 企业竞争主题的演变过程

中国从改革开放前到1994年,一直处于"求大于供"的状况。企业只要有产品,就不愁卖不出去。在这个阶段,经常看到的情形是各地的供销员求企业发货,因为产品肯定能卖出去。中国企业在这段时间过着无须太注意产品质量和成本的"好日子"。

1. 中国制造业进入"成本竞争时代"

2004年,由于原材料价格上涨、加入WTO后国际竞争加剧,以及国家宏观调控措施强化,我国制造业进入"成本竞争"时代。

【背景】原材料价格上涨迫使企业降低成本

2004年,国内煤炭、钢铁、棉花等原材料价格暴涨,造成国内企业生产成本上涨,同时因为加入WTO,国内企业面临着其他国家制造业的竞争。很多企业处境艰难,进行成本控制已经成为必然选择。

2. 利润下降逼迫企业降低成本

2004年,基于加入WTO之后关税必须降低的承诺,中国汽车开始滞销。上海某汽车总装厂为了降低成本,要求一级、二级、三级配套厂降价,且每年降幅必须达到15%~18%,最多降到20%。利润的缩减迫使企业压缩成本。

3. 宏观调控措施的实行强迫企业降低成本

由于建筑行业价格涨势过快,2004年我国政府进行了改革开放以来的第二轮宏观调控,2005年又进行了一次调控,意在压低房价。这对于整个建筑行业来说意味着利润的降低,因此,控制成本也成为企业的必然选择。

4. 微利是竞争饱和的必然选择

在竞争相对饱和的社会中,在保证产品产量和质量的前提下,企业要获得暴利已经不可能,微利是必然的选择。在这种情况下,企业要生存和发展,就必须进行成本控制。中国制造业的成本竞争时代,实质上意味着中国制造业进入了微利竞争时代。

三、服务业的兴起与服务运作管理

由于服务业的发展,服务管理的需求在增加。把制造业的生产管理技术应用到服务业中以提高服务生产率是一个新趋势。麦当劳是第一个把福特流水生产线思想运用到服务业中的代表。因为大多数服务业只提供劳务作业过程而没有生产产品(少数服务企业如饭店,也是生产产品的),其过程管理一般称为服务运作或服务运营。虽然许多生产管理原理可以运用到服务业中,但是,服务作业过程与制造业的生产过程有本质的不同。

(1) 大多数服务业的生产过程与营销过程是同时发生的。

多数服务业的生产过程与营销过程是同时发生的,服务的过程实际上就是销

售的过程,这种生产与销售的同时性,导致服务生产率大大低于制造业。

(2) 服务业与顾客的接触程度高于制造业。

制造业的产品生产与消费可分离,因此制造过程在选择工作方法、运作计划、运作控制等方面都有较大的自主权。而服务业多是过程导向的,与顾客接触,需要比较多的顾客交互,服务生产运作与顾客接触程度高,对运作控制的自主权受到限制。与顾客接触是服务生产的一个重要内容,但这种接触往往导致效率降低。

(3) 服务业投入的不确定性大。

服务运作的投入比制造运作的投入具有更大的不确定性,即生产能力具有更大弹性。制造业通常通过严格的控制投入变化以使产出的变化尽可能小,提高运作效率。而服务业讲究的是服务的个性化,不同的病人需要不同的医疗方法与护理,每一辆待修理的汽车需要检查之后方可采取措施,因此服务业的投入一致性低。

(4) 服务业的生产率难以测定。

由于需求的强度与工作要求的多变性,服务业的生产率相对难测定。一个工厂可以计算它所生产的产品数量,但医生的病人病症不同、律师的辩护对象也不同,造成服务的生产率难以测量。

(5) 服务业的质量标准难以建立。

服务业对质量要求更高,同时质量控制的难度也大。由于服务的提供与消费同时进行,顾客对服务的质量要求高,但是由于投入的不确定性大,导致质量控制的难度加大。

(6) 服务不能用库存来调节。

纯服务生产不应通过库存来调节。银行和超市要么是顾客排队等待服务。要么是银行和超市的职员坐等顾客的到来,一般情况下,服务是不能储备的。理发师也不能在顾客少的时候存储几个理过发的脑袋(人),以便顾客多时提供极快的服务。

四、生产管理的发展趋势

在 21 世纪的今天,生产管理随着社会经济、技术的变革而出现了一些新的趋势。

(1) 企业社会责任与生产管理。

长期以来,人们对企业的理解都是基于经济考虑的,即认为企业作为一个经济组织,其存在与发展的主要动力来源于其对利润的获取能力。然而,进入 21 世纪以后,企业既是经济组织,同时也是一个社会组织。社会对企业的要求不仅仅是创

第二章 生产管理的发展史

造就业机会、增加企业利润的问题,而且要求企业承担更多的社会责任。企业要关心员工身心健康,注重产品公共安全,支持社会公益事业等。具体来说,在生产过程中,企业不能以损害员工的身体健康与家庭幸福为牟取利润的手段,要遵守法定工龄(不招童工)、不歧视女工(同工同酬)、遵守法定加班工作时间限制,要保持良好的劳工关系,保障对员工基本福利与健康的需求,积极参与社会公益事业(慈善与赈灾)等。为了规范企业社会责任,国际标准化组织推出了新的企业社会责任认证标准 SA8000。该标准是 ISO9000、ISO14000 之后出现的又一个重要的国际化标准。是否通过 SA8000 认证将直接影响企业全球经营战略的实施。

(2)可持续发展与生产管理。

随着社会经济的发展,可持续发展战略成为最近 10 年来国际社会普遍关注的话题,绿色制造与可持续供应链的概念随之出现。绿色制造与可持续供应链要求企业在生产过程与供应链过程中减少对自然资源的消耗,充分利用可循环可再生的资源,减少对大气产生污染、对环境有破坏作用的有害物质的排放。绿色制造包括了从产品设计、生产、产品用后处理等一系列的全生命周期的管理概念。由绿色制造生产的产品被称为绿色产品,电动汽车、新能源汽车、绿色食品等这些绿色产品,由于其无污染无公害的良好品质,广受消费者喜欢。在政府的大力倡导与推动下,绿色制造与可持续供应链的思想将逐渐地纳入至企业生产管理的范畴中,面向绿色制造与可持续供应链的管理问题成为理论界新的热点。

为了达到环境保护的要求,国际标准化组织推出的 ISO14000 已经得到越来越多的企业的重视,许多企业也通过环境管理的 ISO14000 认证,改善了环境管理,在国际竞争中取得了较好的声誉,赢得了更多的订单。

(3)经济全球化、全球化生产与全球供应链。

跨国生产与全球供应链成为不可逆转的趋势。管理全球化生产网络是未来生产管理者面临的新挑战。资源的有限性,使企业不得不进行全球化资源的优化、实现全球化生产。但是跨国生产需要解决全球供应商的选择与管理、跨文化工作团队的管理、全球后勤供应链的管理、质量信息的跟踪与监督等问题。

我国著名的通信产品制造商华为,成为中国制造企业全球化的个典范。2006年,华为的销售收入的 65% 来自海外市场。在接下来的 2007 年,华为再次超越了自己,实现合同销售额 160 亿美元,同比增长 45%,海外市场销售额达到了 115 亿美元,成为华为的主要销售收入来源。目前,华为已经初步成长为 个全球化公司。华为的产品与解决方案已经应用于全球 100 多个国家和地区,在海外设立了 20 个地区部、100 多个分支机构;在美国、印度、瑞典、俄罗斯及中国等地设立了 12 个研究所和 31 个培训中心,在欧洲也有生产基地。2013 年 7 月,《财富》世界 500 强的新一期榜单中,华为作为世界第二大电信设备商,首次超越爱立信,以349亿美元的年营收排名第315位。2017年,华为全年销售收入预计约6 000亿元,同比增长约15%;此外,华为智能手机全年发货1.53亿台,全球份额突破10%,稳居全球前三名,在中国市场份额突破20%。

(4) 考虑新时代员工特点的生产管理。

最近几年,无论是制造企业还是服务企业都面临员工的更新换代问题,新时代的员工与老员工在就业需求、职业价值取向等方面都存在相当大的差异。

新时代的员工与他们的父辈比,知识更丰富、视野更开阔,追求更多元化,在物质与精神追求方面他们都比父辈高。另外,自我表现与自我价值观念更强、独立性也很强,因此这种新时代的工人,需要管理者更多关注他们的新特点,采取新的管理模式。特别是要考虑行为特点的不同,在管理中考虑不同员工的行为特征,建立既有利于集体一致行动的团队管理模式,同时也充分考虑员工的个性特征,发挥员工的个性特长,建立个性化的工作模式和工作分配与激励机制,在物质激励与员工精神需求方面取得平衡。

(5) 新的移动信息技术对生产管理的影响。

最近几年,信息技术发展速度很快,电子商务已经成为新的商业模式被企业与社会民众所接受。人类社会进入了一个新时代——移动信息与大数据电子化商业时代。在这个大的时代背景下,云计算、物联网、RFID等移动信息技术对企业的运作管理产生了深刻的影响。

云计算(云服务)的核心思想是将大量用网络连接的计算资源统一管理和调度,构成一个计算资源池向用户提供按需服务。提供资源的网络被称为"云"。"云"中的资源在使用者看来是可以无限扩展的,可以随时获取、按需使用、按实际付费。

云计算出现以后,理论界提出了"云制造"的概念。"云制造"是在网络化制造基础上发展起来的新制造概念,虽然该概念超前,但是至少能对理论的发展产生影响,在新的云计算服务环境下,制造业的组织与运作都产生了相应的变化。同样,在供应链管理中,云服务提供了灵活性和管理供应商的能力。在"云环境"中,组织发现优化供应链变得容易。据美国的咨询公司加特纳估计,到2013年,全球的云服务消费水平将达到1500亿美元。2015年中国云计算市场规模增速达到36.78%,相比全球云计算增速17.8%,中国增速接近全球增速的一倍,未来仍有较大增长空间。

(6) 服务科学与服务运作管理将成为生产管理新的生长点。

服务业的快速发展,出现了"服务科学"新概念。服务科学概念最早是由美国的 IBM 公司提出的。2004 年,美国竞争力委员会发布了题为《创新美国:在充满挑战和变化的世界中持续繁荣》的国家创新计划(NII)报告,其中"服务科学"概念作为 21 世纪美国国家创新战略之一而被首次提出。此后,"服务科学"日益受到学界和业界的推崇。2005 年,此研究领域被正式命名为"服务科学管理与工程"(SSME),仍保留"服务科学"作为简称。2007 年,美国运筹与管理学会专门成立了服务科学部(Section on Service Science),2009 年出版了杂志《服务科学》(Service Science),这标志着 SSME 已经作为未来重要的研究领域而受到高度关注。

目前学术界对服务科学的概念仍存在多种不同的看法。从学科角度定义服务科学的学者认为,服务科学是一门多学科、多领域的交叉学科,其中包括了计算机科学、运筹学、工业工程、数学、管理科学、决策科学、社会科学和法学等诸多领域,也有学者提出,服务科学是社会科学、人文科学、自然科学和技术科学的交叉和融合。目前服务科学已经被列入教育部新的管理科学与工程学科一级学科内容中。按照教育部管理科学与工程的学科介绍,服务科学与工程是研究现代服务业发展规律、服务系统设计理论、管理技术及方法的一门学科。侧重研究现代服务管理系统理论、服务创新设计、服务需求管理、响应能力管理、运作管理的支持技术与应用等。具体研究内容有:信息不对称服务优化技术、服务关系、服务质量、服务创新、服务外包、服务信息共享、服务绩效、服务预测与评估、服务效果及风险等。

在服务科学的大学科背景下,服务运作管理可大有作为,国外关于服务运作管理的研究文献在最近几年大量涌现,在医疗服务运作管理、酒店运作管理、物流服务运作管理、金融服务运作管理等多个行业的服务运作管理方面研究成为热点。另外,服务供应链的概念也受到理论界的重视,越来越多的人从传统的制造供应链转向研究服务供应链,因此服务供应链将成为供应链新的热点问题。

五、生产管理面临的挑战

当今企业所处的市场环境可以用两句话来概括:技术进步突飞猛进;市场需要多样且变化迅速。进入 20 世纪 70 年代以后,以石油危机为转折点,一方面由于能源价格飞涨,原来的市场格局发生了巨大变化。另一方面,随着社会经济的发展,卖方市场逐渐转变为买方市场,消费者的行为变得更具有选择性。因此,市场需求开始向着多样化方向发展。与此同时,自动化技术、微电子技术、计算机技术等新技术的发展日新月异,产品的生命周期日益缩短、生产工艺和技术装备的更新速度大大加快,新的时代环境使当代企业面临严峻挑战和一系列新的课题。

其一,由于是买方市场,顾客对产品质量和产品性能的要求变得更高、更苛刻,

不仅要求产品价廉物美,还要求其能满足顾客的个性化需求。而且,由于技术进步快,市场需求变化大,产品的生命周期越来越短,这就要求企业不断更新换代。这种趋势使得企业必须投入更大的力量和更多的精力不断地进行新产品的研究与开发。

其二,市场需求的多样性使得以往那种单一品种大批量生产,靠扩大产量降低成本的生产方式逐渐无法适应今天的要求,因此要求企业以大批量生产方式转向多品种、中小批量生产。而生产方式的这种转变,要求企业的生产管理体制和管理方法必须面向多品种中小批量生产进行相应变革。

其三,技术的飞跃发展为管理工具和手段的不断改进、为生产系统增强其功能和提高运作效率提供了可能。在激烈的市场竞争中,随着产品的不断更新换代和管理工具、管理手段的不断发展,企业的生产系统也面临不断地重新选择、重新设计与改造。

其四,以供应链管理为代表的新理念(供应链内企业之间加强协调与合作),以及电子商务 B2B、B2C 及 C2B 的出现,加速了网络经济时代的到来,使生产管理的领域不能再局限在一个企业的范围之内,而须向企业外部的供应系统和分销系统扩展。

第二节 泰勒的科学管理

产业革命之后,机器的制造和利用得到了迅速的发展。然而,机器的应用没有完全排除人的体力劳动,如搬运等许多简单工作仍然以体力劳动为主。当时,工人和资本家非常对立,工人消极怠工,工作效率低下,如何提高工作效率和找到合理的工资计算方法成了当时生产管理的两大课题。为了激励工人提高工作效率,很多公司都采用了"日薪制"或"计件工资制"。

一、旧式工资核算方法

(一) 日薪制

所谓"日薪制",是指企业根据生产需要,以日薪作为计酬标准,按照实际工作日每天进行支付的一种短期用工形式,它把工人分为几个等级,同一个等级内的工人享受同额的日薪。

日薪制的计算是按职工实际出勤日数和日工资计算其应付工资,亦称正算法。其计算公式为:应付计时工资 = 出勤日数 × 日工资。

第二章　生产管理的发展史

这种方法比月薪制有一些积极效果,采用日薪制计算职工应付计时工资时,有利于正确计算生产工人的工资成本。但其主要缺点是一方面容易造成同一等级的工人在一起工作的时候会计算每一个工人尽可能地付出最少的,但又不至于丢掉饭碗的劳动量,这样就导致生产效率低下;另一方面,为了提高日薪,同一等级内的所有工人很容易团结起来和业主发生劳资纠纷。由于每个月份实际工作天数不同、职工出勤的天数不同,所以每个月份都需要计算,计算工作量较大。

(二) 计件工资制

计件工资制是指按照生产的合格品的数量(或作业量)和预先规定的计件单价来计算报酬,而不是直接用劳动时间来计量的一种工资制度。计件工资制把产品生产过程分解为零部件加工、组装等许多细小的具体的工作,并计算出每一项具体工作单位产量的工资,然后按照每个工人生产的数量来支付他的工资。计件工资制是间接用劳动时间来计算工资的制度,是计时工资制的转化形式,指需按已确定的定额和计件单价支付给个人的工资。它的一般表现形式有:超额累进计件、直接无限计件、限额计件及超定额计件等。

计件工资制可以激励工人努力生产,多劳多得。可是,当工人工作熟练后,提高了单位时间的产量时,资本家就单方面降低单价,以获取更多的利润。这样就严重地伤害了工人的生产积极性,导致工人不愿再提高生产率,在测定生产单位产品所需的生产时间时,故意放慢速度。由于劳资双方各为自己的利益进行斗争,互不信任,所以计件工资制仍然没有解决不断提高生产效率和劳资纠纷的问题。

(三) 所得分配法

后来有人提出了"所得分配法"。此方法是以日薪制为基础,事先规定好超额部分(因提高劳动效率而带来的"所得")的分配比例的方法。比如,工人超额完成一天定额的30%时,资本家和工人就按三七开或四六开的比例,分成这30%的超额部分。这一方法部分地解决了提高生产效率的问题。但是,在制定一天需要完成的工作量定额时,其基础工资仍然采用日薪制,所以在制定基础工资的问题上,并没有根本解决怠工和劳资对立的问题。用泰勒的话来说,"既没有吸引一流工人的魅力,又没有启发落后工人的动力"。

在观察和分析了这些现存制度的问题之后,泰勒指出了利用科学的方法确定计件单价是提高生产效率和解决劳资纠纷的先决条件。在确定单价的时候,应该把工作细化,分为一个个的要素动作。最后,累加各个要素动作的时间来计算一项工作所需的时间,在这一基础上来制定计件单价。泰勒进一步根据对产品质量的要求,设定了两种不同的计件单价。如果能保证按规定的质量完成定额,对超额部

分给予较高的单价;如果不能保证质量,对超额的部分给予较低的单价;如果完不成定额,则要降低基本工资。泰勒把这个制度叫作"多比率日薪制"(1895)。后来泰勒对多比率日薪制的应用,还加进了工厂管理的其他各种功能,并于1903年出版了《工厂管理法》一书,详细论述了工资制度、组织结构、时间研究及劳资关系。

二、泰勒的科学管理

科学管理是采用科学方法确定从事工作的"最佳方法"。

(一)工资制度(多比率日薪制)

在谈到工资制度时,泰勒指出了两种不同的怠工。一种是人的向往舒适的本能所带来的"自然怠工",另一种是与别人比较利害得失后的"计划怠工"。泰勒分析了它们产生的条件:在日薪制条件下会产生"自然怠工",而且在旧式的工厂管理(军队式一元化管理)的条件下不可能解决"自然怠工"的问题。在传统的"计件工资制"的条件下会产生"计划怠工"。为了解决这个问题,首先要科学地确定一天应该完成的工作量,并在此基础上实行使劳资双方都能受益的计件工资制。泰勒强调了"管理"和其他产品技术一样能够给企业创造效益,并首次提出"管理也是技术"的观点。

(二)组织结构

关于工厂的组织结构,泰勒分析了军队式一元化管理的弊病,提出了功能管理模式。一元化管理的问题在于,组织的效率取决于管理者的素质。如果有一个智力、能力、体力等各方面全面发展的天才领导,这个组织可能比功能管理式组织具有更高的效率。然而,这种天才领导是极少的。即使有这样的领导,在旧式一元化管理的条件下,工厂的所有决策和管理的负担都压在他一个人身上,难免顾此失彼,使管理质量下降,从而导致生产效率的下降。泰勒指出,科学的管理体制应该建立在计划、设计等各个不同的管理功能上。车间主任和班组长应集中精力去指挥工人,以实现设计和计划所确定的目标。泰勒把这种管理模式叫作"功能型管理"。泰勒把计划进一步分为资料管理、劳务管理、人事管理、厂内教育、财务会计等功能,分别设置专门的负责人进行管理。在功能型管理的条件下,对管理人员本身的工作也可以进行管理和评价,以监督他们不断提高管理质量,从而提高系统的效率。泰勒不仅提出了新的管理模式,而且对如何实施新制度提出了要求。他反复强调新旧制度应平稳过渡,不能性急,重要的是要制订一套完整的新旧制度的衔接交替计划,不然就会失败。

第二章 生产管理的发展史

(三) 时间研究

时间研究(time study)的目的是要消除怠工,办法是通过正确测定一项工作单位产量所需花费的时间,来制定合理的计件单价。为了进行时间研究,要把工作进行分类,制定测量方法和分析方法,要做细致周密的研究工作计划。同时,为进行时间研究的测试工作,泰勒还设计了一套记录格式,记录顺序、次数、测试条件等。对此泰勒在《车间管理》中做了详细的论述。在计件单价确定之后,泰勒注意到不同的工人在学习能力上有差异,因此对不同的工人设定了不同长度的学习与适应的时间。

(四) 劳资关系

劳资矛盾是当时管理上的一大难题。泰勒认为,这种矛盾并不需要用阶级斗争的方式去解决。通过时间研究和工作方法的改善,建立一套新的制度,可以提高生产效率。生产效率提高了,蛋糕做得大了,劳资双方均能从中得益,可以避免冲突。泰勒认为,实施新制度可以保障劳资双方的利益,从而可以解决劳资纠纷。泰勒还强调现场管理人员应该和工人打成一片,以便在管理工作中得到工人的支持。实施新制度时要耐心地向工人说明制度的内容和实施的必要性,要让工人很好理解,不能采取强制方式。

《车间管理》的问世给现代企业管理创造了新纪元。人们把它称为"泰勒系统(Taylor system)"。泰勒系统后来吸收许多管理者和研究者的时间研究(也叫动作研究)的成果,编撰了《科学管理原理》。因此,泰勒反对有些人称"科学管理法"为"泰勒系统"。泰勒在《科学管理原理》一书中指出,影响生产效率的首要问题是怠工。怠工的第一个原因是工人对提高生产效率的误解,认为提高效率就会产生失业。怠工的第二个原因是管理者不知道一项任务真正需要的工作时间。怠工的第三个原因是管理人员不知道作业的最佳操作方法,允许工人自由选择操作方法。为了消除怠工,提高效率,泰勒认为应该把最佳操作方法通过标准化,使之成为必须遵守的操作规程。让大家都学会最佳操作方法,使工人在付出同等体力劳动的条件下,成倍地提高生产效率。为了实现这一目标,泰勒的科学管理给管理人员提出了如下四项工作要求:

(1) 对工人工作的每一个要素开发出科学方法,用以代替老的经验方法。

(2) 科学地挑选工人,并对他们进行教育、培训并使之成长。而在过去,则是由工人自己挑选工作,并尽自己的可能进行自我培训。

(3) 与工人衷心地合作,以保证一切工作都按已形成的科学原则去办。

(4) 管理当局与工人在工作和职责的划分上几乎是相等的,管理当局把自己

比工人更能胜任的各种工作都承揽过来。而在过去，几乎所有的工作和大部分责任都推到了工人头上。

（五）泰勒的时间研究试验

泰勒指出，如果不研究科学的操作方法，只是通过奖励的手段来促使工人在实际工作中主动地去做好工作，每个工人都需要经过很长的学习过程，才能逐渐摸索出自己的高效工作方法。这样不仅需要经历很长的时间，而且每个工人会把自己摸索出来的高效工作方法作为自己的个人技能加以保密，不肯轻易把它教给他人。由于每个工人的文化背景与工作经验不同，每个人得出的高效方法不会相同，而且也不一定是最佳方法。这就使得全体工人劳动的质与量有很大的差异，从而使工厂整体的生产效率和质量不能提高到应有的水平。狭义的科学管理方法就是通过对作业的"时间研究"，寻找出一种最佳的工作方法，然后把这种最佳方案加工成为标准化的操作规程，并根据这个标准化了的操作规程培训工人，使所有新工人在最短的时间内掌握最佳操作方法，从而使工厂的生产效率达到最大。

泰勒指出：科学管理不仅适用于简单的作业，而且也适用于复杂的作业，是一种普遍适用的管理方法；与简单的督促与奖励的方法相比，应用科学管理可以取得无法比拟的高效率。

1. 生铁块搬运作业研究

在泰勒进行生铁块搬运作业研究之前，贝斯乐赫姆钢铁公司的工人每天平均搬运12.5吨生铁，每天可获得1.15美元（相当于0.092美元搬运1吨）。泰勒注意到手拿沉重的生铁块即使不走也要耗费体力，重体力劳动生理上需要恢复体力，便提出了"把铁块搬运到列车上的时候尽可能快走，而空手回来时要慢走，以便恢复体力"的设想。若每次的搬运量太大的话，会使肌体迅速疲劳，人若过度疲劳了，恢复体力需要很长时间，不利于连续工作。但每次的搬运量太小的话，一天的工作任务就完不成。这里存在一个最佳的一次搬运重量的问题。而且，空手回来时速度太快，肌体得不到必要的恢复，也不利于继续工作。但是如果速度太慢，也完不成一天的工作任务。

试验开始了，泰勒首先找到一位体格强壮的受试者。这位受试者是个大个头，叫施米特。施米特像其他装卸工人一样每天挣1.15美元，这在当时仅够维持生存。正如泰勒在书中所表明的那样，泰勒以利诱（每天挣到1.85美元的机会）作为主要手段，使施米特这样的工人严格地照他说的去做。

"施米特，你是个值高价的人吗？"

"我不懂你的话是什么意思。"

"噢,我的意思是,我想知道你是个值高价的人呢,还是不是?"

"我还是不明白你的意思。"

"那好吧,你来回答我的问题。我想知道你是想每天挣 1.85 美元,还是挣 1.15 美元就满足了,和你那些廉价的伙伴挣的一样?"

"我一天真的能挣 1.85 美元?我怎么不是值高价的人?我是个值高价的人。"

用金钱来激励施米特,泰勒着手使他按规定的方法装生铁,泰勒试着转换各种工作要素,以便观察他们对施米特的日生产率的影响,例如,在一天里施米特可能弯下膝盖搬生铁,而在另一天里他可能伸直膝盖去搬生铁。在随后的日子里,泰勒还试验了行走的速度、持握的位置和其他变量,经过长时间的科学试验各种程序、方法和工具的组合,泰勒成功地达到了他认为可能达到的生产率水平。通过按工作要求选择合适的工人并使用正确的工具,通过让工人严格遵循他的工作指示及通过大幅度提高日工资这种经济刺激手段激励工人,泰勒达到了他每天装运 42.5 吨生铁的目标。

通过试验,泰勒找出了最佳的一次搬运重量和回来时的行走时间,以及休息的次数。按泰勒的最佳方案工作,净搬运时间只占整个工作时间的 42%,而空手回来的时间占总时间的 58%。而且在搬运 10 块到 20 块生铁之后要休息一会儿。一次搬运量要因人而异,量力而行。按泰勒的最佳方案搬运,贝斯乐赫姆钢铁公司的搬运工人在不增加人体疲劳的条件下,每天可搬运 42.5 吨生铁,工人每天赚得 1.85 美元,收入增加 60%。而公司为多搬运的 30 吨生铁仅支付了 0.7 美元,相当于搬运 1 吨生铁仅花 0.023 美元。工人不仅没有消瘦,反而得到锻炼越来越强壮,成了职业搬运工。

2. 铁锹装货作业研究

泰勒在进行铁锹装货作业研究时,通过在各种条件下进行实验,发现当每一铁锹的装卸重量为 21 磅时,人体的疲劳最小。于是,泰勒给每个工人配备了大小不同的铁锹,当装卸铁矿石的时候用小的铁锹,当装卸煤粉的时候使用大的铁锹,总之使每一次铁锹上装的质量接近于 21 磅(适用于美国人的质量)。后来,泰勒针对不同的装卸对象,设计了大小不同的各种铁锹,使得工作效率大大提高。一个工人装卸煤粉的量从一天 16 吨提高到 59 吨,工人的平均工资也增加到 1.88 美元,公司装卸煤粉的工资也从 0.072 美元 1 吨降为 0.033 美元 1 吨。

3. 砌墙作业研究

在进行砌墙作业研究时,发现砌墙的位置、放灰浆箱子的位置、砖头堆放的位置,以及砌墙工人站立的位置,对工作效率有很大的影响。研究人员在各种条件下进行实验。首先,在离砌墙工人不远的地方设置了高度能调节的台子,助手事先把砖头码在台子上,以便砌墙工人不用弯腰就可以拿到砖头,这是对工位器具的研究。其次,调节灰浆的水分,使灰浆自然流入砖缝,减少了砌墙工人多余的动作,这是对材料的改进。再次,设计砌墙作业的合理动作,让左手和右手同时并用,这是通过动作研究对操作方法的改进。砌墙作业的研究,最后是由年轻时曾经做过砌墙工人的吉尔布雷思完成的。他通过仔细的分析和研究,把砌墙作业原来的 18 个动作简化(取消和合并)为 5 个动作,工作效率从 1 个小时砌 120 块砖提高到 1 小时砌 350 块砖。

4. 球轴承检查作业研究

进行自行车用的球轴承检查作业研究时,使检验工的劳动时间从 10 个半小时缩短到 8 个半小时。泰勒把工作分为确保质量阶段和增加产量阶段来进行。在确保质量阶段,他让车间主任在合格品箱子中混入一定比率的不合格品,并告诉检验工人混入 1 箱不合格品来测试检验正确率。检验工并不知道哪一个箱子是不合格品,每时每刻都要很认真地检查每一个箱子。实行了一段时间,当工人们已习惯于这样的工作之后,开始实施增加产量的阶段。检查工作是非常费神的工作,工人们在工作了 1 个半小时之后,注意力开始出现分散,工作效率降低,出错率升高。有鉴于此,泰勒决定增加检验工的休息次数,每 1 小时休息 10 分钟,让工人们按时休息,使精神疲劳得到恢复。结果,检验工人的工作时间缩短了 2 小时,工资却提高 1 倍,并且在提高检查质量的同时,检查效率提高 3.4 倍。

5. 金属切削加工作业研究

在进行金属切削加工作业研究时,泰勒选择了 12 个环境变量:

① 加工对象(金属)的硬度;

② 刀具材料的化学成分和热处理方法;

③ 切削的厚度;

④ 刀刃的形状;

⑤ 冷却液体的种类(油、水);

⑥ 切削的深度;

⑦ 加工的持续时间;

⑧ 切削工具的切入角度和退出角度;

⑨ 加工对象的振动和刀具的弹性;

⑩ 工件(铸件或锻件)的直径;

⑪ 切削时刀具端点所受的压力;

⑫ 机器的牵引力和速度。

第二章 生产管理的发展史

泰勒花了20多年的时间以极大的热情寻求从事每一项工作的"最佳方法"。泰勒使工人和管理当局之间掀起了一场思想革命,其方式是通过明确的规定提高生产率的指导方针。他强调,遵循这些原则会给工人和管理当局双方带来繁荣,工人会挣到更多的钱,同时管理当局得到更多的利润。(在当时,管理当局和工人都认为他们之间存在固有对立。)

泰勒的思想不仅传播到美国各地,而且还传播到法国、德国、俄国和日本。由于美国制造公司较早接受了科学管理方法,所以比其他国家的制造公司更具优势,至少在其后的50多年里,美国制造业的效率一直令世界羡慕。

第三节 典型生产方式

一、福特的大量生产方式

在大量生产方式诞生之前,汽车的生产都是以单件生产方式进行的。在19世纪90年代,巴黎有一家著名的生产轿车的公司。它每年生产几百辆汽车,都是以单件小批生产方式生产的。单件生产方式的特点是:生产工人必须具有娴熟的技艺,他们能把来自各个零件供应商送来的不规范的零件,经过逐一修配,精心加工使它们配合良好,直到把整台汽车制造出来。用这种方式生产的汽车,即使所依据的是同一份设计、同一张蓝图,也不可能制造出两辆完全相同的汽车来。这种生产方式的好处是可以根据买主的意愿来生产每一辆有特殊要求的车。但是它的制造成本高得让一般人无法接受。由于它采用的是手工作业方式,加工设备用的是简单的通用设备,所以生产1辆汽车和生产100辆汽车的生产效率和单位产品成本几乎是相同的。在这里规模经济效应是无法体现的。

在汽车制造业里这种手工作业的单件生产方式最终被福特的大量生产方式所取代。亨利·福特于1903年创立福特汽车公司,他认为阻碍汽车业生产率提高的最主要原因是:汽车结构本身的复杂性、不同的汽车之间缺乏通用零部件及技术工人之间在技艺上存在差异。针对以上问题,他对汽车制造业提出了所谓的"3S化",即标准化、简单化及专门化的革新建议。

福特生产方式是介于手工生产方式和丰田生产方式间的过渡生产方式,世界汽车生产经历了单件订货手工生产方式、福特生产方式、丰田生产方式(又称精细生产方式,或精益生产方式)。

(一)标准化

福特首先提出的目标是对汽车的零部件进行标准化,使不同汽车使用的通用

零部件具有完全的互换性。到1908年这一目标实现了,省去了制造过程中大量的修配工作,由此福特公司的生产效率得到了显著的提高。标准化有利于实现科学管理和提高管理效率。现代生产讲的是效率,效率的内涵是效益。现代企业实行自动化、电算化管理,前提也是标准化。

标准化可以使资源合理利用,可以简化生产技术,可以实现互换组合,为调整产品结构和产业结构创造了条件。生产的目的是消费,生产者要找到消费者就要开发市场。标准化不但为扩大生产规模、满足市场需求提供了可能,也为实施售后服务、扩大竞争创造了条件。需要强调的是,由于生产的社会化程度越来越高,各个国家和地区的经济发展已经同全球经济紧密结成一体,标准和标准化不但为世界一体化的市场开辟了道路,也同样为进入这样的市场设置了门槛。

(二) 简单化

对产品实行简单化的改革是从产品的设计阶段开始的,要求把零部件的结构和形状尽可能地设计得简单明了。这样,可使零部件的装配过程变得简单,即便不是熟练的技工,也能够很快就熟练地掌握汽车零部件的装配工作。

简单化是新产品研发的发展趋势之一。改革产品的结构,减少产品的零部件,使产品的操作性能更好,更容易操作,同时也能降低产品的成本。使用新技术、新材料是使结构简单化的重要方法。如用晶体管代替电子管,用集成电路代替晶体管等。将产品的零部件标准化、系列化、通用化也是简化产品的一个重要途径。

(三) 专业化

专业化就是把汽车生产的整个工作过程进行精细分工,然后把经过细分后的工作内容逐项分配到每个工人身上,使得每个工人只负责整个工作过程中的一道或两道工序。同时为了减少重复搬运,还特别设置了搬运部,专门负责搬运工作。结果,每个工人在装配一辆车上花费的时间由原来的514分钟缩短到2.3分钟。通过这样的变革,不仅大大地提高了生产的运行速度,而且消除了工作中许多不必要的浪费,从而使得汽车的生产效率发生了史无前例的变化。

"3S"革新的另一个重大成果,就是把传送带装配线应用于1913年新建的底特律的山地工厂。建立传送带装配线的初期投资,由于零部件库存的减少及与手工作业相比生产效率的提高,当年就收回了。到了1920年,黑色福特T型车的成本降低到了1908年刚开始生产时的1/3。福特认为:"最好的模式是以获取合理利润来提高汽车的销售量,而不是以获取高额利润来销售少量的汽车。我之所以这么说,是因为这样会使大多数人能买得起汽车,并享受使用汽车的快乐,这也使得大量受雇用的工人能够赚到丰厚的工资、获得良好的待遇。这就是我一生为之奋斗的目标。"福特主动把一辆车的售价由2 800美元降为850美元,为汽车的大量生产创造出良好的市场环境。1922年的汽车生产量达到了200万辆,随着车价的大幅降低,汽车由富豪们的奢侈品变成了普通工薪族也能买得起的生活必需品。装配车间手工生产方式与大量生产方式所需时间的比较如表2.2。

表2.2　装配车间手工生产方式与大量生产方式所需时间的比较

装配项目	手工生产方式 1913年秋/分	大量生产方式 1914年春/分	降低率/%
发电机	20	5	75
车轴	150	26.5	83
成品装配	750	93	88

另外,福特还主张提高员工的福利待遇,他认为"造车的人买得起车才能促进汽车工业的发展"。福特在自传中写道:"当工人通过一段时间了解到他们为雇主所做的一切辛苦都白费了,那么他们的兴趣自然全无了。作为领导者的雇主,应该具有的野心是,付给工人的报酬应比其他同行业的雇主还要多。当一个人得到的回报不仅仅是他所需要的最低生活标准,还大大超出了这一标准时,在他的眼中,他的工作便是使他感到最美好的事,相应地他便会以最大的热情来回报工作。"1914年以前,福特公司工人工资大约每天2~2.5美元,从1914年1月12日开始,福特实行8小时工作制(原来为9小时),工人最低日工资提高到5美元(是计时工资,而不是计件工资,工人只要完成规定的工作就可以得到),这个报酬是当时技术工人正常工资的两倍,是当时美国的最高水平。这一举措的效果之一是工人的流动率由32%降为3%~6%,并且培养出大批美国中产阶级,对美国乃至世界经济产生了深远的影响。而中产阶级是汽车市场的主要消费者,为此福特认为"付出高工资是企业经营管理中最有效的途径"。

有人认为,在福特一生中,可以震动20世纪的大事有三件:1908年生产出第一辆T型车,T型车的意义是彻底改变了美国人的生活方式;1913年引进生产流水线,它的意义是为大规模生产提供了基础,为其他企业和产业树立了楷模;1914年首次向工人支付每日8小时5美元的工资,改变了美国工人的生活方式。其实还应该再加上一件事:福特是现代第一个将大规模生产和大规模消费结合起来的人。人们谈论福特时,往往只提到前三件事,却对后一件事闭口不提。

高度专业化的大量生产方式最不能适应的是产品品种的变化。但是,随着经济的发展,社会的需求呈现多样化。而福特公司产品品种单一,只能生产黑色的T

型车,不能满足日益增长的社会需求。它原有的市场份额逐渐被通用汽车公司所取代。另外,传送带上装配工作分工过细,工人整天重复地做着简单的机械式的动作,成了机器的附属品。工人厌倦于这种重复性的简单操作,他们的积极性、创造性受到严重束缚。

福特公司失败的另一个原因是它经营的领域太广,为了实施纵向一体化的经营方针,它不仅投资钢铁企业,生产汽车用钢材,而且经营采矿,甚至开办牧场(以供应汽车用皮革呢绒织物的原料),生产飞机,生产榨油机器。由于产业过于分散,管理又跟不上,这就把福特汽车公司推上了绝境。福特公司在1923年创造了年产210万辆汽车的辉煌,随后在与通用等其他汽车厂家的竞争中落败。到了1930年,福特汽车公司甚至到了濒临破产的境地。

二、通用汽车公司的生产方式

美国通用汽车公司创立于1908年9月16日。自从威廉·杜兰特创建了这个公司以来,它在全球生产和销售雪佛兰、别克、GMC、凯迪拉克、宝骏、霍顿、欧宝、沃克斯豪尔及五菱等一系列品牌车型并提供服务。1900年美国首次举办汽车展时,美国人的平均寿命还不到50岁;有浴缸的家庭不到15%;全国的汽车数量还不到8 000辆。但是,在那次车展上展出了300多个新车型,吸引了5万多消费者购买。由于汽车已成为普通人的梦想,100多家不同的新兴美国公司很快加入到该行业的角逐之中——其生产的汽车中有2/3都是由蒸汽或电力提供动力。尽管当时的报纸并没有对别克公司(即之后重组于1908年9月16日的通用汽车)加以关注,但是在不到两年的时间内通用汽车公司大举并购了25家公司,同时也成为华尔街评价最高的公司之一。在通用汽车公司的旗帜下,别克、奥兹莫比尔、凯迪拉克、奥克兰(后来改名为庞蒂亚克)等品牌不久便家喻户晓,并且其业务范围远远超出其诞生地密歇根州福林特市。

由于收购了大量企业,通用汽车公司规模迅速壮大。收购的企业中有许多技术力量雄厚的零部件公司,包括后来担任多年总裁的斯隆的父亲的零件加工厂,所以通用汽车公司在创建初期就能生产多种汽车。而且大部分汽车零部件和配件,都由通用汽车公司自己生产,使得汽车装配和零部件供应容易协调与配合,使公司的物流在整体上实现合理和高效。

通用汽车公司之所以此后成为世界上最大的汽车公司,正如1924年到1946年担任通用汽车公司总裁的斯隆所说,通用汽车公司在市场管理、生产管理、组织机构及产品策略等方面进行了一系列的创新。

（一）市场管理

生产要想适销对路，首先就得了解市场的需求。如果想利用人们追求价廉物美的心理去创造需求的话，就要提高产品的质量，并降低生产成本。福特通过标准化和通用化实现了规模经济，做到了物美价廉。但是，随着社会的逐渐富裕，人们的需求变得多样化和追求个性化。高薪族优先考虑的是品种和质量，低薪族则更关注价格。市场需求的变化，导致大量生产的福特 T 型车开始出现过剩的情况。GM 在公司成立的初期就注意到了社会经济的发展和市场的变化，从而一直致力于品种多样化和产品系列化的工作。

（二）生产管理

多品种生产会降低规模经济效益。要解决这个问题，一方面要追求产品的款式新颖和高质量，以满足收入富裕的顾客群；另一方面，要在不同车种之间尽量扩大通用零部件的应用，以便在通用零部件这一层面上保持规模经济效果。20 世纪 20 年代通用汽车公司生产 10 种汽车，别克和卡迪拉克便是其高档车的代表。当时即便其他车种全部赔钱，别克和卡迪拉克仍然赢利。通用汽车公司还十分重视提高通用零部件和相似件的生产技术，把这些技术作为公司发展的重要基石。

（三）组织机构

通用汽车公司在经营管理上的突出贡献是创建了以产品为中心的事业部制度和各种专业委员会制度。这在当时是创新性的组织改革。特别是财务委员会控制了企业的采购权，库存委员会负责解决资金周转和库存积压问题，以及确立根据预测制定生产计划的方法，由于管理水平的提高，使企业的竞争力又上了一个新台阶，为通用汽车公司的长期稳定发展奠定了重要的基础。

（四）产品政策

通用汽车公司于 1921 年 4 月 6 日成立了特别顾问委员会，提出了新的产品政策。要点如下：

（1）从低档车到高档车按其价位，建立完整的产品系列。而且使高档车仍能保持一定的批量进行生产。超高档车可不考虑批量生产，因而不涉足这个产品系列领域。

（2）从最低价到最高价，各段价位要形成一个系列，不能出现大的断层。同时，各段价位相差不宜太小，否则太分散，就不能保持批量生产了。

（3）按各个价格段设计相应的汽车品种，在整个系列内不允许出现品种上的重复。

上述产品策略,对通用汽车公司的发展具有深远的意义。根据这个策略,通用汽车公司生产的 10 个车种不再在市场细分时发生相互竞争,并且成功地争取到了广泛的顾客群。当时福特以低价的 T 型汽车和高级轿车林肯(共 230 万辆)占领了市场一半以上的份额。通用汽车公司以 40 万辆居第 2 位。后来,通用汽车公司进行了生产改组,从低价车开始,把 10 种车型压缩为雪佛兰、4 缸别克、6 缸别克、沃尔斯、卡迪拉克等 5 个系列,并把最低价从 750 美元降到 450 美元。最高价定为 3 500 美元。其间,产品的价格分为 6 个档次。凭通用汽车公司的雪佛兰持有的 4% 的市场份额,想战胜持有 50% 以上市场份额的福特 T 型车恐怕是白日做梦。

一方面如果不是由于社会发展,人们逐渐富裕起来,追求高品位和个性化的顾客越来越多,通用汽车公司的战略,即适中的价位、高品位和多样化的车型战略也没有可能夺取福特低价位 T 型车的市场。另一方面,与中小汽车制造商相比,相同品位的车,通用汽车公司又以规模经济效果降低了生产成本,具有价格优势。总之,此项产品政策正好与市场需求的变化相符,因而,通用汽车公司成了市场竞争的赢家。直到现在,这种产品系列化策略仍然是行之有效的,并为各行各业广泛采用。

三、丰田生产方式

丰田生产方式是 1945 年第二次世界大战结束后,日本的汽车制造业在既缺乏资金又没有先进设备的条件下,在追赶欧美发达国家汽车业的过程中创建的一种全新的生产方式。当时日本的汽车制造业虽然有政府的保护,但仍面临许多困难:国内的市场很小,但是需求的品种却很广,如工业用的大型载货卡车、农用汽车、普通居民用的经济型小轿车和经理人员、政府官员用的高档轿车等。如采用传统的大量生产方式,国内市场没有这样大的需求量,当时又没有能力去开拓国际市场。

另外,20 世纪初美国福特公司创立了大批量流水生产方式,开创了现代生产新时代。福特生产系统有两个基本的原理,即生产标准化原理和装配流水线原理。基于这两个原理,福特公司采用严格的劳动分工、计划与执行分离、机械化生产、单一品种的流水生产线等措施实现了大批量生产,这种大批量单一品种生产适应了当时美国的市场发展要求:市场需求由生产推动,只要生产出既便宜又好的东西就能赚钱。但是,福特公司的这种生产系统在 20 世纪后期受到了挑战:一方面,市场进入了多样化时代,多品种小批量的市场取代了大批量单一品种市场,福特公司专一化的产品生产方式无法适应这种市场多元化的需要;另一方面,福特的流水生产线采用的一贯作业体制,也带来一些负面的效应,如员工产生的缺乏权力感(无意义感、孤立感等。由于过分注重技术的利用,缺乏对人性的尊重,导致息工、缺席

第二章 生产管理的发展史

增加,生产效率的提高受到影响。这两方面成了汽车工业发展的障碍。在这样的历史背景下,一种适应多品种小批量生产的新的生产方式诞生了——丰田生产方式。这种生产方式的基本思想是"在需要的时候,按照需要的数量,生产需要的产品",因此,人们也把丰田生产方式称为准时化生产。

1950年丰田公司新一代领导人丰田英二等在考察了美国的福特、通用等最先进的汽车公司之后得出了一个结论,即大量生产方式不适合日本当时的国情,丰田必须自己开创一条发展日本汽车产业的新路。此后,大野耐一等领导人意识到需要采取一种更能灵活适应市场需求、尽快提高竞争力的生产方式。在他们的组织和创导下,经过20年的努力,终于创立了对汽车工业具有划时代意义的丰田生产方式。丰田生产方式成功的重要标志,是它制造的汽车质量高、成本低,在世界市场上具有很强的竞争力。这种生产方式的核心是追求一种零库存、零浪费、零不良、零故障、零灾害、零停滞的较为完美的生产系统,并为此开发了包括看板在内的一系列具体方法,逐渐形成了一套独具特色的生产经营体系。

日本的汽车工业是在战后的一片废墟上重建的,从20世纪50年代初起步,1959年年产量还不足20万辆。但到了20世纪70年代,世界石油危机发生后,市场环境发生巨大变化,许多传统方式的弱点日渐明显,从此采用准时化生产的丰田汽车公司的经营绩效与其他汽车制造企业的经营绩效开始拉开差距,到1980年丰田公司全年产量达到了1 100万辆,准时化生产的优势开始引起人们的关注和研究。丰田车打入了美国市场和欧洲市场,畅销世界各地,使日本的汽车工业步入了世界汽车大国的前列。

准时化生产是丰田公司在20世纪70年代形成的新的生产方式,这种生产方式在经营理念、生产体制、生产计划与控制、库存观念、生产线布置及员工管理等方面都与福特生产方式不同。经过研究表明,丰田生产方式在人力资源的利用、产品开发展期、在制品库存、工厂占用空间、产品库存及产品质量等方面都比其他生产经营方式具有显著的优越性。从20世纪80年代开始,丰田生产方式受到全世界的汽车工业及其他工业的重视,是大量生产方式之后工业生产的又一次变革,是汽车工业生产的飞跃。

(一) 特点

丰田生产方式的主要特点是:以"调动员工的积极性、创造性"为前提,以"消除一切浪费"为目标,采用拉动式生产的准时生产制,用多批次小批量生产的混流生产线取代单品种大量生产的流水线,最大限度地降低在制品储备,缩短生产周期。丰田首创在汽车工业中发展多品种生产线,大大提高了企业对市场变化的应变能力。

（二）管理方法

基于上述指导思想，丰田人在不断摸索的实践当中，创立了一系列新的管理理念和管理方法，如准时化生产、看板管理、生产标准化、快速换模、作业标准化、设备合理布局、改进活动等，大大丰富了现代生产管理的内容。

1. 准时化生产

准时化生产的核心思想就是准时。它要求在需要的时候，只生产所需要的品种和数量，宁肯中断生产，也不允许超前和超量生产。它采用拉动式生产（pull system）来实现准时化，即每一道工序的生产，都是由其下道工序的需求拉动的。生产什么，生产多少，什么时候生产都是以正好满足下道工序的需求为前提。信息的传递利用了看板，看板是实施拉动式生产的重要手段。因此，人们把拉式生产又称作看板管理。准时化生产很好地解决了大量生产中普遍存在的过量生产和在制品大量积压的难题。

关于消除浪费，丰田喜一郎有过这样一种构想，他说："像汽车生产这种综合工业，最好把每个必要的零部件，非常准时地集中到装配线上，工人每天只做必要的数量。"

大野耐一把丰田喜一郎这个思路应用到汽车的生产现场，形成了一套严谨成熟的"准时化生产"体系。

首先是生产线的整流化。大野耐一学习福特的流水线工作方式，将"以设备为中心进行加工"的生产方式改变为"根据产品的加工工艺来摆放设备"，形成专线生产，并计算出每个产品的节拍时间。所谓节拍时间，即如生产 A 产品，一天需要 480 个，一天的劳动时间是 480 分钟，那么就可以计算出，生产一个 A 产品的节拍时间是 1 分钟。有了这个节拍时间的概念，生产线只要按节拍时间持续流动生产即可。节拍时间是丰田生产方式中最重要的概念。

其次是拉动式生产。丰田生产方式之前的生产方式是生产计划部门把计划发给各个工序。由于各个工序发生故障时间不同，有的工序生产的部件多，有的生产的部件少，不仅导致生产线运转不流畅，而且循环往复地造成库存。为了解决这些问题，大野耐一从美国超市的取货中受到启发。其实，大野耐一根本就没有见过美国超市，只是听说而已。但这一点也没有妨碍他的思考和获益，他开始产生了一种没有浪费的流程假设。基于这种假设，大野耐一创造了后工序到前工序取件的流程，从而使推动式生产变成了拉动式生产。最后一道工序每拉动一下，这条生产绳就紧一紧，带动上一道工序的运转，从而消除了库存。

2. 看板管理

丰田公司在制订作业计划指令和进行生产控制时，采用了一种独特的方法——看板。看板是一种传递生产信息的工具。所谓看板，也有人把它称为卡片，但实际上看板的形式并不局限于记载有各种信息的某种卡片形式，看板的本质是在需要的时间、按需要的量对所需的部件发出生产指令的一种信息媒介体，而实现这一功能的形式是可以多种多样的。例如在丰田的工厂中，小圆球、圆轮、台车等均被利用来作为看板。近年来随着计算机的普及，越来越多地引入了在各工序设置计算机终端、在计算机屏幕上显示看板信息的做法。

看板管理是丰田生产方式最独特的地方，通过看板实现后工序领取零件、小批量生产、小批量运送、生产均衡化。看板上的信息通常包括：零件号码、产品名称、制造编号、容器形式、容器容量、看板编号、移送点和零件外观等。

（1）看板的作用。

看板的主要机能是传递生产和运送的指令，其在准时化生产下具有以下功能：

①传送生产及运送的工作指令。看板中记载着生产量、时间、方法、顺序、运送量、运送时间、运送目的地、放置场所、搬运工具等信息，从装配工序逐次向前工序追溯，在装配线将所使用的零件上所带的看板取下，以此再去前工序领取。后工序领取及准时化生产就是这样通过看板来实现的。

②防止过量生产和过量运送。看板必须按照既定的运用规则来使用。其中一条规则是：没有看板不能生产，也不能运送。根据这一规则，看板数量减少，则生产量也相应减少。由于看板所表示的只是必要的量，因此通过运用看板能够做到自动防止过量生产及适量运送。

③进行"目视管理"。看板的另一条运用规则是：看板必须在实物上存放，前工序按照看板取下的顺序进行生产。根据这一规则，作业现场的管理人员对生产的优先顺序能够一目了然，易于管理。通过看板就可知道后工序的作业进展情况、库存情况等。

④改善存在的问题。在一般情况下，如果在制品库存较高，即使设备出现故障、不良品数目增加也不会影响到后道工序的生产，所以容易把这些问题掩盖起来。而且即使有人员过剩，也不易察觉。根据看板的运用规则之一"不能把不良品送往后工序"，后工序所需得不到满足，就会造成全线停工，由此可立即使问题暴露，从而必须立即采取改善措施来解决问题。在准时化生产中，通过不断减少看板数量来减少在制品的中间储存。这样通过改善活动不仅使问题得到了解决，也使

生产线的"体质"不断增强，带来了生产率的提高。

（2）看板的种类及其用途。

看板是一种生产管理工具，其形式与种类很多，有的采用塑料卡片，有的采用铁制卡片，有的采用某种信号灯或电视显示屏。虽然种类繁多，但是归纳起来，看板主要有如图 2.10 所示的几种类型。

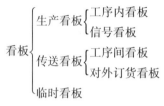

图 2.10　看板的种类

生产指令看板是一道工序生产新的一批次零件。生产指令看板用于指挥工作地的生产。

① 工序内看板是指某工序进行加工时所用的看板。这种看板用于装配线，以及即使生产多种产品也不需要实质性的作业更换时间（作业更换时间近于零）的工序。

② 信号看板是指在不得不进行成批生产的工序所使用的看板，例如冲压工序、树脂成形工序、模锻工序等。与上述的工序内看板不同，信号看板中必须记载的特殊事项是加工批量和基准数。加工批量是指信号看板摘下时一次所应加工的数量。基准数是表示从看板摘下时算起还有几个小时的库存，也就是说，是从看板取下时算起，必须在多少小时内开始生产的指示。

不同生产类型的看板可以有以下不同的形式：

① 当流水线只生产一种产品时，可以采用信号灯作为看板，每一个工序生产的产品被后工序取走时，按下按钮，指示灯亮，表示需要生产，后工序不取走产品，指示灯就不亮。

② 流水线生产多种产品时，可以采用不同颜色的卡片代表不同的产品生产看板。

③ 当成批生产时，看板需要有生产批量、再订购点、加工设备、加工工件等信息。

不同企业生产指令看板卡片上的内容与式样都可能不同，图 2.11 是两种看板的式样。

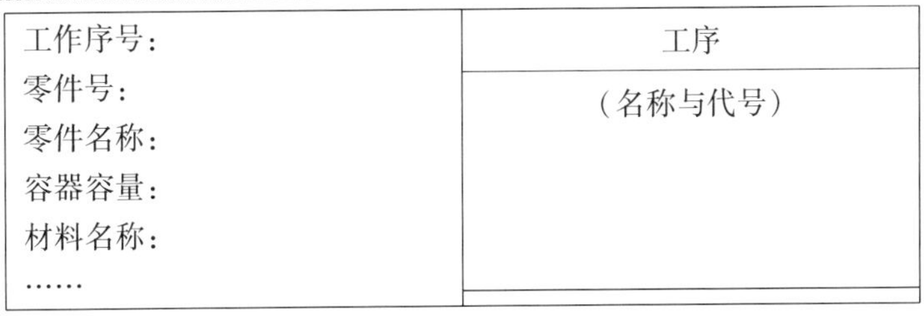

第二章 生产管理的发展史

```
工作序号：              工序
零件号：
零件名称：          （名称与代号）
容器容量：
材料名称：
……
```

（a）四角形看板

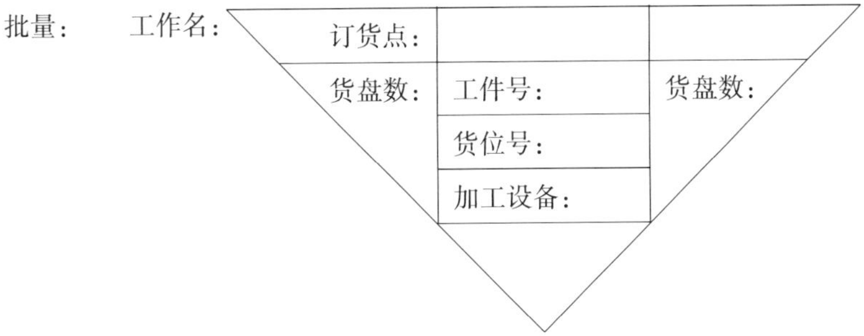

```
批量： 工作名：
        订货点：
        货盘数： 工件号：      货盘数：
                 货位号：
                 加工设备：
```

（b）三角形看板

图 2.11 生产指令看板的式样

移动看板是一道工序向前一道工序请求需要的零件。

① 工序间看板是工序之间传送的看板，是工厂内部后工序到前工序领取所需的零部件时使用的看板。看板包括的信息有零件号、容器容量、看板号、供方工作地、需方工作地等。

② 对外订货看板是对外订货传送的看板，这种看板与工序间看板类似，只是前工序不是在本厂内，而是外部的协作厂家。对外订货看板上需记载进货单位的名称和进货进度。主要用于外部的供应商供应零件或原料时使用，其主要的信息包括供应商名称、货物名称、传送看板卡号、使用的产品名称与编号、使用（或存放）地点、交货时间、交货数量等。

临时看板是进行设备安全、设备修理、临时任务或需要加班生产时所使用的看板。

（3）看板使用方法。

看板有若干种类，因而看板的使用方法也不尽相同。如果不周密地制定看板的使用方法，生产就无法正常进行。所以从看板的使用方法可以进一步领会准时化生产的独特性。

① 工序内看板。工序内看板的使用方法中最重要的一点是必须随实物，即与产品一起移动。后工序来领取时摘下挂在产品上的工序内看板，然后挂上领取用

的工序间看板运走;该工序然后按照看板被摘下的顺序及这些看板所表示的数量进行生产;如果摘下的看板数量变为零,则停止生产。在一条生产线上,无论是生产单一品种还是多品种,均按这种方法所规定的顺序和数量进行生产,既不会失误也不会产生过量的储存。由此也可看出,为什么说适时适量生产的前提条件是生产的均衡化。

②信号看板。信号看板挂在成批制做出的产品上。当该批产量的数量减到基准数时摘下看板,送回到生产工序,然后生产工序按该看板的指示开始生产。

③工序间看板。工序间看板挂在从前工序领来的零部件的箱子上,在该零部件被使用后,取下看板,放到设置在作业场地中的看板回收箱内。看板回收箱中的工序间看板所表示的意思是"该零件已被使用,请补充"。现场管理人员定时来回收看板,集中起来后再分送到各个相应的前工序,以便领取补充的零部件。

④对外订货看板。对外订货看板的摘下和回收与工序间看板基本相同。回收以后按各协作厂家分开,等各协作厂家来送货时由他们带回去,成为该厂下次进行生产的生产指示。在这种情况下,看板被摘下以后,该批产品的进货将会延迟至少一回以上,因此,需要按照延迟的回数发行相应的看板数量。这样,虽然产品的运送时间、使用时间、看板的回收时间及下次的生产开始时间之间均有一些时间差,但只要严格遵守时间间隔,就能够做到按照准时化生产进行循环。

使用过的看板(即工序间看板和对外看板)回收后,按工序或按协作厂家的再分发,其工作量有时会很大,因此,在丰田汽车公司的一些工厂里,设有专门的看板分发室,将看板上的有关信息用条形码来表示,然后用计算机来区分。

(4)看板的使用规则。

利用看板组织生产管理,要坚持如下几个原则:

①无论是生产看板还是传送看板都必须附在容器上。不合格产品不交给下道工序。

②不允许使用非标准的容器或不按照标准数量放置。

③凭看板生产与转运,不见看板不运送。

④按照看板出现的次序与数量生产,做到适时适量。

(5)看板数量的计算。

看板管理从本质上讲,还是库存管理的问题,通过看板来实现最小化库存的目的。尽管丰田生产方式是无库存的生产方式,但是丰田的生产过程仍然采用的是库存控制模式,只不过其库存的控制是牵引式而非推进式而已。

库存控制有两种基本的模式:一种是定量模式,另一种是定期模式。与此相对应的是,准时生产过程看板的领取模式也就有定量与定期两种模式。丰田公司内部各工序之间的看板全部采用的是定量领取模式,而外加工的供应看板都采用定期领取模式。

① 生产指令看板的数量计算

生产看板数量的计算公式

$$N_p = \frac{DT_w(1+\alpha)}{b} \tag{2.1}$$

式中　　D——对某物的日需求量;

　　　　T_w——生产指令看板循环周期(或叫作生产指令看板周转周期);

　　　　b——容器的容量;

　　　　α——保险系数。

② 移动看板的数量计算

移动看板的数量计算与生产指令看板类似

$$N_t = \frac{DT_t(1+\alpha)}{b} \tag{2.2}$$

式中　　T_t——移动看板的循环周期。

以上是丰田公司的看板的计算方法,当然,在实施看板供应的时候,不同企业采用的准时供应的运作上可能存在一定差异,比如运输装运方式不同、对时间的计算方法不同,因此计算看板的方法也不同。

3. 生产标准化

生产标准化是一种不需增加库存,能迅速适应需求变动的有效手段。由于生产标准化,生产线上不再大批量地生产同一种产品,而是要同时生产市场需求的多种多样的产品。生产标准化通常分两步进行,首先根据计划规定的月产量计算该车型的平均日产量,再根据该车型细分后各规格的需求比例来组织标准化生产。

例如,皇冠车下个月计划生产3万辆。皇冠装配生产线按一个月工作25天,每天工作2班计,则日产量应为1 200辆。如皇冠车按发动机、变速器、加速装置和车身颜色等的不同,有A、B、C、D四种车型,其需求的比例为4∶3∶2∶1。按标准化生产的要求,可计算出皇冠车各车型每日应生产的数量如表2.3。

4. 快速换模

快速换模和快速调整生产线对组织多品种生产具有决定性的意义。组织多品种生产遇到的最大障碍是更换品种时,调整生产线和更换工艺装备的工作量太大,直接减少了设备的有效工作时间,损失了设备的生产能力。丰田公司组织工人和技术人员进行了大量的研究和实践,提出了一套行之有效的方法。例如,从停机换模作业中挑选大量的可以不停机的换模准备作业,缩短了换模的停机时间;采用标准化的模具底座和标准化的辅具、辅助安装板、快速夹紧机构和可调的定位装置等,大大节省了模具的安装和调整时间;采用工作台可升降的运模车,以平移作业取代吊装作业。以大型机械压力机和大型冲床的换模为例,原来一般需要花8个小时的模具更换和调整工作,丰田公司在采取上述措施后,可以在3~10分钟内完成,为汽车行业的多种生产开辟了新的途径。

表2.3 皇冠车各车型每日应生产的数量

车型	全月需求量 (辆/月)	平均日产量 (辆/日)	生产节拍 (分/辆)	每8分钟的 生产数量(辆)
A	12 000	480		4
B	9 000	360	$\dfrac{480 \times 2}{1\,200} = 0.8$	3
C	6 000	240		2
D	3 000	120		1
合计	30 000	1 200		10

快速换模也被称为"单分钟换模"(Single Minute Exchange of Die,SMED),是非常广泛应用于柔性生产型产线上的一种快速而有效的换模切换方法。快速换模这一概念的引出,将以往的换模时间由几小时甚至十几小时减少到10分钟以内,通过设备和人员的快速切换,减少换模操作工序的流程数,将一种正在进行的生产流程快速切换到下一生产工序上去,也指快速启动换模程序,缩短生产准备期和设备停机故障时间,实现浪费最小化的目标。

实施快速换模最直接的就是对换模时间的缩减,一般从一种产品类型到另一种产品类型需要损失大量的时间,如停机时间、调整时间等。

实施快速换模前,换模操作工序的内作业和外作业都没有区分,都被定义为内部作业。快速换模的六步法包括:

(1)区分内部作业和外部作业。

内部作业是指需要将设备或机台停止后才能进行的作业,也称内换模,主要包括拆卸旧模具、安装新模具、调整位置及试样检查等。外部作业是指不需要将设备或机台停止就可以进行的作业,包括换模前准备工作和换模后的清理工作。

(2)将内部作业转化为外部作业。

通过检查表、功能检查、改进部件和工具运输来实现内部作业外部化。也就是需要在设备或机台还没有停机的时候,就要做好准备,比如收集换模参数、查看作业指导书、准备换模工具和材料等。

(3) 优化内部作业。

通过预先准备操作条件、功能标准化和部件集成化来优化作业工序。

(4) 外部作业优化。

通过改进工具和零件的储存和管理,并进行平行操作和功能性夹具优化外部作业。

(5) 标准化内外部作业。

通过形成标准化内部换模作业流程文件和标准化外部换模作业流程文件。

(6) 持续改进。

通过对换模操作技术人员进行技能培训,并定期检查换模操作时间,实时监控。

5. 合理布局

合理布置设备和生产线是丰田为了改善物流运输和节约人力所做的改进。丰田在生产线的安排上提出采用U形布置的建议如图2.12。因为U形布置可以适应多品种生产,避免具有不同工艺顺序的工件在生产线上往复运输,也有利于组织工人进行多机床看管,避免工人在机床间行走很长的距离。

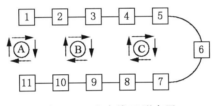

图 2.12　生产线 U 形布置

6. 标准作业

标准作业是指把生产过程中的各种要素(人、机、料、法、环)进行最佳组合后形成的一套工作方法。按标准作业的要求进行操作,就能保证低成本、高质量地制造出优质产品。制定标准作业时,既要考虑各工序之间的协调配合,又要注意作业人员工作负荷的平衡与协调,要消除"瓶颈环节",保证整体的效率。标准作业制定出来后,要组织对有关的作业人员进行培训,让大家能很好地理解和掌握。在实施过程中还要经常检查,发现问题,不断进行修订和完善。因为生产环境是在不断发展变化的。

丰田公司对全部装配作业,由小组推进技术改进,创造最优作业方法,并通过标准化建立标准作业。经过多年的努力,生产过程中出现的各种缺陷被一一消除,因此丰田公司能够做到汽车在下总装线后产品的返修率基本为零。这一点和泰勒的作业标准化很相似,所不同的是泰勒的动作研究由专业管理人员去指挥,而丰田

的动作研究是工人自己掌握,从而根本消除了管理人员和作业人员的对立,提高了工人的自我价值。下面的改进活动的核心意义也在于此。

7. 改进活动

事实上,自上而下的强压式的推广丰田生产曾招致丰田工人们的不断反抗。直到20世纪80年代,丰田内部开始出现了自主研发活动,工人们要自主研究现场管理的改善方法。丰田生产方式的基本思想开始渗透到业务的各个环节。于是全面的丰田生产方式诞生了。其诞生标志着丰田生产方式出现了另一个伟大的原则——活性化原则。

活性化原则的本质是调动员工的上进心及积极性。和美国工厂最大的不同是:美国公司给作业标准,工人们按标准做就行了;而丰田生产方式充分相信工人们的智慧,实现现场的活性化,提倡"现场现物"。

现在的丰田,一个产品进入量产前,都有制造准备活动。以前由技术人员进行的改善活动,现在由一线工人提出思路,参与完成。丰田会抽调出大量的人力和精力来做量产前的改善,充分发挥一线工人的聪明才智。

在丰田人眼里,没有消极的员工。只要方法正确,员工都能焕发活力。因为,人都希望有归属感,个别人的落后也会在集体向上的带动下,发生变化。只不过,时间不同而已。让员工做事情,不求100%的改善或者达到,只要有50%的可能,就开始去行动,在行动中现场现物,持续改善到100%。不要给员工过高的压力和期望,最好只要让他伸伸手就能够到。然后,员工产生一种成就感,进而拥有充实感,大脑才能开始活性化,才能不断地进取向上。

当然,发挥一线员工的智慧进行改善,并不表示改善目标是自下而上,而是每年度公司都有改善方针,从质量、成本、安全等多个角度制定改善目标,然后,把目标层层分解到每个班组。

改进活动是丰田生产方式中调动员工的积极性、创造性,动员广大员工参与提高生产效率,降低制造成本和参与企业管理的重要方法。改进活动通常通过开展合理化建议运动,发动广大员工参加。员工提出的合理化建议可申请立项,经审批后将得到企业的支持和资助。项目实施后取得成效的,公司将根据其贡献的大小给予相应的奖励。另一种形式是员工可根据公司提出的,就现行生产经营中存在的问题,自愿结合,组成攻关小组(又称QC小组),主要是利用业余时间开展调查研究,通过多方协作,寻找问题的解决办法。公司每年要举行交流QC小组成果的总结表彰大会,检阅成绩,对有功的小组和个人进行表扬和奖励。丰田公司每年通过这些活动常常可以获得上千项合理化建议和改进措施。这些活动不仅给公司带来了巨大的经济效益,而且为丰田的企业文化创造了良好的氛围。

四、精益生产方式

美国的汽车市场在受到日本汽车工业的冲击之后,最初的反应是认为日本汽车业的成功是由于工资水平低,政府的保护政策及在生产中广泛应用机器人,受益于高技术。但随后发现上述解释尚不能说明问题的全部,特别是丰田公司在美国投资建立的合资工厂 NUMMI,受美国法律的管制,雇的是美国的工人,工资是按美国的工资标准支付的。在那里生产同样质量的汽车,成本比美国汽车厂生产的低。1980 年美国福特公司人员去日本经考察发现,日本汽车工业成功的主要原因是其采用了新的生产管理方式 —— 丰田生产方式。

为了真正揭开日本汽车工业成功之谜,美国麻省理工学院于 1985 年制订了一项"国际汽车研究计划",筹资 500 万美元,组织了 50 多名专家、学者,在丹尼尔·鲁斯教授的领导下,用了 5 年时间,访问调查了 14 个国家,90 多家汽车总装厂和零部件制造厂。通过对欧美的大量生产方式和日本的丰田生产方式进行全面的对比分析,该项研究计划最后被写成了研究报告。其主要的成果在 1990 年出版的《改变世界的机器》一书中有详细的论述。该书对丰田生产方式给予了高度评价,认为它是一种先进的现代生产管理方式,不仅适用于汽车制造行业,而且适用于所有的制造业。同时又指出丰田生产方式的内涵属于生产制造领域。通过 IMVP 的研究与总结,把丰田生产方式的指导思想,从生产制造领域扩展到了产品研制开发、采购供应、协作配套、销售服务、财务管理等各个领域,贯穿于企业生产经营活动的全过程,使其内涵更加全面、丰富,从而已不是原来意义上的丰田生产方式了。因而有必要赋予它一个新的名称 —— 精益生产方式。

精益生产方式是通过系统结构、人员组织、运行方式和市场供求等方面的变革,使生产系统能很快适应用户需求,并能使生产过程中一切无用、多余的东西被精简,最终达到包括市场供销在内的生产的各方面最好结果的一种生产管理方式。与传统的大生产方式不同,其特色是多品种、小批量。

1. 精益生产方式的定义

精益生产方式是及时制造,消灭故障,消除一切浪费,用少的投入实现尽可能多的价值。精益生产方式的核心是消除一切无效劳动和浪费。精益生产方式的灵魂是"永无止境的改善"。

工厂常见的八大浪费:

① 库存的浪费;

② 制造太多的浪费;

③ 不良修理的浪费;

④ 搬运的浪费；

⑤ 停滞的浪费；

⑥ 管理的浪费；

⑦ 动作的浪费；

⑧ 过分加工的浪费。

2. 精益生产方式的基本原理

在需求的时间，按照需求的数量，生产需求的产品。

(1) 不断改进。

改进就是永远不满足现状，不断发现问题，寻找原因，提出改进措施，改变工作方法，使工作质量不断提高。改进与创新，都是进步和提高。改进是渐进式的进步，是细微的改变，其过程是连续的、日积月累的，会获得巨大的成功；创新是跃进式的进步，是显著的变化，其过程是不连续的。创新可为少数人所为，改进则必须众人努力。如果创新之后无改进，则实际成果会降低；创新之后继续改进，成果将更大。

(2) 消除对资源的浪费。

企业中普遍存在的八大浪费涉及：过量生产、等待时间、运输、库存、过程（工序）、动作、产品缺陷及忽视员工的创造力。生产企业在发展过程中，为了提升自身的竞争力，企业要尽可能地减少生产过程中任何多余的浪费，节约成本，提高工作效率，促进精益化发展。

(3) 协力工作。

精益生产方式下的团队要求团队成员能够共同决策、共同分担或轮流担任团队领导的责任，团队成员合作处理日常事务，自行为整个工作流程负责，因此该团队必须以员工的高素质为前提，专业分配比例也应满足团队工作的需要。

(4) 沟通。

沟通就是通过交流使信息对称。有效沟通就是信息对称并创造了积极的人际互动关系与行为。然而，无效沟通却是在行为过程中较为普遍的现象，极大地影响了行为的有效性。所以，我们要强化人们的沟通意识，在此基础上进行有效沟通的阐述。

3. 精益生产方式的作用

① 缩减新产品开发周期；

② 减少在制品库存水平；

③ 改进产品质量；

④ 减少需要的作业空间；

⑤ 减少需要的人力;
⑥ 减少产成品库存水平。

4. 精益生产理论与方法体系

精益生产理论与方法体系如图 2.13 所示。

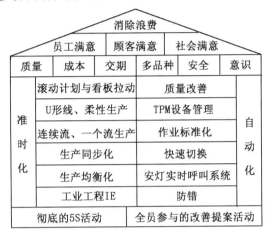

图 2.13 精益生产理论与方法体系

精益生产在实际应用时,由于行业特点不同,应用的侧重点也不尽相同。就拿流程行业和离散行业来说,流程行业,如化工、医药、金属等,一般偏好设备管理,如 TPM,中文名为"全员生产维修",因为在流程行业需要运用到一系列的特定设备,这些设备的状况极大地影响着产品的质量;而离散行业,如机械、电子等,生产线的排布及工序都是影响生产效率和质量的重要因素,因此离散行业注重标准化、准时化生产,看板及零库存。

五、敏捷制造

单纯考虑企业内部资源重组还不能适应基于时间竞争的需要,企业必须充分利用外部资源。敏捷制造也就应运而生。1988 年,美国国会要求美国国防部拟定一份发展制造技术的规划,国防部委托里海大学亚科卡研究所负责编写。1991 年完成了"21 世纪制造企业战略"的报告。该报告的结论性意见是:全球性的竞争使得市场变化太快,企业依靠自己的资源进行自我调整的速度赶不上市场变化的速度。为了解决这个影响企业生存和发展的世界性问题,报告提出了以虚拟企业(virtual enterprise)或动态联盟为基础的敏捷制造模式,提出敏捷制造是一种战略高度的变革。与精益生产、智能制造相比,它完全突破了大量大批生产的模式。敏捷制造面对的是全球化激烈竞争的买方市场,它以多品种、变批量生产代替大量大批生产,采用可以重构的生产单元构成的扁平组织结构,以充分自治的、分布式的协同工作代替金字塔式的多层管理结构,注重发挥人的创造性,变企业之间你死我活的竞争关系为既有竞争又有合作的"共赢"关系。敏捷制造强调基于互联网的信息开放、共享和集成。现在,人们又在研究"全球并行工程技术",目标是实现多个工厂各个生产活动的敏捷协调和保证高生产率。

六、智能制造

先进的计算机技术和制造技术向产品、工艺和系统的设计和管理人员提出了新的挑战,传统的设计和管理方法不能有效地解决现代制造系统中所出现的问题,这就促使人们通过集成计算机技术、信息技术、人工智能技术与制造技术,发展出一种新型的制造技术与系统,这便是智能制造技术与智能制造系统,统称为智能制造。

智能制造技术是指利用计算机模拟制造业人类专家的分析、判断、推理、构思和决策等智能活动,并将这些智能活动与智能机器有机地融合起来,将其贯穿应用于整个制造企业的各个子系统,以实现整个制造企业经营运作的高度柔性化和高度集成化,从而取代或延伸制造环境中人类专家的部分脑力活动,并对制造业人类专家的智能信息进行搜集、存储、完善、共享、继承与发展。

智能制造系统是一种智能化的制造系统,是由智能机器和人类专家共同组成的人机一体化的智能系统,它将智能技术融入制造系统的各个环节,通过模拟人类的智能活动,取代人类专家的部分职能活动,使系统具有智能特征。智能制造系统基于智能制造技术,综合应用人工智能技术、信息技术、自动化技术、制造技术、并行技术、生命科学、现代管理技术和系统工程理论与方法,在国际标准化和互换性的基础上,使得整个企业制造系统中的各个子系统分别智能化,并使智能系统成为网络集成的高度自动化的制造系统。

智能制造系统是智能技术集成应用的环境,也是智能制造模式展现的载体。是通过设备柔性和计算机人工智能控制,自动地完成设计、加工、控制管理过程,旨在解决适应高度变化环境的制造有效性

国际金融危机以来,全球进入新一轮竞争优势形成期。工业成为这一轮全球竞争的制高点。面对新一代信息通信技术和工业技术整合革新的浪潮,世界各国都在进行战略布局,德国提出了工业4.0,美国提出了"先进制造伙伴计划",日本发不了《机器人新战略》,中国推进"两化"深度融合,发布了《中国制造2025》战略。这些战略的核心都是利用新一代信息通信技术提升本国工业的智能化水平,

第二章 生产管理的发展史

进而提升工业在国际市场的竞争力。可以说,智能制造已成为世纪制造发展的重要趋势,也是影响未来经济发展过程的制造业的重要生产模式。

自18世纪产业革命以来,随着工业化社会的发展,生产力水平飞速的提高,工业化创造出了巨大的物质财富,对人类社会的发展做出了巨大的贡献。与历史上任何时期相比,今天人类的物质、文化生活水平都是无与伦比的。但是,同时工业化也带来了严重的后果。工业化大生产消耗和浪费了大量的自然资源,而自然资源是有限的,有些稀有资源已经濒临消耗殆尽的境地。另一方面,工业化生产使自然环境遭受污染,遭到破坏,直接危害和威胁人类的生存。鉴于以上情况,提出"可持续发展"的方针就成为21世纪人类社会发展必须遵循的基本方针。

制造业和服务业如何贯彻可持续发展的方针,将是生产管理面临的全新课题。目前已经提出"绿色制造""绿色服务"的概念。即要求尽量节约资源消耗,尽量使用可再生资源和无污染的能源,产品废弃时其残骸不仅不污染环境,而且能够再生,能再被利用,要尽量利用知识来提高产品的附加价值等。21世纪将进入知识经济时代,可以预期在新世纪里生产管理将会以全新的面貌出现,必将有更大和更快的发展。

思 考 题

1. 泰勒的科学管理定义及四原则是什么?
2. 动作研究的内涵及目的是什么?
3. 泰勒分析的怠工原因是什么?
4. 多比率日薪制的核心内容是什么?为什么能够解决劳资对立的问题?
5. 科学管理的主要内容有哪几个方面?
6. 福特提出的"3S化"是什么?在历史上曾起到什么作用?在现实中有什么意义?
7. 通用汽车公司所进行的系列创新的主要内容有哪几个方面?
8. 丰田生产方式有什么特点?
9. 准时化生产的内涵是什么?
10. 看板的类型及用途是什么?
11. 看板的作用是什么?
12. 丰田生产方式的主要内容是什么?
13. 改进活动的精髓是什么?
14. 制造业为什么需要生产标准化?

15. 简述缩短换模时间与规模经济的关系。
16. 阐述精益生产的内涵及工厂常见的八大浪费。
17. 阐述精益生产的基本原理。
18. 说明敏捷制造的特点。
19. 说明智能制造的构成及其内涵。
20. 敏捷制造、精益生产、智能制造、通用汽车公司、丰田生产方式、拉动式生产、准时化生产的英文拼写及缩写。

第三章　生产战略管理

第一节　战略及战略管理

一、战略

市场如战场,有竞争就有战略的问题。"战略"一词最早源于希腊语"strategos",意思是"将军指挥军队的艺术与科学",原是一个军事术语。在企业管理中,战略"泛指重大的、全局性的或决定全局的谋划",是设立远景目标并对实现目标的轨迹进行的总体性、指导性谋划,属宏观管理范畴,具有指导性、全局性、长远性、竞争性、系统性、风险性六大主要特征。

在中国,战略一词历史久远,"战"指战争,"略"指"谋略"。春秋时期孙武的《孙子兵法》被认为是中国最早对战略进行全局筹划的著作。在现代"战略"一词被引申到政治和经济领域,其含义演变为泛指统领性的、全局性的、左右胜败的谋略、方案和对策。《辞海》中,战略的定义是:"军事名词,指对战争全局的筹划和指挥。它依据敌对双方的军事、经济、地理等因素,兼顾战争全局的各个方面,规定军事力量的准备和运输。"

从管理的角度来说,美国经济学家切斯特·巴纳德(Chester I. Barnard)把"战略"引入企业管理,他在《经理的职能》一书中首次运用了战略的概念。在20世纪60年代,战略思想开始运用于商业领域,并与达尔文"物竞天择"的生物进化思想共同成为战略管理学科的两大思想源流。美国经济学家阿尔弗雷德·钱德勒(Alfred D. Chandler)在1962年出版的《战略与结构——美国工业企业史的若干篇章》一书中将战略定义为决定企业基本目标与目的,选择企业达到这些目标所遵循的途径,并为实现此目标与途径而对企业重要资源进行分配。日本学者伊敬卅之则将战略定义为决定公司活动的框架并对协调活动提供指导,以使公司能应付并影响不断变化的环境。美国达梯莱斯学院管理学教授魁因(J. B. Quinn)认为战略是一种模式或计划,它是将一个组织的主要目的、政策与活动,按照一定的顺序结合成一个紧密的整体。综上所述,战略是对全局发展的筹划和谋略,它实际上

反映的是对重大问题的决策结果,以及组织将采取的重要行动方案。

从企业未来发展的角度来看,战略表现为一种计划,而从企业过去发展历程的角度来看,战略则表现为一种模式;如果从产业层次来看,战略表现为一种定位;从企业层次来看,战略则表现为一种观念。此外,战略也表现为企业在竞争中采用的一种计谋。这是关于企业战略比较全面的看法,即著名的 5P 模型。

二、战略管理

战略管理是指对企业战略的管理,包括战略制定(形成)与战略实施两个部分。总之,战略被认为是企业在竞争环境中为求得生存和发展而对长期的、影响全局发展的重大问题的筹划和谋略。

目前,在企业管理中"战略"已经被十分广泛地应用,如经营战略、营销战略、组织结构战略、价格战略、产品战略、投资战略、持续发展战略等。当今企业经营管理的一个新的重要发展趋势是实行战略管理。战略管理的定义为:企业确定其使命,根据组织外部环境和内部条件设定企业的战略目标,为保证目标的正确落实和实现进行谋划,并依靠企业内部能力将这种谋划和决策付诸实施,以及在实施过程中进行控制的一个动态管理过程。其特点是指导企业全部活动的是企业战略,全部管理活动的重点是制定战略和实施战略。而制定战略和实施战略的关键都在于对企业外部环境的变化进行分析,对企业的内部条件和素质进行审核,并以此为前提确定企业的战略目标,使三者之间达成动态平衡。战略管理的任务,就在于通过战略制定、战略实施和日常管理,在保持这种动态平衡的条件下,实现企业的战略目标。

自古以来,"三年发展靠机遇,十年发展靠战略",一个组织的战略对该组织具有深远的影响,对组织的竞争力影响极大。

战略并不是"空的东西",也不是"虚无",而是直接左右企业能否持续发展和持续赢利最重要的决策参照系。战略管理则是依据企业的战略规划,对企业的战略实施加以监督、分析与控制,特别是对企业的资源配置与事业方向加以约束,最终促使企业顺利达成企业目标的过程管理。首先,战略管理不仅涉及战略的制定和规划,而且也包含着将制定出的战略付诸实施的管理,因此是一个全过程的管理;另外,战略管理不是静态的、一次性的管理,而是一种循环的、往复性的动态管理过程。它是需要根据外部环境的变化、企业内部条件的改变,以及战略执行结果的反馈信息等,而重复进行新一轮战略管理的过程,是不间断的管理。

20 世纪 90 年代以来,各国企业,特别是大企业都在积极开展战略管理,用它来指导企业的经营与发展,可以说,现代市场已经进入了战略制胜的时代。

第二节　企业战略

企业战略是对企业重大问题的决策结果及企业将采取的重要行动方案,是一种定位,是一种观念,是企业在竞争的环境中获得优势的韬略。企业根据环境变化,依据本身资源和实力选择适合的经营领域和产品,形成自己的核心竞争力,并通过差异化在竞争中取胜。企业战略是对企业各种战略的统称,其中既包括竞争战略,也包括生产战略、营销战略、发展战略、品牌战略、融资战略、技术开发战略、人才开发战略、资源开发战略等。生产战略是企业战略的一个重要内容,是在企业战略指导下制定的职能性战略,它是企业总体战略成功的保证。

企业战略是层出不穷的,例如信息化就是一个全新的战略。企业战略虽然有多种,但基本属性是相同的,以及对企业的谋略,都是对企业整体性、长期性、基本性问题的计谋。各种企业战略有同也有异,相同的是基本属性,不同的是谋划问题的层次与角度。总之,无论哪个方面的计谋,只要涉及的是企业整体性、长期性、基本性问题,就属于企业战略的范畴。

一、企业环境

(一) 企业环境的定义

企业环境是指对企业赖以生存和发展的各种外部条件和外在因素。企业环境的构成是复杂的,可以从不同的角度看待环境。从范围上来讲,企业环境可以由国内环境和国际环境构成;从企业经营要素上讲,企业环境可以由投资环境、劳动力环境、资金环境、技术环境、信息环境、市场环境等方面构成;从企业的社会联系上讲,企业环境可以由投资者、消费者、供应者、主管机关、政府部门、社会团体等方面构成。

企业环境还可分成微观环境和宏观环境。微观环境包括直接影响企业履行其使命状况的行动者、供应商、各种市场中间商、顾客、竞争对手等。宏观环境包括影响企业微观环境中所有行动者的较广泛的社会力量或因素,包括人口、经济、技术、政治、法律及社会文化方面的力量和因素。

(二) 企业环境的构成

企业环境有自然地理环境、经济环境、科技环境、政治法律环境、社会文化环境等构成。

1. 自然地理环境

自然地理环境主要指一个国家或一个区域的自然环境、地理条件、气候条件等。

2. 经济环境

（1）市场环境。

构成企业的经济环境的因素很多，在市场经济条件下，企业的经济环境主要是市场环境。

（2）宏观经济环境。

企业所在国家或地区的宏观经济环境从总体上影响企业经营和发展，这些因素主要有经济增长及其周期性、通货膨胀与就业、资本市场与外币市场、外汇管制等。

（3）税收环境。

税收是国家按所制定的法律向经济单位和个人征收实物或货币。目前我国实行的是货币税额。税收是国家财政收入的主要形式，对企业来说，按法纳税是应尽的义务，纳税支出构成企业生产经营活动开支的重要组成部分。因此，税收环境既是企业的经济环境也是企业必须重视的法律环境。

3. 科技环境

科技环境主要是指一个企业所在国家或地区的科学技术发展水平、科技政策、新产品的开发能力及科技发展的新动向等。科学技术的影响主要体现在新产品、新机器、新工具、新材料和新服务上。

来自技术的益处就是取得更高的生产率，更高的生活水准，更多的休闲时间和更加多样化的产品。在任何一个社会或企业，对于决定生产何种产品或提供何种服务，采用何种设备及如何管理生产等，科技水平是一个重要因素。

4. 政治法律环境

政治法律环境主要指国家政治制度、社会制度和法律制度，国家的路线、方针、政策等；一个国家的政治和法律直接影响到企业的管理政策，它的稳定性也直接影响到企业长期计划的制订。政治与法律环境属于上层建筑领域，它们相辅相成，互为因果关系。政治与法律由当权的政府构造，企业必须在既定的法律构架下从事生产和经营。

因此，企业管理人员要熟悉适用于本企业经营活动在法律上的必要条件和限制因素，有见识的企业家通常聘请法律和政治方面的专家当自己的顾问，请他们帮助预见和处理政治问题与法律问题，以减少自己决策的失误。

5. 社会环境

一个社会的价值观念、风俗习惯、社会成员接受教育的程度等因素也会影响到企业生产和经营。社会环境主要指一个国家的人口数量、年龄结构、职业结构、民族构成和特性、生活习惯、道德风尚、历史传统、文化传统等。

社会是人群生活所组成的各种组织体及行为规范与态度的集合。在社会这个大家庭中,企业只是其中的一个成员,比较重要的社会组织还有家庭、学术团体、公益团体、体育团体等,在资本主义社会,一些国家同乡会、职业工会、劳动工会、宗亲、宗教团体也比较发达。企业与这些组织同处共生,不得不注意相互间的影响。

6. 文化教育环境

文化教育环境主要指人们受教育水平和文化素质及人们受教育的各种场所的规模、结构等;文化是人类社会所拥有的知识、信仰、道德、习惯和其他才能与偏好的综合体。

从总体上看,文化环境的变化是缓慢的,但就一段时间比较,其变化还是明显的,尤其是物质文化的改变。文化的不断演进对社会中每一个组织而言都是一项重要的影响因素。

(三) 企业环境的特征

1. 企业环境的可变性

企业环境的可变性是指企业环境因素是不断变化的,有渐变也有突变。如自然地理环境变化较慢,而经济环境,特别是市场变化却是很快的。企业环境可以变化的特性,既可给企业带来经营困难,也可给企业带来发展机会,关键在于企业是否善于把握。

2. 企业环境的复杂性

企业环境的复杂性是指企业环境因素是由多方面组成的。这些因素可能单独影响企业,也可能由多个因素对企业产生综合影响。

3. 企业环境的交互性

企业环境的交互性是指构成企业环境的各种因素是相互依存、相互制约的,无论哪一个因素发生变化,都会直接或间接地引起其他因素的变化。我国经济体制改革的目标是建立和发展社会主义市场经济,这是企业所面临的最重要的社会经济环境。

(四) 企业环境的特点

100多年以来,企业所处的生存环境经历了一个巨大的变化过程。20世纪初是很多企业的起步阶段,生产规模、生产技术尚未达到一定程度,产品处于一种供不应求的状态,当时企业的最大特点是靠单一品种(或少品种)的大批量生产来降低成本的。这种大量消费的模式使世界经济迅速发展,使一大批西方国家步入了工业社会。第二次世界大战以后,整个世界处于从战争创伤中恢复的阶段,各种物品仍然供不应求,企业仍然在大量生产、大量消费的模式中欣欣向荣地发展。但是从20世纪70年代初开始,随着科学技术的发展、经济的全球化和买方市场的逐步形成,特别是顾客的个性化要求,让现代企业处于既充满机遇又富有挑战的复杂的竞争环境,给企业的生产及管理带来的十分重大的影响。而21世纪的今天,世界已形成了一个统一的全球市场,其直接后果是使企业处在更为瞬息万变、竞争激烈的生存和发展环境之中。

现代企业处于一个瞬息万变、充满竞争的环境,可以从以下几个方面体现:技术革新步伐急剧加速;需求日益多样化、个性化,导致产品品种不断增多,例如日本丰田汽车公司,一个月生产量平均一种型号的产量为11辆,最多的17辆,最少的为6辆。总量为364 000辆,可见型号的多种多样(基本上为四种)。目前,很多企业已经开始追求"一样一件"生产;竞争全球化、白热化;产品寿命周期越来越短。企业环境因素是多方面的、复杂的,既有经济因素,又有自然资源、技术、文化等因素,还有政治、社会因素,这些因素相互依存、相互制约,综合地对企业发生影响,制约企业的行为。反之,企业的战略实施,又影响了环境的变化。

总体来说,现代企业面临的环境有如下几方面的特点:

1. 技术革新步伐急剧加速

信息技术革新把现代企业带向新信息时代。在这个时代,信息就是企业的"血液"。企业和市场十分紧密地联系在一起,靠的就是信息、信息系统与信息网络这类的"纽带"。科学技术的发展和市场需求的不断变化,促进制造业生产规模沿着"小批量""少品种大批量""多品种变批量"的方向发展,资源配置沿着"劳动密集—设备密集—信息密集—知识密集"的方向发展,生产方式沿着"手工—机械化—刚性流水自动化—柔性自动化—智能自动化"的方向发展。传统的制造业是建立在规模经济的基础上,靠企业规模、生产批量、产品结构和重复性来获得竞争优势的,它强调资源的有效利用,以低成本获得高质量和高效率。但这种条件不能满足当今市场对产品花色品种和交货期的要求,为此工业经济时代对传统制造业提出了严峻的挑战。其特点是:产品生命周期缩短;用户需求多样化;大市场和大竞争;交货期成为竞争的第一要素;信息化和智能化;人的知识、素质和需求的变化;环境保护意识的增强与可持续发展。这些都促进了传统制造技术不断变革,不断推陈出新,产生了新的制造技术。

技术革新步伐的急剧加速使得现代企业运用更为灵活新颖、符合客户需要的生产方式。例如,在工业社会,企业多半采用批量化生产的旧方式,福特式流水线是大规模生产的典型;但是到了信息社会,企业开始采用定制化生产新方式,戴尔计算机公司被认为是大规模定制生产的典范。

技术革新是当今社会发展的趋势。今天信息技术正以人们无法想象的速度向前发展,信息技术也正在向企业生产与运营领域注入和融合,促进了制造技术和各种先进生产模式的发展,如集成制造技术、并行工程、精益生产、敏捷制造等,无不以信息技术作为支撑。

先进制造技术(AMT)是指微电子技术、自动化技术、信息技术等先进技术给传统制造技术带来的种种变化与新型系统。具体地说,先进制造技术就是指集机械工程技术、电子技术、自动化技术、信息技术等多种技术为一体所产生的技术、设备和系统的总称。主要包括:计算机辅助设计、计算机辅助制造、集成制造系统等。先进制造技术是制造业企业取得竞争优势的必要条件之一,但并非充分条件,其优势还有赖于能充分发挥技术威力的组织管理,有赖于技术、管理和人力资源的有机协调和融合。先进制造技术是为了适应时代要求、提高竞争力、对制造技术不断优化及推陈出新而形成的。先进制造技术是制造业不断吸收机械电子、信息、能源及现代系统管理等方面的成果,并将其综合应用到产品设计、制造、检测、管理、销售、使用、服务乃至回收的制造全过程,以实现优质、高效、低耗、清洁、灵活生产,是提高对动态多变的产品市场的适应能力和竞争能力的制造技术。

先进制造技术涉及产品从市场调研、产品开发及工艺设计、生产准备、加工制造、售后服务等产品寿命周期的所有内容,它的目的是提高制造业的综合经济效益和社会效益,是面向工业应用的技术。先进制造技术强调计算机技术、信息技术、传感技术、自动化技术、新材料技术和现代系统管理技术在产品设计、制造和生产组织管理、销售及售后服务等方面的应用。它驾驭生产过程的物质流、能量流和信息流,是生产过程的系统工程。

20世纪80年代以来,随着全球市场竞争越来越激烈,先进制造技术要求具有世界先进水平,它的竞争已经从提高劳动生产率转变为以时间为核心的时间、成本和质量的三要素的竞争,因此它是面向全球竞争的技术。先进制造技术的最新发展阶段保持了过去制造技术的有效要素,同时吸收各种高新技术成果,渗透到产品生产的所有领域及其全部过程,从而形成了一个完整的技术群。

先进制造技术的应用是现代企业的一个重要特征。现在人们一般用先进制造技术来概括由于电子技术和计算机技术的应用给传统制造技术带来的种种变化及其形成的新型系统。因此先进制造技术也是现代信息技术与制造技术相结合所产生的各种设备、技术、系统的总称。

先进制造技术是由三个部分构成的:

(1) 先进制造技术硬件组成。

计算机辅助制造是先进制造技术硬件的核心部分,包括数控机床、计算机数控、直接数控、工业机器人、自动导向车和自动化物料传送系统等由设备为主体构成的先进制造技术。先进制造技术的硬件完成了现代制造中工艺加工、物料输送、过程监控的功能,形成了自动化工作站的基本单位。

(2) 先进制造技术的软件组成。

它主要由支持制造系统运作的辅助部分所组成,其中包括计算机辅助设计、计算机辅助工程、计算机辅助工艺编制、物料需求计划、制造资源计划、企业资源计划等,它们相对于计算机辅助制造而言都具有信息软件的特点,而且在不同程度上直接参与生产系统的运行,并在其中担当着指挥、控制、协调、调度等方面的作用。先进制造技术的软件形成了现代制造系统的连接、支持性系统,它们与先进制造技术的硬件构成了先进制造技术系统。

(3) 先进制造技术的集成系统。

先进制造技术具有三个层次上的集成系统,即加工中心或制造单元、柔性制造系统和计算机集成制造系统。

① 柔性制造系统。制造业的发展,应满足提高生产率、降低成本、提高产品性能的要求,经过纯手工加工到全自动生产的过程,并在不断完善和提高。对于大批量、少品种的生产,自动化流水线在制造业的发展史上占重要地位,它有整套连贯的制造设备和物流设备、相对稳定的加工工艺、固定的生产节拍。随着科学技术的发展,人类社会对产品的功能与质量的要求越来越高,产品更新换代的周期越来越短,产品的复杂程度也随之增高,传统的大批量生产方式受到了挑战。这种挑战不仅对中小企业形成了威胁,而且也困扰着大中型企业。因为,在大批量生产方式中,柔性和生产率是相互矛盾的。众所周知,只有品种单一、批量大、设备专用、工艺稳定、效率高,才能构成规模经济效益;反之,多品种、小批量生产,设备的专用性低,在加工形式相似的情况下,频繁的调整工夹具,工艺稳定难度增大,生产效率势必受到影响。为了同时提高制造业的柔性和生产效率,使之在保证产品质量的前提下,缩短产品生产周期,降低产品成本,使中小批量生产能与大批量生产抗衡,柔性自动化系统便应运而生。

柔性制造系统是20世纪60年代后期诞生和发展起来的,是指由一个传输系统联系起来的一些设备,传输装置把工件放在其他连接装置上送到各加工设备,使工件加工准确、迅速和自动化。柔性制造系统有中央计算机控制机床和传输系统,有时可以同时加工几种不同的零件。它是由计算机控制的以数控机床和加工中心为基础的,适应多品种中小批量生产的自动化制造系统;它也是由统一的信息控制系统、物料储运系统和一组数字控制加工设备组成,能适应加工对象变换的自动化机械制造系统。在柔性制造系统中,一组按次序排列的机器,由自动装卸及传送机器连接并经计算机系统集成一体,原材料和代加工零件在零件传输系统上装卸,零件在一台机器上加工完毕后传到下一台机器,每台机器接受操作指令,自动装卸所需工具,无须人工参与。

1967年,英国莫林斯公司首次根据威廉森提出的柔性制造系统基本概念,研制了"系统24"。其主要设备是六台模块化结构的多工序数控机床,目标是在无人看管的条件下,实现昼夜24小时连续加工,但最终由于经济和技术上的困难而未全部建成。

1967年,美国的怀特·森斯特兰公司建成Omniline I系统,它由八台加工中心和两台多轴钻床组成,工件被装在托盘上的夹具中,按固定顺序以一定节拍在各机床间传送和进行加工。这种柔性自动化设备适于少品种、大批量生产中使用,在形式上与传统的自动生产线相似,所以也叫柔性自动线。日本、苏联、德国等也都先后开展了柔性制造系统的研制工作。

1976年,日本发那科公司展出了由加工中心和工业机器人组成的柔性制造单元,为发展柔性制造系统提供了重要的设备形式。柔性制造单元一般由12台数控机床与物料传送装置组成,有独立的工件储存站和单元控制系统,能在机床上自动装卸工件,甚至自动检测工件,可实现有限工序的连续生产,适于多品种小批量生产。

随着时间的推移,柔性制造系统在技术上和数量上都有较大发展,在实用阶段,以由3~5台设备组成的柔性制造系统为最多,但也有规模更庞大的系统投入使用。

1982年,日本发那科公司建成自动化电机加工车间,由60个柔性制造单元(包括50个工业机器人)和一个立体仓库组成,另有两台自动引导台车传送毛坯和工件,此外还有一个无人化电机装配车间,它们都能连续24小时运转。

这种自动化和无人化车间,是向实现计算机集成的自动化工厂迈出的重要一步。与此同时,还出现了若干仅具有柔性制造系统的基本特征,但自动化程度不很完善的经济型柔性制造系统,使柔性制造系统的设计思想和技术成就得到普及应用。

柔性制造系统综合应用现代数控技术、计算机技术、自动化物料传送技术,由计算机控制,使多品种中小批量生产实现了自动化。它的显著特点之一是,在不降低生产效率的条件下,仍然具有较高的适应性。当产品需求和生产任务发生变化

时,柔性制造系统能够在很短的时间内实现转产,而且不需要重新调整设备布置和增加额外的费用。20世纪80年代以来,柔性制造系统已进入实用阶段。据统计,1984年全世界已建成柔性制造系统300多条,1987年有近800条,1990年达1500条,我国在20世纪80年代也引进了柔性制造系统,已投入运行。

如今我国明确提出制造业是国民经济的基础。围绕实现制造强国的战略目标,《中国制造2025》明确了9项战略任务和重点,提出了8个方面的战略支撑和保障。其中十大领域中的第2条《高档数控机床和机器人》中强调开发一批精密、高速、高效、柔性数控机床与基础制造装备及集成制造系统。

柔性制造系统有以下三种类型:

a. 柔性制造单元

柔性制造单元由一台或数台数控机床或加工中心构成的加工单元。该单元根据需要可以自动更换刀具和夹具,加工不同的工件。柔性制造单元适合加工形状复杂、加工工序简单、加工工时较长、批量小的零件。它有较大的设备柔性,但人员和加工柔性低。

b. 柔性制造系统

柔性制造系统是以数控机床或加工中心为基础,配以物料传送装置组成的生产系统。该系统由电子计算机实现自动控制,能在不停机的情况下,满足多品种的加工。柔性制造系统适合加工形状复杂、加工工序多、需大批量生产的零件。其加工和物料传送柔性大,但人员柔性仍然较低。

c. 柔性自动生产线

柔性自动生产线是把多台可以调整的机床(多为专用机床)联结起来,配以自动运送装置组成的生产线。该生产线可以加工批量较大的不同规格零件。柔性程度低的柔性自动生产线,在性能上接近大批量生产用的自动生产线;柔性程度高的柔性自动生产线,则接近于小批量、多品种生产用的柔性制造系统。

根据大量资料综合分析,柔性制造系统具有下列优点和效益:

a. 具有很强的柔性制造能力,适宜于多品种生产。能按装配作业配套需要,及时安排所需零件的加工,实现及时生产。

b. 缩短制造周期,加速资金周转。柔性制造系统可缩短制造周期40%~91%,减少流动资金95.6%。

c. 提高设备利用率,减少占地面积。柔性制造系统可提高设备利用率1.3%~3.5倍,减少占地面积42%~76%。

d. 减少直接生产工人,提高劳动生产率。在少人看管的条件下可实现昼夜24小时的连续"无人化生产",工人可减少52.6%,提高生产率50%~55%。

e. 减少在制品数量,提高对市场的反应能力。刀具、夹具及物料运输装置具有可调性,且系统平面布置合理,便于增减设备,满足市场需要。由于柔性制造系统的柔性、高生产率及准备时间短等优点,可以对市场变化做出较快反应,没有必要保持大量在制品和产成品库存,库存量可减少75%。

f. 生产能力相对稳定,运行灵活。自动加工系统由一台或多台机床组成,发生故障时,有降级运转的能力,物料传送系统也有自行绕过故障机床的能力。在理想的柔性制造系统中,其监控系统还能处理诸如刀具的磨损调换、物流的堵塞疏通等运行过程中不可预料的问题。

g. 产品质量高。零件在加工过程中,装卸一次完成,加工精度高,加工形式稳定。

柔性制造系统的发展趋势大致有两个方面:一方面是与计算机辅助设计和辅助制造系统相结合,利用原有产品系列的典型工艺资料,组合设计不同模块,构成各种不同形式的具有物料流和信息流的模块化柔性系统;另一方面是实现从产品决策、产品设计、生产到销售的整个生产过程自动化,特别是管理层次自动化的计算机集成制造系统。在这个大系统中,柔性制造系统只是它的一个组成部分。

通过多年的努力和实践,柔性制造系统技术趋于完善,进入了实用化阶段,并已形成高科技产业。随着科学的飞跃性进步及生产组织与管理方式的不断进步,柔性制造系统作为一种生产手段也将不断适应新的需求、不断引入新的技术、不断向更高的层次发展。

② 计算机集成制造。1974 年美国的约瑟夫·哈林顿博士在 *Computer Integrated Manufacturing* 一书中首次提出计算机集成制造的概念,他的基本观点是:企业生产的各个环节,即从市场分析、产品设计、加工制造、经营管理到售后服务的全部生产活动是一个不可分割的整体,要紧密连接,统一考虑;整个生产过程实质上是一个数据的采集、传递和加工处理过程,最终形成的产品可以看作是数据的物质表现。

计算机集成制造在世界各工业国的推动下,历经了百家争鸣的概念演变而进入蓬勃发展时期。20 世纪 80 年代初,美国和日本关于计算机集成制造的定义基本上都是紧密围绕制造和产品开发这一范围。德国自 20 世纪 80 年代初期开始注意探讨计算机集成制造这一主题,出现了各种不同的概念定义,直到 1985 年德国经济生产委员会(AWF)提出了计算机集成制造的推荐性定义,取得了一定程度上的统一,其定义为在所有与生产有关企业部门中集成地采用电子数据处理,计算机集成制造包括了在生产计划和控制、计算机辅助设计、计算机辅助工艺规划、计算机辅助制造、计算机辅助质量管理之间信息技术上的协同工作,其中为生产产品所必需的各种技术功能和管理功能应实现集成。1990年美国IBM公司对计算机集成制造的定义是应用信息技术提高组织的生产率和响应能力。1991年日本能率协会提出计算机集成制造的定义为实现企业适应今后企业环境的经营战略,有必要从销售市场开始对开发、生产、物流、服务进行整体优化组合。计算机集成制造是以信息作为媒介,用计算机把企业活动和多种业务领域及其职能集成起来,追求整体效率的新型生产系统。欧共体开放系统结构课题委员会概括了上述各国计算机集成制造定义的基本要点,其一是企业的各个生产环节是不可分割的,需要统一考虑;二是整个制造生产过程实质上是信息的采集、传递和加工处理的过程。它对计算机集成制造的定义是:"计算机集成制造是信息技术和生产技术的综合应用,其目的是提高制造型企业的生产率和响应能力,由此,企业的所有功能、信息、组织管理方面都是一个集成起来的整体的各个部分。"中国经过多年的"863"计划对计算机集成制造的实践,认为"计算机集成制造是一种组织、管理与运行企业生产的新哲理,它借助计算机软硬件,综合运用现代管理技术、制造技术、信息技术、自动化技术、系统工程技术,将企业生产全部过程中有关人、技术、经营管理三要素集成起来,并将其信息流与物流有机地集成及优化运行,以实现高品质、上市快、成本低、服务好,从而使企业赢得市场竞争"。

对上述定义可进一步阐述为如下几点:

a. 计算机集成制造是一种组织、管理与运行企业生产的哲理,其宗旨是使企业实现高品质、上市快、成本低、服务好,从而使企业赢得竞争。

b. 企业生产的各个环节,即市场分析、经营决策、管理、产品设计、工艺规划、加工制造、销售、售后服务等全部活动过程是一个不可分割的有机整体,要从系统的观点进行协调,进而实现全局优化。

c. 企业生产的要素包括人、技术及经营管理。其中,尤其要重视发挥人在现代化企业生产中的主导作用。

d. 企业生产活动中包括信息流(采集、传递和加工处理)及物流两大部分,现代企业中尤其要重视信息流的管理运行及信息流与物流间的集成。

e. 计算机集成制造技术是基于现代管理技术、制造技术、信息技术、自动化技术、系统工程技术的一门综合性技术。具体讲,它综合并发展了企业生产各环节有关的计算机辅助技术,包括计算机辅助经营管理与决策技术、计算机辅助建模、仿真、实现技术及计算机辅助质量管理与控制技术等。

计算机集成制造是信息技术和生产技术的综合应用,目的在于使企业更快、更好、更省地制造出市场需要的产品,提高企业的生产效率和市场响应能力。计算机集成制造是一种哲理、思想和方法。数据驱动、柔性和集成是其三大核心。从生产

第三章 生产战略管理

技术的观点看,计算机集成制造包含了一个工厂的全部生产经营活动,是生产的高度柔性自动化,它比传统的加工自动化的范围要大得多;从信息技术观点上看,计算机集成制造是信息系统在整个企业范围的集成,主要是体现以信息集成为特征的技术集成、组织集成乃至人的集成。当一个企业按计算机集成制造哲理组织整个企业的生产经营活动时,就构成了计算机集成制造系统。

计算机集成制造是组织现代化生产的一种哲理,一种指导思想。计算机集成制造系统便是这种哲理的实现。计算机集成制造系统可定义为:通过计算机硬、软件,并综合运用现代管理技术、制造技术、信息技术、自动化技术实现系统集成与优化的复杂系统。企业类型不同,例如单件生产的企业与多品种、中小批量生产的企业或大批量生产的企业,其生产经营方式是不同的;离散型制造业和流程工业也是不同的。企业的基础条件不同,原有计算机资源不同,其实现计算机集成制造系统的方案、过程与结果也将是不同的。

先进制造技术在企业生产及企业管理中的应用,极大地提高了生产和管理的自动化水平和生产率。飞速发展的电子技术、自动化技术及计算机技术,从生产工艺技术及管理两方面,都使企业在市场需求多样化和不确定的经营环境面前呈现出很强的柔性,使快速灵活地适应市场需求成为可能。现代科学技术奠定了企业柔性的技术基础。因此,西方发达国家的一些企业纷纷采用先进制造技术,加强竞争优势。20世纪80年代以后,计算机集成制造系统受到世界各国的重视。美国有96 000个工厂正要实施计算机集成制造有关项目,而美国一些著名的大公司在有关计算机集成制造技术方面做出了显著成绩。1990年日本提出建议,由日本、美国和欧共体联合共同进行研究"智能制造系统"的计划,作为开发21世纪制造工业新模式的重大措施。在我国,计算机集成制造系统被列为"863"计划的研究主题之一、计算机集成制造技术在一些应用工厂得到实施和推广。

事实表明,世界各国都以较大的投入来实施先进制造技术的发展战略,其目的在于提高本国制造业的水平,适应市场环境的变化,加强自己的竞争地位。可见,科学技术是其基础。我们不仅应该看到科学技术作为企业的竞争力提供强有力的支持,而且也必须认识到:科学技术的发展在另一个方向上加强了市场和环境变化的不确定性,使本来动态多变的市场变得更加捉摸不定,使得企业的竞争更加激烈。今天的企业会发现可能一夜之间就能使它们的产品在市场上被淘汰,而市场机会又是稍纵即逝。总之,科学技术的发展对企业的发展是一把双刃剑。

综上所述,先进制造技术是制造技术的最新发展阶段,是由传统的制造技术发展而来,保持了过去制造技术中的有效要素;但随着高新技术的渗入和制造环境的变化,已经产生了质的变化,先进制造技术是制造技术与现代高新技术结合而产生的一个完整的技术群,是一类具有明确范畴的新的技术领域,是面向21世纪的技术。制造业是社会物质文明的保证,是与人类社会一起动态发展的,因此,制造技术必然也将随着科技进步而不断更新。

先进制造技术是面向工业应用的技术,能适合于在工业企业推广并可取得很好的经济效益。先进制造技术的发展往往是针对某一具体的制造业(如汽车工业、电子工业)的需求而发展起来的适用的先进制造技术,有明显的需求导向的特征。先进制造技术不是以追求技术的高新度为目的,而是注重产生最好的实践效果,以提高企业的竞争力和促进国家经济增长和综合实力为目标。

因此,先进制造技术的主体应具有世界水平。但是,每个国家的国情也将影响到从现有的制造技术水平向先进制造技术的过渡战略和措施。中国正在以前所未有的速度进入全球化的国际市场,开发和应用适合国情的先进制造技术势在必行。

2. 需求日益多样化、个性化

随着社会经济的发展及人们生活水平的提高,人们的消费观念和消费形态都在发生重大的转变,从以往比较理性的消费转向感性消费。人们已不再满足于产品的功能和价格等因素,而更关注产品的品牌、服务,特别是体现个人感受特性的个性化服务,这种转变带动了产品市场从卖方市场向买方市场的转变,形成了以消费需求为导向的市场机制。

当今人们已不满足于从市场上买到标准化生产的产品,他们希望得到按照自己要求定制的产品或服务,并且产品价格要像大批量生产的那样低廉。这些变化导致产品生产方式革命性的变化。传统的标准化生产方式是"一对多"的关系,即企业开发出一种产品,然后组织规模化大批量生产,用一种标准产品满足不同消费者的需求。然而,这种模式现在已不能使企业继续获得效益。现代的企业必须具有根据每一个顾客的特别要求定制产品或服务的能力,即所谓的"一对一"的定制化服务。

现在人们对提供产品与服务响应速度的要求越来越高。竞争的主要因素从成本因素、质量因素转变为时间因素。这里所说的时间因素主要指交货期和响应周期。客户不但要求厂家要按期交货,而且要求的交货期越来越短。企业要有很强的产品开发能力,不仅指产品品种,更重要的是指产品上市时间,即尽可能提高对客户需求的响应速度。例如,在20世纪90年代初期,日本汽车制造商平均两年可向市场推出一款新车型,而同期的美国汽车制造商推出相同档次的车型却要5~7年。可以想象,当时美国的汽车制造商在市场竞争中的被动状态。对于现在的厂家来说,市场机会稍纵即逝,留给企业思考和决策的时间极为有限。因此缩短产品的开发周期与生产周期,在尽可能短的时间内满足用户要求,已成为当今所有管理者最为关注的问题之一。

虽然越来越多的企业认识到开发新产品的重要意义,也不惜工本予以大量投入,但效果不明显。其原因之一就是产品研制开发的难度越来越大,特别是那些大型且结构复杂、技术含量高的产品,其在研制开发中一般都需要各种先进的设计技术、制造技术和管理技术,不仅涉及的学科多,而且大都是多学科交叉的产物。这样,如何能以最少的代价,快速而成功地开发出新产品,是企业面临的新问题。例如,我国是世界上最大的电子产品加工国,但却没有太多自主知识产权的核心产品,往往受制于国外的大型企业集团。

3. 竞争全球化和白热化

当今社会,全球化的浪潮正以惊天动地的速度和力度向人类社会的一切领域挺进。许多国家的产业,包括工业、金融、投资、运输、通信、科技等,都在全球范围内打破了国家和地区的界限而融为一体,并且各行各业的竞争也趋于全球化和白热化。

经济全球化是从商品流通领域开始的,商品全球化在经济生活中一直占据主导地位。商品全球化越发展,表明世界越开放,各国之间的经济交流越频繁,贸易量将大为提高,各国之间在生产和消费上的依赖程度也将不断加深。资本全球化是经济全球化进程的重要步骤,也是必然趋势。国际直接投资的迅速增长和跨国公司的蓬勃发展,使国际资本流动规模巨大,而且国际资本的形式也日益多样化。发达国家在输出资本的同时也输出了技术,包括管理技术,技术的输出大部分是有偿的。技术的输出加速了世界经济的发展。

就拿汽车行业来说,有人估计,目前世界上20多个大汽车制造商,在今后10年竞争中,将淘汰一半,也就是说能够生存下来的只有10个左右。这虽然是汽车行业,但也反映了全球制造业竞争的白热化。例如,吉利无疑是2017年最受关注的自主品牌,其受关注的原因除了销量上一路猛涨,成为新晋自主品牌销量冠军,还在于吉利开启在海外"买买买"的模式。2017年,吉利5月收购宝腾汽车49.9%的股份,同时收购豪华跑车路特斯51%的股份,成为路特斯最大的股东;8月收购美国飞行汽车公司Terrafugia;12月,吉利收购沃尔沃集团8.2%的股份,成为其最大的持股股东。仅从这几项海外投资看,吉利已经超越了收购沃尔沃时的高度,在国际化收购的道路上走得更快更远。但这还没完,2018年刚开始,就传出吉利正在筹划购买戴姆勒的股份,有望成为全球最大豪华车企的第一大股东。

由于通信、运输和相对宽松的全球贸易政策,一些公司在全球范围内寻求资源、生产产品和开拓市场,从而形成了一批跨国公司。有的跨国公司已将总部迁到他国,成为无国界的公司,它们不属于某个具体的国家,而是全球的公司。跨国公司能够在全球范围内寻求商业机会,优化资源的利用,能够使成本更低,销售更方便,因而更有竞争力。

由于跨国企业的蓬勃发展,世界已成为跨国企业的"王国"。而跨国企业的发展,又促进了生产的全球化。各国在生产经营过程中,相互渗透,互通有无,把以往一个国家内部范围分工和协作关系,发展成为一系列国家之间的国际分工和协作关系,出现了大量的全球工厂,越来越多的产品成为"全球产品"。例如,福特汽车公司的 Festiva 汽车就是由美国人设计,在日本的马自达生产发动机,由韩国的制造厂生产其他零部件和装配,最后在全球销售。当然,跨国公司的运行也遇到一些新问题。在一个新的国家设立分公司或子公司,会受到这个国家的政治环境、经济环境、社会环境、法律环境、宗教文化等各方面的影响。

4. 产品生命周期越来越短

产品生命周期明显缩短。由于个性化买方市场的形成,促使企业必须不断开发新产品,以满足顾客不断变化的需求。科学技术的飞速发展和市场竞争的日益加剧,从技术上确保产品以前所未有的规模和速度进行更新换代,从而大大缩短了产品的生命周期。一方面由于市场对产品的需求不断变化,另一方面也由于技术发展为产品更新提供了可能,从而使产品生命周期越来越短。以汽车为例,在 20 世纪 70 年代产品生命周期为 12 年,80 年代为 4 年,到 90 年代仅为 18 个月,进入 21 世纪则更加短。如今,电子产品生命周期更短,"电脑"几乎一进入市场就过时了。据统计,当今美国机械产品的内容 20 年全部更新一轮(而 20 世纪 40 年代前是每 70 年完成一轮更新),电子产品和航天产品的内容 10 年更新一轮,而计算机产品几乎每隔两年就有一次重大的技术更新。企业之间竞争的日益加剧,意味着企业必须依靠不断地推出新产品才能开拓新市场,以确保竞争优势。

决定制造企业竞争力的五大要素是品种、质量、价格、时间和服务。然而,这五大要素在不同时期对竞争力的作用是不同的,不同时期决定竞争力的关键因素也是不同的。

二、企业竞争优势

企业战略是在企业所处的环境中制定的,对企业的经营与发展有着十分重要的意义,正如美国的经济学家和未来学家托夫勒所描述的:对没有战略的企业来说,就像是在险恶的气候中飞行的飞机,始终是在气候中颠簸,在暴风雨中沉浮,最后可能迷失方向。

企业战略是企业为了求得生存和发展在预测和把握总体竞争环境与市场的基

础上,对较长时间内生产经营活动的发展方向和关系全局问题的重大谋划。企业战略指导着企业全部的活动。

企业想生存和发展,就必须具有竞争优势。竞争优势是指企业在夺取市场方面超过其竞争对手的能力。在今天的市场环境下,竞争优势体现以下几个方面:

1. 低成本或低价格

今天,影响企业生存和发展的一个重要因素就是企业产品的成本与价格。低成本战略经营单位能够防御竞争对手的进攻,因为较低的成本可使其通过削价与对手进行激烈竞争后,仍然能够获得利润,从而在市场竞争中站住脚跟。

想要做到低成本或低价格,主要途径有以下几点:

(1) 技术创新是降低企业成本、促进产品更新换代的最主要手段。

创新是永恒不变的话题,不断创新的企业不仅仅能够处于行业前端,占领主要的市场,产品的更新换代还能够接触最尖端技术,合理地运用并降低企业成本。除此之外,企业应努力取得规模经济,以经验曲线为基础,严格控制生产成本和间接费用,以使企业的产品总成本降低到最低水平。

(2) 有效进行精益生产,合理减少不必要的浪费。

精益生产的实质是管理过程,其特点是消除一切浪费,追求精益求精和不断改善,去掉生产环节中一切无用的东西。精简是它的核心,精简产品开发、设计、生产、管理中一切不产生附加值的工作,旨在以最优品质、最低成本和最高效率对市场需求做出最迅速的响应。

(3) 有效进行人力资源管理,培养员工的敬业度。

培养员工的敬业度是人力资源管理中重要的内容之一。提高员工的敬业度关键在于如何帮助员工获得事业的成就感。当员工的敬业度提高后,就意味着他们将创造更多的价值。

(4) 培养低成本的企业文化,从细微之处降低成本。

降低成本不仅可以表现在产品和管理结构方面,也可表现在员工的日常开支中。企业规模越大,这种成本的降低越明显,如复印纸两面用、电子化办公等。为了使每个员工都能时刻做到节约资源,管理者可以培养一种低成本的企业文化,如"一粥一饭,常思来之不易""一丝一缕,小数怕加,大数怕减"等。把类似的理念贯彻到员工中去,形成员工的共享价值观,就会有更多降低成本的途径。

2. 产品和服务质量

产品的质量包括产品的功能、耐用性、可靠性、外观造型、产品的合格率等要素,产品的质量反映了产品满足顾客需求的程度。质量的竞争力表现在两个方面:一是保持产品的高质量水平,二是提供更好的产品或服务。企业服务质量水平是

企业的核心价值目标、企业定位市场导向、经营战略选择等的重要组成部分。无论是在企业的起步成长阶段还是扩张发展阶段乃至成熟稳步阶段,都离不开企业的产品和服务质量。高水准的服务质量是企业在可预见的未来能够保持持续经营的重要因素,对努力达到客户的满意程度与实现良好的经济效益都具有十分重要的意义。

3. 产品交货和服务的可靠性与适应性

产品交货和服务的可靠性与适应性以产品系列范围广泛、用户化和快速响应为特征。时间作为一种竞争要素,具体表现在企业的快速交货、交货的可靠性和新产品开发的速度上。顾客对于交付产品或提供服务在时间上的要求,包括快速或按时交货的能力。根据有关资料分析,高质量、高能力在国际竞争中的作用逐步下降,代之以上升趋势的是准时或快速交货的竞争能力。在某些市场上,企业交货的速度是竞争的首要条件,同时伴随着交货速度的要求提升,也对交货的可靠性提出了更高的要求。顾客不仅需要较快的交货速度,同时也更加关注交货的可靠程度。在现代企业中,交货的可靠性可以有效降低企业的库存成本,建立好的企业信誉;提升交货的速度及可靠性,可以使得企业在没有库存的条件下也能快速的响应市场需求的变化,生产或提供适应的产品和服务。

4. 产品与技术创新

企业的生存和发展需要依靠技术的发展,技术能够推动企业的生产力的发展,而生产力的领先就会成为一种竞争力,能够始终保持这样的一种领先就意味着始终能在商品经济时代发展壮大并且屹立不倒。而要保持这样的技术优势,需要制定合适的技术创新战略。企业的技术创新最根本的目标是要提高企业的赢利水平,但绝不仅仅是提高销售额或产品性能的改进,也不仅仅是新产品或服务的问题,更重要的是要使竞争地位发生改观,希望在一种新的、更有利的某一点重新建立竞争优势。要做到这一点,企业决不能仅仅为顾客创造某种价值,还必须有建立长期竞争优势的技术创新战略,否则,技术创新就是战术性的,而不是战略性的。

一个战略就是设计用来开发核心竞争力、获取竞争优势的一系列综合的、协调的约定和行动。如果选择了一种战略,公司即在不同的竞争方式中做出了选择。从这个意义上来说,战略选择表明了这家企业打算做什么,以及不做什么。当一家企业实施的战略,竞争对手不能复制或因成本太高而无法模仿时,它就获得了竞争优势。只有当竞争对手模仿其战略的努力停止或失败后,一个组织才能确信其战略产生了一个或多个有用的竞争优势。此外,公司也必须了解,没有任何竞争优势是永恒的。竞争对手获得用于复制该公司价值创造战略的技能的速度,决定了该公司竞争优势能够持续多久。

三、企业战略的作用

在经济全球化和信息更迭如此迅速的今天,机遇可能稍纵即逝,一不留神就会错过。没有一个切实可行的企业战略管理,就没有企业的高执行力,在竞争如此激烈的今天,一步慢步步慢,势必会造成企业运营成本的增加甚至企业的破产清算。30多年来我国经济飞速发展,在带来巨大发展机遇的同时也带来了巨大的挑战,企业想要长远健康发展,势必要进行合理有效的企业战略管理,采取有效的战略管理方式,实现更加稳定快速的企业发展。

企业战略的作用主要包含以下三个方面:

1. 促使企业对环境、机遇和风险的研究,从而把握未来发展方向

这里涉及的不仅是要发展什么,还要考虑淘汰什么,在制定战略时,应将低效益的、过时的产品和服务,坚决予以砍掉。企业只有正确识别和评价外部机会与威胁才能制定明确的任务,设计实现长期战略目标所需的战略及相应的政策,并随着企业外部竞争环境的变化做适度的调整。企业战略可以提高企业的预测能力,避免出现投机的短期行为,有效规避风险,及时准确地做出科学的应对方案。机遇随时在变化,执行企业战略管理准确判断机遇风险,才能有利于企业的长远发展。

2. 促使企业明确发展的主攻方向,合理配置和扩充资源,发挥总体效能

没有一个明确的企业战略,企业就像一个无头苍蝇,满头乱撞却找不到正确的道路。明确的企业战略,带来的是准确的企业自省与自我审视,明确自身的优势劣势,明确自己的核心能力,并根据企业战略强化其核心能力,打造出更强的竞争优势,保证企业的专业化发展,更强的竞争优势带来成本的降低与更多的超额利润。如选定企业的明星产品,将技术、资金等有关资源投向这些产品,以保证它们的发展,并通过它们的发展来带动企业的发展。

3. 有利于全面推进企业管理的科学化和现代化

企业战略的另一方面在于改善内部管理,进行组织机构的重组和人员素质的提高,以适应发展的需要。企业战略的制定有助于优化整合企业人力资源,提高企业效率。各个部门的管理者和职员共同工作并提供想法和信息,参与制定企业的战略,加强组织内的协调与沟通,并形成企业特有的软实力。

对于大企业,或企业集团来说,企业战略将充分发挥大企业中宏观调控的管理职能、优化资源配置、发挥总体优势,取得全企业的协调发展。正因如此,企业战略已成为企业管理的核心,20世纪90年代以来,美国已有90%以上的大公司实行了战略管理,其主管人员将40%的时间和精力用于战略管理,足见其受重视的程度。

四、企业战略的组成

企业战略一般由以下三个部分组成:市场和销售战略、产品战略、生产战略。

1. 市场和销售战略

市场和销售战略是指企业根据自身内部条件和外部竞争状况、战略规划,在综合考虑外部市场机会及内部资源状况等因素的基础上,确定目标市场,选择相应的市场营销策略组合,并予以有效实施和控制的过程。

市场和销售战略用于确定企业应投入竞争的市场。它是制定企业战略性营销计划的重要组成部分,其实质就是企业开展市场营销活动的总体设计。企业制定市场和销售战略,目的在于充分发挥企业优势,增强竞争能力,更好地适应营销环境变化,以较少的营销投入获取最大的经济效果。

市场营销总战略包括:产品策略、价格策略、营销渠道策略、促销策略等。

2. 产品战略

产品战略是确定如何使企业技术能力与市场需要相匹配,开发出价格上具有竞争力的产品和服务。产品战略是企业对其所生产与经营的产品进行的全局性谋划,是企业营销组合中最基本、最重要的要素,直接影响和决定其他组合要素的配置和管理。它与市场战略密切相关,也是企业经营战略的重要基础。产品战略研究要解决的问题是向市场提供什么产品,如何通过产品更大程度地满足客户需要,如何提高企业竞争能力。企业要依靠物美价廉、适销对路、具有竞争实力的产品,去赢得顾客,占领与开拓市场,获取经济效益。产品战略是否正确,直接关系企业的胜败兴衰和生死存亡。

3. 生产战略

生产战略是指在企业(或任何其他形式的组织)战略的总体框架下,决定如何通过生产活动来达到企业的整体经营目标。它根据对企业各种资源要素和内、外部环境的分析,对与运作管理及运作系统有关的基本问题进行分析与判断,确定总的指导思想及一系列决策原则。它是对生产资源转换成产品和服务的转换过程所提出的战略要求,生产战略的目标不是提供具体的产品和服务,而是提供满足顾客要求的能力和支持竞争优势的能力。

生产战略包括以下决策:生产过程和生产系统的长远目标、重点绩效基本行动方针及基本步骤等。生产战略的目的是为企业获得长期竞争优势提供有效支撑。一个好的生产战略应该同时满足两方面的需求:第一,对生产的职能部门,即企业中负责制造并向最终顾客提供产品和服务的部门予以说明;第二,指导全员的生产活动,使他们在本部门内的工作成为价值增值链中的一部分。

五、企业战略的制定

要制定出合理的企业战略,首先要了解到战略的中心问题,即企业如何获得长期的竞争优势。制定企业战略要充分考虑外部环境和内部条件,要分析本企业与竞争对手的优势和劣势,提供标新立异的产品和服务,以满足顾客不断变化的需求。

1. 外部条件

外部条件包括政治条件、经济条件、技术条件、社会条件和市场条件。

(1) 政治条件。

政治条件包括国际形势、国家政治的稳定、法令、关税政策、国家预算、就业政策、环境政策、国家经济政策等。20世纪70年代阿拉伯的石油禁运,1991年伊拉克入侵科威特,影响了跨国公司的战略制定。政治条件对我国企业的发展战略也有很大影响。政府一项新规定,既给企业发展做出某些限制,同时又给企业带来新的发展机会。如转变经济增长方式,变外延扩大再生产为内涵式扩大再生产,就会压缩基本建设规模,从而导致对水泥、木材和钢材需求的减少,相关生产企业就要及时调整自己的产品品种和数量。与此同时,提出了提高产品技术含量的需求,使高新技术产品的生产得到发展,从而导致对科学技术及教育发展的促进。

(2) 经济条件。

经济条件包括国民消费水平、收入分配、投资水平、国民生产总值、家庭数量和结构、经济周期、就业水平、储蓄率、利率等。如何把握趋势,取决于对经济发展情况的预测。由于未来的经济环境难以准确预料,企业在制定发展战略时,往往准备几套替代方案,以减少风险,把握成功的机遇。尽管如此,也不能保证绝对成功。壳牌石油公司曾制定了详细的方案以应付1991年的海湾战争,但在一些难以预料的突发事件中,如炼油厂爆炸和石油泄露,仍遭受了巨大损失。总体经济的研究对一些大的产业特别重要。如汽车产业的发展,不单取决于国民收入水平,而且取决于国家的经济政策和基础设施条件。

(3) 技术条件。

新产品、新工艺、新材料、新能源的出现,为企业的发展提供了巨大的机遇和严重的威胁。例如,高清晰度电视的研制可能会给现存的电视机市场带来巨大的冲击,在给一些企业带来机会的同时,也给另一些企业带来很大的威胁。一些企业正是通过技术上的优势来保证其竞争优势的。英特尔公司的领导人在286微处理器风头正盛的时候,实行了在当时大多数人都觉得不可理解的名为"吃掉自己的孩子"的革新计划,即放弃仍然有利可图的286微处理器,开发386微处理器,以更新的技术和产品来保持并发展市场优势。事实证明,"吃掉自己的孩子"是一个极其英明的决策。抛弃虽然还是有利可图、但已经不稳固的竞争优势,继续走创新之路,是英特尔公司长盛不衰的关键因素。

(4) 社会条件。

社会条件包括人们的生活方式和生活习惯、人口数和年龄结构、妇女和少数民族的地位、双职工家庭和单亲家庭的增加、外出吃饭人数的增加及平均寿命的增加等。社会条件的变更也给企业带来了发展的机遇。

(5) 市场条件。

市场条件包括顾客和潜在顾客的需求和期望,原材料的供应,协作厂家,销售渠道,当前的竞争对手和潜在竞争对手的数量、优势和不足,他们的战略,进入市场的障碍,产品的价格结构,市场对价格的敏感性,产品生命周期的潜在销售量和营利性等。除了新的竞争对手进入现存产品和服务市场造成的威胁以外,新产品也对现存产品造成潜在威胁。在20世纪90年代初,柯达公司曾努力发展一种战略去对付来自一次性相机的竞争,这种竞争威胁了该公司的核心产品——柯达胶卷的生产。

2. 内部条件

企业的能力要能够提供满足市场所需的产品和服务的需要。当发现机会,特别是发现威胁之后,企业需要尽早对内部条件进行评审,以便有时间弥补本身的不足。要与竞争对手比较企业的优势和不足,需要评价的企业内部条件包括:

① 对市场的了解和适当的营销能力;
② 现有的产品和服务;
③ 顾客及与顾客的关系;
④ 分配和交付系统;
⑤ 供应商网络及与供应商的关系;
⑥ 管理层的能力、当前工人的技能和积极性及工人必要技能的获取;
⑦ 自然资源拥有情况及获取能力;
⑧ 设施、设备、工艺及其位置;
⑨ 对特殊技能的掌握;
⑩ 产品和工艺的专利保护;
⑪ 可获得的资金和财务优势。

在评价企业内部情况时,要回答这样一些问题:在满足现有的和将来的顾客需求方面,本企业有什么优势?本企业的不足是什么?如何才能弥补这些不足?本企业能够尽快吸引和培训足够的工人和管理人员吗?在弥补本企业的不足方面有哪些内容限制?

由于条件随时间变化,加上竞争对手的对策也在不断变化,制定战略是一个动态过程和连续的工作。企业管理者需要不断研究新的情况,不断评价内外条件,不断调整、修改战略。一旦战略发生变化,就必须让企业内各个部门都知道,以提高工作的有效性。

企业战略制定之后,就要制定保证战略实施的政策,为下级部门设置目标。企业的各个组成部分在这些政策和目标的指导下运行,从而保证战略目标的实现。

生产战略属于职能级战略。在职能级战略的指导下,企业各部门进行日常生产经营活动的决策,并将发生的情况反馈到战略决策过程中。

第三节 生产战略

从一定程度来说,企业的战争也是企业战略的战争,而生产战略在企业战略中起到了至关重要的作用。古往今来,有许多公司由于生产战略的失误以致企业战略失败。

在如今市场竞争激烈的环境中,产品价格、产品质量、快速交货的能力、服务质量及顾客的满意度已然成为企业赢得市场竞争和用户的主要竞争优势。正是因为如此,20世纪70年代中期开始,西方发达国家主要是以美国为代表的很多大中型企业越来越多的把生产管理从职能管理的层次提升到战略性的管理层次,并在企业组织机构中建立起了有效的生产战略管理系统,以帮助最高层管理者制定生产战略。另外,有许多小型企业也开始制定生产战略,并取得了很好的效果。

生产战略是企业战略体系中的职能战略,是整体战略在生产运营职能范围内的具体化和落实,受到总体战略的制约,为支持和完成总体战略服务。不同企业或同一个企业的不同单位的生产战略可能存在很大差异。如一家大型家电企业,其电视和手机分厂可能采取技术创新战略,以引导市场和消费潮流;而冰箱和空调分厂可能为实施价格战略而首先采用降低成本策略。这是由于经营单位需要根据不断变化的外部环境,思考如何更有效地控制资源的分配和利用,以达到占领市场和赢利的目的。

从以上分析可以看出,企业的生产战略是企业战略的重要组成部分,是企业为了实现总体战略而对生产运营系统的建立、运行及如何通过生产系统来实现组织整体目标而规定的行动纲领。

生产战略是企业生产管理中第一层次的决策内容,是企业整个生产管理中的决策性内容。传统的企业生产管理一般没有过多的从战略的高度考虑很多问题,但是在技术飞速发展、产品更新换代极快的今天,企业的生产战略有了越来越重要的作用及举足轻重的意义。

一、生产战略的内容

生产战略是指在企业(或任何其他形式的组织)战略的总体框架下,决定如何通过生产活动来达到企业的整体经营目标。它根据对企业各种资源要素和内、外部环境的分析,对生产管理及生产系统有关的基本问题进行分析与判断,确定总的指导思想及一系列决策原则。

生产活动是企业最基本的活动之一。生产活动为了达到企业的经营目的,必须将其所拥有的资源要素合理地组织起来,并且保证有一个合理、高效的生产系统来进行一系列的变换过程,以便在资源一定的条件下,使产出能达到最大或尽量大。具体地说,生产活动应该保证能在需要的时候以适宜的价格向顾客提供满足他们质量要求的产品。

为了达到这样的目标,作为一个生产管理人员,首先需要考虑选择哪些产品、为了生产这样的产品需要如何组织资源、竞争重点应该放在何处等。在思考这样的基本问题时,必须根据企业的整体经营目标、经营战略有一个基本的指导思想。

例如,企业的经营战略侧重于收益率的提高,那么生产战略的指导思想可能应该是尽量增加生产收益,从而在进行产品选择决策时,应该注重选择高附加值产品。又如,企业根据自己所处的经营环境认为应该把企业的经营战略重点放在扩大市场占有率上,相应地,生产战略的重点应该是保持生产系统的高效性及灵活性,从而能最大限度地满足市场的各种需求。这样的指导思想及决策原则,就构成了生产战略的内容。由此可见,制定生产战略的目的是使企业的生产活动能够符合企业经营的整体目标和整体战略,以保证企业经营目标的实现。

生产战略在整个企业战略中处于职能战略层,在企业的经营活动中处于承上启下的地位。所谓承上,是指生产战略是对企业总体战略、竞争战略的具体化;所谓启下,是指生产战略作为生产系统的总体战略,推动系统贯彻执行具体的实施计划,它是指导生产系统的运行方向,它把生产活动与企业总体战略、经营战略紧密结合起来,并将发生的情况反馈到战略决策过程中,以保证总体战略的顺利实施和实现。

生产战略侧重于生产运营资源和流程的长期开发,以便能够形成可持续的竞争优势。生产战略是在企业战略指导下制定的,是企业总体战略顺利实施及成功的基础与保障。生产战略应该时刻关注外部竞争环境的变化,以及生产部门应对当前和未来的挑战所必须完成的任务。

生产战略主要包括三个方面:生产的总体战略;产品或服务的选择、开发与设计;生产系统的设计。

1. 生产的总体战略

生产的总体战略包括五种常用的生产战略。

(1)自制或购买。

这是首先要决定的问题。如果决定制造某种产品或由本企业提供某种服务,则需要建造相应的设施,采购所需要的设备,配备相应的工人、技术人员和管理人员。自制或购买决策有不同的层次。如果在产品级决策,则影响到企业的性质。产品自制,则需要建一个制造厂;产品外购,则需要设立一个经销公司。如果只在产品装配阶段自制,则只需要建造一个总装配厂,然后寻找零部件供应厂家。由于社会分工大大提高了效率,一般在做自制或购买决策时,不可能全部产品和零部件都自制。

当今越来越多的企业将经营战略转向"做自己最擅长的",这意味着降低纵向集成度,专注于自己的核心业务,在核心业务上培育竞争力,这种战略的核心思想是企业专注于少数重要业务活动而把其余活动外包,可在一些重要业务上积累更多的知识,拥有专长,更集中地投资,从而获得更高效率和更好的生产绩效。尤其是那些自身产品需要多种专业技术的企业,几乎不可能在每一领域都拥有专长,将其中的一些活动转包给网络中的其他参与者可以充分享受其他参与者的创新成果及规模效益带来的好处,可以使自己更容易开展技术创新,同时还可以提高资源柔性,灵活应对市场需求的变化。

在当今世界经济一体化的大背景下,再加上交通、通信技术的飞速发展和价格的迅速低廉,世界变得越来越"扁平",企业寻找供应商将其部分非核心业务外包,有了越来越便利的条件,不仅交易成本大幅降低,将特定业务外包到资源价格相对便宜的国家、地区或企业,还能直接降低企业的生产运作成本,另外,当今各种产品的技术含量越来越高,诸如汽车、家电、工业电子设备乃至个人计算机等产品,往往体现为全球若干企业核心能力的集合,例如一台电脑,其中CPU、主板、液晶显示器往往来自不同国家的不同企业。而让一个企业同时拥有这些不同专业技术和生产能力不是一件易事。

但是这样的情况也一样有利有弊,最大的问题就是大量业务外包之后有可能带来诸多风险,包括质量、交付时间的失控风险,受制于人的风险,汇率风险,政治风险,也包括供应商远在千里之外乃至国外时,因为天灾等不可人为预测与控制的环境变化带来的供应中断等。

(2) 低成本和大批量。

早期福特汽车公司就是采用这种策略。在零售业,沃尔玛和凯马特公司也是采取这种策略。采用这种策略需要选择标准化的产品或服务,而不是顾客化的产品和服务。这种策略往往需要高投资来购买专用的高效设备,如同福特汽车公司当年建造型车生产线一样。需要注意的是,这种策略应该用于需求量很大的产品或服务。只要市场需求量大,采用低成本和高产量的策略就可以战胜竞争对手,取得成功,尤其在居民消费水平还不高的国家或地区。

(3) 多品种和小批量。

对于顾客化的产品,只能采取多品种和小批量策略。当今世界的消费是多样化、个性化。企业只有采用这种策略才能立于不败之地。但是多品种小批量生产的效率难以提高,对大众化的产品不应该采取这种策略,否则,遇到采用低成本和大批量策略的企业,就无法去竞争。

(4) 高质量。

质量问题日益重要。无论是采取低成本、大批量策略,还是多品种、小批量策略,都必须保证质量。在当今世界,低廉劣质的产品是没有销路的。

(5) 混合策略。

将上述几种策略综合运用,实现多品种、低成本、高质量,可以取得竞争优势。现在人们提出的"顾客化大量生产"或称"大量定制生产",既可以满足用户多种多样的需求,又具有大量生产的高效率,是一种新的生产方式。

2. 产品或服务的选择、开发与设计

企业进行生产,先要确定向市场提供的产品或服务,这就是产品或服务的选择和决策问题。产品或服务确定以后,就要对产品进行设计,确定其功能、型号、规格和结构;接着,要对如何制造产品或提供服务的工艺进行选择,对工艺过程进行设计。

(1) 产品或服务的选择。

提供何种产品或服务,最初来自各种设想。在对各种设想进行论证的基础上,确定本企业要提供的产品或服务,这是一个十分重要而有困难的决策。产品或服务的选择可以决定一个企业的兴衰。一种好的产品或服务可以使一个小企业发展成一个国际著名的大企业;相反,一种不合市场需要的产品或服务也可以使一个大企业亏损甚至倒闭。这已为无数事实所证明,产品决策可能在工厂建成之前进行,也可能是在工厂建成之后进行。要开办一个企业,首先要确定生产什么产品。在企业投产之后,也要根据市场需求的变化,确定开发什么样的新产品。

产品本质上是一种需求满足物。产品是通过它的功能来满足用户某种需要的。而一定的功能是通过一定的产品结构来实现的。满足用户需求,可能有不同的功能组合。不同的功能组合,由不同的产品来实现。因此,可能有多种产品满足用户大体相同的需求,这就提出了产品选择问题。比如,同是为了进行信息处理,是生产普通台式电脑还是生产笔记本电脑?同是为了货物运输,是生产轻型车还是生产重型车?必须做出选择。

产品选择需要考虑以下四个因素:

① 市场需求的不确定性。人的基本需求无非是食、衣、住、行、保健、学习和娱乐等方面,可以说变化不大。但满足需求的程度上的差别却是巨大的。简陋的茅屋可以居住,配有现代化设备的高级住宅也是供人居住的。显然,这两者对居住的满足程度的差别是很大的。人们对需求满足程度的追求又是无止境的,因而对产品功能的追求无止境。随着科学技术进步速度的加快,竞争的激化,人们"喜新厌旧"的程度也日益加强。这就造成市场需求不确定性增加。由于一夜之间某企业推出全新的产品,使得原来畅销的产品一落千丈。现实情况是,很多企业不注意走创新之路。当电风扇销路好时,大家都上电风扇;洗衣机走俏时,大家都上洗衣机;农用车好赚钱时,又纷纷上农用车;后来又是 VCD 大战。结果,或者由于市场容量有限,或者由于产品质量低劣,造成产品大量积压,企业因此而亏损。因此,企业在选择产品时,要考虑不确定性,要考虑今后几年内产品是否有销路。

② 外部需求与内部能力之间的关系。在外部需求与内部能力之间的关系上,首先要看外部需求。市场不需要的产品,企业有再强的技术能力和生产能力,也不应该生产。同时也要看到,对于市场需求量大的产品,若与企业的能力差别较大,企业也不应该生产。企业在进行产品决策时,要考虑自己的技术能力和生产能力。一般地讲,在有足够需求的前提下,确定生产一个新产品取决于两个因素。一是企业的主要任务。与企业的主要任务差别大的产品,不应生产。汽车制造厂的主要任务是生产汽车,决不能因为彩色电视机走俏就去生产彩色电视机。因为汽车制造厂的人员、设备、技术都是为生产汽车配备的,要生产彩色电视机,等于放弃现有的资源不用,能力上完全没有优势可言,是无法与专业生产厂家竞争的。当然,主要任务也会随环境的变化而变化。如果石油枯竭,现在生产汽车都将被淘汰,汽车制造厂就要生产电动汽车或太阳能汽车。二是企业的特长。与同类企业比较,本企业的特长决定了生产什么样的产品,选择没有优势的产品是不明智的。一旦人家参加了竞争,你就会败下阵来。

③ 原材料、外购件的供应。一个企业选择了某种产品,要制造该产品必然涉及原材料、外购件的供应。若没有合适的供应商,或供应商的供应能力或技术能力不足,这种产品也不能选择。

④企业内部各部门工作目标上的差别。通常,企业内部划分为多个职能部门,各个职能部门由于工作目标不同,在产品选择上也会发生分歧。如果不能解决这些分歧,产品决策也难以进行。生产部门追求高效率、低成本、高质量和生产的均衡性,希望品种数少一些,产品的相似程度高一些,即使有变化,也要使改动起来不费事。销售部门追求市场占有率、对市场的响应速度和按用户要求提供产品,希望扩大产品系列,不断改进老产品和开发新产品。财务部门追求最大的利润,要求加快资金流动,减少不能直接产生利润的费用,减少企业的风险,一般说来,希望只销售立即能得到利润的产品,销售利润大的产品,不制造不赚钱的产品。由于职能部门工作目标上的差异,往往造成产品决策的困难,这些矛盾只有通过最高管理层协调解决。

(2) 产品或服务的开发与设计策略。

在产品或服务的开发与设计方面,有以下四种策略:

①做跟随者还是领导者。企业在设计产品或服务时是做新技术的领导者还是做跟随者,是两种不同的策略。做领导者就需要不断创新,需要在研究与开发方面做出大量投入,因而风险大。但做领导者可以使企业领导新潮流,拥有独到的技术,在竞争中始终处于领先地位。英特尔公司就是采用的做领导者的策略。做跟随者只需要模仿别人的新产品,花费少、风险小,但得到的不一定是先进的技术。如果跟随者善于将别人的技术和产品拿过来进行改进,则有可能后来居上。这里还有一个是采用最先进的技术还是采用适用技术的问题。最先进的技术一旦拥有,优势在手,但采用先进技术的费用高、风险大。适用技术不一定是最先进的技术,但它是符合企业当前发展的、经过使用检验的技术。采用适用技术花费少、风险也小。

②自己设计还是请外单位设计。同自制或购买决策一样,对产品开发和设计也可以自己做或请外单位做。一般地,涉及独到技术必须自己做。

③花钱买技术或专利。利用大学和研究所的成果来节约研究与开发的费用不失为一种聪明的办法。巴特尔纪念研究所曾为施乐公司开发复印机产品,强生公司曾利用宾州大学的专门技术开发治疗粉刺和皱纹的 Retin - A 产品,利用哥伦比亚大学的专门技术开发一种治癌药品。企业通过购买大学或研究所的生产许可证、专利权和设计,不仅少冒风险还节约了开发和设计的时间。

④做基础研究还是应用研究。基础研究是对某个领域或某种现象进行研究,但不能保证新的知识一定可以得到应用。基础研究成果转化为产品的时间较长,而且能否转化为产品的风险很大。但是一旦基础研究的成果可以得到应用,对企业的发展将起很大的推动作用。例如,陶氏化学公司在1982年投入50万美元研究

一种陶瓷化合物,这种陶瓷化合物与钢铁一样坚硬,应用研究却只有其一半的重量。几年以后,公司就发现这种陶瓷化合物可以用于装甲车等军事装备。

应用研究是根据用户需求选择一个潜在的应用领域,有针对性地进行的研究活动。应用研究实用性强,容易转化为现实的生产力。但应用研究一般都需要基础理论的指导。

3. 生产系统的设计

生产系统的设计对生产运作系统的运行有先天性的影响,它是企业战略决策的一个重要内容,也是实施企业战略的重要步骤,如表3.1所示。

表3.1 生产系统的设计

选址	设施布置	工作设计	工作考核和报酬
* 按长期预测确定所需能力 * 评估市场因素,有形和无形成本因素 * 确定是建造或购买新设施还是扩充现有设施 * 选择具体的地区、社区和地点	* 选择物料传送办法和配套服务 * 选择布置方案 * 评估建设费用	* 按照技术、经济和社会的可行性确定岗位 * 确定何时使用机器和/或人力 * 处理人机交互 * 激励员工 * 开发、改进工作方法	* 工作考核 * 设置标准 * 选择和实施报酬方案

(1)选址。

所谓选址,是指运用科学的方法决定设施的地理位置,使之与企业的整体经营运作系统有机结合,以便有效、经济地达到企业的经营目的。对一个企业来说,设施选址是建立和管理企业的第一步,也是事业扩大的第一步。选址的重要性主要在于设施建成后的设施布置,以及投产后的生产经营费用、产品和服务质量及成本都有极大而长久的影响。一旦选择不当,它所带来的不良后果是不能通过建成后的加强和完善管理等其他措施弥补的。因此,在进行设施选址时,必须充分考虑到多方面因素的影响,慎重决策。其次,除新建企业的设施选址问题以外,随着经济的发展,城市规模的扩大,以及地区之间的发展差异,很多企业面临着迁址的问题。而且不同的选址还会影响到职工的生活和工作积极性。可见,设施选址是很多企业都面临的,现代企业生产管理中的一个重要问题。

生产服务设施建在什么地点的问题,对企业的运行效率和效果都有先天性的影响。在当年"要准备打仗"的思想指导下,一些工厂进了山沟或山洞,造成了今天生产成本高、难管理、难发展的局面。大学、餐馆、商店也都有了选址问题。有的

大学就是因为过去迁址造成今天难以发展的局面。

在工厂建成运行后,有时需要扩大生产能力。采取扩充现有设备的办法比较经济易行,但往往受到空间的限制。另一种办法就是购买或租赁厂房或服务设施,但不一定能够满足要求。第三种办法是另找地方建造新设施。这种办法选择余地较大,但需要大量资金。设施还有一个集中还是分散安放的问题。

对于一个特定的企业,其最优选址取决于该企业的类型。工业选址决策主要是为了追求成本最小化;而零售业或专业服务性组织机构一般都追求收益最大化;至于仓库选址,可能要综合考虑成本及运输速度的问题。总之,设施选址的战略目标是使厂址选择能给工厂带来最大化的收益。

选址主要遵循的原则:

① 费用原则。企业首先是经济实体,经济利益对于企业无论何时何地都是重要的。建设初期的固定费用,投入运行后的变动费用,产品出售以后的年收入,都与选址有关。

② 集聚人才原则。人才是企业最宝贵的资源,企业地址选得合适有利于吸引人才。反之,企业搬迁造成员工生活不便,导致员工流失的事时有发生。

③ 接近用户原则。对于服务业,几乎无一例外都需要遵循这条原则,如银行、邮政、电影院、学校、医院、零售业、购物广场等。许多制造业企业也把工厂建到消费市场附近,以降低运输费用和物品损耗。

④ 长远发展原则。企业选址是一项带有战略性的经营管理活动,因此要有战略意识。选址工作要考虑到企业生产力的合理布局,要考虑市场的开拓,要有利于获得新技术新思想。在当前世界经济越来越趋于一体化的时代背景下,要考虑如何有利于参与国际间的竞争。

选址对于一个企业来说是十分重要的,它影响着一个企业的长远发展。因此,企业在设施选址中要综合考虑各种因素,权衡利弊,慎重地做出决定。企业应该从系统的观点来考虑选址问题。任何企业选址既要考虑供应厂家,又要考虑顾客,还要考虑到产品的分配与运输。总之,使企业的各项成本最低,效益达到最大化。在选址的时候要结合实际情况,运用定性和定量的方法,使决策尽可能地科学化与合理化。

(2) 设施布置。

设施布置,就是合理安排企业或某组织内部各功能单位(生产或服务单位)及其相关的辅助设施的相对位置与面积,以确保系统中工作流(客户或物资)与信息流的畅通。

设施布置对生产的效率有很大影响。设施布置不当,就会造成运输路程长,运输路线迂回曲折,不仅浪费了人力、物力资源,而且延长了生产周期。

设施布置一般要考虑以下四个问题:

① 应包括哪些经济活动单元。这个问题取决于企业的产品、工艺设计要求、企业规模、企业的生产专业化水平与协作化水平等多种因素。反过来,经济活动单元的构成又在很大程度上影响生产率。例如,有些情况下一个厂集中有一个工具库就可以,但另一些情况下,也许每个车间或每个工段都应有一个工具库。

② 每个单元需要多大空间。空间太小,可能会影响到生产率,影响到工作人员的活动,有时甚至会引起人身事故;空间太大,是一种浪费,同样会影响生产率,并且使工作人员之间相互隔离,产生不必要的疏远感。

③ 每个单元空间的形状如何。每个单元的空间大小、形状如何及应包含哪些单元,这几个问题实际上相互关联。例如,一个加工单元,应包含几台机器,这几台机器应如何排列,因而占用多大空间,需要综合考虑。如空间已限定,只能在限定的空间内考虑是一字排开,还是三角形排列等;若根据加工工艺的需要,必须是一字排开或三角形排列,则必须在此条件下考虑需要多大空间及所需空间的形状。在办公室设计中,办公桌的排列也是类似的问题。

④ 每个单元在设施范围内的位置。这个问题包含单元的绝对位置与相对位置两个方面的含义。有时,几个单元的绝对位置变了,但相对位置没变。相对位置的重要意义在于它关系到物料搬运路线是否合理,是否节省运费与时间,以及通信联络是否便利。此外,如内部相对位置影响不大时,还应考虑与外部的联系,例如,将有出入口的单元设置于路近旁。

设施布置类型有以下四种:

① 工艺导向布置也称车间或功能布置,是指一种将相似的设备或功能放在一起的生产布局方式,例如将所有的车床放在一处,将冲压机床放在另一处。被加工的零件,根据预先设定好的流程顺序从一个地方转移到另一个地方,每项操作都由适宜的机器来完成。适合多品种小批量生产。功能布置有较高的柔性,但物料运输的路线长。

② 产品导向布置也称装配线布局,是指一种根据产品制造的步骤来安排设备或工作过程的布局方式。大量大批生产,一般采用装配线布置。鞋、化工设备和汽车清洗剂的生产都是按产品导向原则设计的。

③ 混合布置指将两种布局方式结合起来的布局方式,是一种常用的设施布置方法。比如,一些工厂总体上是按产品导向布局(包括加工、部装和总装三阶段)在加工阶段采用工艺导向布局,在部装和总装阶段采用产品导向布局。这种布置方法的主要目的是:在产品产量不足以大到使用生产线的情况下,也尽量根据产品

的一定批量、工艺相似性来使产品生产有一定顺序,物流流向有一定秩序,以达到减少中间在制品库存、缩短生产周期的目的。混合布置的方法又包括:一人多机、成组技术等具体应用方法。

④固定位置布置。固定位置布置是指产品由于体积或重量庞大停留在一个地方,从而需要生产设备移到要加工的产品处,而不是将产品移到设备处的布局方式。飞机制造就是采用固定位置布置,大型电站锅炉的安装也是固定位置布置。采用固定位置布置的原因很简单:工件太大,不能移动。外科手术也是固定位置布置,病人(工件)在动手术时是不能移动的。

除了生产设备布置以外,设施布置还包括物料传送方法和其他服务性设施的选择和配置。

(3) 工作设计(岗位设计)。

工作设计,也称岗位设计,是指根据组织需要,并兼顾个人的需要,规定每个岗位的任务、责任、权力及组织中与其他岗位关系的过程。它是把工作的内容、工作的资格条件和报酬结合起来,在工作分析的信息基础上,研究和分析工作如何做以促进组织目标的实现,以及如何使员工在工作中得到满意,来调动员工的工作积极性。目的是满足员工和组织的需要。工作设计问题主要是组织向其员工分配工作任务和职责的方式问题,工作设计是否得当对于激发员工的积极性,增强员工的满意感及提高工作绩效都有重大影响。

工作设计是制定与每个员工工作有关的正规的和非正规的说明,包括工作的结构与同事、与顾客之间的联系。工作设计有不同指导思想和方案。一种是进行细致分工,使每个员工只完成最简单的操作。这样可以提高工作效率,从而提高生产系统的产出。福特最早的流水生产线上的工作就是这样设计的。这种方式使工作简单乏味,遭到工人的反对。另一种是进行粗略分工,每个员工从事不同的操作,使工作丰富化。这样可以提高员工的工作兴趣,但在一定的程度上牺牲了效率。

工作设计的方法有多种,但其中心思想是工作丰富化,而工作丰富化的核心是激励的工作特征模型。工作设计的方法主要有以下三种:

① 工作轮换。工作轮换是属于工作设计的内容之一,指在组织的不同部门或在某一部门内部调动雇员的工作。目的在于让员工积累更多的工作经验。

② 工作扩大化。工作扩大化的做法是扩展一项工作包括的任务和职责,但是这些工作与员工以前承担的工作内容非常相似,只是一种工作内容在水平方向上的扩展,不需要员工具备新的技能,所以,并没有改变员工工作的枯燥和单调。

③ 工作丰富化。所谓工作丰富化是指在工作中赋予员工更多的责任、自主权

和控制权。工作丰富化与工作扩大化、工作轮调都不同,它不是水平地增加员工工作的内容,而是垂直地增加工作内容。这样员工会承担更多重的任务、更大的责任,员工有更大的自主权和更高程度的自我管理,还有对工作绩效的反馈。

在工作设计上要正确处理人机分工。现在,完全用手工进行工作的情况很少。一般都使用机器(包括计算机)来完成既定的任务。因此,在工作设计时要正确处理人机分工。人是最灵活而富有创造性的,适用完成非例行的工作;机器比人更持久、更准确地完成程序化的工作,但没有人的能动性。如果让人做机器能做的事,不仅浪费了宝贵的人力资源,而且是不人道的。工作设计要使机器和工作环境适合人的能力和需要,而不是相反的。道理很简单:人不能重新设计来适应机器,机器可以重新设计来适应人。

(4)工作考核和报酬。

对人的工作业绩要进行考核,并将考核结果与报酬挂钩。这样才能激励员工努力工作,不断改进工作方法,发挥创造性,提高工作效率。报酬涉及工资和薪水的数量和发放办法。通常有两种计酬的办法:计时付薪和按贡献付薪。计时付薪就是按小时、天或月付薪,适用于难以量化的工作。按贡献付薪包括计件和承包等方法,适用于能够量化的工作。报酬系统的选择和设计对于发挥最重要的资源的潜力有十分重要的影响。

二、生产战略的基本类型

决定制造企业竞争力的五大要素是品种、质量、价格、时间和服务。然而,这五大要素不同时期对竞争力的作用是不同的,不同时期决定竞争力的关键因素也是不同的。基于不同因素的竞争对生产管理有直接的影响,根据竞争要素侧重点不同,生产战略可分为以下三种类型:

1. 基于成本的战略

基于成本的战略是指通过发挥生产系统的规模经济优势,以及实行设计和生产的标准化使成本大大低于竞争对手的成本,获取价格竞争优势,并形成一定的市场进入障碍。

在工业化初期,人们消费水平较低,竞争主要依靠价格。产品只要便宜可用,就有市场。要使价格便宜,必须降低成本,与此相适应,大量生产成为主流生产方式,市场竞争的重点是"成本"。对应市场竞争情况,企业生产战略的要点可归纳为如下四点:

(1)集中战略。

集中战略即聚焦战略,是指把经营战略的重点放在一个特定的目标市场上,为

特定的地区或特定的购买者集团提供特殊的产品或服务。即指企业集中使用资源,以快于过去的增长速度来增加某种产品的销售额和市场占有率。该战略的前提思想是:企业业务的专一化,能以更高的效率和更好的效果为某一狭窄的细分市场服务,从而超越在较广阔范围内竞争的对手们。这样可以避免大而弱的分散投资局面,容易形成企业的核心竞争力。

(2)扩大生产规模。

生产规模的扩大是有风险的,不一定符合什么条件了就一定是对的和好的,要看各种条件的组合和其可持续性,更要看市场的预期,存在的不确定性随时间的增长不断增大,一般在决策投入时会较多地考虑战略性的因素。生产规模扩大意味着固定资产投入与固定成本增加,这就要求有稳定的市场销量、产品价格,进而有确定的预期销售收入。客观上可能还会受到很多外部刚性限制,需要做好详细的可行性分析和预案。

(3)大批量生产。

大批量生产又被称作重复生产,是生产大批量标准化产品的生产类型。生产商可能需要负责整个产品系列的原料,并且在生产线上跟踪和记录原料的使用情况。此外,生产商还要在长时期内关注质量问题,以避免某一类型产品的质量逐步退化。大批量生产基于产品或零件的互换性,标准化和系列化的应用,刚性生产线大大提高了生产效率,降低了生产成本,其显著的特点是产品结构稳定、自动化程度高。但是缺点也相当明显,大批量生产以牺牲产品的多样性为代价,生产线的初始投入大,建设周期长,刚性,无法适应变化愈来愈快的市场需求和激烈的竞争。

(4)降低生产成本。

降低成本是指在日常工作中将成本降低,通过革新技术、提高效率、减少人员投入、降低人员工资或提高设备性能或批量生产等方法,将成本降低。企业加强成本管理,努力降低产品成本具有十分重要的意义。降低成本是降低产品价格的重要前提,降低成本可以促进生产的发展、增加企业的盈利,还可以促进企业改善生产经营管理。

由于各企业在生产经营类型、技术装备水平、生产过程组织、成本结构等方面的不同,所以降低成本的重点也是不同的。降低成本的途径有以下几个主要方面:降低原材料成本、节约燃料等物资消耗;提高劳动生产率,减少单位产品工时消耗;提高设备利用率,最有效地利用各种生产设备,充分发挥现有设备的效能;提高产品质量,减少废品损失,提高生产技术,改进工艺过程和操作方法,建立健全产品质量检验制度,对发生残次品要分析原因,采取积极有效的措施,提高产品质量;节约制造费用,发扬艰苦奋斗的作风,做到处处精打细算、厉行节约,反对铺张浪费,不断减少制造费用支出。

2. 基于质量的战略

基于质量的战略是指企业把质量因素作为竞争优势的来源,即依靠顾客感知到的产品或服务的相对质量的领先地位,赢得高市场占有率和稳定的利润。

在20世纪七八十年代,随着技术的进步、经济的发展、工业化水平的提高,市场需求逐渐呈现饱和趋势,由卖方市场转变为买方市场。人们的消费水平也日益提高,此时质量和服务就成为影响竞争力的关键,质量高、服务好的产品就拥有更多的顾客。日本企业大力开展全面质量管理运动,提高服务水平,使不少企业获得巨大成功。市场竞争的重点是"品种""质量"和"服务"。这时企业的生产战略要点调整为以下四点:

(1)发展多品种生产。

多品种生产是指企业为适应社会不同需要、从经济合理的角度,发展多品种产品的一种手段。经济合理地发展多品种生产,是当前企业广开生产门路的一种手段,从长远来看它关系到企业的兴衰。发展多品种生产是长久之计,是由当代科学技术发展的客观必然性和市场经济的必要性所决定的。因为生产力和科学技术的发展,引起了社会消费水平的巨大变化,消费日益呈现多样化、特殊化、高效化和多能化,企业适应这种变化的出路就在于发展多品种生产。

(2)保持稳定的产品质量。

产品或服务质量不仅是当代决定企业素质、企业发展和企业经济实力和企业竞争优势的主要因素,也是决定一国竞争能力和经济实力的主要因素。决定企业竞争优势最重要的因素是质量,市场竞争已经决定性地从"价格竞争"转向"质量竞争"。质量是争夺市场战略中最关键的项目。谁能够用灵活快捷的方式提供用户(区域性和全球范围内)满意的产品或服务,谁就能赢得市场的竞争优势。

(3)在保证产品基准质量的同时,及时交货,加强服务以使顾客满意。

企业应本着"为顾客提供最满意的产品和服务"的经营宗旨,在确保设备的先进性、可靠性、稳定性的同时,不断改进服务质量,从售中到售后的交货、调试开通、设备维护管理、技术服务、用户技术培训等各方面,保证顾客能得到最好的服务,让顾客满意、放心。

(4)增强新产品开发能力。

在当代竞争激烈的市场上,产品日新月异,企业想要持久地占领市场、求得生存与发展,生产的产品必须不断地更新换代,推陈出新。这种情况下,新产品的开发能力与创新能力变得举足轻重,也是衡量一个企业的价值与生命力的重要指标。企业应不断提高研究与开发能力,着眼于未来的发展变化,改善企业的产品结构与经营状况,才能拥有更多的竞争优势。

3. 基于时间的战略

基于时间的战略是指企业把时间转化为一种关键的竞争优势来源,通过缩短产品开发周期和制造周期来提高对市场需求的反应速度。

20世纪90年代以来,随着世界范围内统一市场的形成,世界市场对产品需求呈饱和趋势的出现,以及科学技术的迅速发展,企业所处的市场环境发生了深刻的变化,人们的消费方式和消费观念也发生了深刻的变化,企业竞争也更为激烈,市场竞争的重点是"速度"和"环保"。这时企业的生产战略要点主要集中在以下四点:

(1) 缩短新产品开发周期,快速上市。

在市场需求不断变化、技术迅速更新的趋势之下,企业是否具备快速、高质量、低成本地推出产品,已成为决定企业成败与否的关键。调查表明,在企业中,大约70%的研发项目超出了估算的时间进度,大型项目平均交付时间比原计划超出20%~50%,研发项目开发费用90%以上都超出预算。研发项目管理人员应有效利用资源,缩短研发周期,用最少的实验次数寻找最佳的产品设计方案、工艺技术条件,使企业更快更有效地实现产品开发,不断降低研发成本和产品生命周期成本,让企业在激烈的竞争中立于不败之地。

(2) 加速物流周转,快速交货。

物流的管理过程不仅仅是降低成本的过程,更是价值创造的过程。物流周转速度的改变对企业存货管理的有效性产生巨大的影响,利用物流资源降低存货成本已成为企业获得利润的重大来源。

(3) 提高系统的应变能力。

企业应变能力是指企业战略方案考虑全面,且有备选方案,企业有专人收集外部经济环境、政治环境、行业政策或标准的新变化、动向。企业相关人员每周将收集到的客户需求、市场价格变化、竞争对手的举措、新产品信息等汇总,及时向部门主管、管理部或规划部上报,有流程进行信息管理。提升企业应变能力的根本途径主要有以下几点:开发核心技术;联合、重组、并购,优势互补;整合核心要素,开发核心产品;以信息化提升企业核心竞争力。

(4) 发展绿色制造,满足环保要求。

绿色制造也称为环境意识制造、面向环境的制造等,是一个综合考虑环境影响和资源效益的现代化制造模式。其目标是使产品从设计、制造、包装、运输、使用到报废处理的整个产品生命周期中,对环境的影响(副作用)最小,资源利用率最高,并使企业经济效益和社会效益协调优化。绿色制造是生态文明建设的重要内容,也是工业转型升级的必由之路。各项政策的出台也让企业意识到应当将产品的环境化设计放在整个供应链中加以考虑,并选择更加环保的原材料和机械设计,减少产品设计对环境的影响。要实现环境化设计的目标,还需要通过各种手段提高资源的利用率,尽量减少原材料和公用设施(如供水、供电等设施)的使用,禁止使用有毒有害物质,推动再利用和再循环,尽可能增大产品的功能性并延长其使用寿命,实现零污染和零浪费。

可见,企业竞争和经营环境的变化,促使竞争模式从依靠产品价格向依靠质量、服务,最终转移到基于时间的竞争。

三、生产战略的特点

生产战略在整个企业战略体系中所处的地位,决定了它在企业经营中的特殊位置,形成了自身的一些基本特征。

1. 从属性

生产战略虽然属于战略范畴,但它是从属于企业战略的,是企业战略的一个重要组成部分,必须服从企业战略的总体要求,更多地从生产角度来保证企业总体战略目标的实现。

2. 贡献性

主要指生产战略的意义并不是体现在直接参与市场争夺活动方面,而是强调通过构造卓越的生产系统来为企业获得竞争优势做出贡献。通过对产品和服务目标的明细化,使企业生产系统功能具有优先级而保证竞争优势的突出,为企业竞争提供了坚实的产品基础和后援保证。

3. 协调性

生产战略不仅仅要和企业总体战略、竞争战略保持高度协调,也要与企业其他职能部门的战略相协调。一方面生产战略不能脱离其他职能战略而自我实现,另一方面它又是其他职能战略实现的必要保证。生产系统内部的各要素之间也要协调一致,使生产系统的结构形式和运行机制相匹配。

4. 可操作性

强调战略既是一种计划思想,又便于贯彻实施,因此它注重各个决策之间的目标分解、传递和转化过程,以形成各级人员的共识和参与,同时注重各项决策的内涵及其相互一致性,以决策的实施明确、可行。

5. 风险性

生产战略的制定是面向未来的活动,要对未来几年的企业外部环境及企业内部条件变化做出预测。由于未来环境及企业条件变化的不确定性,战略的制定及实施具有一定的风险性。

四、生产战略的制定

制定生产战略的出发点有两个：一是市场需求，分析企业所面临的市场需求是怎么样的，在质量、价格、柔性、速度等若干竞争要素中，顾客更加看重的是哪一个要素；二是生产资源，分析企业自身所拥有的资源特点及场地、人员、设施、技术等资源的优势和劣势。

1. 制定生产战略的基本思路

（1）按市场增长、产品战略和竞争环境来明确企业应确定的目标。例如，是以增加市场份额为目标，还是保持现有的市场占有率；企业应面向产品创新，还是保持较稳定的产品系列等。

（2）通过对关键产品、市场和制造特征的分析，确定战略制造单位，以便分出相似的产品组。

（3）根据关键的市场成功因素，制定企业的战略使命。

2. 制定生产战略应考虑的重要因素

制定生产战略时，需要考虑许多影响因素，有些是企业外部因素，有些是企业内部因素。必须从生产职能的特有角度出发，综合考虑企业内外部环境各种因素的影响。但对特定的企业而言，制定生产战略时必须具体问题具体分析。

（1）竞争重点与技术的选择与权衡。

质量、价格、快速、柔性等竞争要素之间是存在相悖关系的，一个企业不可能面面俱到，在每一项上都具有竞争优势，因此需要在市场需求分析的基础上决定突出什么特点，在哪些方面建立优势。

技术进步既可以为企业提供发展机会，也会给企业带来威胁。随着技术进步的发展，生产战略必须不断做出相应的调整。技术进步从两方面影响企业的生产：一方面是对新产品和新服务的影响，另一方面是对生产方法、生产工艺及业务组织方式本身的影响。

（2）企业资源配置方式及整体经营目标的确定。

任何一项产品或服务的产出都需要经过多个步骤、环节，每个步骤、环节的生产运作都需要消耗资源，因此企业为了做产品做服务，首先必须决定各个不同环节所需的资源如何配置，哪些环节自己做，哪些环节自己不做而是采取外包的方式，由于不同的自制外购策略最终形成了不同的供应链结构，对这种问题的思考和决策也称为供应链结构设计。

包括生产战略在内的各个职能级战略的制定，都受企业整体目标的制约和影响。由于各职能级目标所强调的重点不同,往往不尽一致,这些对生产战略的制定也有影响,而这些影响的作用方向往往是不一致的。例如,生产部门为了保持生产的稳定性和连续性,希望保定数量的原材料及在制品库存,但财务部门为了保持资金周转,可能希望尽量减少库存。可见,生产战略决策是一个复杂的问题,除了要考虑到市场、技术等企业外部因素,还要考虑到企业总体战略及不同职能部门之间的相互平衡等。因此,在制定生产战略时,需要全面细致地对各方面因素进行权衡和分析,使生产战略决策能最大限度地保障企业经营目标的实现。

(3) 生产组织方式的确定。

一旦竞争重点选定、供应链结构选定,在企业内部,要确定一个基本的生产组织方式,以建立产品服务的竞争优势,实现企业内部资源的高效组合和利用。

(4) 市场需求及其变化。

市场需求直接决定着企业的产品品种、数量、质量、价格、服务及交货期等各个方面。通过对目标市场顾客的需求内容、趋势、特点及其消费心理和行为的全面分析,可以确定产品的订单资格标准和赢得订货标准的具体内容,进而明确生产系统功能目标的具体要求,为制定生产战略提供重要依据。

(5) 产品生命周期。

产品生命周期是指一种产品从研制开发成功投入市场开始,到其因不再能很好满足顾客需要而退出市场的整个过程,包括投入期、成长期,成熟期和衰退期四个阶段。产品生命周期阶段不同,在竞争焦点、产销量,生产工艺过程和设备等基本特征方面也不相同,从而对生产系统的要求也不同。

3. 制定生产战略的过程

为了使生产战略确实有效,通常需要考虑不同维度的交叉。首先,将生产战略与企业战略联系在一起是十分必要的。生产战略的制定必须以上层战略为指导,并与其保持一致性,服务于企业战略和业务战略目标。其次,生产战略的制定还需考虑实际的经营行为,对经营过程中积累的独特经验和知识,也可以转换为企业的战略思考。

有的学者认为,企业市场观和企业资源观其实是一个硬币的两个面:企业一方面要根据市场需决定自己的经营重点,另一方面要充分考虑自己的能力优势和能力约束,将资源要素合理地组织起来,并且保证有一个合理、高效的运作系统来进行一系列的变换过程,以便在投入一定或资源一定的条件下,使产出达到最大。也就是说,生产经理们需要同处理来自两个方面的压力:如何满足市场上外部客户的要求,以及如何开发竞争对手难以模仿的资源和工艺过程。

在战略分析的基础上进行战略选择与战略决策,具体过程如下:

(1) 在战略分析的基础上,确定生产战略的目标与取向。

如是扩大现有产品生产规模还是增加高附加值产品的比重,重点开发新产品还是稳定与改进现有产品等。

(2) 根据战略目标进一步制定为实现该目标相应的产品战略、组织战略、能力目标及其他战略要点。

(3) 根据市场、关键产品和生产特征划分与确定各战略业务单位的分工及其相应的目标与任务,必要时可对现有分工进行调整。

(4) 测算生产系统可能达到的主要绩效指标。

如产品与服务的数量与质量、生产成本与获利能力等,并与目标值和标杆企业进行比较,找出差距,提出改进措施。

(5) 形成战略方案,对各方案进行可行性论证与分析,并就各方案对企业长期竞争优势的影响进行评估。

(6) 通过方案比较,选出最优或次优方案,进行战略决策。

一个有效的生产战略应能根据市场需求,针对竞争对手的行为充分发挥自身的能力,并与其他职能战略相配合,不断提高企业的竞争能力。具体战略选择可以多种多样,但必须有利于持续提高企业的竞争优势。

三、生产战略的实施

1. 外部／内部因素分析

制定生产战略,首先必须要分析企业内外条件,做到知己知彼,才能百战不殆。外部条件包括政治、经济、技术、社会条件、市场条件等。内部因素包括人力资源、设备与工具,资金来源、顾客与供应商关系、技术水平等。

通过对内外因素的分析,借助SWOT(威胁—机会—劣势—优势)分析方法,可以建立四种战略模式:

① 优势—机会战略模式(SO),即发挥企业内部的优势而利用企业外部的机会。

② 劣势—机会战略模式(WO),即利用外部机会弥补内部条件的不足。

③ 优势—威胁战略模式(ST),即利用本企业的优势,回避或减轻外部威胁的影响。

④ 劣势—威胁战略模式(WT),即减少内部弱点同时回避外部威胁的防御性战略。

2. 经营宗旨

宗旨,也可以称为使命或经营方针。经营宗旨是指企业经营活动的主要目的和意图,表明企业思想和企业行为。企业的经营宗旨,本质上应反映企业的核心思想和价值观。分为经济、社会、文化和生态四个层次,四个层次是递进式的。

企业宗旨是指企业长期的发展方向、目标、目的、自我设定的社会责任和义务,明确界定公司在未来社会范围里是什么样子,其"样子"的描述主要是从企业对社会(也包括具体的经济领域)的影响力、贡献力、在市场或行业中的排位(如世界500强)、与企业关联群体(客户、股东、员工、环境)之间的经济关系来表述。企业愿景主要考虑的是对企业有投入和产出等经济利益关系的群体产生激励、导向、投入作用,让直接对企业有资金投资的群体(股东)、有员工智慧和生命投入的群体、有环境资源投入的机构等产生长期的期望和现实的行动,让这些群体或主体通过企业使命的履行和实现,使自己的利益的发展得到保证和实现。

虽然大多数公司都没有明确写明其生产宗旨,但是大多数企业宗旨与其生产宗旨是一致的。企业应该让所有的生产人员知道运作宗旨,并让他们把生产宗旨贯彻到自己的实际工作中,使每天的工作与企业的生产宗旨保证一致。

3. 生产竞争重点／竞争战略

四种生产竞争能力即时间、质量、成本、柔性。企业要建立自己的竞争优势,就需要拥有特殊的能力。企业应能识别自己特有的能力,并保持相应的竞争优势。

根据竞争重点不同,可以采用基于时间的竞争战略、基于质量的竞争战略、基于成本的竞争战略、柔性工厂战略等不同的生产战略。

4. 生产目标

确定了生产竞争的重点之后,需要建立战略目标。生产目标应反映竞争重点,少而精。另外目标要尽量可度量,避免含糊不清,比如"满意""好"等,最好都用数据或百分比表示。目标应该有一定的难度,让员工有压力和动力,但也不能脱离实际,以免无法完成。制定生产目标的最好方法是采用标杆法,利用行业的标杆企业做参照,制定企业的生产目标,主要考虑成本目标、质量目标、交货目标与柔性目标等几个方面。

5. 运作战略

为了实现生产目标,就需要各种运作战略的支持。运作战略由日常生产计划与控制手段组成。不同的运作竞争战略需要不同的运作战略支持。例如,基于质量竞争的战略,在战术上就可以采用提高质量的策略,如开展全面质量管理的QC小组活动、六西格玛质量改善等;而对于基于成本竞争的策略,则可采用减少成本的措施,如减少浪费、现场目标管理等。

6. 绩效评价与动态生产战略

制定生产战略并实施以后,需要对生产的效果进行评估,检讨生产各种决策与计划的落实情况,为制定下阶段的生产战略提供决策依据。

企业竞争环境不断改变,生产的战略与策略需要随着时间与内外环境的变化而改变,并制定新的生产战略。大多数世界级的企业,都是通过持续不断的改善,从而最大限度地满足用户的要求,无论从事的是制造业还是服务业,他们都能时刻关注环境的变化,调整自己的生产战略并形成世界级的竞争优势。

思 考 题

1. 战略的定义是什么？战略管理是什么？
2. 企业环境的定义是什么？企业环境可分为哪两类？
3. 企业环境由哪几方面构成？
4. 企业环境的特征有哪些？
5. 企业环境的特点有哪些？
6. FMS 具有的优点有哪些？
7. 企业竞争优势体现在哪几个方面？
8. 做到低成本、低价格的主要途径有哪些？
9. 企业战略的作用有哪几个方面？
10. 企业战略由哪几个方面组成？
11. 企业战略制定的条件有哪些？
12. 生产战略的定义是什么？
13. 生产战略主要包括哪几个方面？
14. 生产的总体战略包括哪几种常用的生产战略？
15. 生产系统设计的步骤是什么？
16. 选址主要遵循的原则是什么？
17. 设施布置的类型有哪几种？
18. 生产战略的类型有哪些？
19. 生产战略的特点有哪些？
20. 制定生产战略应考虑哪些因素？

第四章 需求预测

预测是一个古老的话题。人类的祖先由于不能理解风雨雷电、陨石流星、潮汐海啸等自然现象,而赋予它们以神秘的气息,并逐渐把这些自然现象超自然化,将自己的命运寄托于主宰这些自然现象的所谓的神的身上。远古的人们利用龟甲或兽骨去占卜(预测)战争的胜负、年成的好坏。历代的占卜师、星相家、能人、智士们都力图对未来做出预测。他们的行为常常被笼罩上神秘甚至是迷信的色彩,他们的某些成功预言使人们惊叹并将其广为流传。例如诸葛亮在《隆中对》中对东汉末年政治形势所做的三分天下的预测就是如此。人们也常把"先知"的桂冠赋予心中的圣人。

随着人类社会和科学技术的发展,预测的技术也得到不断发展,预测工作逐渐褪去了神秘的色彩,并从迷信和唯心主义走上了科学化的道路。科学的预测能够正确地向人们展现未来,使人们不再盲目地行动,可以有计划地发展自己。瑞士科学家雅各布·伯努利(Jakob Bernoulli,1654—1705)在其所著的《猜度术》(*Ars Conjectandi*)中最早创立了预测学,其目的在于减少人类生活各个方面由不确定导致错误决策所产生的风险。但预测科学在20世纪40年代真正进入萌芽时期,至20世纪60年代,预测研究开始从初期的纯理论研究发展到应用研究。近年来,预测理论和方法渐渐被引入到了工业安全领域,用以科学方法指导生产,并取得了一定成效。特别是目前随着现代数学方法和计算机技术的发展,国际上安全评价分析及预测决策实施得到了广泛应用,如模糊故障树分析预测、模糊概率分析、模糊灰度预测决策等。以安全分析、隐患评价、事故预测决策为主体的安全评价工作作为一种产业在国际上已经出现。预测科学已经成为一门发展迅速、应用广泛的新科学。

例如,预测电力需求的难度在预测领域是有名的。电力不能储存 —— 除了靠电池做少量的储存 —— 所以,所有的用电需求应该正好与电厂的发电机组的电力供应相匹配。生产较少的电力会引起断电,用户是不能接受的,而生产太多的电力则会浪费昂贵的资源。从长期来看,对电力的需求将稳步上升。所以,为满足需求

的增长,应建立足够的电站。计划并建设一个核电站需要花费许多年时间和几亿英镑的费用。传统的电站,特别是以天然气做燃料的电站,建设实践与费用都会少一些,但项目的预算仍要依据未来10~20年的需求预测。从短期来看,电力需求以年为周期循环变化,冬天人们往往使用电暖气、空调等,电力需求就大一些。有时短期内需求也会突然上升,例如特别冷的天气里。而一周中需求也有循环特性,周末伴随着工业活动减少,需求量往往较低。周期循环的最短时间为一天,在夜间人们休息后用电量会少一些。最后,一天中也会有非正常的用电高峰,例如,不少人打开电视后,喜欢一边欣赏电视节目,一边用电水壶烧水。

在开始供电之前,电厂需要"热身"和启动,所以,稳定而已知的需求会大大方便电力生产的管理。电力供应方往往采用非高峰用电的优惠价促使用电需求的均衡,但这往往不能彻底解决电力需求的频繁变动状况。在实际中,厂家仍需预测用电需求的长期趋势、年度循环、变化周期、每周的循环、每天的循环。电厂将根据这些需求的情况,通过最节省的资源调用,使其电力供应与这些不断变化的需求相适应。

第一节 市场调查的基本问题

预测是在市场调查的基础上进行的,现就市场调查的基本问题进行简单的介绍。

一、市场调查的含义

市场是一种以商品交换为内容的经济联系形式。它是社会分工和商品生产的产物,是商品经济中社会分工的表现。市场是一个商品经济范畴,哪里有社会分工和商品生产,哪里就有市场。市场的基本关系就是商品供求关系,基本活动则是商品交换(商品买卖)活动。市场是商品交换的场所,亦即买主和卖主发生作用的地方或地区。市场是指某种或某类商品需求的总和,而商品需求的总和是通过买主体现出来的,因而也可以说,市场是某一产品所有现实买主和潜在买主所组成的群体。市场是买主卖主力量的结合,是商品供求双方的力量相互作用的总和。市场是指商品流通领域,反应的是商品流通的全局,是交换关系的总和,这是一个"社会整体市场"的概念。美国市场营销协会关于市场的定义是"一种商品或劳务的所有潜在购买者的需求总和"。

调查是了解情况、认识事物、认识社会的有力武器。市场调查就是了解市场情况，认识市场现状、历史和未来，对企业来说，还包括调查了解同行其他企业的生产和营销情况。

市场调查，又称为市场调研、市场研究、营销调研，有时也简称市调。德国学者Lisowsky的定义是：市场调查是指企业本身在经营上和推销上的各种环境影响条件下，运用系统的科学原理方法所获得并认识的情报。美国市场调查协会认为：市场调查，是指收集、记录和分析有关生产者将货物与劳务转移及销售给消费者的各种问题的全部事实。美国学者Luck和Wales认为：市场调查，是指采用科学方法解决市场营销中的各种问题。中国台湾学者樊志育认为：市场调查可以分为狭义的市场调查和广义的市场调查。狭义的市场调查是：主要针对顾客所做的调查，即以购买商品、消费商品的个人或工厂为对象，以探讨商品的购买、消费等各种事实、意见及动机。广义的市场调查包括从认识市场到制定营销决策的全过程。因此，市场调查是一种有目的的活动，是一个有系统的过程，是对信息的判断、收集、记录、整理，是一项市场信息工作，是对那些可用来解决特定营销问题的信息所进行的设计、收集、分析和报告的过程。市场调查的观念首先就意味着对消费者的需求应该予以满足，所以公司企业人士一定要聆听消费者的呼声。正如美国市场营销协会对营销调研定义所述，市场调查提供了这种重要联系，通过营销调研"倾听"消费者的声音。同时，市场调查信息也关注除消费者之外的其他实体。

总之，市场调查是从市场环境、市场参与、市场运营、市场行为到市场消费几个环节来层层逼近、刻画市场真实状况的，无论是广义的市场环境（按计划、法律、社会与文化），还是市场参与（供应商、竞争者、软硬件与公众），抑或是市场运营（营销规则、组织、实施与控制），以及市场行为（产品、价格、广告与促销渠道），直至最后消费者的消费购买动机与行为都是研究的对象和内容。市场调查是指运用科学的方法，系统地、客观地辨别、收集、分析和传递有关市场营销活动方面的信息，为企业管理者制定有效的营销决策，提供基础性的数据和资料等重要依据，是对市场营销活动全过程的分析和研究，是对商品交换过程中发生的各种信息的收集、整理和分析。

二、市场调查的作用

市场调查是运用科学的手段，对市场态势及市场活动的各个方面进行有效的分析、研究和预测。市场调查不仅是企业生产经营的依据，同时也是国家及相关经济机构进行咨询和决策的前提条件。市场作为一个决定资本投向的非人格化权威地位愈来愈来突出了,为保经营决策的安全和可靠,以避免在竞争中遭到淘汰。

(一)市场调查的功能

市场调查的功能是指市场调查本身具有的基本作用,归纳起来,主要有认识功能和信息功能两方面。

1. 认识功能

市场调查是对市场环境、市场供求和企业营销活动进行信息搜集、记录、整理和分析的一种认识活动。因此,市场调查具有认识市场的功能。通过市场调查能够掌握市场环境、供求情况和企业生产营销状态、特征及其变化的原因,能够消除人们对市场认识的未知度、不定度和模糊度。

2. 信息功能

市场调查的目的在于准确、及时、全面、系统地搜集各种市场信息,如生产信息、供应信息、需求信息、消费信息、价格信息和市场营销环境信息等,为市场宏观调控和企业市场预测决策提供依据。市场调查的信息功能表现为市场调查所获得的市场信息是市场预测决策的先决条件和基础。

(二)市场调查对企业经营的作用

市场调查的作用是市场调查功能的具体体现,根据市场调查的认识功能和信息功能,市场调查对企业经营的作用是多方面,主要体现在:

1. 市场调查是企业实现生产目的的重用环节

企业生产的目的是满足民众日益增长的物质和文化生活需要,为此,首先要了解民众需要什么以便按照消费者的需要进行生产,尤其是消费者的需要在不断变化,这就不但要调查,而且要及时进行调查。因此,市场调查是国民经济各部门制订计划及企业实现生产目的的重要一环。

2. 市场调查是企业进行决策和修订策略的客观依据

企业进行经营决策,首先要了解内部和外部的环境及信息,要掌握信息,就必须进行市场调查。

企业的管理部门或有关负责人要针对某些问题进行决策和修正原定策略——产品策略、定价策略、分销策略、广告和推广策略等,通常需要了解的情况和考虑的问题是多方面的,例如:

(1)产品在哪些市场的销售前景较好?

（2）产品在某个市场上的销售预计可达到什么样的数量？
（3）怎样才能扩大企业产品的销路,增加销售数量？
（4）如何去掌握产品的价格？
（5）应该使用什么方法去组织产品推销？

如此种种问题,只有通过实际市场调查才能得到具体答案,并作为决策和修正策略的客观依据。

3. 市场调查也是改进企业的生产技术和提高业务管理水平的重要途径

当今世界,科学技术发展迅速,新发明、新创造、新技术和新产品层出不穷,日新月异。通过市场调查所得到的情况和资料有助于我们及时了解世界各国在经济动态和有关科技信息,为本企业的管理部门和有关决策人提供科技情报。

4. 市场调查更是增强企业的竞争力和应变能力的重要手段

市场的竞争是激烈的,情况也在不断地发生变化。市场上的各种变化因素可以归结为两类：

（1）"可控制因素",如产品、价格、分销、广告和推广等。

（2）"非可控制因素",如"国内环境"和"国际环境"所包括的有关政治、经济、文化、地理条件、战争与国外分支机构等因素。

这两类因素关系是相互联系、相互影响,而且不断发生变化的。及时调整"可控制因素"以适应"非可控制因素"的变化情况,才能应付市场上的进程。只有通过市场调查才能及时了解各种"非可控制因素"的变化情况,从而有针对性地采取某种应变措施去应付竞争。通过市场调查所了解的情况和所获得的资料,除了解市场目前状况之外,还可预测未来的市场变化趋势。可以想象,一家处在激烈竞争的国际市场上的出口公司如果不搞市场调查,那就等于丧失了该公司营销业务活动的"耳"和"目",如同"聋子"和"瞎子"一样的,对市场变化毫无察觉,反应迟钝,甚至一无所知或无所适从,这是十分危险的。

市场调查的关键是发现和满足消费者的需求。为了判断消费者的需求,实施满足消费者需求的营销策略和计划,营销经理需要对消费者、竞争者和市场上的其他力量有相当的了解。市场调查的任务就是评估信息需求并向管理者提供相关、准确、可靠、有效和及时的信息。今天,充满竞争的市场环境由于决策失误而造成成本日益增加的状况都要市场调查提供充分的信息。在缺乏充分信息的条件下,很有可能出现错误的管理决策。从图4.1对于市场调查的描述可以更好地理解市场调查的重要性。

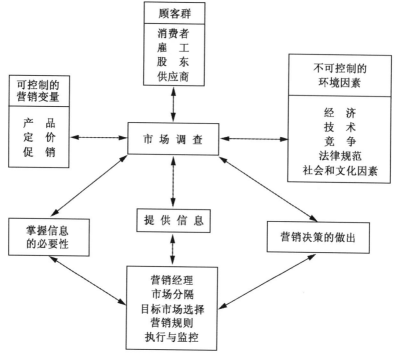

图 4.1　市场调查的作用

三、市场调查的内容

市场调查的内容十分广泛,它要取得的是过去和现在有关市场的各种资料、数据和信息。归纳起来,有以下一些基本内容和一些相关的专项研究:

(一) 基本调查内容

1. 调查市场需求情况

市场商品需求,是指一定时期由消费者在一定购买力条件下的商品需求量。居民购买力是指乡镇居民购买消费品的货币支付能力。市场需求调查就是了解一定时期在企业负责供应和服务的范围内,人口的变化,居民生活水平的提高,购买力的投向,购买者爱好、习惯,需求构成的变化,对各类商品在数量、质量、品种、规格、式样、价格等方面的要求及其发展趋势等,了解消费者对服务、旅游方面的各种需求,特别充分重视农村广大市场需求及其变化等。

2. 调查生产情况

调查生产情况就是要摸清社会产品资源及其构成情况,包括生产规模、生产结构、设计水平、新产品试制投产、生产力布局、生产成本、自然条件和自然资源等生产条件的现状和未来规划,并据此测算产品数量和产品结构及其发展变化趋势。通过调查,掌握工农业生产现状及其发展变化,对市场将要产生什么样的影响,以及影响程度的大小等。

3. 调查市场行情

具体调查各种商品在市场上的供求情况、库存状况和市场竞争状况,特别是影响市场商品价格运动因素的调查,供求关系运动对商品价格的影响。供不应求,价格就会上升,供过于求,价格就会下降。既了解对比有关地区、有关企业同类商品的生产经营成本、价格、利润及资金周转等重要经济指标,它们的流转、销售情况和发展趋势等。

(二) 专项调查内容

1. 市场环境调查

政治环境:国家政策、法令、条例、重大活动、事件。

经济环境:人口、国民收入、消费结构水平、物价水平。

社会文化环境:教育程度、职业构成、家庭类型、风俗习惯。

营销环境一直不断地创造新机会和涌现威胁,持续地监视和适应环境对企业的命运至关重要,许多公司并没有把环境变化作为机会,由于长期忽略宏观环境的变化而遭受挫折。

2. 消费者调查

购买本产品的消费者是个人还是团体,其性别、年龄、职业、居住区域、收入水平、消费结构、谁是主要购买者、谁是使用者、谁是购买决策者、消费者的欲望和动机、影响消费者购买决策的因素、消费者的购买习惯。消费者调查可分为:消费者需求分析、消费习惯分析、消费动机分析、文化背景分析、消费者需求分析、消费者人口统计特征分析及阶层差异分析。

3. 需求研究

产品的需求量和销售量是供不应求,还是供过于求;产品在市场上的占有率和覆盖率;市场潜在需求量有多少;同行竞争者的地位和作用、优势和劣势;细分市场对某种产品的需求情况;国内外市场的变化动态和趋势。

4. 产品研究

生命周期;产品形式部分,包装质量;产品销售前、后的服务工作;分析老产品的性能,研究如何改进老产品;大力开发新产品;对竞争产品进行比较和分析。

5. 大众传媒调查

销售排行榜是各种出版物的年度销售排行榜和月销售排行榜,评估出版物的受欢迎程度和出版单位发行工作的优劣；读者群与读者偏好调查；广告调查，消费者对广告的认识、记忆、评价；广告的诉求点是否与产品的市场定位一致及广告资源的分配；广播电视收视(听)率调查。

另外，还有广告研究、价格研究、证券调查、房产调查、IT、汽车、家电、通信、环保等各个行业的市场调查。

总之，市场调查的内容及范围十分广泛，其功能也愈显重要。市场调查所包括的内容是广泛的，但对不同的企业来说，则应根据自己的实际情况确定调查的主要内容，做到有所选择、有的放矢，这样可以大大地节约调查所耗费的时间和费用。

四、市场调查的方法

市场调查可以根据调查对象的多少，采取普查或抽查的方法。调查对象有限，可采取普查的方法；调查对象众多，只能采取抽查的方法。方法很多，主要有四种：

1. 资料法

这种方法就是通过各种渠道搜集现有的有关资料。用这种方法进行市场调查费用少，而且效果好。搜集资料的范围包括企业外部和内部两方面。

（1）外部资料。

国家的有关政策；上级机关的有关资料；同行业的资料；外贸部门的资料；科研机关的资料。

（2）内部资料。

财务部门的有关资料；生产部门的有关资料；销售部门的有关资料。

2. 询问法

这种方法是以询问方式作为搜集资料的手段，是市场调查中常用的一种方法。询问法按调查者和被调查者接触的方式不同，可分为当面询问、发信询问、电子询问三种。

（1）当面询问。

这是一种通过调查者和被调查者之间进行面对面的交谈，以获得信息的调查方法。这种方法是一种应用的比较普遍的调查方法。这是因为，在当面询问时，询问者可以采用较多的询问法及各种提问类型并可以利用看得见的资料，如图画、照片、录像等。如果被调查者遇到理解上的困难，调查者能加以提醒并予以纠正。由于人员面谈的这些特点，使得使用这种方法比采用其他方法能得到更多的信息。这种方法的主要缺点是成本高、费时多，同时对调查工作的询问员的要求很高，有时在寻求回答者的配合方面存在较大困难。

(2) 发信询问(邮寄调查法)。

发信询问是将设计好的询问表寄给用户请他们填好后寄回的调查方法。这种方法的优点是,适用范围广,凡邮政所达的地方都可以调查,被调查人回答问题有充分准备,调查成本低,而且避免了当面询问时调查人员的偏见。缺点是询问表回收率低,回收周期也较长,填询问表的有可能不是被调查者本人,影响调查的质量。

(3) 电子询问。

电子询问是以电子符号的形式通过电子媒体(电话、电子邮件、计算机网络、录音录像等)进行询问的调查方法。随着现代信息和通信技术的发展,电子媒体在现代信息中将扮演越来越重要的角色。

为了集中一些询问调查方法的优点,避免缺点,提高调查的质量,有的单位采用当面询问和发信询问相结合的方法,即询问表留置法。先把设计好的询问表寄给用户和被调查者家庭,过一段时间再去人当面取回。

以上几种询问法,不论采用哪一种,为了提高调查质量,都要事先研究好调查内容,或设计好询问表,调查内容要简单、明确、易于回答。

3. 观察法

这种方法就是调查人员在现场从旁边观察,记录被调查者的活动,如工厂派人到商店站柜台等,或在现场安装照相机、录音机等,观察和记录调查者的行为、反映或感受。

由于被调查者并不感到自己正在被调查,其动作比较自然,得到情况比较真实、准确。但观察法只能观察明显的行为,而不能看出行为的动机。因此此法最适合于探索问题,并可提供初步性答案或趋势性建议,由于它的局限性,在实际在调查中往往以询问法为主,观察法为辅。

4. 实验法(试用或试销)

这种方法是把新产品或改变了设计、质量、包装、价格、广告等因素的老产品,在一定时间内的一定地区,选择具有代表性的市场先试用或试销,调查客户的反映。它的特点是比较客观,获得的资料较准确。缺点是代表性的市场不易选择,实验时间长,费用大,有时实验受到可变动因素的影响。

五、市场调查的全过程

市场调查是以科学的方法收集、研究、分析有关市场活动的资料,以便帮助企业领导和管理部门解决有关市场管理或决策问题的研究,其一般的调查流程或研究步骤为:确定研究目的,制定研究计划,实地收集资料,系统分析资料,陈述研究发现。

1. 确定研究目标

市场研究的首要工作就是要清楚地界定研究的问题,确定研究的目的。如果对问题的说明含糊不清或对所要研究的问题做了错误的界定,那么研究所得到的结果将无法帮助企业领导做出正确的决策。因此,市场调查的第一步,就应该首先确定研究目的。

市场研究是一项有组织、有计划和有步骤进行的商业信息工作,市场研究的课题与产品营销业务直接有关,是为企业更好地组织产品推销工作及为企业管理部门提供决策的依据。

例如:新产品的开发研究,制造什么东西才会被消费者接受,才能畅销?产品的规格如何?购买者的特性如何?

又如:某企业的产品在市场占有率最近低落,其原因何在?是经济衰退的影响?广告支出的减少?销售代理效率低?消费者偏好转变?需要有什么样的对策?

由于有这些具体问题,才需要进行市场研究。企业所要做的是有助于具体的目的且直接有用的资料。当然,消费者的意识和价值观今后如何变化,十年后的人民生活又是如何,这些与企业同长期策略有关的问题,也是市场调查研究的任务。要根据公司及企业的要求来决定是否研究。因此,确定研究目的是很关键的阶段。如果目标定得过于广泛,实际的研究设计将很困难。相反,如果拘泥于战术,考虑太过狭隘,可能不能达到研究的全部目的。由于这阶段十分困难,有些市场研究者,往往在目的还未明确之前,就草率进行至下一阶段,以致全部研究,花费了金钱和时间,却什么也没有得到。因此必须安排充分的时间来明确研究目的。

在确定了研究目的以后,就要求将所需的各种资料加以列举,以确定收集资料的范围和资料的来源。资料过少,不足以取得可靠的数据;资料过多,费时费钱。资料多少设定依据调查项目要求而定。当然,资料的准备和收集工作有赖于长期经验积累和经过严格培训的人员。这种资料的收集工作,大体上来说前期(研究设计前后)以第二手资料,即文献资料、专家咨询为主,后期(调查实施阶段)则以第一手资料为主。

2. 制定研究计划

市场调查的第二阶段就是制定一个收集所需信息的最有效的调研计划,或称之为研究设计。研究设计就是研究人员为取得所需资料采用的方法、程序、成本预算的详细计划书。一般来说这份研究计划书包括以下一些内容:

(1) 确认研究目标和研究内容。

(2) 决定收集资料的方法。采用观察法、访问法,还是实验法。

(3) 制定项目进度计划。为了使研究工作能够在预定的时期内完成,并保持相当水平的质量,必须预先规划好完成每一阶段任务所需的天数,并选定开始及完成日期。由于有些工作可能同时进行,因此各项工作进行的时间可能会有重复之处。

3. 实地收集资料

实施阶段的工作就是根据研究方案抽取样本、收集资料。它是整个调查研究中最繁忙的阶段。能否收集到必要的资料,并加以科学的整理,是市场调查能否取得成功的最根本的条件。在实地收集调查资料以前必须在界定的总体范围内抽取样本,确定出抽样比例及各行业样本的大小,同时根据各行业内部的性质和特点,确定各单位的样本人数。样本确定以后,就进入实地收集资料。市场调查中资料的收集是项最艰苦的基础工作。它不仅要求调查人员有埋头苦干、吃苦耐劳的精神和实事求是的科学态度,而且需要熟练地掌握收集资料方法和技术。常用的当然是访问、观察、问卷、文献等各种方法。收集到相应资料后要进行资料的整理,资料的整理是统计分析的前提,它的主要任务就是对收集来的资料进行系统的科学加工。

4. 系统分析资料

分析资料阶段的主要任务是在全面占有调查资料的基础上,对资料进行统计分析,其中包括统计分析可理论分析(验证解释)。市场调查不能只归结为收集资料,它的目的只要对事实做出有科学依据的解释。加工资料分两种不同的类型:第一种类型是第一手资料的统计分析。在这种场合下,分析的主要手段是数学和逻辑。因此所得到的资料对于进行理论分析得出理论结论和提出实际建议是有用的。第二种类型是从理论上解释资料,从内容上分析正式整理过的市场经济事实(即第二手资料),这里分析的主要手段是与所研究的市场及经济生活领域有关的经济学理论及市场营销等有关理论。

5. 陈述研究发现

市场调查到最后一步是陈述调研人员对相关问题的研究发现。调研人员不应该只将大量的数字和复杂的统计技术提供给客户或管理层,否则会丧失它们存在的必要性。调研人员应该向客户或管理层提供与营销决策有关的一些主要调查结果。

报告时,最好先写一两页最简单的摘要,开门见山地告诉客户或管理层,然后进入报告本身。报告本身要采取不同的形式,要考虑到此报告的读者对象是谁,是给谁看的;是供发表的,印成书的,或是给机关用的,采取的形式都不一样,不能呆板。每一个研究人员都应与客户协商确定调研报告的内容,但研究报告本身也有

其被广泛接受的部分,如介绍、方法、结果等。电脑绘图能从视觉角度来表达信息。图形的作用相当巨大,调研人员总结出有用的模型及一些重要的发现后,需要通过图表的形式把这些信息传递给营销经理;营销经理以此来决定调查结果。在撰写书面调研报告时,有时研究人员也需要利用口头演示的方法来告知客户调研方法及调研发现。通常,在进行演示时都需要利用幻灯片、PPT 等,演示报告的概要、重要的结果及有关图形、图片等内容。

第二节 预测概述

一、预测的基本概念

(一) 预测的含义

预测是指根据客观事物的发展趋势和变化规律,对特定的对象未来发展的趋势或状态做出科学的推测与判断。预测是根据对事物的已有认识,做出对未知事物的预估。预测是一种行为,表现为一个过程;同时,它也表现为行为的某种结果。

作为探索客观事物未来发展的趋势或状态的预测活动,绝不是一种"未卜先知"的唯心主义,也不是随心所欲的臆断,而是人类"鉴往知来"智慧的表现,是科学实践活动的构成部分。预测之所以是一种科学活动,是由预测前提的科学性、预测方法的科学性和预测结果的科学性决定的。预测前提的科学性包括三层含义:一是预测必须以客观事实为依据,即以反映这些事实的历史与现实的资料和数据为依据进行推断;二是作为预测依据的事实资料与数据,还必须通过抽象上升到规律性的认识,并以这种规律性的认识作为指导;三是预测必须以正确反映客观规律的某些成熟的科学理论作指导。预测方法的科学性包含两层含义:一是各种预测方法是在预测实践经验基础上总结出来,并获得理论证明与实践检验的科学方法,包含预测对象所处学科领域的方法以及教学的、统计学的方法;二是预测方法的应用不是随意的,它必须依据预测对象的特点合理选择和正确运用。预测结果的科学性包含两层含义:一是预测结果是由已认识的客观对象的规律性和事实资料为依据,采用定性与定量相结合的科学方法做出的科学推断,并用科学的方式加以表达;二是预测结果在允许的误差范围内可以验证预测对象已经发生的事实,同时在条件不变的情况下,预测结果能够经受实践的检验。

(二) 预测的作用

一个组织的每一项决策都是在对未来条件预测基础上做出的。决策管理是用来优化并自动化业务决策的一种卓有成效的方法。它通过预测分析让企业能够在制定决策以前有所行动,以便预测哪些行动在将来最可能获得成功。当今世界,组织竞争的最大挑战之一是如何在决策制定过程中更好地利用数据。可用于企业以及由企业生成的数据量非常高且以惊人的速度增长。据 IT 分析公司 IDC 统计,每天有 15PB 的新数据生成(1PB 等于 100 万 GB)。这相当于全美国图书馆数据量的 8 倍。与此同时,基于此数据制定决策的时间段非常短,且有日益缩短的趋势。虽然业务经理可能可以利用大量报告和仪表板来监控业务环境,但是使用此信息来指导业务流程和客户互动的关键步骤通常是手动的,因而不能及时响应变化的环境。希望获得竞争优势的组织们必须寻找更好的方式。

决策管理使用决策流程框架和分析来优化并自动化决策,决策管理通常专注于大批量决策并使用基于规则和基于分析模型的应用程序实现决策。对于传统上使用历史数据和静态信息作为业务决策基础的组织来说这是一个突破性的进展。预测分析提供洞察来预测客户下一步将会做什么,并对其做出积极响应。

决策管理是用于优化和自动化业务决策的卓有成效的成熟方法。它通过预测分析让组织能够在制定决策以前有所行动,以便预测哪些行动在将来最有可能获得成功。由于闭环系统不断将有价值的反馈纳入到决策制定过程中,所以对于希望对变化的环境做出即时反应并最大化每个决策的效益组织来说,它是非常理想的方法。

一直以来,制造业面临的挑战是在生产优质商品的同时在每一步流程中优化资源。多年来,制造商已经制定了一系列成熟的方法来控制质量、管理供应链和维护设备。如今,面对着持续的成本控制工作,工厂管理人员、维护工程师和质量控制的监督执行人员都希望知道如何在维持质量标准的同时避免昂贵的非计划停机时间或设备故障,以及如何控制维护、修理和大修业务的人力和库存成本。此外,财务和客户服务部门的管理人员,以及最终的高管级别的管理人员,与生产流程能否很好地交付成品息息相关。

IBM SPSS 预测分析帮助制造商最大限度地减少非计划性维护的停机时间,真正消除不必要的维护,并很好地预测保修费用,从而达到新的质量标准,并节约资金。它可用于生产线的预测分析,及时维护防止故障导致生产中断,可以解决一系列客户服务问题,其中包括顾客对因计划外维修和产品故障而造成停机的投诉。并可用于汽车、电子、航空航天、化学品和石油等不同行业的制造业务。

(三)预测的内容

所有的管理决策都是在预测的基础上做出的。每一项决策都要在未来某一时间见效,所以,现在的决策必须以对未来条件的预测为依据。某一企业在计划其某种产品的产量时,并不是要使本企业的产量满足目前的市场需求,而是要满足产品制成销售时的市场需求。预测在组织(企业)中处处会需要,它绝对不应该仅仅由一组孤立的专家做出。预测也永远没有"完成"的时候,随着时间的推移,要不断比较实际情况与预测结果,原有预测要不断更新,计划要不断调整,从而,预测工作就要不断地进行,如图4.2所示。

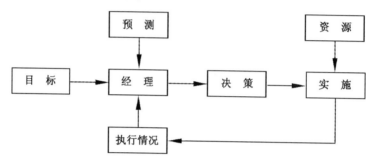

图4.2 预测与决策

预测学这门古老而又崭新的交叉学科,充分运用现代科学技术所提供的理论、方法、手段来研究人类社会、政治、军事以及科学技术等各事物的发展趋势。预测阶段对近期影响、中期变化和远景轮廓的描述为人们进行近期、中期、远期、长期决策提供依据。

大家所熟知的《孙子兵法》是中国古典军事文化遗产中的璀璨瑰宝,是中国优秀文化传统的重要组成部分。其内容博大精深,思想精髓富赡,逻辑缜密严谨。作者为春秋时期伟大军事家孙武,大约成书于春秋末年。该书自问世以来,对中国古代军事学术的发展产生了巨大而深远的影响,被人们尊奉为"兵经""百世谈兵之祖"。历代兵学家、军事家无不从中汲取养料,用于指导战争实践和发展军事理论。三国时著名的政治家、军事家曹操第一个为《孙子兵法》作了系统的注解,为后人研究运用《孙子兵法》打开了方便之门。《孙子兵法》不仅是中国的谋略宝库,在世界上也久负盛名。8世纪传入日本,18世纪传入欧洲。现今已翻译成29种文字,在世界上广为流传。英国著名军事理论家利德尔.哈特向人透露:他的军事著作中所阐述的观点,其实在2500年前的《孙子兵法》中就可以找到。他也确实对孙武及其著作深感兴趣,不仅为《孙子兵法》英译本作序,还在自己的得意之作《战略论》前面大段引述孙武的格言。1991年的海湾战争中,美国海军陆战队军官都奉命携带一本《孙子兵法》,以便在战场上阅读。

1990年,以美国为首的多国部队在实施"沙漠风暴"军事行动之前,曾担心一

第四章 需求预测

旦战争爆发,科威特的所有油田可能被全部点燃。当时,美国五角大楼委托一家咨询公司进行预测。研究人员建立了热能转换模型,进行一系列模拟计算,最后得出结论:油井燃烧形成的烟雾可能会导致一场地区性的重大污染,但不至于完全失控,不会造成全球性的气候变化,不会对地球生态和经济系统造成不可挽回的损失。这一科学预测结论促使美国做出采取军事行动的决定。因此,人们说第一次世界大战是化学战(火药),第二次世界大战是物理战(原子武器),而海湾战争是数学战,指的是这场战争在战前就以对战争的进程以及战争所涉及和影响的方方面面做出了科学的预测。

大家所熟知的《孙子兵法》,实际上主要是讲预测问题。"兵者,国家大事,生死之地,存亡之道,不可不察也",这个"察"就是预测。这部书历时两千年长盛不衰,至今仍被中外军事战略家、企业家奉为经典,主要原因是它提供的种种预测方法,能够帮助人们进行正确决策。诸葛亮敢于"借东风",是基于他对当的气象变化的预测;他敢于唱"空城计",是基于他对司马懿军事决策行为特点的分析和预测。

孙子兵法帮助许多企业家获得了巨大商战的战果。美国通用汽车公司董事会主席罗杰·史密斯在1984年销售汽车830万辆,居世界首位。他说他成功的秘诀就是"从2000年前中国一位战略家与的《孙子兵法》一书中了许多东西",从而使他获得了一个"战略家的头脑"。

"兵无常势,水无常形,能因敌变化取胜者,谓之神"。市场是瞬息万变的,经营者应依据市场变化灵活采取对策。索尼公司应用孙子的这一思想取得了成功。50年来,索尼"以正合,以奇胜",不断根据市场需求,推出新产品,占领市场,支撑企业发展。

"夫兵形象水,水之形辟高而趋下,兵之形避实而击虚"。这种思想已成为企业的重要战略思想。许多企业避开市场竞争主战场,独辟蹊径,开辟无人涉足的细分市场,一举获得成功,达到了扬长避短,避实击虚的效果。在这方面,日本的任天堂公司就是一个成功的例子。它原是一家生产扑克牌的小公司,1980年独辟蹊径开发出普及型家庭游戏机,打开日本市场,1986年推出适合美国家庭的游戏机,又开辟了美国市场,现在正席卷欧洲市场。

我国著名企业家张瑞敏对孙子兵法有深入的研究。他认为,抢占市场要有速度,这就是孙子所说的"激水之疾,至于漂石者,势也",而这个"石"就是顾客。他运用孙子兵法的战略思想,在激烈的商场竞争中获得巨大成功,使中国的海尔走向世界。

沃尔沃中国区首席执行官吴渝章是一位运用孙子兵法非常成功的企业家。1997年他刚加盟沃尔沃时,该公司在中国年销售量只有27辆。经过5年奋战,他击

败了主要竞争对手,将沃尔沃年销售量提高了30多倍,占据了中国大车市场的主要份额。他深有体会地说:市场就是战场。不懂市场战争学的企业家,不可能带领企业在长期市场竞争中取得最终的胜利。不懂孙子兵法的企业家,不可能是真正的成功者。

在我国,随着社会主义市场经济体制的确立和完善,企业将成为市场真正的主体,同时经济全球化的大趋势使市场竞争也日趋激烈,如何增强企业自身的环境适应性,成为企业生存和发展的重大研究课题。预测在此方面起着越来越重要的作用。具体表现在它是企业经营决策和编制经营计划的重要依据,也是企业提高应变能力的主要途径,只有可靠的预测,才能做出正确的决策,使企业兴旺发达,只有各种产品需求量的可靠预测数字,才能编制出准确的经营计划,避免因计划不准给实际工作造成被动。

预测对象的未来往往是不确定的,存在着许多种可能,因此,预测不可能是绝对准确的,它将来可能发生和发展,也可能朝预测不到的方向发生和发展。从很多方面看,预测的效果令人失望。至今我们仍很难得到十分可靠的天气预报;我们不能预知那一匹马将赢得比赛;市场上的金价仍然似乎是无规律的波动;我们为一次聚会准备了太多的食物;商店卖出了太多的存货等等。这将给我们或企业经营带来风险和困难。尽管如此,如果方法得当,我们还是会得到不错的预测结果,能把某一未来事件发生的不确定性极小化,从而有利于企业合理配置资源和减少经营风险。

1. 预测的主要内容

预测对象多得不胜枚举:产品的需要、生产率、产量、需要的资源、可供的人力、可利用的时间、生产能力、天气、股票价格及原材料成本等。

(1) 科学预测。

科学预测是对科学发展情况的预计与推测。科学预测应该由科学家来做。

(2) 技术预测。

技术预测是对技术进步情况的预计与推测。技术预测最好由该领域的专家来进行。

(3) 经济预测。

政府部门及其他一些社会组织经常就未来的经济状况发表经济预测报告。企业可以从这些报告中获取长期的和中期的经济增长指标,以规划自己的行动。

(4) 需求预测。

需求预测不仅为企业给出了其产品在未来的一段时间里的需求期望水平,而且为企业的计划和控制决策提供了依据。既然企业生产的目的是向社会提供产品或服务,其生产决策无疑会很大程度地受到需求预测的影响。

(5) 社会预测。

社会预测是对社会未来的发展状况的预计和推测。比如人口预测、人们生活方式变化预测及环境状况预测等。

2. 需求预测

(1) 定义。

需求预测是在市场调查基础上,运用预测技术,对商品供求趋势、影响因素和变化所做的分析与判断。

(2) 影响需求预测的因素。

影响需求预测的因素是什么呢? 其实对企业产品或服务的实际需求是市场上众多作用的结果,其中有些因素是企业可以影响甚至可以决定的,而另外一些因素是企业无法控制的。一般地讲,某产品或服务的需求取决于该产品或服务的市场容量以及该企业所拥有的市场份额,即市场占有率。图4.3 给出了影响需求的各种因素。其中,用曲线圈起来的因素是企业努力可以做到的。在众多因素中,主要介绍以下两种因素 。

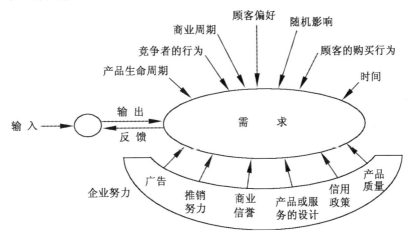

图 4.3　影响需求的因素

(3) 商业周期。

商业周期从复苏到高涨到衰退到萧条,周而复始。处于不同的阶段,需求不同。

(4) 产品生命周期。

任何成功的产品都有导入期、成长期、成熟期和衰退期 4 个阶段。这 4 个阶段对产品的需求是不同的。在导入期,顾客对产品了解得不多,销售量不会很大,但呈逐步上升趋势。到了成长期,产品需求急剧上升,一般会出现仿制品,将影响销售量上升的速度。到了成熟期,每个希望拥有某种产品的人都能买到这种产品,销售量达到最高点。到了衰退期,产品销售量下降,若不进行更新换代或改进,产品就不会有销路。

(四) 预测的基本原则

为保证预测工作的科学、有效,必须坚持以下几条原则:

(1) 坚持正确的指导思想。

我们要把马克思主义、毛泽东思想作为预测研究方法论的指导思想。

(2) 坚持系统性原则。

预测者所研究的事物和自然界的其他事物一样,都有自己的过去、现在和将来,就是存在着一种纵的发展关系,因果关系。而这种因果关系要受某种规律的支配。预测者必须将事物作为一个互相作用和反作用的动态整体来研究,不但是研究事物的本身,而且要将事物本身与周围的环境组合成一个系统综合体来研究。

(3) 坚持关联性原则。

预测对象的相关因素之间及预测对象与相关因素之间存在某种依存关系。预测者应对这种关系进行全面分析。有时可以对本质上并不重要的因素忽略不计,而突出抓主要矛盾。

关联性原则就是要充分考虑相关因素的横向联系及其作用与反作用的依存关系,如果不重视这一原则,顾此失彼,有可能导致预测失败。

(4) 坚持动态性原则。

预测对象的相关因素和环境不是一成不变的,而是处于不断发展变化的过程中。这些因素或环境的各个发展阶段对预测对象都有影响,有时甚至会改变预测对象的发展方向或性质。

(五) 预测的类型

按照不同标准可将预测分为不同的类型,常见的分类方法有:

1. 按预测时间的长短分类

(1) 长期预测。

长期预测是指对5年或5年以上的需求(发展)前景的预测。它是企业长期发展规划、产品开发研究计划、投资计划、生产能力扩充计划的依据。长期预测一般是利用市场调研、技术、经济、人口统计等方法,加上综合判断来完成,其结果大多是定性的描述。

(2) 中期预测。

中期预测是指对一个季度以上两年以下的需求(发展)前景的预测。它是制定年度生产计划、季度生产计划、销售计划、生产与库存预算、投资和现金预算的依据。中期预测可以通过集体讨论、时间序列法、回归法、经济指数相关法等方法结合判断而做出。定性与定量相结合的预测方法。

(3) 短期预测。

短期预测是指以日、周、旬、月为单位,对一个季度以下的需求(发展)前景的预测。它是调整生产能力,采购、安排生产作业计划等具体生产经营活动的依据。短期预测可以利用趋势外推、指数平滑等方法与判断的有机结合来进行。

也有人将预测分为四类,分别为长期预测(5年以上),中期预测(1年以上5年以下),短期预测(3个月以上1年以下),近期预测(3个月以下)。

事实上,不同的领域,划分的标准也不一样,如气象部门,不超过3天的为近期预测,1周以上的为中期预测,超过1个月的就是长期预测。我们介绍的分类方法是企业中常用的方法。

2. 按预测的要求分类

(1) 定性预测。

定性预测也称判断预测或调研预测,是指参加预测的人员根据丰富的经验和通过各种渠道掌握的情报材料,预测未来的结果。预测目的主要在于判断事物未来发展的性质和方向,也可以在情况分析的基础上提出粗略的数量估计。定性预测的准确程度,主要取决于预测者的经验、理论、业务水平以及掌握的情况和分析判断能力。这种预测综合性强,需要的数据少,能考虑无法定量的因素。在数据不多或者没有数据时,可以采用定性预测,定性预测与定量预测相结合,可以提高预测的可靠程度。

定性预测优点在于,比较简单易行,可利用有关人员的丰富经验、专门知识及掌握的实际情况,综合考虑定性因素的影响,进行比较切合实际的预测;定性预测的缺点在于,预测本身由于工作岗位不同,掌握的情况不同,理论水平与实践经验各异,进行预测时受主观因素影响较大,往往会过分乐观而估计过高,或偏于保守而估计过低,对同一问题不同人会做出不同判断,得出不同的结论。

(2) 定量预测。

定量预测也称统计预测,是指一组数学规则(模型)应用于历史数据序列,以预测未来结果。其主要特点是利用统计资料和数学模型来进行预测。定量预测和统计资料、统计方法有密切关系。常用的定量预测方法有时间序列预测、因果分析预测、灰色系统预测等。

定量预测优点在于,以调查统计资料和信息为依据,考虑事物发展变化的规律和因果关系,建立数学模型,可以对事物未来发展前景进行科学的定量分析;定量预测的缺点在于,不能充分考虑定性因素的影响,而且要求外界环境和各种主要因素相对稳定,当外界环境或某些主要因素发生突变时,定量预测结果就会出现较大的误差。

为了使预测结果比较切合实际,提高预测质量,为决策和计划提供可靠的依据,通常是将两种预测方法相结合,将定性预测结果和定量预测结果比较、核对,分析其差异的原因,根据经验进行综合判断。利用定性分析对定量预测结果进行必要的修正和调整,才能取得良好的效果。

3. 按预测的范围或层次不同分类

(1) 宏观预测。

宏观预测是指对国家或部门、地区的活动进行的各种预测。它以整个社会经济发展的总图景作为考察对象,研究经济发展中各项指标之间的联系和发展变化。如对全国和地区社会再生产各环节的发展速度、规模和结构的预测;对社会商品总供给、总需求的规模、结构、发展速度和平衡关系的预测。又如预测社会物价总水平的变动,研究物价水平的变动对市场商品供应和需求的影响等。宏观经济预测,是政府制定方针政策,编制和检查计划,调整经济结构的重要依据。

(2) 微观预测。

微观预测是针对基层单位的各项活动进行的各种预测。它以企业或农户生产经营发展的前景作为考察对象,研究微观经济中的各项指标之间的联系和发展变化。如对商业企业的商品购、销、调、存的规模、构成变动的预测;对工业企业所生产的具体商品的生产量、需求量和市场占有率的预测等等。微观经济预测,是企业制定生产经营决策,编制和检查计划的依据。

宏观预测与微观预测之间有着密切的关系,宏观预测应以微观预测为参考;微观预测应以宏观预测为指导,二者相辅相成。

4. 按预测是否考虑时间因素分类

(1) 静态预测。

静态预测是指不包括时间变动因素,对事物在同一时期的因果关系进行预测。

(2) 动态预测。

动态预测是指包括时间变动因素,根据事物发展的历史和现状,对其未来发展前景做出的预测。

我们以研究动态预测方法为主,除一元线性回归分析方法,既可用于动态又可用于静态预测,其余的都是动态预测方法。

(六) 预测的方法

预测方法有很多,归纳起来可分为两大类,定量预测方法和定性预测方法。它们的定义与前面所讲的定量预测和定性预测是一个概念。

(1) 定性预测方法的特点。

简单明了,不需要数学公式,它的依据是来源不同的各种主观意见,主要包括德尔菲法、部门主管集体讨论法、用户调查法、销售人员意见法等。

(2) 定量预测方法的特点。

定量预测方法又称统计预测法或分析预测法。其主要特点是利用统计资料和数学模型来进行预测。然而,这并不意味着定量方法完全排除主观因素,相反,主观判断在定量方法中仍起着重要的作用,只不过与定性方法相比,各种主观因素所起的作用小一些罢了。定量预测方法可分为因果模型和时间序列模型,时间序列模型还可进一步细分。

预测方法如图 4.4 所示。

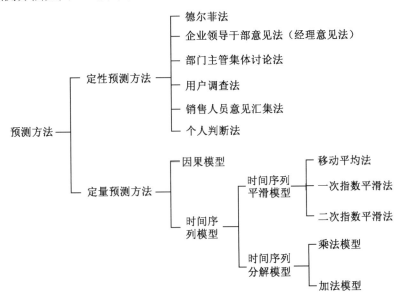

图 4.4　预测方法的类型

定量预测方法中的时间序列模型、因果模型都依赖于准确的、定量的数据。但是,如果一个组织推出一种全新的产品,它没有过去的数据可以用来预测未来,也不知道会有什么外部影响会影响需求,在该组织没有可供定量方法使用的数据时,唯一的可能就是采用定性预测方法,它依赖于主观的观点或意见。

上述关于预测方法的分类并不意味着各种方法是相互独立的,只能单独使用。经理人员应该统观所有可用的信息,然后决定什么方法会最有效。这意味着任何预测方法都需要经过主管的考虑。如图 4.5 所示。

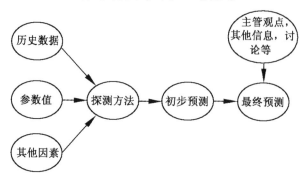

图 4.5　预测的总体方法

(七) 预测的一般步骤

预测作为一个过程,一般包括以下几个步骤:

(1) 确定预测目标。

预测是为决策服务的,所以要根据决策的需要来确定预测对象、预测结果达到的精确度,确定是定性预测还是定量预测以及完成预测的期限等。如当决策只需要知道产品销售发展的趋势时,能够预测出销售是增加、减少还是不变就可以了,而当决策需要了解产品销售量能达到什么样的水平时,则必须对销售量增加或减少的具体数值进行预测,预测也就从定性变为定量了。又如短期预测所要求的时间期限和预测精度与中、长期预测也不一样。总之,预测一个事物的发展变化时,首先要了解决策的要求并据此确定属于哪类预测,应满足哪些标准,等等。

(2) 收集和整理有关资料。

预测是根据有关历史资料去推测未来,资料是预测的依据。应根据预测目标的具体要求去收集资料。预测中所需的资料通常包括以下三项:

① 预测对象本身发展的历史资料。

② 对预测对象发展变化有影响作用的各相关因素的历史资料(包括因素现在的资料)。

③ 形成上述资料的历史背景、影响因素在预测期间内可能表现的状况。

对收集到的资料还要进行分析、加工和整理,判别资料的真实程度和可用度,去掉哪些不够真实的、无用的资料。

(3) 选择预测方法和建立数学模型。

预测方法种类很多,不同的方法有不同的适用范围、不同的前提条件和不同的要求。对于特定的预测对象很可能有多种方法可用,而有的预测对象因为受到人、财、物、时间等因素的限制只能用一种或少数几种方法。实际中应根据计划、决策的需要,结合预测工作的条件、环境,以经济、方便、精度足够好为原则去选择预测方法。

预测模型是对预测对象发展变化的客观规律的近似模型,预测结果是否有效取决于模型对预测对象未来发展规律近似的真实程度。对数学模型,要求出其模型形式和参数值。如用趋势外推法,则要求出反映发展趋势的公式;如用类推法,则要寻求与预测对象发展类似的事物在历史上所呈现的发展规律,等等。

(4) 评价预测模型。

由于预测模型是历史资料建立的,它们能否比较真实地反映预测对象未来发展的规律是需要讨论的。评价预测模型就是评价模型能否真实地反映预测对象的未来发展规律。如,预测对象是否仍按原趋势发展下去,即事物发展是否产生突变?如无突变,所建立的模型能否反映它的趋势?如果评价结果是该模型不能真实反映预测对象的未来发展状况,则重建模型;如果真实地反映,则可进入下一步。

(5) 利用模型进行预测,分析预测结果。

根据收集到的有关资料,利用经过评价的模型,计算或推测出预测对象的未来结果。利用模型得到的预测结果有时并不一定与事物发展的实际结果相符。这是由于所建立的模型是对实际情况的近似模拟,有的模型模拟效果可能好些,有的可能会差些;同时,在计算和推测过程中也难免会产生误差,再加上预测是在前述的假设条件下进行的,所以预测结果与实际结果难免会发生偏差。因此,每次得到预测结果之后,都应对其加以分析和评价。通常是根据常识和经验,检查、判断预测结果是否合理,与实际的结果之间是否可信,并想出一些办法对预测结果加以修正,使之更接近于实际。此外,在条件允许的情况下,可以采用多种方法进行预测,再经过比较或综合,确定出可信的预测结果。

从以上介绍可以看出,预测过程是一个资料、技术和分析的结合过程。资料是预测的基础和出发点,预测技术的应用是核心,分析则贯穿了预测的全过程。可以说,没有分析,就不能称其为预测。

在整个预测过程中,对预测成败影响最大的两个"分析和处理":一个是对收集到的资料进行分析和处理,资料是基础,如果基础质量不好,建立在这个基础之上的大厦(预测模型)质量也差,预测结果的质量也必定差;另一个是对预测结果的分析和处理,这是对预测效果的最后一次检查,它直接决定预测的质量。这两个分析和处理最能体现预测者的水平,预测的质量完全取决于预测者对预测对象及客观条件的熟悉程度、知识面的广度、对事物的观察能力以及逻辑推理与分析判断的能力等。就像使用相同原料、相同工具进行生产的工人生产出不同质量的产品一样,不同的预测者在运用相同的资料和相同的预测技术对同一预测对象进行预测时,也可能会得到质量相差很大的预测结果。这种差别常常产生在这两个分析和处理上。

从上述基本步骤也可以看出,预测是一项"技艺"性的工作,它既需要科学的方法,又需要进行艺术的处理。由于预测对象的发展变化规律要比自然科学所研究的对象的发展变化规律复杂得多,所处的环境也复杂得多,预测工作者的这种"技艺"也就显得愈加重要。实际上,预测的每一个基本步骤都要求预测工作者运用其知识、经验和能力进行艺术的处理。

(八) 科学预测

20世纪60~70年代,预测作为一门科学在美国逐步兴起。在此之前,虽然早有预测工作,但基本上是依靠专家经验的所谓直观法进行类推,还没有形成一套科学的方法,这种直观的类推法,也有其相当可靠的一面,但有时也会产生巨大的误差。例如,爱迪生这个现代电气化的鼻祖,曾经断定威斯汀豪斯的交流电系统不会成功(他自己发明的是直流系统)。现在,交流系统早已为世界上大多数国家所采用。之所以产生如此巨大的预测误差,是因为他们的预测还不科学,他们预测的根据还主要是个人的专业知识和狭隘经验。

1937年美国曾组织过一次大规模的研究,预测未来技术的发展,最后提出一份叫作"技术趋势和国家政策"的研究报告。这个报告中所预测的项目有60%后来得到证实,然而它却未能预见到像喷气机、核能、尼龙、青霉素等这样一些重大科技成就。回顾起来,这些成就在美国当时已有迹可循,只是没有被预测人员注意到。事实上,有些重大发明虽然实际上已经存在,却长期发而不明,被作为非预期的现象视而不见,或者只是借助于某种偶然性才被揭示出来。

科学的预测一般有以下几种途径:一是因果分析,通过研究事物的形成原因来预测事物未来发展变化的必然结果。二是类比分析,比如把单项技术的发展同生物的增长相类比,把正在发展中的事物同历史上的"先导事件"相类比等,通过这种类比分析来预测事物的未来发展。三是统计分析,运用一系列数学方法,通过对事物过去和现在的数据资料进行分析,去伪存真,由表及里,揭示出历史数据背后的必然规律性,明确事物的未来发展趋势。

第四章　需求预测

本章将重点介绍定量预测方法。通常是在对所研究系统进行深入分析的基础上,建立数学模型,运用数学模型获得所需要的预测结论。

必须指出的是,有时候所建立的数学模型未必能正确地反映系统的发展变化规律,或者得出错误的预测结果。在预测中应尽量避免以下情况:

① 错误的模型和结论。
② 错误的模型却碰巧获得了正确的结论。
③ 错误地解释了模型运行的结果。
④ 系统分析错误,由错误的模型而得出盲目预测。
⑤ 系统分析错误,盲目建模,盲目预测。
⑥ 系统分析错误,盲目建模,预测错误。

二、预测的精度和价值

(一) 预测的精度

1. 时间序列

定量预测往往要考虑时间序列。时间序列是一系列定期观察值,是按一定的时间间隔和事件发生的先后顺序排列起来的数据构成的序列。例如,每一天报纸的销量、每周的产量、每月工作的班次、每季度的利润额、年降雨量、十年的人口报告等等都是时间序列。时间序列的变化受许多因素的影响,概括而言,可以将影响时间序列的因素分解为四种:长期趋势,季节变动,周期变动和随机变动。

长期趋势。反映了市场现象在一个较长时间内的发展方向,它可以在一个相当的时间内表现为一种近似直线的持续向上、持续向下或平稳的趋势,如年降雨量(或人均国民生产总值)。

季节变动。指市场现象受季节变更的影响所形成的一种长度和幅度固定(有规律)的周期波动,如饮料的周销售量。

周期变动。指在较长的时间里受到各种因素的影响,围着趋势而形成的上下起伏不定的波动,也称为循环变动。

随机变动。指受各种偶然因素或不可控因素所形成的不规则波动,故也称为不规则波动。

2. 干扰

如果观察值仅仅呈现这些简单的趋势,我们的预测将不成问题。遗憾的事,在实际观察值与其所呈现的趋势之间总有差别。这些差别作为随机干扰因素使实际观察值有偏离内在趋势的超常或例外情况。比如一个常数序列,并非总是取得完

全相同的数值,但经常是相近的数值。所以:

200,205,194,195,208,203,200,193,201,198 是一个均值为 200、有超常干扰的常数序列(随机变动)。

干扰是由多种因素引起的一种完全随机的作用。这些因素包括客户需求的变化,员工工作时数的变化,工作速度的变化,天气状况的变化,质量检验退回比率的变化等等。干扰增加了预测工作的难度。如果干扰作用不大,我们可以做出相对较好的预测,但是,如果有许多干扰冲击内在趋势,预测就会相当困难。

3. 预测误差

正因为有干扰,预测中就总有误差。预测误差是指预测值与实际值之间有差别。通过对这些误差的测量,我们可以探寻:如何计量预测的准确性;如何使误差最小;说明我们预测的可信度有多大;控制预测过程,避免出现严重偏差;比较不同的预测方法。

4. 预测精度的评价指标

预测精度一般指预测结果与实际情况相一致的程度,误差越大,精度就越低,因而,通常由误差指标反映预测精度。误差有正,有负,当预测值大于实际值时,误差为正,反之为负。平均误差是评价预测精度、计算预测误差的重要指标,它常被用来检验预测与历史数据的吻合情况,同时,也是判断预测模型能否继续使用的重要标志之一,在比较各个模型谁优谁劣时,也通常用到平均误差。评价预测精度常用下面四种评价指标:

(1) 平均绝对偏差(mean absolute deviation, MAD)。

$$MAD = \frac{\sum_{t=1}^{n} |A_t - F_t|}{n}$$

式中　　A_t —— 实际值;

　　　　F_t —— 预测值;

　　　　n —— 预测期内时段个数(或预测次数)或观察期。

平均绝对偏差的含义很明确:比如说如果取值为 2.5,则说明预测值与实际需求值的平均差距为 2.5。数值越大,说明预测越不准确。

(2) 平均平方误差(mean square error, MSE)。

$$MSE = \frac{\sum_{t=1}^{n} (A_t - F_t)^2}{n}$$

式中符号含义与 MAD 相同。

平均平方误差并没有一个明确的含义,但对于一些统计分析来讲,它也很有意义。同时,与平均绝对偏差一样,数值越大,预测越不准确。

(3)平均绝对百分误差(mean absolute percentage error,MAPE)。

$$MAPE = \left(\frac{100}{n}\right) \sum_{t=1}^{n} \left|\frac{A_t - F_t}{A_t}\right| = \frac{100}{n} \sum_{t=1}^{n} \frac{|A_t - F_t|}{A_t}$$

MAD、MSE 与 MAPE 相类似,虽可以较好地反映预测精度,但无法衡量无偏性。

(4)平均预测误差(mean forecast error,MFE)(也称误差均值)。

$$MFE = \frac{\sum_{t=1}^{n}(A_t - F_t)}{n}$$

$\sum_{t=1}^{n}(A_t - F_t)$ 被称为预测误差滚动和(running sum of forecast errors,RSFE),如果预测模型是无偏差的,RSFE 应该接近零,即 MFE 应接近零。因而它反映了预测值的偏差状况(因而 MFE 能很好地衡量预测模型的无偏性)。如果误差均值是一个正值,说明预测值偏低;如果误差均值是一个负值,说明预测值偏高。但它不能够反映预测值偏离实际值的程度。也就是说,误差均值并不能真正度量预测的准确性,这也是它的缺点所在。如果要计算表 4.1 中的预测误差均值,则有

$$MFE = \frac{100 + 200 + 300 - 600}{4} = 0$$

表 4.1 误差均值计算

t	1	2	3	4
$A(t)$	100	200	300	400
$F(t)$	0	0	0	1000

如果要计算表误差均值,则为

$$(100 + 200 + 300 - 600)/4 = 0$$

由此可以说明,这一度量的一个缺点是正的误差和负的误差会相互抵消,从而,精确性很差的预测都可能使误差均值很小。从上面的例子可以看出,需求趋势非常明显,但预测值也是明显的差。

MAD、MSE、MAPE、MFE 是几种常用的衡量预测误差的指标,但任何一种指标都很难全面地评价一个预测模型,在实际应用中常常将它们结合起来使用。

例 4.1 计算表 4.2 中的预测值的 MAD、MSE、MAPE 和 MFE。

表 4.2 预测值的 MAD、MSE、MAPE 和 MFE 等误差的计算

实际值 (A)	预测值 (F)	偏差 (A − F)	绝对偏差	平方误差	百分误差 $100(A-F)/A$	绝对百分误差 100
120	125	− 5	5	25	− 4.17	4.17
130	125	+ 5	5	25	3.85	3.85
110	125	− 15	15	225	− 13.64	13.64
140	125	+ 15	5	225	10.71	10.71
110	125	− 15	15	225	− 13.64	13.64
130	125	+ 5	5	25	3.85	3.85
		− 10	60	750		49.86

解

$$N = 6$$

$$MAD = \frac{60}{6} = 10$$

$$MSE = \frac{750}{6} = 125$$

$$MAPE = \frac{49.86}{6} = 8.31$$

$$MFE = -\frac{10}{6} = -1.67$$

例 4.2 友谊宾馆预测了一周所需房间数。将其与实际订房数对比,MAD、MSE、MFE 是多少?这些平均误差意味着什么?

表 4.3 友谊宾馆所需房间数的预测及预测误差

t	1	2	3	4	5	6	7
A(t)	20	34	39	35	22	15	11
F(t)	19	31	43	37	25	16	12
误差	1	3	− 4	− 2	− 3	− 1	− 1

解 第一天的误差为 20 − 19 = 1,第二天的误差为 34 − 31 = 3,等等,详细计算结果见表 4.3。则有 MAD = 2.14;MSE = 5.86;MFE = − 1。

− 1 显示出宾馆预测的房间需要数比实际所需要的多一间;2.14 显示出每天预

测订房数与实际订房数平均相差2.14。5.86没有这类实际的含义。

(二) 预测的价值

预测精度是预测质量的体现,涉及预测过程各环节的工作质量、误差产生的原因和如何改进等方面的问题,因而是一个过程概念。对预测精度和价值应当有全面地认识。

一般来说,对于人们难以控制的事物或现象,预测的精度越高,其价值就越大,如气象预测、地震预测等。人类可以根据科学预测的结果采取应对措施,趋利避害。

对于一些部分可控的事物,就不能按照预测的精度或预测是否成为事实来衡量其价值。这类预测通常称为非事实性预测。所谓非事实性预测,是指预测具有引导人们去"执行"预测结果的功能,人们行动的"合力"反过来影响预测结果能否实现。由于经济活动是由具有主观意识的人能动地进行的,经济预测结果公布以后,人们从各自的利益出发,采取相应的措施,趋利避害,因而经济预测常常带有非事实性预测的特征。按照对预测结果的影响效应,非事实性预测可以分为自实现预测和自拆台预测两种。

比如,一位著名经济学家做出美国明年将出现经济萧条的预测,如果这一预测被广泛流传和接受,那么公众合理的反应是偿清一切债务,出售一切存货等等,这种行为无疑会加速萧条的到来。这就是自实现预测的效应。

再如,某预测咨询机构预测未来三年内某种产品因"供需缺口",市场价格将上涨15%~20%。这个结果引起生产厂家的注意,他们就想方设法挖掘生产能力,有的还增加投资,扩大生产能力。结果是有效的增加了该产品的供给,价格不仅没有上涨,反而略有下跌,这是自拆台预测的效应。

实际经济生活中极端情形的自实现预测是,只要做出了这样的预测,其结果就会自动实现,而原来的预测不必是正确的。

极端情形的自拆台预测是,只要做出了这样的预测,其结果就会自动失败,尽管原来的预测是正确的。

在大多数的情况下,决策者们行动的合力部分地影响了预测结果的实现,造成经济预测不同程度的含有自实现或自拆台的成分。这时,预测信息作为决策的输入信息起作用,但人们行动的结果却使得预测结果的准确度难以衡量。如何认识和解决这一问题?理论界比较一致的观点是,此时应当强调预测过程中各环节工作正确性的鉴别。只有各环节的工作都正确无误,其结果作为决策的输入信息才能正确引导人们的行动,在"自实现预测"的效应下,才不致产生误导和偏颇;在

"自拆台预测"的效应下,虽然实际值与预测值有偏差,但预测仍是可信的,有作用的。

我们认为,对预测过程各环节工作的正确性进行鉴别是十分必要的,但各环节的工作正确与否难以用统一的客观标准来衡量。

对"非事实性预测"特别明显的经济现象,应当开展"多值预测",即预测人们可能采取的行动,针对不同的可能情况给出不同的预测结果:

或者进行"跟踪预测",即预测人们可能采取的行动并根据情况不断修正原先的预测值。这样,不仅预测结果准确度的客观衡量可能进行,而且直接增强了预测的科学性,提高了预测的社会价值。

第三节　定性预测方法

定性预测方法是主观的看法,经常是根据专家意见做出的结论,是一种非模型预测方法,常被称为判断或主观的方法。定性预测方法是指预测者凭自己的业务知识、经验和综合分析能力,运用已掌握的历史资料和直观材料,对事物发展的趋势、方向和重大转折点做出估计与推测。这种方法在社会经济生活中广泛应用,特别是在预测对象的历史数据缺乏,信息难以量化,影响因素难以分清主次,或其主要因素难以用数学表达式模拟情况下的预测。

一个公司要推出一种全新的产品,一个医疗组织正考虑一种新的器官移植,一个工厂要开发一种作为汽车能源的新电池,一个董事会正在考虑一个将在未来25年中运行的工厂等,这些假设都需要对微量的条件做出预测,但是并没有相关的历史数据。这意味着他们无法采用定量分析的方法,必须用判断法。本章主要介绍几种常用的定性预测方法,包括德尔菲法、企业领导干部意见法、部门主管集体讨论法、用户调查法、销售人员意见汇集法和个人判断法等。

一、德尔菲法

德尔菲是 Delphi 的中文译名。德尔菲是一处古希腊遗址,是传说中神谕灵验、可预卜未来的阿波罗神殿的所在地。德尔菲法也称为专家调查法,也有的称之为专家意见法,是20世纪40年代末由美国兰德公司首先提出,很快就在世界上盛行起来。这种方法国外较为流行,经过多年的实践,证明这种方法很有价值,尤其运用于长期性、战略性重大问题的预测。

德尔菲法是专家会议预测法的一种发展,它以匿名方式通过几轮函询,征求专家们的意见。预测领导小组对每一轮的意见都进行汇总整理,作为参考资料再发给每个专家,供他们分析判断,提出新的论证。如此多次反复,专家的意见渐趋一致,结论的可靠性越来越大。

1. 德尔菲法的预测过程

(1) 确定预测主题,归纳预测事件。

预测主题就是所要研究和解决的问题,是对本单位、部门、地区或国家今后的发展有重要影响而又有意见分歧的问题。一个主题可以包括若干个事件,事件是用来说明主题的重要指标。经典的德尔菲法要求应邀参加预测的专家围绕预测主题,提出应预测的事件,根据预测要求编制预测事件调查表。确定预测主题和归纳、提出预测事件是德尔菲法的关键一步。

(2) 挑选专家。

德尔菲法所要求的专家,应当是对预测主题和预测问题有比较深入的研究、知识渊博、经验丰富、思路开阔、富于创造性和判断力的人。专家可以是企业内的,也可以是企业外的见识广博的专家。人数多少依预测课题的大小而定,一般需20人左右,整个过程是以函询的形式或派人与专家联系,专家与专家之间是背对背的。

(3) 第一轮函询调查。

一方面向专家寄去预测目标的背景材料,另一方面提出预测的具体项目。首轮调查,任凭专家回答,完全没有框框。专家可以以各种形式回答,也可以向预测单位索取更详细的统计资料。预测单位对专家的各种回答进行综合整理,把相同的事件、结论统一起来,除去次要的、分散的事件,用准确的语言进行统一的描述,然后将结果反馈给各位专家,进行第二轮函询。

(4) 第二轮函询。

第二轮函询要求专家对所预测目标的各种有关事件发生的时间、空间、规模大小等提出具体的预测,并说明理由。预测单位对专家的意见进行处理,统计出每一事件可能发生日期的中位数,再次反馈给有关专家。

(5) 第三轮函询。

第三轮是各位专家再次得到函询综合统计报告后,对预测单位提出的综合意见和论据加以评价,修正原来的预测值,对预测目标重新进行预测。

上述步骤,一般经过三至四轮,预测的主持者要求各位专家根据提供的全部预测资料,提出最后的预测意见,若这些意见集中或基本一致,即可以此为根据做出判断。

在每一轮反馈过程中，专家们都有机会比较一下他人的不同意见，然后写出自己的意见，如果坚持自家的意见，可以进一步说明理由。

2. 德尔菲法的特点

（1）优点。

德尔菲法是在专家会议的基础上发展起来的一种预测方法。其主要优点是简明直观，预测结果可供计划人员参考，受到计划人员的欢迎。由于预测过程要经历多次反复，并且从第二轮预测开始，每次预测时专家们都从背景资料上了解别人的观点，所以专家们在决定是否坚持自己的观点，还是修正自己的预测意见，需要经过周密的思考。在多次思考过程后，专家们已经不断地提高了自己观点的科学性，在此基础上得出的预测结果，其科学成分、正确程度必然较高。避免了专家会议的许多弊端。在专家会议上，有的专家崇拜权威，跟着权威一边倒，不愿发表与权威不同的意见；有的专家随大流，不愿公开发表自己的见解。德尔菲法是一种有组织的咨询，在资料不全或不多的情况下均可使用。

（2）缺点。

德尔菲法虽有比较明显的优点，但同时也存在着缺点。例如，专家的选择没有明确的标准，选择专家时就容易出现差错。专家的预测通常建立在直观的基础上的，缺乏理论上的严格论证与考证，预测结果往往是不稳定的。预测精度取决于专家的学识、心理状态、智能结构、对预测对象的兴趣程度等主观因素的影响，预测的可靠性缺乏严格的科学分析，最后趋于一致的意见，仍带有随大流的倾向。

3. 德尔菲法的原则

德尔菲法就是为了克服个人判断法和专家会议法的局限性，尽可能消除人的主观因素的影响而创立，在使用德尔菲法时必须坚持三条原则。第一条是匿名性。对被选择的专家要保密，不让他们彼此通气，使他们不受权威、资历等方面的影响。在实施德尔菲法的过程中，应邀参加预测的专家互不相见，只与预测领导小组成员单线联系，消除了不良心理因素对专家判断客观性的影响。由于德尔菲法的匿名性，使得专家们无须担心充分地表达自己的思想会有损于自己的威望，而且也使得专家的思想不会受口头表达能力的影响和时间的限制。因此，德尔菲法的匿名性有利于各种不同的观点得到充分的发表。第二条是反馈性。一般的征询调查要进行三至四轮，要给专家提供充分反馈意见的机会。预测机构对每一轮的预测结果做出统计、汇总，并提供有关专家的论证依据和资料，作为反馈材料发给每一位专家，供下一轮预测时参考。专家们从多次的反馈资料中进行分析选择，参考有价值的意见,深入思考,反复比较,更好地提出预测意见。第三是收敛性。为了科学地综合专家们的预测意见和定量表示预测的结果,德尔菲法采用统计方法对专家意见进行处理,专家意见逐渐趋于一致,预测值趋于收敛。经过数轮征询后,专家们的意见相对集中,趋向一致,若个别专家有明显的不同观点,应要求他详细说明理由。

在德尔菲法中,不能忽视主持人的作用,同时,他在每一次收集、整理每位预测专家的意见时,采取的方法如何呢?下面我们介绍三种方法给大家。

4. 主持人统计分析方法

(1) 对预测事件完成时间和结果处理(中位数上下四分点法)。

比如,某项新工艺将在什么时间得到普遍采用,就属这类问题。常用中位数的上下四分点来反映。中位数是指将各专家对预测目标的预测数值按大小顺序进行排列,选择属于中间位置的那个数表示数据集中的一种特征数。当整个数列的数目为奇数时,中位数只有一个;当整个数列的数目为偶数时,中位则应为数列中间位置两个数的算术平均值。中位数代表专家预测意见的平均值,一般以它作为预测结果。把各位专家的预测结果,按其数值的大小(如按预测所得事件发生时间的先后次序)排列,并分成四等份,则处于中间位置的时间叫中位数,先于中位数的等分点叫下四分点,后于中位数的等分点叫上四分点。通常中位数表示实现时间的预测值。用上下四分点表示专家意见的分散程度。数列上下四分点的数值,表明预测值的置信区间。置信区间越窄,即上下四分点间距越小,说明专家们的预测意见越集中,用中位数代表预测结果的可信程度越高。

当预测结果需要用数量或时间表示时,专家们的回答将是一系列可以比较大小的数据或有前后顺序排列的时间。常用中位数和上、下四分点的方法处理专家们的答案,求出预测的期望值和区间。

例4.3 某部门采用德尔菲法预测某项目发明实现工业生产的时间。有15位专家在最后一轮的预测值分别是(按年份从前到后的顺序排列):

1995,1996,1999,2002,2002,2003,2004,2006,2006,2007,2008,2010,2011,2015,2015。

解:整个数列的数目为15,是奇数。所以中位数 $x_{中}$ 是第8个数,为2006年。上、下四分点分别为第4个数和第12个数,分别为2002年和2010年。所以预测的期望值为2006年,预测结果表明该项发明将于2006(2002—2010)年实现工业化生产。

运用四分点法描述专家们的预测结果,则中位数表示专家们预测的协调结果(即期望值),上、下四分点表示专家们意见的分散程度,上、下四分点的范围就表示预测区间。但是,预测结果是以中位数为标志,完全不考虑偏离中位数较远(上下四分点以外)预测的预测意见,有时可能漏掉了具有独特见解的有价值的预测值。

(2)各方案占全部方案的处理。

专家预测的结果可能实现多个方案,要进行比较,可请专家对这些判断分别打分,并将其汇总,就可以计算出各方案所占的比重,比重最大方案就是意见最集中的方案。

$$其方案比重 = \frac{该方案总分}{全部方案总分}$$

(3)多种方案择优选一的处理。

可根据选择各方案的专家人数占参加预测的总人数的比值确定。

例如:专家的意见集中在5个方案上,要求专家择优选一(共有40位专家)结果:选1方案5人,2方案19人,3方案3人,4方案11人,5方案2人,分别占专家总人数的12.5%,47%,7.5%,27.5%,5%,显然,2方案比重大,为最满意的方案。

二、企业领导干部意见法(经理意见法)

企业领导干部意见法是由企业领导干部(厂长或企业经理)召集计划、销售、财务等部门的负责人开会,广泛地交换意见,听取他们对市场前景的看法,最后由厂长或经理对需求判断、预测。

企业领导干部意见法的优点是简便快捷。企业领导干部意见法的缺点有:带有偏向性,主要受企业领导干部的知识、判断能力等综合素质的影响。同时有些领导在开会之前就已有了框框,把此过程作为一种形式,并不听取他人的意见,同时领导水平又很差,那么,预测结果就很难想象了。

三、部门主管集体讨论法

部门主管集体讨论法通常由高级决策人员召集销售、生产、采购、财务、研究与开发等各部门主管开会讨论。与会人员充分发表意见,提出预测值,然后由召集人按照一定的方法,如简单平均或加权平均,对所有单个的预测值进行处理,即得预测结果。

部门主管集体讨论法的优点有:

① 简单易行。

② 不需要准备和统计历史资料。
③ 汇集了各主管的经验与判断。
④ 如果缺乏足够的历史资料,此法是一种有效的途径。

部门主管集体讨论法的缺点有:
① 由于是各主管的主观意见,故预测结果缺乏严格的科学性。
② 与会人员间容易相互影响。
③ 耽误了各主管的宝贵时间。
④ 因预测是集体讨论的结果,故无人对其正确性负责。
⑤ 预测结果可能较难用于实际。

四、用户调查法

当对新产品或缺乏销售记载的产品的需求进行预测时,常常使用用户调查法。销售人员通过信函、电话或访问的方式对现实的或潜在的顾客进行调查,了解他们对本企业产品相关的产品及其特性的期望,再考虑企业的可能市场占有率,然后对各种信息进行综合处理,即可得到所需的预测结果。

用户调查法的优点有:
① 预测来源于顾客期望,较好地反映了市场需求情况。
② 可以了解顾客对产品优缺点的看法,也可以了解一些顾客不购买这种产品的原因,有利于改进与完善产品、开发新产品和有针对性地开展促销活动。

用户调查法的缺点有:
① 很难获得顾客的通力合作。
② 顾客期望不等于实际购买,而且其期望容易发生变化。
③ 由于对顾客知之不多,调查时需耗费较多的人力和时间。

五、销售人员意见汇集法

销售人员意见汇集法也称基层意见法,通常由各地区的销售人员根据其个人的判断或与地区有关部门(人士)交换意见并判断后做出预测。企业对各地区的预测进行综合处理后即得企业范围内的预测结果。有时企业也将各地区的销售历史资料发给各销售人员作为预测的参考;有时企业的总销售部门还根据自己的经验、历史资料、对经济形势的估计等做出预测,并与各销售人员的综合预测值进行比较,以得到更加正确的预测结果。运用销售人员意见汇集法推断预测期望值常用下面推定平均值法,赋予最可能预测值以最大的权值。

$$\text{推定平均值} = \frac{\text{最乐观预测值} + 4 \times \text{最可能预测值} + \text{最悲观预测值}}{6}$$

其中,最乐观预测值一般取最大预测值,最有可能预测值一般取中间预测值,最悲观预测值一般取最小预测值。

销售人员意见汇集法的优点有:

① 预测值很容易按地区、分支机构、销售人员、产品等区分开。

② 由于销售人员的意见受到了重视,增加了其销售信心。

③ 由于取样较多,预测结果较具稳定性。

销售人员意见汇集法的缺点有:

① 带有销售人员的主观偏见。

② 受地区局部性的影响,预测结果不容易正确。

③ 当预测结果作为销售人员未来的销售目标时,预测值容易被低估。

④ 当预测涉及紧俏商品时,预测值容易被高估。

六、个人判断法

个人判断法又称为专家个人判断法,是以专家个人知识和经验为基础,对预测对象未来的发展趋势及状态做出个人判断。这种方法是某一个人根据自己的判断做出的预测,这个人必须熟悉相关领域的现状。这是最为广泛运用的一种预测方法 —— 也是经理们应该力争避免的预测方法。

个人判断法的最大优点是能够最大限度地发挥专家微观智能结构效应,能够保证专家在不受外界影响、没有心理压力的条件下,充分发挥个人的判断力和创造力。但是,个人判断法是针对确定的预测对象征求某个专家、顾问的意见,在进行评估判断时,容易受到专家本人的知识面、知识领域、知识深度、资料占有量以及对预测问题是否有兴趣等因素所左右,并且缺乏讨论交流的氛围,难免带有片面性和主观性,容易导致预测结果偏离客观实际,造成决策失误。专家它完全依赖于个人的判断 —— 包括他的观念、成见、盲点。预测的效果也许会很好,也许会很差。这一方法的主要不足是其不可靠性

七、各种方法的比较

上述各种定性方法适用于各种不同的环境条件。如果你想尽快得到答案,个人见解是最快和最便宜的方法,如果你想使预测更为可靠,也许应该采用顾客调查或德尔菲法。表4.4列出了各种方法相比较的特征。

表 4.4　各种定性预测方法相比较的特征

方　法	精确性			成　本
	短期	中期	长期	
德尔菲法	较好	较好	较好	稍高
企业领导干部意见法	差	差	差	低
部门主管集体讨论法	稍差	稍差	稍差	低
用户调查法	很好	好	可以	高
销售人员意见汇集法	差	稍好	稍好	中
个人判断法	差	差	差	低

第四节　定量预测方法

定量预测方法是一种运用数学工具对事物规律进行定量描述，预测其发展趋势的方法。如时间序列法和因果关系法等。随着数学理论与方法的发展、电子计算机的应用，出现了各种各样的科学技术发展模型、经济发展模型和社会发展模型，大大丰富和发展了定量预测。

实现定量预测的主要条件有三个：一是有历史数据和统计资料；二是在定性分析认识的基础上进行；三是要建立反映事物客观变化的数学公式或数学模型。不论应用曲线图外推，或是求解数学模型，均可获得定量预测的结果。定量预测必须与定性预测相结合，尤其对复杂事物的长期预测，千万不要把定量预测结果绝对化。定量预测法可以分为两大类，一类是时间序列分析法，一类是因果关系分析法。

定性预测注重于事物发展在性质方面的预测，具有较大的灵活性，易于充分发挥人的主观能动作用，且简单的迅速，省时省费用。但是定性预测易受主观因素的影响，比较注重于人的经验和主观判断能力，从而易受人的知识、经验和能力的多少大小的束缚和限制，尤其是缺乏对事物发展作数量上的精确描述。

定量预测注重于事物发展在数量方面的分析，重视对事物发展变化的程度作数量上的描述，更多地依据历史统计资料，较少受主观因素的影响。但定量预测比较机械，不易处理有较大波动的资料，更难于事物预测的变化。

定性预测和定量预测并不是相互排斥的，而是可以相互补充的，在实际预测过程中应该把两者正确的结合起来使用。定性预测是指预测者依靠熟悉业务知识、具有丰富经验和综合分析能力的人员与专家,根据已掌握的历史资料和直观材料,运用个人的经验和分析判断能力,对事物的未来发展做出性质和程度上的判断,然后,再通过一定形式综合各方面的意见,作为预测未来的主要依据。定性预测偏重于对市场行情的发展方向和施工中各种影响施工项目成本因素的分析,能发挥专家经验和主观能动性,比较灵活,而且简便易行,可以较快地提出预测结果。但是在进行定性预测时,也要尽可能地搜集数据,运用数学方法,其结果通常也是从数量上做出测算。

微软的常规办公软件 Excel 功能强大,拥有数据分析、单变量求解和规则求解等工具,可以解决一些较为常见的简单预测、规划分析与优化问题。对于典型的预测问题,本章借助于强大的 Excel 来求解模型,并提供全部的 Excel 电子表格模型,非常便于学习和参考。

一、时间序列模型

时间序列(或称动态数列)是指将同一统计指标的数值按其发生的时间先后顺序排列而成的数列。时间序列分析的主要目的是根据已有的历史数据对未来进行预测。经济数据中大多数以时间序列的形式给出。根据观察时间的不同,时间序列中的时间可以是年份、季度、月份或其他任何时间形式。时间序列模型以时间为独立变量,利用过去需求随时间变化的关系来估计未来的需求。时间序列模型又可分为时间序列平滑模型和时间序列分解模型。

在使用时间序列模型时,存在这样一个假设:过去存在的变量间关系和相互作用机理,今后仍然存在并继续发挥作用。稳定性和响应性是对时间序列预测方法的两个基本要求。稳定性是指抗拒随机干扰,反映稳定需求能力。稳定性好的预测方法有利于消除或减少随机因素的影响,适用于受随机影响较大的预测问题。响应性是指迅速反映需求变化的能力。响应性好的预测方法能及时跟上实际需求的变化,适用于受随机因素影响小的预测问题。

良好的稳定性和响应性都是预测追求的目标,然而对于时间序列模型而言,这两个目标是矛盾的,如果预测结果,能及时反映实际需求的变化,它也将敏感反映随机因素的影响。若要兼顾稳定性和响应性,则应考虑时间以外因素的影响,运用其他预测方法。所以,当随机因素少时,可以适当降低模型的稳定性,增加响应速度,使预测模型能够快速跟踪市场的变化。当随机因素多时,就要适当降低响应速度,增加稳定性,使预测模型减少由于随机因素引起的波动。预测模型的选择没有固定的模式,都带有一定的经验性,要根据预测实践而定。

(一) 时间序列平滑模型

1. 简单平均数法

假如你打算出外度假,你想知道度假期间光照如何。一个简便的解决办法是查一下往年的纪录,并求一下平均值。如果你的假期是从5月1日开始,你可以计算一下过去10年中从5月1日开始的一段日子中的平均每天光照时间,这里的预测采用的就是简单平均数法。

这是将过去实际需求进行简单平均,以平均数作为预测值。

$$SA_{t+1} = \frac{1}{n} \sum_{i=1}^{t} A_i$$

式中 n—— 观察期;

t—— 时间;

A_i—— 第 i 期的实际需求。

例 4.4 根据表 4.5 的时间序列,采用简单平均数法预测第 6 期的需求。第 24 期的需求预测值为多少?

表 4.5 某时间序列

时间 t	1	2	3	4	5
序列 1, A_i	98	100	98	104	100
序列 2, A_i	140	66	152	58	84

解 对于时间序列 1

$$SA_6 = \frac{1}{5} \sum_{i=1}^{5} A_i = 100$$

对于时间序列 2

$$SA_6 = \frac{1}{5} \sum_{i=1}^{5} A_i = 100$$

尽管预测值相同,但显然第 2 个时间序列比第 1 个时间序列有更多的干扰。所以你会对第 1 个预测值更有信心,并认为该预测值的误差较小。

简单平均数预测假定需求是一个常数变量,所以,对第 24 期的预测值会与第 6 期的预测值相同,即为 100。

运用简单平均数预测需求简单易行,而且对于常数型的需求而言,预测的效果也不错。遗憾的是,如果需求趋势上有变动,早期的数据将会冲淡最新的变量取值,这使得预测值对出现的新变化反映极为迟钝。

假设对某物品的每周需求一直处于 100 个单位的常数型状态。简单平均数预测得出第 105 周的需求预测值为 100 个单位。如果实际第 105 周的需求突然上升为 200 个单位,简单平均数预测的第 106 周需求为:100.95 = (104 × 100 + 200)/105 实际需求增加 100 仅仅导致需求的预测值增加 0.95。如果需求继续保持在 200 个单位的水平上,再往下几周的预测值分别为:101.89(第 107 周),102.80(第 108 周),103.70(第 109 周),…,179.96(第 520 周),具体的预测效果如图 4.6 所示。

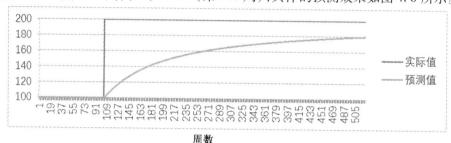

图 4.6　需求突变时简单平均预测效果

可以看出,预测值是在上升,但相对于需求的实际变化来讲,反应很慢。而在实际中,很少有时间序列在长时期中保持取值平衡的,所以,通常需要对各种变化更为敏感的预测。正因为简单平均数只能用于常数型时间序列,它的应用并不广泛。

这种方法最突出的优点是运算简便,但当数据波动较大时,不能反映数据中高低点的特征和趋势,在观察期数据不存在明显升降趋势和季节性变动,才能采用这种方法。

如果需求保持不变,简单平均数法的预测效果也会不错。对于各种其他状况的需求,我们还须借助其他方法预测。

简单平均数的问题在于过去的数据(也许已经过时)会冲淡新的、更为相关的数据。解决办法之一是忽略过去较久远的数据,而只用几个最近的数据预测。例如,我们可以只用过去 12 周平均的周需求量预测下一周的需求量。对于 12 周之前的数据我们不予考虑。这就是移动平均法的基本思路。

2. 简单移动平均法

简单移动平均法是一种改良的算术平均法,适用于短期预测。当时间序列受到周期变动和不规则变动的影响较大,且不易显示出来发展趋势时,可用简单移动平均法消除这些因素的影响,分析、预测序列的未来趋势。简单移动平均法是一种常用的预测方法,即使在预测技术层出不穷的今天,该方法由于简单仍不失其实用价值。其基本思想是,每次取一定数量周期的数据平均,按时间顺序逐次推进。每推进一个周期时,舍去前一个周期的数据,增加一个新周期的数据,再进行平均。利用靠近预测期的各期实际销售量来计算平均数,并把平均数作为预测期的预测值。其特点是随着时间的推移,计算平均数所需的各个时期也要向后推移。简单移动平均值为

$$SMA_{t+1} = \frac{A_t + A_{t-1} + \cdots + A_{t-n+2} + A_{t-n+1}}{n} = \left(\frac{1}{n}\right)\sum_{i=t+1-n}^{t} A_i$$

式中 SMA_{t+1}——$t+1$ 期的预测值;

A_i——i 期的实际需求(销售量);

n——观察期,为计算简单移动平均值所选定的数据个数。以 n 期观察,根据实际情况来选择,一般有 3 期移动、4 期移动、5 期移动、6 期移动、7 期移动等;

t——时间。

例 4.5 某企业 2017 年 12 个月的销售额如表 4.6,分别取 3 期、5 期、7 期来预测各月的预测值。

表 4.6 某企业 2017 年 12 个月的销售额(单位:万元)

月份	1	2	3	4	5	6	7	8	9	10	11	12
销售额	100	103	98	104	120	117	115	121	125	130	134	140
预测值 ($n=3$)	—	—	—	100	102	107	114	117	118	120	125	130
预测值 ($n=5$)	—	—	—	—	—	105	108	111	115	120	122	125
预测值 ($n=7$)	—	—	—	—	—	—	—	108	111	113	120	123

解 根据简单移动平均预测公式,分别计算 3 期移动、4 期移动和 7 期移动的预测值,当 $n=3$ 时

$$SMA_{t+1} = \frac{A_t + A_{t-1} + A_{t-2}}{3} = \left(\frac{1}{3}\right)\sum_{i=t-2}^{t} A_i$$

计算 4 至 12 月的销售量预测值,当 $n=5$ 时

$$SMA_{t+1} = \frac{A_t + A_{t-1} + A_{t-2} + A_{t-3} + A_{t-4}}{5} = \left(\frac{1}{5}\right)\sum_{i=t-4}^{t} A_i$$

计算 6 至 12 月的销售量预测值,当 $n=7$ 时

$$SMA_{t+1} = \frac{A_t + A_{t-1} + \cdots + A_{t-3} + A_{t-6}}{7} = \left(\frac{1}{7}\right)\sum_{i=t-6}^{t} A_i$$

计算 8 至 12 月的销售量预测值,各月销售额的预测值见表 4.6。

从上面的计算结果及图 4.7 可以看出,n 的取值不同时对预测值也有较大影响。一般情况下,n 取值越大,预测值适应新的发展水平的时间长,说明其稳定性能好,但落后于可能发展水平;n 取值小,预测值较灵活地反映了实际趋势,说明其相应性好,适应新水平的时间短。

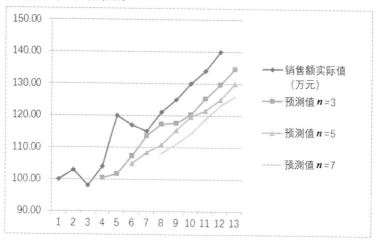

图 4.7　实际值及三种预测值的坐标图

例 4.6　表 4.7 所显示的是某产品上一年度的月需求情况,采用移动平均法,分别按 $n = 3, 6$ 和 9 逐期做出预测。

表 4.7　某产品年度的月需求与预测结果

月份	1	2	3	4	5	6	7	8	9	10	11	12
销售额	16	14	12	15	18	21	23	24	25	26	37	38
预测值 $n=3$	—	—	—	14.00	13.67	15.00	18.00	20.67	22.67	24.00	25.00	29.33
预测值 $n=6$	—	—	—	—	—	—	16.00	17.17	18.83	21.00	22.83	26.00
预测值 $n=9$	—	—	—	—	—	—	—	—	—	18.67	19.78	22.33

解　当 $n = 3$ 时

$$SMA_{t+1} = \frac{A_t + A_{t-1} + A_{t-2}}{3} = \left(\frac{1}{3}\right) \sum_{i=t-2}^{t} A_i$$

即运用 3 期的移动平均法所能做的最早的预测是第 4 期。类似地,运用 6 期和 9 期移动平均法所能做的最早的预测分别是第7期和第10期。通过计算可得到有关数据,见表4.7。

由图4.8可以看出,3个月的移动平均预测对变化反映最强,而9个月的移动平均预测对变化的反映最弱。

移动平均法在预测季节变化非常明显的需求是由一个很有用的特性。如果我们取n值等于一个季节中所包含的期数,移动平均数预测会完全消除实际数据的季节性特征。从下面的例子可以得到验证。

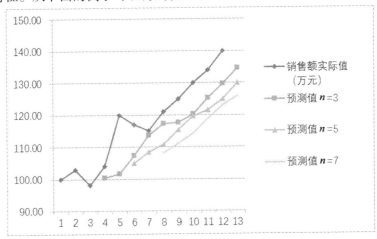

图4.8 实际值及三种预测值的坐标图

例4.7 一家控股公司的平均股票价格在过去的12个月种情况如表4.8。分别用2,4和6期的移动平均法逐月预测该公司股票平均价格。

表4.8 某公司过去12个月的平均股票价格与预测值(单位:元)

月份	1	2	3	4	5	6	7	8	9	10	11	12
股票价格	100	50	20	150	110	55	25	140	95	45	30	145
预测值 $n=2$	—	—	75	35	85	130	82.5	40	82.5	117.5	70	37.5
预测值 $n=4$	—	—	—	—	80	82.5	83.8	85	82.5	78.8	76.3	77.5
预测值 $n=6$	—	—	—	—	—	—	80.8	68.3	83.3	95.8	78.3	65

解 当$n=2$时

$$SMA_{t+1} = \frac{A_t + A_{t-1}}{2} = \left(\frac{1}{2}\right)\sum_{i=t-1}^{t} A_i$$

即运用 2 期的移动平均法所能做的最早的预测是第 3 期。类似地,运用 4 期和 6 期移动平均法所能做的最早的预测分别是第 5 期和第 7 期。通过计算可得到有关数据,如表 4.8。

由图 4.9 中明显看出该公司股票价格具有季节性特征,每 4 个月有一次高峰。当 $n=2$ 和 $n=6$ 时,移动平均的预测值反映了需求的波峰与波谷变化,但两者反映的时间却不对(两者的反映都滞后于实际需求)。正如所预期的,2 期移动平均预测对变化的响应速度要远超过 6 期移动平均预测。而最有趣的是 4 期移动平均预测,预测值完全消除了原有数据的季节特征。

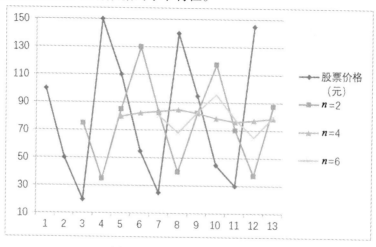

图 4.9　移动平均计算的结果

从上面所有的实例中可以看出,预测值同简单移动平均法所选的时段长 n 有关。n 越大,对干扰的敏感性越低,预测的稳定越好,响应性就越差。取大取小,应考虑资料的多少,同时综合地考虑上述因素,选择较适当的值。要得到一个合理的预测结果,我们就需要确定一个适中的 n 值,大约 6 期的 n 值在移动平均法中是经常采用的。

尽管移动平均预测克服了简单平均数预测所带来的问题,但它们有三个不足:
① 所有过去的数据实际都有相同的权利。
② 该方法实际只适用于常数型需求 —— 正像我们已经看到的,对于季节性需求它不是消除了季节性特征,就是搞错了季节性上升或下降的时间。
③ 为更新预测值,需要积累大量的历史数据。

第四章 需求预测

简单移动平均法只适合做近期预测而且是预测目标的发展趋势变化不大的情况。

移动平均预测依据最新的数据,并不考虑久远的数据。通过改变 n 值,可以调整预测对变化的敏感性。通过取 n 等于一个季节中包含的期数,可以清除时间序列的季节性变化特征。

应用 Excel 进行简单移动平均法预测。Excel 提供的分析工具库中有强大的数据分析功能工具。然而,已默认方式安装的 Excel 不会自动加载分析工具库,需要用户手动安装。安装分析工具库的操作步骤如下。

第 1 步:单击菜单"文件"中"选项"命令,在弹出的"Excel 选项"对话框,在"Excel 选项"对话框中单击"加载项"命令,弹出加载选项,选择"分析工具库",如图 4.10 所示。

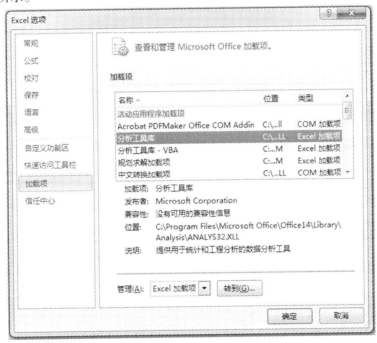

图 4.10 "Excel 选项"对话框加载分析工具库

第 2 步:单击"Excel 选项"中下方的"跳到"按钮,弹出"加载项"对话框,然后在"加载项"对话框中的"可用加载宏"列表框中勾选"分析工具库"复选框,如图 4.11 所示,然后单击"确定"按钮即可完成加载。

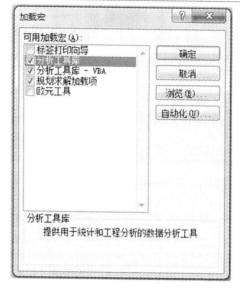

图4.11 "加载宏"对话框

加载完成后,Excel的"数据"菜单中将出现"数据分析"命令,而且以后每次启动Excel时,分析工具库都会自动加载。当需要应用各种数据分析工具时,直接执行"数据"菜单中"数据分析"命令即可出现"数据分析"对话框,其操作方法如图4.12所示。

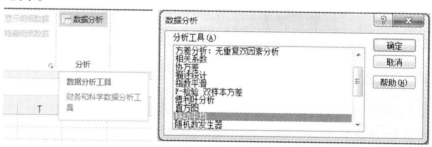

图4.12 在"数据"菜单中显示"数据分析"命令

例4.8 某企业产品2017年各月销售量如表4.9所示。分别取$n=3,n=4$和$n=5$,试用Excel求解简单移动平均模型预测值。

表4.9 某企业产品2017年各月销售额(单位:万件)

月份	1	2	3	4	5	6	7	8	9	10	11	12
销售额	76	73	72	78	81	77	73	75	80	79	74	75

解:根据前面的理论知识,可以直接应用Excel计算移动平均,其中最后一个移动平均数即为2018年1月份销售额的预测值。由于Excel分析工具库中提供的"移动平均"工具计算十分方便,而且可以给出相应的图表,这里,对应用"移动平均"工具进行预测分析的使用方法加以介绍(以后各例只给出最终计算结果的界面)。

第1步:将要分析的数据输入到工作表中。

第2步:单击"数据"菜单中的"数据分析"命令,弹出"数据分析"对话框,如图4.12所示。

第3步:在"分析工具"列表框中选择"移动平均"工具,单击"确定"按钮,弹出"移动平均"对话框,如图4.13所示。

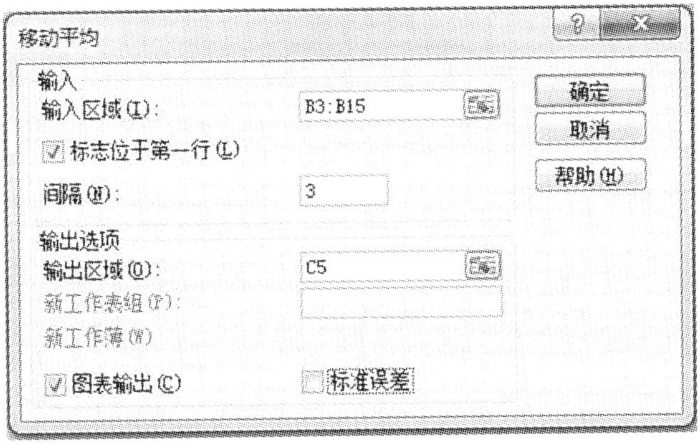

图4.13 "移动平均"对话框

第4步:指定输入数据的有关参数。

输入区域:指定要分析的统计数据所在的单元格区域B3:B15。

"标志位于第一行"复选框:本例中指定的数据区域包含标志行,所以应勾选该复选框;反之,则不勾选。

间隔:即观察期,也就是移动平均的项数,本例首先输入3(重复操作时分别输入4和5)。

第5步:指定输出的相关选项。

输出区域:本例输出区域首先选择C5(重复操作时分别选择D5和E5)。

"图表输出"复选框:如果勾选该复选框,则在计算完成时自动绘制曲线图,本例勾选该复选框。

"标准误差"复选框:如果勾选该复选框,则计算并保留标准误差数据,可以在此基础上进一步分析。本例不勾选该复选框。设置完毕,单击"确定"按钮,即可得计算结果(计算4月和5月移动平均只需重复上述操作即可)。应用Excel求解的结果如图 4.14 所示。

月份	销售额观察值（万元）	3月移动平均值（n=3）	4月移动平均值（n=4）	5月移动平均值（n=5）	预测误差（n=3）	预测误差（n=4）	预测误差（n=5）
1	76.00	#N/A	#N/A	#N/A	#N/A	#N/A	#N/A
2	73.00	#N/A	#N/A	#N/A	#N/A	#N/A	#N/A
3	72.00	#N/A	#N/A	#N/A	#N/A	#N/A	#N/A
4	78.00	73.67	#N/A	#N/A	-4.33	#N/A	#N/A
5	81.00	74.33	74.75	#N/A	-6.67	-6.25	#N/A
6	77.00	77.00	76.00	76.00	0.00	-1.00	-1.00
7	73.00	78.67	77.00	76.20	5.67	4.00	3.20
8	75.00	77.00	77.25	76.20	2.00	2.25	1.20
9	80.00	75.00	76.50	76.80	-5.00	-3.50	-3.20
10	79.00	76.00	76.25	77.20	-3.00	-2.75	-1.80
11	74.00	78.00	76.75	76.80	4.00	2.75	2.80
12	75.00	77.67	77.00	76.20	2.67	2.00	1.20
来年	—	76.00	77.00	76.60			
				MSE	17.38	11.56	5.06
				最小MSE	5.06		

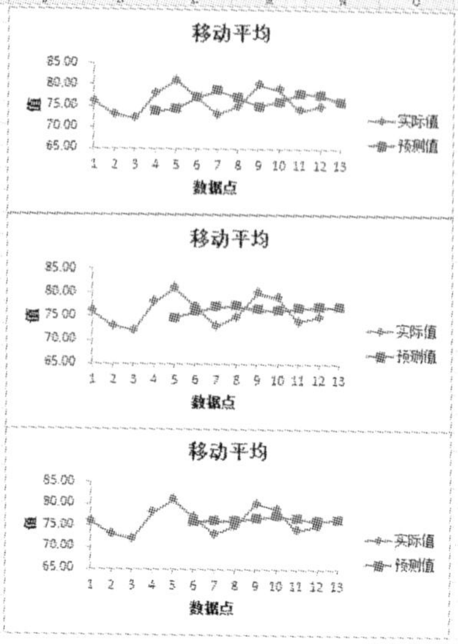

图 4.14　应用 Excel 求解例 4.8 的界面

实际计算出的预测值是对下一时点的预测，比如当观察期 n = 3 时计算出的值(73.67 万元)应是对4 月份的预测，最后一个值(76.00 万元)应是对下一年第一个月的预测(即时点 13)。所以，在选择输出区域时，应考虑到"体现实际值与预测值之间的对应关系"。系统默认的对比"图表输出"的结果如图 4.15(a) 所示，而这实际上是有"问题"的，因为图4.15(a) 中实际值和预测值是成对关系，意味着3 月份的预测值是73.67 万元，12 月份的预测值是76.00 万元，显然这与移动平均方法的基本思想是不相符的。为此，需要对图 4.15(a) 进行修改，修改后效果如图4.15(b) 所示。修改的方法为，首先在 Excel 中选中改图，单击右键并在弹出菜单中选择"选择数据"，弹出"选择数据源"对话框，如图 4.16 所示；然后，在"图例项(系列)"选项卡中选择"预测值"，单击"编辑"按钮，弹出"编辑数据系列"对话框，如图 4.17 所示；最后，在如图 4.17(a) 中"系列值"栏里修改其值的区域，如图4.17(b) 所示。图 4.14 就是经过修改之后的结果。

预测时都希望模型的平滑能力强，以便在更好地消除随机干扰的同时又能使预测值对数据的变化反应灵敏，这样预测结果不会过于滞后。由于预测模型的稳定性和响应性是相互矛盾的，在生产运作实践中，最为有效的方法就是试算法，也就是说，可以选择不同的观察期进行计算，通过比较不同观察期计算结果的均方差，选择误差较小的观察期进行预测。

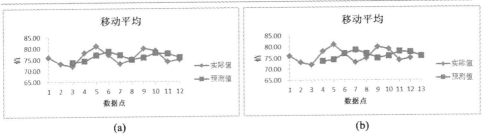

图 4.15 默认"图表输出"

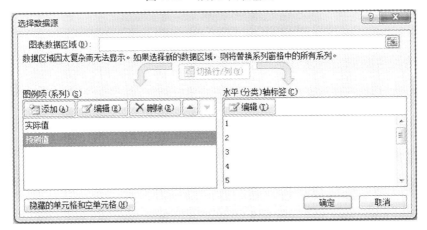

图 4.16 "选择数据源"对话框

图 4.17 "编辑数据系列"对话框

本例中,可利用 Excel 中公式和 SUMSQ 函数分别计算出 $n=3$,$n=4$ 和 $n=5$ 时的均方差,如图 4.14 所示。其中,F7,G8 和 H9 计算不同移动平均值的误差的计算公式分别为"= C7 − B7""= D8 − B8""= E9 − B9",然后各自复制填充至 F15、G15 和 H15;F17、G17 和 H17 单元格计算不同移动平均数的方差的计算公式分别为"= SUMSQ(F7:F15)/COUNTA(F7:F15)""= SUMSQ(G8:G15)/COUNTA(G8:G15)"和"= SUMSQ(H9:H15)/COUNTA(H9:H15)"。由图 4.14 可知,$n=5$ 时方

差最小,[在单元格 C18 中输入求三个均方差最小值的计算公式"= MIN(F17：H17)"],所以选择观察期 $n = 5$ 进行预测,即 2018 年 1 月的销售额预测值为 76.60 万元。

3. 加权移动平均法

简单移动平均法是加权移动平均法的一种特例。简单移动平均法将近期预测资料和远期资料对预测数的影响程度等同起来。而实际上越接近预测期的数据对预测值的影响越大。为了弥补这个缺点,可采用加权移动平均法。即根据实际资料离预测期的远近,给以不同的权数,愈接近预测期的权数愈大,然后再加以平均,算出预测数。

$$WMA_{t+1} = \frac{\alpha_n A_t + \alpha_{n-1} A_{t-1} + \cdots + \alpha_1 A_{t+1-n}}{n} = \frac{1}{n} \sum_{i=t+1-n}^{t} \alpha_{i-t+n} A_i$$

式中 WMA_{t+1}——$t+1$ 期的加权移动平均预测值;

α_i——加权系数,满足关系 $\sum_{i=1}^{n} \alpha_i = n, (i = 1, 2, \cdots, n)$。

简单移动平均模型对数据不分远近,等同(分量)对待。在实际中,最近的数据更能反映需求的趋势,用加权移动平均模型更为合适。一般情况下,加权移动平均模型具有如下稳定性和响应性:

n 越大,则预测的稳定性就越好,响应性就越差;

n 越小,则预测的稳定性就越差,响应性就越好;

近期数据的权重越小,则预测的稳定性就越好,响应性就越差。

在生产运作实践中,α_i 和 n 的选择都没有固定的模式,都带有一定的经验性,究竟选用什么数值,则需根据预测的实际问题来定。

例 4.9 某工厂某年 1~12 月的销售额情况如表 4.10,如 $\alpha_1 = 0.5, \alpha_2 = 1, \alpha_3 = 1.5$,试用加权平均移动模型计算各月销售额的预测值。

表 4.10 加权移动平均预测结果

加权系数	alpha1	alpha2	alpha3									
数值	0.5	1	1.5									
月份	1	2	3	4	5	6	7	8	9	10	11	12	来年
实际销量(百台)	20	21	23	24	25	27	26	25	26	28	27	29	
预测值	—	—	—	21.8	23.2	24.3	25.8	26.2	25.7	25.7	26.8	27.2	28.2

解 依题意，观察期 $n=3$。根据加权平均预测公式 $WMA_{t+1} = \dfrac{1}{n}\sum_{i=t+1-n}^{t}\alpha_{i-t+n}A_i$ 计算 4 至 12 月的销售量预测值，计算得到的预测值如表 4.10 所示，预测结果如图 4.18 所示。

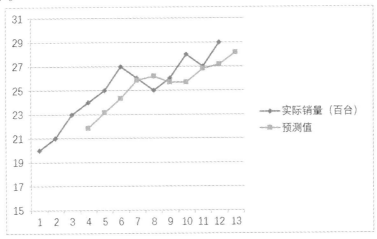

图 4.18　加权移动平均计算的结果

例 4.10　利用 Excel 软件运用加权移动平均模型计算例 4.9 的预测问题。

解　Excel 软件分析工具库中没有对一次平均模型中的加权移动平均模型提供计算工具，需要自行在 Excel 表格中利用公式和相应函数建立模型进行计算。因为观察期 $n=3$，根据加权平均预测公式可得

$$WMA_{t+1} = \dfrac{\alpha_3 A_t + \alpha_2 A_{t-1} + \alpha_1 A_{t-2}}{3}$$

根据上面的公式，在 Excel 软件中输入相应公式和函数，即可方便求解预测值。

应用 Excel 建立电子表格模型求解所得的结果如图 4.19 所示。

在图 4.19 中，单元格 C9 中输入公式"＝SUM(MMULT(＄B＄3：＄D＄3,B6：B8))/SUM(＄B＄3：＄D＄3)"，然后填充复制至单元格 C18。如需求得预测均方误差可按照例 4.8 中介绍的方法进行求解。

4. 一次指数平滑法

一次指数平滑法是另一种形式的加权移动平均。加权移动平均法只考虑最近的 n 个实际数据，指数平滑法则考虑所有的历史数据，只不过近期实际数据的权重大，远期实际数据的权重小。另外，计算移动平均值需要有 n 个过去的观察值。当需要预测大量的数值时，就必须存储大量数据。指数平滑模型则可以弥补这一不

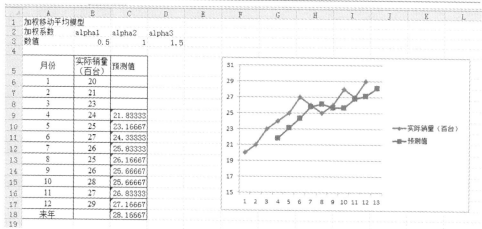

图 4.19　应用 Excel 求解例 4.9 的界面

足,因为指数平滑模型只需要两个数据值:最新一期的观察值和上一期的预测值。一次指数平滑平均值 SF_{t+1} 的计算公式为

$$SF_{t+1} = SF_t + (A_t - SF_t)\alpha, 0 \leqslant \alpha \leqslant 1$$

式中　　SF_{t+1} ——$t+1$ 期的预测值;

SF_t ——t 期的预测值;

A_t ——t 期的实际需求;

α ——平滑系数($0 \leqslant \alpha \leqslant 1$)。

也可以写成

$$SF_{t+1} = \alpha A_t + (1-\alpha)SF_t$$

这是递推公式,它赋予了 A_t 的权重为 α,赋予 SF_t 的权重为 $(1-\alpha)$,将其展开

$$SF_{t+1} = \alpha A_t + (1-\alpha)(\alpha A_{t-1} + (1-\alpha)SF_{t-1}) = \alpha A_t + (1-\alpha)\alpha A_{t-1} + (1-\alpha)^2 SF_{t-1}$$

如果进一步对上式进行展开,则得

$$SF_{t+1} = \alpha A_t + (1-\alpha)\alpha A_{t-1} + (1-\alpha)^2 \alpha A_{t-2} + \cdots + (1-\alpha)^{t-2} \alpha A_2 + (1-\alpha)^{t-1} \alpha A_1 + (1-\alpha)^t SF_1$$

式中　　SF_1 可以事先给出或令其为 A_1。

由于 $0 \leqslant (1-\alpha) \leqslant 1$,当 t 很大时,$(1-\alpha)^t SF_1$ 可以忽略。因此,第 $t+1$ 期的预测值可以看作为前 t 期实测值的指数形式的加权和。随着实测值"年龄"的增大,其权数以指数形式递减,这正是指数平滑法名称的由来。指数平滑法假定越久远的数据相关性越差,因而应该给予较低的权重。有时,指数平滑法按照数据的

"年龄"增长给予一系列递减的权重。

例 4.11 某公司的月销售额记录如表 4.11 所示,试分别取 $\alpha = 0.4$ 和 $\alpha = 0.7$,$SF_1 = 11.00$,计算一次指数平滑预测值。

解 根据一次平滑预测公式 $SF_{t+1} = \alpha A_t + (1 - \alpha)SF_t$ 计算各月的销售额预测值,已知 $SF_1 = 11.00$。当 $\alpha = 0.4$ 时,2月销售量预测值:

$$SF_2 = 0.4A_1 + (1 - 0.4)SF_1 = 0.4 \times 10.00 + 0.6 \times 11.00 = 10.60(千元)$$

其他各月销售量预测值及预测误差值如表 4.11 所示,$\alpha = 0.4$ 和 $\alpha = 0.7$ 时预测值的比较效果图如图 4.20 所示。

表 4.11 某公司的表月销售额一次指数平滑预测表 $\alpha = 0.4, 0.7$

月份	销售额/千元	指数平滑 alpha = 0.4	指数平滑 alpha = 0.7	预测误差 alpha = 0.4	预测误差 alpha = 0.7
1	10.00	11.00	11.00	1.00	1.00
2	12.00	10.60	10.30	-1.40	-1.70
3	13.00	11.16	11.49	-1.84	-1.51
4	16.00	11.90	12.55	-4.10	-3.45
5	19.00	13.54	14.96	-5.46	-4.04
6	23.00	15.72	17.79	-7.28	-5.21
7	26.00	18.63	21.44	-7.37	-4.56
8	30.00	21.58	24.63	-8.42	-5.37
9	28.00	24.95	28.39	-3.05	0.39
10	18.00	26.17	28.12	8.17	10.12
11	16.00	22.90	21.04	6.90	5.04
12	14.00	20.14	17.51	6.14	3.51
来年		17.68	15.05		
			MSE	32.71	20.95
			最小 MSE	20.95	

将预测值和实际值进行比较,结果如图 4.20 所示。由图可以看出,用一次指数平滑法进行预测,当出现趋势时,预测值虽然可以描述实际值的变化形态,但预测值总是滞后于实际值。当实际值呈上升趋势时,预测值总低于实际值;当实际值呈下降趋势时,预测值总是高于实际值。比较不同的平滑系数对预测值的影响,当

出现趋势时,取较大的平滑系数得到的预测值与实际值比较接近。

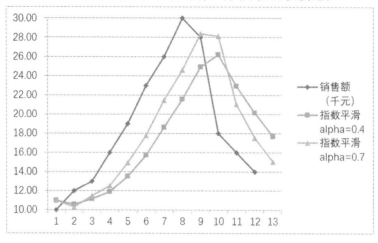

图4.20　$\alpha = 0.4$ 和 $\alpha = 0.7$ 时预测值的比较

综上可知,预测值依赖于平滑系数的选择。一般来说,选的小一些平滑系数,预测的稳定性就比较好;反之,其响应性就比较好。

平滑系数 α 的值非常关键,它决定了预测对于变化的敏感性:

较高的 α 值,比如说 $0.3 \leqslant \alpha \leqslant 0.5$(或者 $0.6 \leqslant \alpha \leqslant 0.8$),这样会给最新的实际需求值比较大的比重,从而使预测对新的变化反应更为强烈。

较低的 α 值,比如说 $0.3 \leqslant \alpha \leqslant 0.5$(或者 $0.1 \leqslant \alpha \leqslant 0.3$),这样给前期的预测值以较大的比重,从而使预测对新的变化反应性较差。通常我们会采用取中的方法,取 α 在 0.15 或 0.2 左右。在实用上,类似移动平均法,多取几个值进行试算,看哪一个误差小,就采用哪个。

指数平滑法随着数据年龄的增长而给与其不断降低的权重。它通过最新的实际需求和上期的预测值的加权平均来实现这一权重分配效果的。通过平滑系数取不同的值,可以调整预测对于实际变化的敏感性。

例4.12　利用 Excel 软件运用一次指数平滑模型计算例 4.11 的预测问题,设 $SF_1 = 10.00$。

解　应用 Excel 软件分析工具库中提供的"指数平滑"工具进行计算,具体的计算步骤可参照"移动平均"工具的计算步骤,这里从略。但是,在进行阻尼系数设置时(如图 4.21 所示),输入的值应为"1 - 给定值"。对于本例,即应该分别输入"0.6"和"0.3"。因为 Excel 软件提供的"指数平滑"工具计算时,默认预测初始值 $SF_1 = A_1$,所以本例题假设 $SF_1 = 10.00$。应用 Excel 建立电子表格模型求解所得的结果如图 4.22 所示。由于指数平滑预测值的个数与实际值的个数相等,而通过"指数平滑"工具算出的值少了 1 个,在实际生产运作中,应将其预测值的计算个数填充为与实际值相等的个数,同时"输出图表"也应参照前面的方法进行修改。图 4.22(右边部分)就是经过调整修改之后的结果。

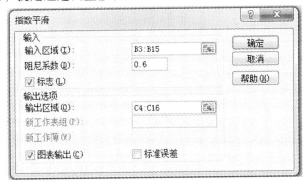

图 4.21 "指数平滑"系数输入

月份	销售额(千元)	指数平滑 alpha=0.4	指数平滑 alpha=0.7	预测误差 alpha=0.4	预测误差 alpha=0.7
1	10.00	10.00	10.00	0.00	0.00
2	12.00	10.00	10.00	-2.00	-2.00
3	13.00	10.80	11.40	-2.20	-1.60
4	16.00	11.68	12.52	-4.32	-3.48
5	19.00	13.41	14.96	-5.59	-4.04
6	23.00	15.64	17.79	-7.36	-5.21
7	26.00	18.59	21.44	-7.41	-4.56
8	30.00	21.55	24.63	-8.45	-5.37
9	28.00	24.93	28.39	-3.07	0.39
10	18.00	26.16	28.12	8.16	10.12
11	16.00	22.90	21.04	6.90	5.04
12	14.00	20.14	17.51	6.14	3.51
来年					
			MSE	33.37	21.00
			最小MSE	21.00	

图 4.22 应用 Excel 求解例 4.11 的界面

可以看出,应用 Excel 提供的"指数平滑"工具进行计算时会遇到无法设定预测初值和输出数据量不对等等问题。如果利用 Excel 的内部函数自己编辑公式计算指数平滑模型预测值,就可解决上述问题,而且编辑过程也较简单,手动编程的计算结果如图 4.23 所示。

在图 4.23 中,各单元格的设置方法如下:单元格 C5 中输入公式"= 0.4 * B4 + 0.6 * C4",然后填充复制至 C16;单元格 D5 中输入公式"= 0.7 * B4 + 0.3 * D4",

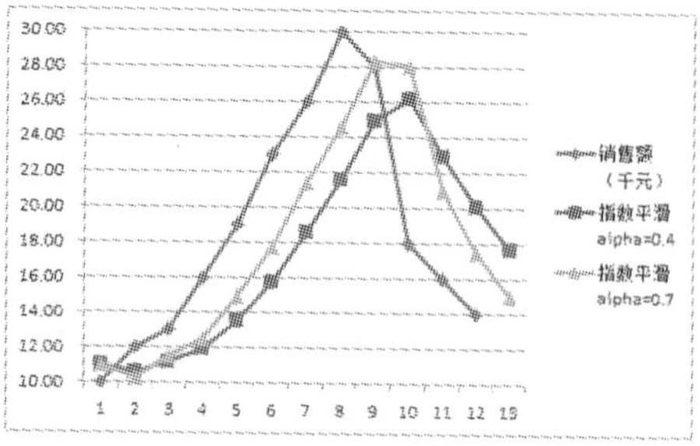

图 4.23　手动编程计算一次指数平滑模型预测值的界面

然后填充复制至 D16；均方差的计算可以参照移动平均模型中的均方差计算方法。在 Excel 电子表格中选择 B4:D16 区域，单击"插入"菜单，再单击"折线图"下拉菜单，点击合适的折线图就可以生成图 4.23 右侧折线图的输出。右键单击输出的折线图可以修改折线名称和相关属性。

在有趋势的情况下，用一次指数平滑法预测，会出现滞后现象。面对有上升或下降趋势的需求序列时，就要采用二次指数平滑法进行预测；对于出现趋势并有季节性波动的情况，则要用三次指数平滑法预测。

5. 二次指数平滑法

通过一次指数平滑法的计算，我们看到，当一段时间内收集到的数据所呈上升或下降趋势时，将导致指数预测滞后于实际需要，通过添加趋势修正值，可以在一定程度上改进指数平滑预测结果。即再作二次指数平滑，利用滞后偏差的规律建立直线趋势模型，其计算公式为

$$\begin{cases} S_t^{(1)} = \alpha A_t + (1-\alpha) S_{t-1}^{(1)} \\ S_t^{(2)} = \alpha S_t^{(1)} + (1-\alpha) S_{t-1}^{(2)} \end{cases}$$

式中　　$S_t^{(1)}$——一次平滑指数；

$S_t^{(2)}$——二次指数平滑值。

当时间序列 $\{A_t\}$ 从某时期开始具有直线趋势时，可用直线趋势模型。

$$F_{t+T} = a_t + b_t T, \ T = 1, 2, 3, \cdots$$

$$\begin{cases} a_t = 2S_t^{(1)} - S_t^{(2)} \\ b_t = \dfrac{\alpha}{1-\alpha}(S_t^{(1)} - S_t^{(2)}) \end{cases}$$

进行预测。

例4.13 应用 Excel 软件,对例 4.11 提供的数据,设 $\alpha = 0.4$,平滑初值设为 $A_1 = 10.00$,求二次指数平滑预测值。

解 依题意,$\alpha = 0.4$,初始值 $S_0^{(1)}$ 和 $S_0^{(2)}$ 都取序列的首项数值,$S_0^{(1)} = S_0^{(2)} = A_1 = 10.00$。计算 $S_t^{(1)}$,$S_t^{(2)}$,计算结果如图 4.24 所示。能够得到

$$S_{12}^{(1)} = 17.68, S_{12}^{(2)} = 20.15$$

则可以求得 $t = 12$ 时

$$a_t = 2S_{12}^{(1)} - S_{12}^{(2)} = 2 \times 17.68 - 20.15 = 15.22$$

$$b_{12} = \frac{0.4}{1-0.4}(S_{12}^{(1)} - S_{12}^{(2)}) = \frac{0.4}{0.6}(17.68 - 20.15) = -1.64$$

于是,得 $t = 12$ 时直线趋势方程为

$$F_{12+T} = 15.22 - 1.64T$$

预测来年一月的销售额(单位:千元)为

$$F_{12+1} = 15.22 - 1.64 = 13.57$$

应用 Excel 建立电子表格模型求解所得的结果如图 4.24 所示。

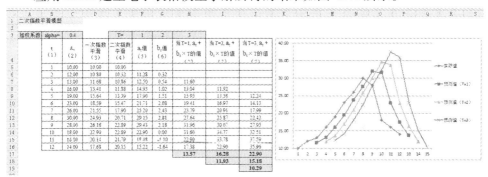

图 4.24　应用 Excel 求解例 4.13 的界面

对于二次指数平滑改进趋势如需要两个平滑系数,除 α 外,趋势方程中还用到了另一个平滑系数,称其为斜率偏差的平滑系数 β,值减弱了出现实际需求与预测值之间的误差的影响。如果引入两个平滑系数 α 和 β,趋势对误差的影响就会降低很多。第二种方法的二次指数平滑预测值计算公式为

$$F_{t+1} = SA_t + T_t$$

式中　F_{t+1}——二次指数平滑预测值;

T_t——t 期平滑趋势值,T_0 需要事先给定;

SA_t——t 期平滑平均值,又称之为"基数值",SA_0 也需要事先给定。

SA_t 可按下式计算

$$SA_t = \alpha A_t + (1-\alpha)(SA_{t-1} + T_{t-1}) = \alpha A_t + (1-\alpha)F_t$$

T_t 可按下式计算

$$T_t = \beta(SA_t - SA_{t-1}) + (1-\beta)T_{t-1}$$

式中　β——斜率偏差的平滑系数,其余符号意义同前。

例 4.14　运用第二种二次指数平滑方法,应用 Excel 软件对例 4.11 提供的数据,设 $\alpha = 0.4$,$\beta = 0.5$,平滑初值设为 $SA_1 = 11.00$,$T_1 = 0.80$,求二次指数平滑预测值。

解　根据公式 $SA_t = \alpha A_t + (1-\alpha)F_t$ 和公式 $T_t = \beta(SA_t - SA_{t-1}) + (1-\beta)T_{t-1}$,可以得到 SA_t,T_t 和 F_t。当 $\alpha = 0.4$ 时,二次指数平滑预测值、一次指数平滑预测值与实际值的比较,如图 4.25 所示。由图 4.25 可以看出,二次指数平滑预测的结果比一次指数平滑预测的结果在有趋势存在的情况下,与实际值更加接近,且滞后要小得多。

二次指数平滑模型

加权系数	alpha=	0.4		beta=	0.5

t (1)	A_t (2)	αA_t (3)	$(1-\alpha)F_t$ (4)	SA_t (5)=(3)+(4)	$\beta(SA_t-SA_{t-1})$ (6)	$(1-\beta)T_{t-1}$ (7)	T_t (8)=(6)+(7)	F_t (9)=(5)+(8)	一次指数平滑 alpha=0.4	预测误差二次指数	预测误差一次指数
				11.00			0.80	11.80			
1	10.00	4.00	7.08	11.08	0.04	0.40	0.44	11.52	11.00	1.52	1.00
2	12.00	4.80	6.91	11.71	0.32	0.22	0.54	12.25	11.21	0.25	-0.79
3	13.00	5.20	7.35	12.55	0.42	0.27	0.69	13.24	11.62	0.24	-1.38
4	16.00	6.40	7.94	14.34	0.90	0.34	1.24	15.58	12.27	-0.42	-3.73
5	19.00	7.60	9.35	16.95	1.30	0.62	1.92	18.87	13.59	-0.13	-5.41
6	23.00	9.20	11.32	20.52	1.79	0.96	2.75	23.27	15.70	0.27	-7.30
7	26.00	10.40	13.96	24.36	1.92	1.37	3.29	27.66	18.73	1.66	-7.27
8	30.00	12.00	16.59	28.59	2.12	1.65	3.76	32.36	22.30	2.36	-7.70
9	28.00	11.20	19.41	30.61	1.01	1.88	2.89	33.51	26.32	5.51	-1.68
10	18.00	7.20	20.10	27.30	-1.66	1.45	-0.21	27.09	29.20	9.09	11.20
11	16.00	6.40	16.26	22.66	-2.32	-0.10	-2.43	20.23	28.36	4.23	12.36
12	14.00	5.60	12.14	17.74	-2.46	-1.21	-3.67	14.06	25.10	0.06	11.10
									MSE	11.82465	51.34576

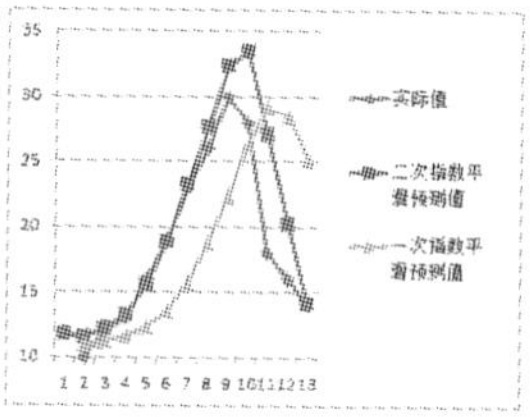

图 4.25　应用 Excel 运用第二种二次指数平滑方法求解例 4.14 的界面

从上面的例子可以看出,为了确定趋势方程成立,第一次使用该方程时应首先由人工给定趋势值。此初始值可以是一个猜想值或者从观测的历史数据中计算得出。

二次指数平滑预测的结果与 α 和 β 的取值有关。α 和 β 越大,预测的响应性就越好;反之,稳定性就越好。α 影响预测的基数,β 影响预测值的上升或下降的速度。

(二) 时间序列分解模型

实际需求值是趋势的、季节的、周期的或随机的等多种成分共同作用的结果。时间序列分解模型企图从时间序列值中找出各种成分,并在对各种成分单独进行预测的基础上,综合处理各种成分的预测值,以得到最终的预测结果。

时间序列分解方法是在这样的假设条件下应用的:各种成分单独地作用于实际需求,而且过去和现在起作用的机制将持续到未来。

这种方法应用时需注意事项:

① 各种成分是否已经超过了其作用范围。

② 过去出现的"转折点"情况。比如,1973 年石油危机对美国 1973 年以后的汽车销售纪录产生了重大影响,当应用某种模型来预测今后 10 年的汽车销售量时,就应考虑类似石油危机这样重大事件是否会发生。

任何一个时间序列,可能同时具有上述趋势的、季节的、周期的或随机的几个特征,也可能是上述特征中某几个的组合,较常见的组合方式有加法模型和乘法模型两种。

1. 加法模型

加法模型是将各成分相加来进行预测

$$TF = T + S + C + I$$

式中　　TF——时间序列预测值;

　　　　T——趋势成分;

　　　　S——季节成分;

　　　　C——周期性变化成分;

　　　　I——不规则的波动成分。

2. 乘法模型

乘法模型是通过将各种成分(以比例的形式)相乘的方法来求出需求估计值的,乘法模型比较通用。

$$TF = T \times S \times C \times I$$

式中含义与加法模型公式相同。

对于不同的预测问题,人们常常通过观察其时间序列值的分布来选用适当的时间序列分解模型。

例 4.15　表 4.12 是某旅游服务点过去 3 年快餐销售记录,试用时间序列分解模型方法应用 Excel 软件预测其快餐的销售量。

表 4.12　某旅游服务点过去 3 年快餐销售记录(单位:份)

年份	2015				2016				2017			
季度	夏	秋	冬	春	夏	秋	冬	春	夏	秋	冬	春
销售量	11 800	10 404	8 925	10 600	12 285	11 009	9 123	11 286	13 350	11 270	10 266	12 138

解 这样问题关键是求趋势分量和季节系数,根据时间序列分解模型的原理,利用 Excel 建立自动求解模型,所得结果如图 4.26 所示。

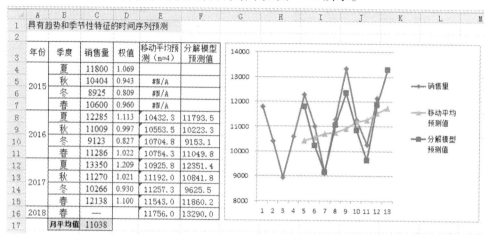

图 4.26　应用 Excel 求解例 4.15 的界面

在图 4.26 中,关于相应单元格的设置说明如下:

第 1 步:输入历史数据,即区域 C4:C15。

第 2 步:计算所有季度的算术平均值。在单元格 C17 中输入公式"=AVERAGE(C4:C15)"。

第 3 步:计算各个季度的权重值,先在单元格 D4 值输入公式"=C4/\$C\$17",然后填充复制至 D15"。

第 4 步:计算趋势分量,根据前面分析可知如选观察期为 4 期的移动平均预测便可以消除季节变动分量,从而得到趋势分量。4 期的移动平均预测值在区域 E8:E16。具体方法是先在单元格 E8 中输入公式"=AVERAGE(C4:C7)",然后填充复制至 E16。

第 5 步:计算季节系数,应用乘法模型计算预测值。先在单元格 F8 中输入公式"=E8*(\$D\$4+\$D\$8+\$D\$12)/3",然后填充复制至 F16。可得,2018 年夏季的销售量预测值为 13 290.0 份。

二、因果模型

因果模型是查找可以用于预测的有关原因和关系,是利用变量(可以包括时间)之间的相关关系,通过一种变量的变化来预测另一种变量的未来变化。也与时间序列模型一样,存在这样一个假设:过去存在的变量间关系和相互作用机理,今后仍将存在并继续发挥作用。

从时间序列模型的分析,我们可以看出,时间序列模型是将需求作为因变量,将时间作为唯一的独立变量。这种做法虽然简单,但忽略了其他影响需求的因素,如政府部门公布的各种经济指数,地方政府的规划,银行发布的各种金融方面的信息,广告费的支出,产品和服务的定价等,都会对需求产生影响。因果模型则有效地克服了时间序列法的这一缺点,它通过对一些与需求(如书包)有关的先导指数(学龄儿童数)的计算,来对需求进行预测。

由于反映需求及其影响因素之间因果关系的数学模型不同,因果模型又分为回归模型、经济计量模型、投入产出模型等,本章只介绍一元线性回归模型。

(一) 线性回归模型的基本概念

"回归"最初是由英国学者高尔顿(Galton,1822—1911)首先提出,他在研究人类身高变化规律时发现,高个子的子女回归于人口的平均身高,而矮个子的子女则从另一个方向回归于人口平均身高。"回归"一词从此便一直为生物学和统计学所沿用。

回归的现代含义是研究自变量与因变量之间的关系形式的分析方法。对于两个变量,一个变量用 x 表示,另一个变量用 y 表示,如果两个变量间的关系属于因果关系,一般用回归分析来研究。表示原因的变量称为自变量,用 x 表示。自变量是固定(预先设定的),没有随机误差。表示结果的变量称为因变量,用 y 表示。y 是随 x 的变化而变化的,并用随机误差。通过回归分析,可以找出因变量变化的规律性,而且能够由 x 的取值预测 y 的取值范围。若对于变量 x 的每一个可能值 x_i,都有随机变量 y_i 的一个分布与之对应,则称随机变量 y 对变量 x 存在回归关系。研究"一因一果",即一个自变量与一个因变量的回归分析称为一元回归分析。

一元线性回归预测法是指成对的两个变量数据分布呈直线趋势,其趋势可以用直线方程来表示,它是回归分析中最基本、最简单的一种,故又称为直线回归或简单回归。同时,直线回归模型范颖的是两个变量(自变量和因变量)之间的因果关系,所以称为因果模型。

一元线性回归模型可以用直线回归方程表述,其一般形式如下

$$\hat{y} = a + bx$$

式中,x 是自变量,$\hat{y}$ 是与自变量 x 对应的因变量 y 的平均值的点估计值;x 是当 $x = 0$ 时 $\hat{y}$ 的值,即直线在 y 轴上的截距,称为回归截距;b 是回归直线的斜率,称为回归系数,其含义是自变量 x 改变一个单位,因变量 y 平均增加或减少的单位数。

(二) 回归模型的参数估计

为了使 $\hat{y} = a + bx$ 能最好地反映 y 和 x 两变量的数量关系,根据最小二乘法 a 和 b 应使回归估计值与观察值的离差平方和最小,必须使得

$$Q = \sum_{i=1}^{n}(y_i - \hat{y}_i)^2 = \sum_{i=1}^{n}(y_i - a - bx_i)^2 = \min$$

根据微积分学中的极值原理,必须使 Q 对 a, b 的一阶偏导数值为 0,即

$$\begin{cases} \dfrac{\partial Q}{\partial a} = -2\sum_{i=1}^{n}(y_i - a - bx_i) = 0 \\ \dfrac{\partial Q}{\partial b} = -2\sum_{i=1}^{n}(y_i - a - bx_i)x_i = 0 \end{cases}$$

整理得正规方程组

$$\begin{cases} an + b\sum_{i=1}^{n}x_i = \sum_{i=1}^{n}y_i \\ a\sum_{i=1}^{n}x_i + b\sum_{i=1}^{n}x_i^2 = \sum_{i=1}^{n}x_iy_i \end{cases}$$

求解正规方程组,得

$$\begin{cases} a = \dfrac{\sum_{i=1}^{n}y_i - b\sum_{i=1}^{n}x_i}{n} \\ b = \dfrac{\sum_{i=1}^{n}x_iy_i - (\sum_{i=1}^{n}x_i)(\sum_{i=1}^{n}y_i)/n}{\sum_{i=1}^{n}x_i^2 - (\sum_{i=1}^{n}x_i)^2/n} = \dfrac{\sum_{i=1}^{n}\left(x_i - \dfrac{1}{n}\sum_{j=1}^{n}x_j\right)\left(y_i - \dfrac{1}{n}\sum_{j=1}^{n}y_j\right)}{\sum_{i=1}^{n}\left(x_i - \dfrac{1}{n}\sum_{j=1}^{n}x_j\right)^2} \end{cases}$$

可以简化为

$$\begin{cases} a = \bar{y} - b\bar{x} \\ b = \dfrac{\sum(x - \bar{x})(y - \bar{y})}{\sum(x - \bar{x})^2} \end{cases}$$

现在证明等式

$$\dfrac{\sum_{i=1}^{n}x_iy_i - (\sum_{i=1}^{n}x_i)(\sum_{i=1}^{n}y_i)/n}{\sum_{i=1}^{n}x_i^2 - (\sum_{i=1}^{n}x_i)^2/n} = \dfrac{\sum_{i=1}^{n}\left(x_i - \dfrac{1}{n}\sum_{j=1}^{n}x_j\right)\left(y_i - \dfrac{1}{n}\sum_{j=1}^{n}y_j\right)}{\sum_{i=1}^{n}\left(x_i - \dfrac{1}{n}\sum_{j=1}^{n}x_j\right)^2}$$

成立。

证明

$$\text{等式右边} = \frac{\sum_{i=1}^{n}\left(x_iy_i - x_i \cdot \frac{1}{n}\sum_{j=1}^{n}y_j - y_i \cdot \frac{1}{n}\sum_{j=1}^{n}x_j + \frac{1}{n^2}\left(\sum_{j=1}^{n}x_j\right)\left(\sum_{j=1}^{n}y_j\right)\right)}{\sum_{i=1}^{n}\left(x_i^2 - \frac{2x_i}{n}\sum_{j=1}^{n}x_j + \frac{1}{n^2}\left(\sum_{j=1}^{n}x_j\right)^2\right)} =$$

$$\frac{\sum_{i=1}^{n}x_iy_i - \frac{\left(\sum_{i=1}^{n}x_i\right)\left(\sum_{j=1}^{n}y_j\right)}{n} - \frac{\left(\sum_{i=1}^{n}y_i\right)\left(\sum_{j=1}^{n}x_j\right)}{n} + \frac{\left(\sum_{i=1}^{n}x_i\right)\left(\sum_{j=1}^{n}y_j\right)}{n}}{\sum_{i=1}^{n}x_i^2 - \frac{2\left(\sum_{i=1}^{n}x_i\right)\left(\sum_{j=1}^{n}x_j\right)}{n} + \frac{\left(\sum_{j=1}^{n}x_j\right)^2}{n}} =$$

$$\frac{\sum_{i=1}^{n}x_iy_i - \frac{1}{n}\left(\sum_{i=1}^{n}x_i\right)\left(\sum_{i=1}^{n}y_i\right)}{\sum_{i=1}^{n}x_i^2 - \left(\sum_{j=1}^{n}x_j\right)^2/n} = \text{等式左边}$$

即有

$$b = \frac{\sum(x - \bar{x})(y - \bar{y})}{\sum(x - \bar{x})^2}$$

(三) 相关系数

正确地判断两个变量之间的相互关系,选择主要影响因素作自变量是至关重要的。

在一元线性回归模型中,观测值 y_i 的取值大小是上下波动的,这种波动现象称为变差。变差的产生是由两方面的原因引起的:

① 受自变量变动的影响,即 x 的取值不同。
② 其他因素(包括观测和实践中产生的误差)影响。

总变差可用总离差表示,并进行分解。(包括观测和实践中产生的误差)影响。为了分析这两方面的影响,需要对总变差进行分解。

对每一个观测值来说,变差的大小可以通过该观测值 y_i 与其算术平均数 $\bar{y}$ 的离差 $y_i - \bar{y}$ 来表示,而全部 n 次观测值的总变差可由这些离差的平方和来表示

$$L_{yy} = \sum_{i=1}^{n}(y_i - \bar{y})^2$$

其中 L_{yy} 称为总离差,因为

$$L_{yy} = \sum_{i=1}^{n}(y_i - \bar{y})^2 = \sum_{i=1}^{n}[(y_i - \hat{y}_i) + (\hat{y}_i - \bar{y})]^2 =$$

$$\sum (y_i - \hat{y})^2 + \sum (\hat{y}_i - \bar{y})^2 + 2\sum (y_i - \hat{y}_i)(\hat{y}_i - \bar{y})$$

其中交叉相乘项等于零,所以总变差可以分解成两个部分,即

$$\sum_{i=1}^{n} (y_i - \bar{y})^2 = \sum (y_i - \hat{y})^2 + \sum (\hat{y}_i - \bar{y})^2$$

或记为

$$L_{yy} = Q_1 + Q_2$$

等式右边的第二项 Q_2 称为回归变差(或称回归平方和),回归平方和反映了 $\hat{y}_i$ 之间的变差,这一变差由自变量 x 的变动而引起,是总变差中由自变量 x 解释的部分;等式右边的第一项 Q_1 称为剩余变差(或称残差平方和),它是由观测或实验中产生的误差以及其他未加控制的因素引起的,反映的是总变差中未被自变量 x 解释的部分。

变差中回归变差与总变差的比值称为确定性系数 R^2 (可决系数 R^2)

$$R^2 = \frac{回归变差}{总变差}$$

确定性系数 R^2 的大小表明了在 y 的总变差中由自变量 x 变动所引起的回归变差所占的比例,它是评价两个变量之间线性相关关系强弱的一个重要指标。根据上述定义,有

$$R^2 = \frac{\sum (\hat{y}_i - \bar{y})^2}{\sum (y_i - \bar{y})^2} = 1 - \frac{\sum (y_i - \hat{y}_i)^2}{\sum (y_i - \bar{y})^2}$$

可以看出

$$0 \leqslant R^2 \leqslant 1$$

相关系数是确定系数的平方根,它是一元线性回归模型中用来衡量两个变量之间线性相关关系强弱程度的重要指标,其定义为

$$R^2 = \frac{\sum (\hat{y}_i - \bar{y})^2}{\sum (y_i - \bar{y})^2} = \frac{\sum (a + bx_i - a - b\bar{x})^2}{\sum (y_i - \bar{y})^2} = \frac{b^2 \sum (x_i - \bar{x})^2}{\sum (y_i - \bar{y})^2} =$$

$$\left[\frac{\sum (x_i - \bar{x})(y_i - \bar{y})}{\sum (x_i - \bar{x})^2}\right]^2 \cdot \frac{\sum (x_i - \bar{x})^2}{\sum (y_i - \bar{y})^2} =$$

$$\frac{\left[\sum (x_i - \bar{x})(y_i - \bar{y})\right]^2}{\sum (x_i - \bar{x})^2 \sum (y_i - \bar{y})^2}$$

所以,相关系数为

$$R = \frac{\sum(x_i - \bar{x})(y_i - \bar{y})}{\sqrt{\sum(x_i - \bar{x})^2}\sqrt{\sum(y_i - \bar{y})^2}}$$

根据平均数的数学性质确定系数可简化为

$$R = \frac{n\sum x_i y_i - \sum x_i \sum y_i}{\sqrt{n\sum x_i^2 - (\sum x_i)^2}\sqrt{n\sum y_i^2 - (\sum y_i)^2}}$$

从上述定义可以看出,相关系数的取值范围为 $-1 \leq R \leq 1$,相关系数为正值表示两变量之间为正相关;相关系数为负值表示两变量之间为负相关。相关系数 R 的绝对值大小表示相关程度的高低。当 $R = 0$ 时,说明回归变差为 0,自变量 x 的变动对总变差毫无影响,这种情况称 y 与 x 不相关;当 $|R| = 1$ 时,说明回归变差等于总变差,总变差的变化完全由自变量 x 的变化所引起,这种情况称为完全相关。这时因变量 y 是自变量 x 的线性函数,二者之间呈函数关系;当 $0 < |R| < 1$ 时,说明自变量 x 的变动对总变差有部分影响,这种情况称为普通相关。其中,R 的绝对值越大,表示因变量 y 与自变量 x 的相关程度越高。一般情况下,当 $|R| > 0.7$,即 $R^2 > 0.49$ 时,说明自变量 x 的变动对总变差的影响占一半以上,故称为高度相关;当 $|R| < 0.3$,即 $R^2 < 0.09$ 时,说明自变量 x 的变动对总变差的影响小于 9%,故称为低度相关;当 $0.3 \leq |R| < 0.7$ 时,说明自变量 x 的变动对总变差的影响程度为 9%~50%,故称为中度相关。

(四)应用举例

例 4.16 为确定发给销售人员的奖金水平是否对其销售量有影响,贸易公司作了 10 次实验,奖金水平是否对其销售量有影响的实验结果如表 4.13 所示。其实验结果的最优拟合线是什么?如果奖金比例为 15%,该区销售量为多少?

表 4.13 奖金水平是否对其销售量有影响的实验结果

奖金比例/%	0	1	2	3	4	5	6	7	8	9
销售量/万元	3	4	8	10	15	18	20	22	27	28

解 利用一次线性回归模型进行拟合,自变量 X 是奖金水平,因变量 Y 是销售量,计算 b 和 a,然后求 Y_T

$$\sum_{i=1}^{10} X_i = 45, \sum_{i=1}^{10} X_i^2 = 285, \sum_{i=1}^{10} X_i Y_i = 942, \frac{1}{10}\sum_{i=1}^{10} X_i = 4.5$$

$$\sum_{i=1}^{10} Y_i = 155, \sum_{i=1}^{10} Y_i^2 = 3135, \frac{1}{10}\sum_{i=1}^{10} Y_i = 15.5$$

$$b = \frac{\sum_{i=1}^{10} X_i Y_i - (\sum_{i=1}^{10} X_i)(\sum_{i=1}^{10} Y_i)/10}{\sum_{i=1}^{10} X_i^2 - (\sum_{i=1}^{10} X_i)^2/10} = \frac{942 - 45 \times 155 \div 10}{285 - 45^2 \div 10} = 2.96$$

$$a = \frac{\sum_{i=1}^{10} Y_i - b \sum_{i=1}^{10} X_i}{10} = \frac{155 - 2.96 \times 45}{10} = 2.18$$

所以,销售量和奖金百分比之间的线性回归模型(最优拟合直线,如图 4.27 所示)为

$$Y_T = 2.96 + 2.18X$$

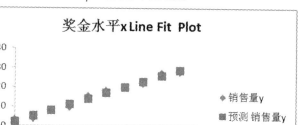

图 4.27 奖金水平和销售量最优拟合直线

如果奖金百分比为 15%(即 $X = 15$),销售量的预测值为

$$Y = 2.96 + 2.18 \times 15 = 35.66$$

即销售额为 35.66 万元。

相关系数为

$$R = \frac{10 \sum x_i y_i - \sum x_i \sum y_i}{\sqrt{[10 \sum x_i^2 - (\sum x_i)^2][10 \sum y_i^2 - (\sum y_i)^2]}} =$$

$$\frac{10 \times 942 - 45 \times 155}{\sqrt{[10 \times 285 - 45 \times 45][10 \times 3135 - 155 \times 155]}} =$$

0.994 6

Excel 软件的"数据分析"工具库中有功能强大的"回归"分析工具,利用 Excel 建立电子表格模型求解所得结果的界面如图 4.28 所示。在图 4.28 中,关于相应单元格的设置说明如下:

第 1 步:输入初始数据,即区域 B2:B11,C2:C11。

第 2 步：单击"数据"菜单，在"数据"菜单中，单击"数据分析"按钮，在弹出的"数据分析"对话框中选择"回归"分析工具，然后点击"确定"按钮。

第 3 步：在"回归"分析对话框中输入相应数据和参数，即可输出计算结果。

图 4.28　应用 Excel 求解例 4.16 的界面

例 4.17　海尔公司正在考虑改变产品检验的方法。他们作了一些不同次实验，得到了相应的残次品数目数据，检验次数与残次品数目相互关系如表 4.14 所示。如果海尔打算检验 6 次，产品中还会有多少残次品？如果检验 20 次呢？

表 4.14　检验次数与残次品数目相互关系

检验次数	0	1	2	3	4	5	6	7	8	9	10
残次品数	92	86	81	72	67	59	53	43	32	24	12

解　自变量 X 是检验的次数，因变量 Y 是相应的残次品数目。则回归方程为
$$Y_T = a + bX$$
计算 b 和 a，然后求 Y_T

$$\sum_{i=1}^{11} X_i = 55, \sum_{i=1}^{11} Y_i = 621, \sum_{i=1}^{11} X_i^2 = 385, \sum_{i=1}^{11} X_i Y_i = 2\ 238$$

$$b = \frac{\sum_{i=1}^{11} X_i Y_i - (\sum_{i=1}^{11} X_i)(\sum_{i=1}^{11} Y_i)/11}{\sum_{i=1}^{11} X_i^2 - (\sum_{i=1}^{11} X_i)^2/11} = \frac{2\ 238 - 55 \times 621 \div 11}{385 - 55^2 \div 11} = -7.88$$

$$a = \frac{\sum_{i=1}^{11} Y_i - b \sum_{i=1}^{11} X_i}{11} = \frac{621 + 7.88 \times 55}{11} = 95.85$$

所以,检验次数和残次品数目之间的线性回归模型(最优拟合直线,如图 4.29)为

$$Y_T = 95.85 - 7.88X$$

当检验次数为 6 次时,残次品数目为

$$Y = 95.85 - 7.88 \times 6 = 48.57$$

如果检验 20 次,残次品数目为

$$Y = 95.85 - 7.88 \times 20 = -61.75$$

显然,残次品数目不可能为负数,所以,我们将简单地认为预测结果为没有残次品。

利用 Excel 软件中的"回归"分析工具,建立电子表格模型求解所得结果的界面如图 4.29 所示。

图 4.29　应用 Excel 求解例 4.17 的界面

例 4.18　在过去的 10 个月中,一家钢铁厂的某部门用电量与钢产量有关,具体数据如表 4.15 所示。

表 4.15　用电量与钢产量的关系

产量(百吨)	15	13	14	10	6	8	11	13	14	12
用电(百度)	105	99	102	83	52	67	79	97	100	93

① 画出散点图,观察电力消耗与产量之间的关系。
② 计算确定性系数和相关系数,求出上述数据的最优拟合线。
③ 如果一个月生产 2 000 吨钢,该厂将需要多少电量?

解　自变量 X 是钢产量,因变量 Y 是电力消耗。如图 4.30 所示散点图显示出二者之间明显的线性关系。

因为

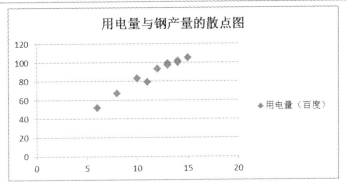

图 4.30 用电量与钢产量的散点图

$$\sum X = 116, \sum X^2 = 1420, \sum XY = 10.614, \frac{\sum X}{n} = 11.6$$

$$\sum Y = 877, \sum Y^2 = 79611, n = 10, \frac{\sum Y}{n} = 87.7$$

所以,相关系数为

$$R = \frac{10 \times 10614 - 116 \times 877}{\sqrt{[10 \times 1420 - 116 \times 116][10 \times 79611 - 877 \times 877]}} = 0.9838$$

这一相关系数意味着存在很强的线性关系。确定系数为

$$R^2 = 0.9838^2 = 0.9679$$

这说明 96.79% 的偏差可以由回归模型来解释,只有 3.21% 的剩余由干扰来解释。有时,确定性系数会有点过于乐观,特别是数据点较少时。

计算最优拟合线,计算 b 和 a

$$b = \frac{10 \times 10614 - 116 \times 877}{10 \times 1420 - 116 \times 116} = 5.925$$

$$a = 87.7 - 5.529 \times 11.6 = 18.97$$

所以最优拟合直线方程为

$$Y_T = 18.97 + 5.925X$$

要生产 2 000 t 钢(即 $X = 20$),用电量的预测值为

$$Y_t = 18.97 + 5.925 \times 20 = 137.47$$

即每月 13 747 度。利用 Excel 软件中的"回归"分析工具,建立电子表格模型求解所得结果的界面如图 4.31 所示。

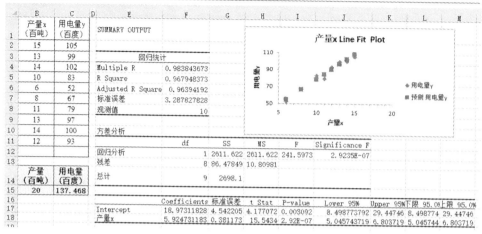

图 4.31　用电量与钢产量的散点图

第五节　预测方法的选择及监控

一、预测方法的选择

(一) 产品生命周期的各个阶段是选择预测方法的重要依据之一

任何成功的产品都有导入期、成长期、成熟期和衰退期 4 个阶段。4 个阶段对产品的需求是不同的。在产品研制和引进阶段，由于缺乏统计数据和资料，一般采用定性方法如：德尔菲法、企业领导意见法、用户调查法等等。在产品的发展阶段，销售量迅速增长，可采用估计法或时间序列平滑模型或分解模型。在产品的成熟阶段，销售量一般处于稳定状态，可采用时间序列模型，如能找到相关因素，可采用回归分析法等。到了衰退期，为了减少预测偏差，往往采用几种预测方法，然后加以比较再结合预测人员的判断，确定预测结果。

(二) 统筹考虑预测要求精确度和需要支付的费用

在选择预测方法时，显然，要在成本和精度之间权衡。精确的预测方法在实施时的成本一般较高，但它能取得精度较高即与实际需求偏离较小的预测值，从而最终使生产经营成本降低。应该注意的是：第一，不存在百分之百准确的预测方法，因而，不要为了预测的绝对准确而白费心机。第二，就任何一个预测问题而言，存在精度比较合理的最低费用区间。因此，在选择预测方法时，要统筹考虑预测要求精度和所需支出费用，找出一个较优的方案。

预测结果与实际需求之间总是存在一定的误差,我们在进行预测的时候,总是希望预测结果与实际需求之间的偏差越小越好,这样对决策有好处。但一般来讲,预测所要求的精度越高,需要利用的模型越复杂,支出的费用也越高,消耗的时间也愈长;反之,精度要求较低,模型较简单,支出费用少,耗费时间短。

(三) 选择预测方法要考虑资料占有情况和预测人员的水平

1. 资料占有情况

准确无误的调查统计资料和信息是预测的基础。进行预测需要有大量的历史数据,掌握与预测目的、内容有关的各种历史资料,以及影响未来发展的现实资料,即要从多方面搜集资料。

资料按来源不同有内部资料和外部资料之分。内部资料,对公司和企业来说,是反映该单位历年经济活动情况的统计资料、市场调查资料和分析研究资料。外部资料,对公司和企业来说,是从本单位外部搜集到的统计资料和经济信息,政府统计部门公开发表和未公开发表的统计资料;兄弟单位之间定期交换的经济活动资料;报纸杂志上发表的资料;科学研究人员的调查研究报告;以及国外有关的经济信息和市场商情资料等。从这些资料中筛选出与本单位预测项目有密切关系的资料。筛选资料的标准有三个:

① 直接有关性。
② 可靠性。
③ 最新性。

在把符合这三点的资料搜集到之后,经过分析研究,有必要时再搜集其他有关资料。

准确无误的资料,是确保预测准确性的前提之一。为了保证资料的准确性,要对资料进行必要的审核和整理。资料的审核,主要是审核来源是否可靠、准确和齐备,资料是否可比。资料的可比性包括:资料在时间间隔、内容范围、计算方法、计量单位和计算的价格上是否保持前后一致。如有不同,应进行调整。资料的整理包括:对不准确的资料进行查证核实或删除;对不可比的资料调整为可比;对短缺的资料进行估计核算;对总体的资料进行必要的分类组合。

对于一项重要预测,应建立资料档案和数据库,系统地积累资料,以便连续地研究事物发展过程和动向。

只有根据经济目的和计划,从多方面搜集必要的资料,经过审核、整理和分析,了解事物发展的历史和现状,认识其发展变化的规律性,预测才会准确可靠,预测才有质量保证。

在占有资料的基础上,进一步选择适当的预测方法和建立数学模型,这是预测准确与否的关键步骤。

对于定性预测方法或定量预测方法的选择,应根据掌握资料的情况而定。当掌握资料不够完备、准确程度较低时,可采用定性预测方法。如对新的投资项目、新产品的发展进行预测时,由于缺乏历史统计资料和经济信息,一般采用定性预测法,凭掌握的情况和预测者的经验进行判断预测。当掌握的资料比较齐全、准确程度较高时,可采用定量预测方法,运用一定的数学模型进行定量分析研究。为充分考虑定性因素的影响,在定量预测基础上要进行定性分析,经过调整才能定案。

在进行定量预测时,对时间序列预测法或因果预测法的选择,除根据掌握资料的情况而定外,还要根据分析要求而定。当只掌握与预测对象有关的某种经济统计指标的时间序列资料,并只要求进行简单的动态分析时,可采用时间序列预测法。当掌握与预测对象有关的、多种相互联系的经济统计指标资料,并要求进行较复杂的依存关系分析时,可采用因果预测法。

时间序列预测和因果预测都离不开数学模型,数学模型也称为预测模型,是指反映经济现象过去和未来之间、原因和结果之间相互联系和发展变化规律性的数学方程式。数学模型可能是单一方程,也可能是联立方程;可能是线性模型,也可能是非线性模型。预测模型选择是否适当,是关系到预测准确程度的一个关键问题。

预测工作的基础是统计数据和资料,预测结果是否正确,在很大程度上取决于统计数据和资料的正确性和准确性。目前,企业积累的历史资料多偏重于按年、月、季时间顺序统计的产值、产量、销售额等,而对影响以上统计数据的变化因素的资料却很少,因此,目前阶段选用时间序列模型较为合适,假如能找到相关因素的统计数据和资料,也可选用回归分析方法等。

2. 预测人员水平

预测人员水平的高低,也是选择预测方法时考虑的重要因素。目前,企业预测人员水平高低不等。如果预测人员文化程度较高,数学基础较厚,又有现代的工具可利用(如计算机)可选择较复杂的模型来进行预测,如经济计量模型、投入产出模型等,反之,可选择较简单的模型加以预测。

(四)预测的时间范围和更新频率

预测是基于历史,立足现在,面向未来的。从现在到未来之间的时间就是预测的时间范围。不同的预测方法有不同的时间范围,因而在选用预测方法时应特别留意这一点。另外,时间范围越大,预测结果越不准确。

一般来说,最合适短期预测方法包括简单平均法、简单移动平均法及指数平滑法,而定性预测通常不适用于短期的,它被证明在短期预测中不如定量法效果好。

对中期预测来说,最有效的预测方法是回归技术,此外,在中期预测中,可同时使用多种预测技术,以便能对比检查预测结果的准确性。

对长期预测,最适合的方法是定性分析法和回归法,通常是将定量分析与定性分析结合使用,定量技术一般是确定基本模型及其对未来的外推,而定性预测则研究这些长期趋势中可能出现的偏差及发生变化的可能性。

同时,任何一种预测方法都不可能完全适用于某一预测问题,应根据实际需求不断检验预测方法。若预测值与实际值偏离过大,则应更新预测方法。

(五)稳定性与响应性

稳定性与响应性是对预测方法的两个基本要求。稳定性是指抗拒随机干扰,反映稳定需求的能力。稳定性好的预测方法有利于消除或减少随机因素的影响,适用于受随机因素影响较大的预测问题。响应性是指迅速反映需求变化的能力。响应性好的预测方法能及时跟上实际需求的变化,适用于受随机因素影响小的预测问题。良好的稳定性和响应性都是预测追求的目标,然而对于时间序列模型而言,这两个目标却是互相矛盾的。如果预测结果能及时反映实际需求的变化,它也将敏感地反映随机因素影响。若要兼顾稳定性和响应性,则应考虑除时间以外的内外因素的影响,运用其他预测方法。

(六)判断在选择预测方法中的作用

在以上过程中,我们可以看出判断在整个过程中所起的作用,这是因为:预测不能被当作是像数学、物理一样的精确科学,而应看作是一门艺术,一种特别的技巧。预测的输入不像数学、物理的输入那样,是自然现象的确定的表现,而是经验、主观分析等不确定的信息或历史数据提供的过去的信息。同时,影响预测结果的诸多因素间也不存在过去、现在和将来都起着同样作用的联系和规律。因此,判断在预测中起着十分重要的作用。

面对一个预测问题,首先要确定采用什么样的方法:用定性方法还是用定量方法?用哪一种具体的定性或定量方法?是否用由多种方法组成的混合方法?等等。要回答这些问题,必须仔细分析预测的目的、预测问题的环境以及预测者在人、财、物、信息各方面资源的情况,然后再做出判断,选出合适的预测方法。另外,当实际需求发生以后,若实际值与预测值有较大的偏差,原方法是否继续使用?应选用什么新的方法?也需预测者按时做出选择。

单个的预测值往往是不准确的,百分之几到百分之几百的偏差都不足为奇。因此,常常使用多种方法或用一种方法做出悲观、乐观等多种预测。对于各种不同的预测结果如何取舍,同样需要判断。

二、预测监控

预测的一个十分重要的理论基础是:一定形式的需求模式过去、现在和将来起着基本相同的作用,然而,实际情况是否如此呢? 换句话说,过去起作用的预测模型现在是否仍然有效呢? 这需要通过预测监控来回答。

检验预测模型是否仍然有效的一个简单方法是将最近的实际值与预测值进行比较,看偏差是否在可以接受的范围以内,另一种办法是应用跟踪信号(tracking signal,TS)。

所谓跟踪信号,是指预测误差滚动和与平均绝对偏差的比值,即

$$TS = \frac{RSFE}{MAD} = \frac{\sum_{t=1}^{n}(A_t - F_t)}{MAD}$$

式中各符号意义同前。

每当实际需求发生时,就应该计算 TS。如果预测模型仍然有效,TS 应该比较接近于零,反过来,只有当 TS 在一定范围内(图 4.32)时,才认为预测模型可以继续使用。否则,就应该重新选择预测模型。

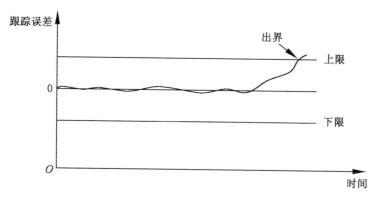

图 4.32　预测跟踪信号

思　考　题

1. 为什么说预测对一个组织来说很重要?
2. "预测最好由一组专家在不与外界交流的情况下进行。"你认为是这样吗?

3. 什么是预测？为什么说进行预测是必要的和可能的？

4. 预测的基本原则是什么？

5. 设计一份工业工程专业建设与教学改革调查表。要求：

（1）涉及专业面要全面（培养目标、教学内容与课程体系、教材选用、教学方法、双语教学、实习、综合性实验、设计性实验、实验室开放等）。

（2）至少设计15个问题，既可以是选择题，也可以是简答题。对于选择题，单选、多选都可以，每个问题至少要设计2个答案。至少要有10个选择题。

（3）简答题的设计要简单、明了、易于回答。

6. 为什么预测总是有误差？

7. 什么是平均预测误差？为什么它的用途有限？

8. 不同的预测方法的优劣是什么？

9. 如何评价预测的精度和价值？

10. 定性预测的主要问题是什么？

11. 有哪些定量预测方法？它们各自的特点和适用范围是什么？

12. 时间序列模型一般用于哪些方面？它有哪些明显的优缺点？

13. 确定性系数是用于测量什么的？相关系数的取值范围是什么？

14. 为什么简单平均数法在预测中应用得较少？

15. 如何才能使一个移动平均数预测对于变化反应更为及时？

16. 如何才能使一个指数平滑预测对于变化反应更为灵敏？

17. 预测监控的意义是什么？

18. 根据以下历史数据进行如下预测，说明你的步骤。

月份	1	2	3	4	5	6	7	8	9	10	11	12
销售额（万元）	62	65	67	68	71	73	76	78	78	80	84	85

（1）试用为期3月的简单移动平均法对4—12月进行预测。

（2）试用为期3月的加权移动平均法对4—12月进行预测，权重分别为0.5, 1和1.5。

（3）试用一次指数平滑法对2—10月进行预测，取预测初值$SF_1 = 61$，其中一次指数平滑系数为0.3。

（4）试用二次指数平滑预测2—12月的需求量，取趋势预测初值$T_1 = 1.8$，指数平滑预测初值$SA_1 = 60, \alpha = 0.3, \beta = 0.3$。

（5）计算上述各种预测方法（4—12月）的平均平方误差。你更偏好哪一种？

19. 某地区家庭收入与家庭消费支出的调查数据如下表所示。请建立家庭收入和家庭消费支出之间的线性回归模型,并预测家庭收入为 6 000 元时的家庭消费支出。

序号	1	2	3	4	5	6	7	8	9	10
收入 x	800	1 200	2 000	3 000	4 000	5 000	7 000	9 000	10 000	12 000
支出 y	770	1 100	1 300	2 200	2 100	2 700	3 800	3 900	5 500	6 600

第五章　　新产品开发和生产流程设计与选择

众所周知,企业的经营主要是围绕产品(包括实体产品与无形产品)展开的活动,产品是企业面对社会、面对市场的最重要也是最基本的要素。企业制造和销售的产品是企业赖以生存和发展的基础,是企业生产系统的综合产出。企业间的竞争也主要体现为产品的竞争。企业的各种目标如市场占有率、利润等都依附于产品之上。一个企业如果有了好的、深受市场欢迎的产品,企业就会迅速发展;否则,企业就会走下坡路,甚至被淘汰。

任何时候,任何企业所拥有的产品优势都只是相对的、暂时的。在科学技术迅猛发展的今天,在国际化的市场竞争日益激烈的现代,任何现存的市场份额都不是安全的,任何一个产品的寿命周期都是非常有限的。企业所拥有的产品优势越来越短暂。因此,新产品开发对企业来说具有非同寻常的意义,它是着眼于未来的发展变化、改善企业的产品结构和经营状况的一项战略任务。

第一节　　新产品开发

一、新产品的概念

(一) 产品的定义

产品是企业从事生产经营活动的直接有效的物质成果。产品定义的传统解释局限在产品的物质形态和具体用途上的,被表达为:由劳动创造、具有使用价值、能够满足人类需求的有形物品。产品的现代定义的基础是市场营销学的观点。所谓产品,是指通过交换而获得的需求满足,即向市场提供的能够满足人们某种需求和利益的有形产品和无形服务均为产品。有形产品包括产品实体及其品质、特色式样、品牌和包装,无形服务包括可以给买主带来附加利益的心理满足感和信任感的保证、形象和声誉等。这些构成了产品的整体概念。

ISO9000 对产品的定义为:产品是过程的结果。一般产品分为四种通用类别:

(1) 服务(如交通运输)。

服务通常是无形的,并且是在供房和客户接触面上至少需要完成一项活动的结果。

(2) 软件(如计算机操作系统软件)。

软件由信息组成,通常是无形产品并以方法、论文或程序的形式存在。

(3) 硬件(如机械零件)。

硬件通常是有形产品,其量具有计数特性。

(4) 流程性材料(如润滑油)。

流程性材料通常是有形产品,其量具有连续性的特性。硬件和流程性材料经常被称为货物。

大多数产品是由不同类型的产品部件构成,服务、软件、硬件和流程性材料的区别取决于其主导成分。例如,外供产品"家用轿车"是由硬件(如发动机)、流程性材料(如燃油、冷却液)、软件(如发动机控制系统软件、驾驶员手册)和服务(如售后维修服务)等组成。

(二) 新产品的定义

从技术发展角度,新产品是指由于科技进步和工程技术的突破而产生的、在产品本身上有了显著变化的、具有了新性能的产品。新产品分两类,一是采用新技术原理、新设计构思、研制的全新产品;另一类是应用新技术原理、新设计构思,在结构、材质、工艺等任一方面比现有产品存在重大改进,并显著提高了产品性能或扩大了其使用功能的改进型产品。从市场营销观念,新产品是一种具有新意的产品,它能进入市场提供给用户新的效用价值而被用户认可。新产品应在产品性能、材料和技术性能等方面(或仅一方面)具有独创性,或与老产品比较具有先进性,优于老产品。

(三) 新产品的分类

新产品的种类分为全新型新产品、换代型新产品和改进型新产品。

(1) 全新型新产品。

是指产品的工作原理、产品结构、所用材料和生产工艺等方面具有独创性,与老产品截然不同。全新产品是科学技术上的新发明在生产上的新应用。例如,当年发明的收音机、电视机、电子计算机、塑料尼龙制品等,当它们作为新产品问世时,都是前所未有的全新产品。这类新产品的诞生,往往伴随着科学技术的重大突破。全新型新产品是应用基础研究、应用研究与开发研究的成果,在技术上取得了新的突破,所以又叫创新型产品。这类产品在技术、经济、用途、性能等方面,具有新的特点,令人耳目一新。

(2) 换代型新产品。

主要是指在原有产品的基础上,部分的采用新原理、新材料、新结构、新技术以适应新用途、满足新需要的产品。如从普通电熨斗到自动调温的电熨斗,又到无线电熨斗。再比如第一代计算机是以电子管作为主要元件;第二代计算机是晶体管的;第三代计算机采用了集成电路;第四代计算机采用大规模集成电路;现在的人工智能计算机是第五代计算机。产品的发展就是这样推陈出新的。

(3) 改进型新产品。

是对现有产品改进性能,提高质量,或求得规格型号的扩展,款式花色的翻新而产生出的新产品。改进型新产品,可以对现有产品稍加改进而成,也可以有基础产品派生出变形产品,还可以在变形产品的基础上派生出新的延伸产品。相对于全新型新产品和换代型新产品来说,改进型新产品的开发更简单易行,既不需要高深的技术,又不需要大量的投资,可以通过小改革,利用现有技术、现有设备来实现,而带来的经济效益则可能是很大的。

在市场中以上三种新产品中,以换代新产品和改进新产品居多,它们也是企业进行新产品开发的重点。从企业经营的角度来说,新产品必须是:

① 能满足市场需求。

② 能够给企业带来利润,特别是在研制全新产品时,必须预先考察新产品能否满足以下条件:符合市场的需求;具有设计的可能性;具有制造的可能性;具有经济性。

(四) 新产品发展的趋势

当今对产品艺术化、品味化的研究已成为产品研究与开发中的重要课题,不仅像汽车、电视、家具等这些要求具有观赏功能的产品,就连洗衣机、热水瓶、垃圾桶等普通的日常用品,也在努力追求使之具有良好的外观形象以吸引顾客。

(1) 多能化。

扩大同一产品的功能和使用范围。如收录唱组合音响,多功能计算器等。在扩大产品功能的同时,还应注意提高产品的效率和精度。

(2) 复合化。

把功能上相互关联的不同单体产品发展为复合产品。如洗衣机和干燥机的一体化;集打字、计算、储存、印刷为一体的便携式文字处理机等。

(3) 小型化。

轻便化缩小产品的体积,减轻其重量使之便于操作、携带、运输以及安装。这

样还可以节省材料,降低成本。

(4) 简单化。

改革产品的结构,减少产品的零部件,使产品的操作性能更好,更容易操作,同时也能降低产品的成本。使用新技术、新材料是使结构简单化的重要方法。如用晶体管代替电子管,用集成电路代替晶体管等。将产品的零部件标准化、系列化、通用化也是简化产品的一个重要途径。

(5) 智能化。

把一般人需要通过学习培训才能掌握的知识和技能转化为产品本身具有的功能,使产品的使用操作"傻瓜化"。这样可以使许多专业性产品发展成为大众化产品,从而大大扩大这些产品的用户群。"傻瓜相机"就是一个很好的例证,一个摄影生手本来需要花掉几个胶卷才能掌握的照相技术,现在拿起来就会用了。再比如汽车,正在朝着全智能化方向发展,而且也在走向网联化和智能化交通,甚至能够实现无人驾驶模式。

(6) 艺术化品位化。

从产品的造型、色调、质感和包装等方面下功夫,使产品的款式新颖,风格独特、体现特殊的艺术品位。

对于服务行业来说,开发新产品就是开发新的服务项目。随着国民收入的不断提高,居民消费观念的更新,以及可自由支配时间的增加,人民越来越要求社会能提供多样化的服务,开发新的服务项目,以满足自身物质和精神方面的消费需要。以物质消费为主的消费结构向以精神和文化消费为主的消费结构转变的倾向,给服务业创造了大好的发展机遇,也向他们提出了能够提供出更多的新的精神食粮和文化产品的要求。以日本为例,日本是一个第三产业高度发达的国家,目前日本在服务业就业的职工人数已占社会职工总数的 58% 以上。日本的服务行业正朝着"服务信息化""服务个性化""服务综合化""服务效率化"的方向发展,并且仍在不断地推出新的服务项目。我国的服务业正处于方兴未艾的时候,日本服务业的发展进程可以给我们带来很好的借鉴作用。

二、新产品开发的定义和意义

(一) 新产品开发的定义

新产品开发包括产品构思、产品设计、工艺设计等一系列活动的全过程。产品是企业赖以生存和发展的物质基础,在日益激烈的市场竞争中,企业之间的竞争在很大程度上表现为产品之间的竞争,同时产品的竞争又促进了新产品的开发。新产品开发的示意图如图 5.1 所示。

图 5.1　新产品开发示意图

(二) 新产品开发的意义

新产品开发的成功与否直接关系到企业的长远发展。设计管理的核心是新产品开发,因此.企业要拥有优秀的设计管理.使新产品成功推向市场并被消费者所喜爱。这不仅给企业带来利润.还能巩固企业在市场上的良好形象。市场营销学中所指的新产品概念不是从纯技术角度理解的,不一定都指新的发明创造,其内容要广泛得多。从市场营销学的角度看,凡是企业向市场提供的能给顾客带来新的满足、新的利益的产品,即视为新产品,大体上包括以下几类:新发明的产品、换代产品、改进产品、新品牌产品(仿制新产品)、再定位产品,成本减少产品等。企业新产品开发的实质是推出不同内涵与外延的新产品。而对于大多数企业来讲,是改进现有产品而非创造全新产品。

创新是企业生命之所在,如果企业不致力于发展新产品,就有在竞争中被淘汰的危险。努力开发新产品,对于企业的生存发展有着极为重要的意义。

市场竞争的加剧迫使企业不断开发新产品。企业的市场竞争力往往体现在其产品满足消费者需求的程度及其领先性上。特别是现代市场上企业间的竞争日趋激烈,企业要想在市场上保持竞争优势,只有不断创新,开发新产品。相反,则不仅难以开发新市场,而且会失去现有市场。因此,企业必须重视科研投入,注重新产品的开发,以新产品占领市场,巩固市场,不断提高企业的市场竞争力。

产品生命周期理论要求企业不断开发新产品。产品在市场上的销售情况及其获利能力会随着时间的推移而变化。这种变化的规律就像人和其他生物的生命历程一样，从出生、成长到成熟，最终将走向衰亡。产品从进入市场开始直到被淘汰为止这一过程在市场营销学中被称为产品的市场生命周期。产品生命周期理论告诉我们，任何产品不管其在投入市场时如何畅销，总有一天会退出市场，被更好的新产品所取代。企业如果能不断开发新产品，就可以在原有产品退出市场时利用新产品占领市场。值得注意的是，在知识经济时代，新技术转化为新产品的速度加快，产品的市场寿命越来越短，企业得以生存和发展的关键在于不断地创造新产品和改造旧产品。创新是使企业永葆青春的唯一途径。

消费者需求的变化需要不断开发新产品。消费者市场需求具有无限的扩展性，也就是说，人们的需求是无止境的，永远不会停留在一个水平上。随着社会经济的发展和消费者收入的提高，对商品和劳务的需求也将不断地向前发展。消费者的一种需求满足了，又会产生出新的需求，循环往复，以至无穷。适应市场需求的变化需要企业不断开发新产品，开拓新市场。科学技术的发展推动着企业不断开发新产品。科学技术是第一生产力，是影响人类前途和命运的伟大力量。科学技术一旦与生产密切结合起来，就会对国民经济各部门产生重大的影响，伴随而来的是新兴产业的出现、传统产业的被改造和落后产业的被淘汰，从而使企业面临新的机会和挑战。这是由于科学技术的迅速发展，新产品开发周期大大缩短，产品更新换代加速，从而推动着企业不断寻找新科技来源和新技术专利，开发更多的满足市场需要的新产品。

在当今企业激烈竞争的环境下，大多数企业面临着产品生命周期越来越短的压力。企业要在同行业中保持竞争力并能够占有市场份额，就必须不断地开发出新产品，并快速推向市场，满足多变的市场需求。若新产品不能成功地占领市场，则将使企业丧失市场份额，最终失去获利能力和竞争优势地位。

产品开发与工艺选择是在企业总体战略指导下进行的。企业总体战略指明了企业的经营方向，规定了产品规划的原则，通过生产与运营管理，实施对产品的设计和制造，最后才能实现企业的战略目标。产品开发工作需要对产品系列、产品功能、产品的质量特性及成本、产品发展的步骤等做出决策。工艺是指加工产品的方法，从原材料的投入到产品产出，由多个工艺阶段构成制造过程，制造过程对于形成产品的功能、质量、成本有很大影响。这两项工作是生产运营系统设计的前期任务，对企业的经营效果影响很大，风险也很大，是需要认真考虑的。

新产品开发具有十分重要的战略意义。一个企业向市场提供什么样的产品，这些产品在市场中处于怎样的位置，体现了企业的经营领域，也决定了企业成长生存、获利能力和未来发展方向。优良的产品设计及工艺技术使生产的产品性能精

第五章　新产品开发和生产流程设计与选择

良、可靠、外观美观、使用经济方便、能有力的吸引用户、赢得市场,从而使企业取得十分有利的竞争优势。新产品开发是企业保存和成长的次要支柱,它对企业将来的运营情况和近景有严重的影响。

随着全球经济一体化的进程,许多企业在市场竞争中都要面对越来越多的来自国外对手的竞争。先进的计算机技术、通信技术、贸易壁垒的持续降低、运输业的不断发展都是使市场竞争越来越激烈的因素。全球激烈的竞争,全球化信息网络的形成,使得消费者希望市场能够不断地推出新产品和服务,而且这些新产品和服务的市场比以前更快地走向成熟,从而,使得这些产品更快地走向商品化,同时,边际利润更快地下降。飞速发展的科学技术,缩短了产品的生命周期,影响了产品和服务的生产和服务流程,缩短了产品的开发和制造周期,自动化技术对生产流程产生巨大影响,机器人的应用,降低了劳动力成本,提高了产品质量。于是,企业面临着前所未有的开发新产品和服务及相应的生产和交付流程的巨大压力。

产品设计、工艺设计对产品生产过程起着决定性的影响,产品生产的生产效率、材料利用、质量保证以及能否建立良好的生产秩序等都直接取决于产品及工艺技术的设计。企业的任务是为社会提供产品和服务,而产品的开发周期、成本、质量和制造的效率无不受到产品开发的影响。据统计,设计时间占总开发时间的近60%,如图5.2,因此为缩短新产品上市时间,必须缩短产品设计时间,产品设计和工艺设计影响着新产品的创新速度。

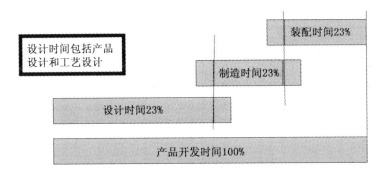

图5.2　产品开发时间构成示意图

在当今产品更新速度加快,产品生命周期大大缩短的形势下,加强和加快技术准备工作显得尤其重要,50年前和现在的部分产品生命周期时间对比如图5.3所示。有资料表明,对一些产品更新快的行业,如电子产品行业,一种产品如果晚上市半年,就会使企业减少利益35%;若产品生命周期为5年,产品开发时间每延长6个月,利润就损失1/3。

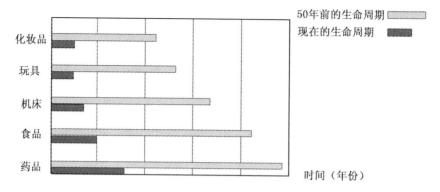

图 5.3　产品生命周期的缩短

因此,企业必须十分重视产品开发工作,在产品、工艺设计时采用许多新的开发手段和方法,以保证产品开发早期阶段能做出正确的决策,从而提高产品质量、降低产品成本,进一步缩短产品开发周期,达到缩短生产技术准备周期的目的,把它作为最重要的一个手段来增强企业的竞争能力。产品质量不仅受到设计的影响,而且受到生产过程中生产制造实现设计意图程度的影响。产品设计的一个关键因素是其可制造性,即通过生产能实现设计特点的难易程度。设计也会影响成本,即由设计决定材料成本、劳动力成本和设备成本。在不同的产品开发阶段改变设计对成本的影响示意图如图 5.4 所示。

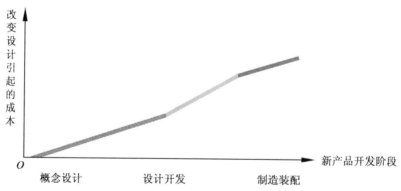

图 5.4　在不同的产品开发阶段改变设计对成本的影响示意图

美国波音公司的研究报告指出,产品开发的早期概念阶段将决定产品生命周期费用的 85%,但该阶段所占费用却低于 7%。产品开发过程中成本曲线图如图 5.5 所示。

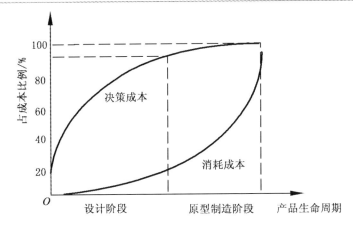

图 5.5　产品开发过程中成本曲线图

福特公司的研究报告也指出,尽管产品设计的成本只占产品整个生命周期成本的 5%,但 70% 的成本是由设计影响的,见图 5.6。Dixon 和 Duffey 认为,产品所有质量的 40% 可以归因于低劣的设计和工艺。Sun 认为制造生产率的 70%~80% 是在设计和工艺阶段决定的。Huthwaite 强调产品设计对各组织的影响力,形象地称产品设计的影响为"波动效应"。

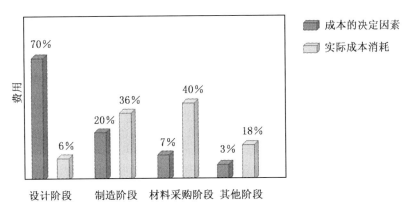

图 5.6　产品成本的决定因素构成及实际成本消耗构成示意图

德国工程师协会曾经对一些企业作过调查,以了解产品的设计开发、生产准备与加工、原材料与外购件的购买、管理销售等四部分工作的成本(工时)对产品成本的影响,调查结果如图 5.7 所示。

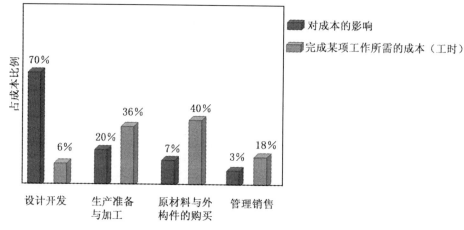

图 5.7　产品中各成本的比例

由图 5.7 可知,虽然产品的设计开发成本在生产中的成本只占 6%,但它们对产品总成本的影响却达到 70%。分析其原因就在于,产品、工艺的设计阶段决定了产品的工作原理、零件的数量、结构、尺寸和材料选用等对加工方法和产品使用都有重大影响的因素,因而它对产品的总成本造成了如此巨大的影响。

由此可见,产品设计和工艺设计在产品开发中作用重大,它几乎占用了 60% 的开发时间,决定了 70% 的成本。根据管理学中 ABC 分类思想,企业生产技术准备组织是企业快速响应各户要求的瓶颈,是提高企业竞争力的关键。

二、新产品开发的战略规划

(一)新产品战略的作用

新产品开发的战略性原则要求制订新产品战略,即通过新产品的战略规划来开发新产品。一些公司为了满足市场的需要或为了赶潮流,不顾公司的实际能力和资源条件开发新产品。结果,有的新产品迟迟不能上市,有的新产品在投放市场后,发现了许多重大问题,而有些新产品则由于企业实力处于劣势,被竞争对手击败。在新产品开发上,缺乏战略规划是新产品失败的一个重要原因。

1. 新产品战略的概念

战略是企业制定目标、配置资源的基本形式,是企业对市场、环境因素的变动所做出的反应。企业的总体战略目标是实现组织及其环境的最优组合。新产品战略是应付外部环境的变化,企业管理者决定实现的一整套新产品目标,以及为实现这些新产品目标而制定的一组有关新产品开发的政策或规划。新产品战略与一般战略一样,包括新产品战略领域、战略目标、战略方案和措施等几个方面。

(1) 新产品的战略领域。

新产品的战略领域是指新产品进入的行业类型、产品线数目、进入的细分市场数目等。

(2) 新产品的战略目标。

新产品需要选择的战略目标主要有销售量的增长率、市场份额、利润或投资回报率等。

(3) 新产品的资源配置。

新产品的资源配置主要是指新产品开发财务和人力资源的获取方案、企业相关资源的分配方案等战略方案。

(4) 新产品的竞争优势及市场地位。

在明确企业在各业务领域和产品－市场组合中的差别化优势的基础上,确立各竞争领域新产品的竞争优势与市场地位。因此,通常需要进行产品－市场组合的市场机会分析、与竞争者相比较的企业独特能力分析等需求、竞争和内部条件方面的分析。这里主要包括目标市场与目标竞争者的选择、产品定位等新产品核心战略。

(5) 新产品的协同性。

新产品战略需要确定起支持作用的营销组合和各职能计划。新产品战略应考虑产品－市场组合、资源配置及企业能力之间的相互促进作用,以获得整体协同效应。新产品战略随着管理层次的降低而逐渐细化,一般在新产品开发项目层次采用更具体的产品创新大纲形式。

新产品战略也具有战略的一般作用,能够整体综合新产品开发的方向,集中资源,有重点地利用资源;能够提供协同作用,获得"部分之和大于整体"的协同效应;能够协调不同职能部门之间的和谐运转,增进部门之间的沟通;可用来辅助组织设计,指导资源的有效配置;也能够激励员工,用来评价个人和团体的行为和绩效;考虑了未来市场及竞争状况,能够减少风险。新产品战略能够应付新产品开发的综合性、不确定性和风险性,以及与现有产品的相互制约关系等方面的要求和变化。

2. 新产品战略的特殊作用

新产品战略的特殊作用主要有限制转向和指导开发全过程两个方面。

(1) 限制转向。

新产品战略确定了新产品开发目标,界定了开发活动的边界,限定了开发的方向因此,新产品战略能够限制企业把资源投向不合适本企业的开发方向和发展潜力小的机会,同时鼓励企业开拓特别适合本企业条件的、具有良好潜力的机会。这种限制转向作用能够使企业更好地发挥自身优势,同时集中资源开发市场前景良好的新产品。

(2)指导新产品开发的全过程。

新产品战略指导新产品开发过程的各阶段,形成统一的整体。

① 根据新产品战略,可以建立相应的开发组织。

② 新产品战略能够指导新产品构思的收集,促进新产品概念的形成。新产品战略如果强调技术推动,则可以从技术开始收集构思;如果强调市场需求推动,则从市场开始收集构思;如果重点放在优化生产,则从制造过程中收集构思、形成概念。

③ 新产品战略能够引导构思和概念的评价标准的建立。新产品战略为概念筛选标准、产品测试标准、市场测试标准和财务评价标准的设定提供了依据。新产品战略就像一张新产品路线图,引导开发真正有价值的产品。

④ 新产品战略能够指导新产品的市场营销活动。新产品战略有助于确定承担风险的大小,指导新产品的市场定位,有助于确定市场投放方式,解决快速回收投资等问题。

由于新产品开发的不确定性和偶然性,新产品战略必须及时地对与企业实力相匹配的市场机会做出反应,同时又必须维持其长期性,不能对所有的市场机会和变化做出反应。因此,要求新产品战略具有一定的灵活性,又能保持组织的稳定性。另一方面,新产品战略的形成过程有一个合理的程序,但又不是机械化的组合,必须考虑复杂的探索,维持一定的动态性。因此,制定新产品战略的过程必须具有很强的逻辑性,进行合理的分析,同时又必须利用直觉和创造性,满足企业内外环境变化的要求。新产品的战略规划需要在事实和合理分析的基础上,结合直觉、感悟、梦想和创造性来进行战略决策。

(二)新产品战略的内容

企业战略和新产品战略在事业部和新产品项目层次,可以形成更具体的产品创新大纲,以更好地适应环境变化和引导新产品开发。产品创新大纲仍是战略性,具有定性化和方向性的特点。产品创新大纲的主要内容有战略竞争域、战略目标和战略措施三个方面。

1. 新产品的战略竞争域

战略竞争域可以界定新产品活动的基本方向和范围,起到限制转向的作用。可以通过产品、最终用途、顾客群和技术等维度组合和独自定义来界定新产品的战

第五章 新产品开发和生产流程设计与选择

略竞争域。

（1）产品。

可以利用产品大类、产品种类和产品等级来定义战略竞争域。许多公司采用了这种产品维度，如轿车、银行服务、家用电器、啤酒等。一些公司专注于耐用品和一次性用品的经营，另一些公司可能局限于高端耐用品和低端耐用品的开发经营。例如，索尼公司一直专注于音像产品的开发，如数码摄像机、电视、激光音响产品等。

（2）最终用途。

最终用途一般比产品维度更深入、更自由。产品用途之间存在着多重关系。不同的产品有不同用途，也可以有相同的最终用途。如有线电话和无线电话。而同一产品也可以有不同的最终用途，如计算机可以用来进行数据处理和计算，也可以用来进行文字处理和个人服务。因此，即使产品种类相同，不同的最终用途导致了产品结构和性能的差异，如大型计算机与PC机的结构、性能是有很大差别的。

用最终用途来界定竞争域可以获得更广阔的开发空间。例如，如果中国铁路公司致力于"运输服务"开发，而不只是"铁路"开发，铁路公司开发的产品应包括铁路、汽车和船等方面。

（3）顾客群。

顾客群维度主要用于市场细分化。下面的细分变量可以用于竞争领域的界定。

用户状况。新产品的用户状况可以分为原有用户和新的用户，如一种改进的洗涤剂就是针对原有用户。同事时，新产品可以针对集中化的是目标市场，也可以面向分散化的目标市场，即同时针对几个细分市场。

人口统计特征。年龄、性别、区域等人口统计特征可用于市场定位。例如，夹有绘画的冰激凌主要定位少年儿童，金利来的产品定位于男人的需求。

心理统计特征。消费倾向、生活方式、购买风格等心理统计特征可用来细分市场。例如，新产品可以面向收入丰厚的买主（如奔驰），也可以针对追逐时尚的新人类（如日本的玩具型手机）。

分销状况。新产品可针对企业已有的分销渠道，如超级市场，也可面向新的分销渠道，如专卖店。

（4）技术。

技术维度用于确定新产品所需要的特定技术。新产品可以利用现有技术，也可以采用新技术。如果企业实行根据自己实力经营的定位战略，则倾向于利用自己已有的先进技术来开发新产品。技术可分为科学技术、经营管理技术和市场营销技术等类型。许多公司利用科学技术来界定竞争域,如施乐公司利用静电复印技术来开发新产品。而另一些公司则利用质量控制技术等经营管理技术,或实物销售系统、宣传广告技术、包装技术等市场营销技术来开发新产品,如邮电公司、银行开发的多种配送服务和理财咨询服务。

(5) 多种维度的组合。

企业通常通过多种为主维度的组合来界定战略竞争域。

各种维度的组合形式。各种维度组合的常见形式主要有:主要用于消费品的产品-市场组合矩阵,主要用于工业品的设计-用途矩阵,以及产品用途矩阵和技术-顾客矩阵。有些公司也利用三维或三维以上的变量来界定战略竞争域。例如,在生产高度紧张、生活节奏快的日本,洗浴行业的企业利用技术、顾客群和产品三个维度界定了一个战略竞争域:利用电脑自动控制技术,为洗澡时觉得用手调节水温、不停地转动身体角度是个极大的麻烦的"懒人市场",开发自动洗澡机。当然,各种自动洗澡机受到了人们的普遍欢迎,生意十分兴隆。

组合维度的选择。界定战略竞争域的维数越多,竞争域的区分就越精确,即范围就越窄。这样就导致新产品的针对性越强竞争力越高,但同时市场机会也就越小。反之,战略竞争域的维数越少,竞争域的区分就越迷糊,开发方向就越不明确。这样会导致新产品的竞争力降低,但市场机会可能会增大。因此,组合维度的选择需要对产品竞争力和市场机会进行权衡。这也是新产品战略规划的核心所在。

2. 新产品开发的战略目标

每一个战略竞争域都需要一个或多个目标。这些战略目标可以分为三大类型。第一类目标涉及企业的销售额和利润,属于发展目标。第二类目标与企业的相对竞争能力和竞争潜力有关,属于市场目标。第三类目标与企业的特殊状况有关,属于特殊目标。

(1) 发展目标。

新产品开发的发展目标是指增强未来的竞争能力,促进未来的销售额和利润的增长。发展目标主要有四种类型,即迅速发展型、受控发展型、维持现状型和受控收缩型。

迅速发展型。迅速发展目标要求迅速开发新产品、迅速投放市场、扩大生产规模,以尽快占领市场。迅速发展型目标需要较多的资金保障,并且承受的风险一大。为得到相应的回报,迅速发展型目标主要适合于迅速成长的市场和产品,如移动通信产品。

第五章　新产品开发和生产流程设计与选择

受控发展型。受控发展型目标从节约投资和降低风险角度出发,逐步开发新产品、扩大生产规模和占领市场。受控发展型目标主要考虑产品开发速度与市场接受程度同步,或与市场竞争状况的变化相适应,力求稳定发展,因而是多数企业采用的战略目标。

维持现状型。维持现状型发展目标寻求对现有产品的持续改进,实行逐步更新的产品开发,以维持竞争力。

受控收缩型。受控收缩型目标是指从产品开发中及时抽回资金,有计划地逐步转向其他领域或业务。这种目标在传统产品领域的产品开发中比较常见。

不论采用何种发展目标,发展目标主要是为了促进企业资源的合理分配,把握企业的发展速度。

(2)市场目标(或市场地位目标)。

新产品竞争能力的提高可以带来新产品未来市场地位的提升。因此,企业可以在新产品竞争力预测的基础上确定市场目标。常见的市场目标主要有以下几种:

开拓新市场。通过新产品,创造新的市场机会,战略新的市场,如开发全新产品。例如,海尔公司通过收购和新产品开发,打入彩电、空调和电脑行业等新市场。

提高市场占有率。这是一种进攻型的市场目标,可以通过开发创新程度大或差别优势大的竞争产品,或开发竞争对手的替代产品,来争夺对方的地盘,扩大市场份额。

维持市场占有率。这是一种防御型目标。主要通过开发替代型新产品来维持产品的市场竞争力,保持市场份额。

放弃市场占有率。

(3)特殊目标。

多角化。多角化目标是通过开发新产品来分散经营风险,增强市场适应能力。多角化主要有纵向多角化、同心多角化、横向多角化等多种形式。

季节性调整。新产品开发是为了避免季节性生产销售的波动,保证资金正常运转,如淡季产品的开发。

加速回收投资。新产品开发是为了充分利用企业剩余的生产能力和现有技术,加快投资的回收。

提高产品质量水平。一些企业要求新产品必须具有高质量水平,满足一定的质量标准。

维持和改变企业形象。索尼、宝洁公司要求新产品开发应符合企业的创新形象。

各企业新产品开发的目标是不一样的。一些企业强调新产品开发的速度,寻求迅速发展,而另一些企业则注重新产品的性能和成本,力求稳健发展和维持现有市场地位。例如,英特尔公司为了利用现有软件资源,制定的一个新产品目标是新型微处理器必须具有兼容性。在此目标下,英特尔开发了一系列相互兼容的新型微处理器。然而,新产品开发的战略目标一般是定性的、方向性目标,而定量化的目标往往是短期的目标,如年度利润目标,新产品的成本目标等。由于新产品开发目标主要是填补发展要求和预算结果及现状之间的差距,目标设定的关键是通过状况分析和高层管理的要求分析,找出战略差距和结果差距。针对这些差距,就可以确定开拓新市场和进行产品改进、维持市场占有率等新产品开发目标。

3. 实现目标的战略规划

(1) 关键创新要素的来源规划。

开发的新产品应具有一定的竞争优势,如具有独特的性能、低廉的成本或技术优势等。例如石英表比机械表具有成本优势。因此,企业在分析可发挥的优势和欲避免的弱点基础上,需要规划创建新产品优势的基本途径。新产品优势主要来源于市场营销、生产和技术等方面。

①市场营销。市场营销是新产品的一个关键创新要素来源。当新产品开发是市场拉动型,即由需求来开发新产品时,市场营销是新产品成功的一个重要因素。可以通过竞争产品分析、市场重新定位、特许权扩大和用户研究等几种市场营销方法来获得建立新产品优势的思路。

②生产或运营。生产或运营方面的创新来源通常用于开发改进型新产品。这种创新要素来源主要有生产工艺、产品质量分析和成本价值分析的等几方面。一些日本制造业企业的新产品新要素来源主要集中在生产运营方面。例如,一些公司采用改进产品以降低成本的新产品开发战略,把开发队伍集中于工厂,以便与生产打交道,从生产方面获得新产品的思路。

③技术或研究开发。许多新产品,特别是全新产品的关键创新要素来源于技术开发。显然,技术战略的选择会影响新产品创新要素的来源。各个企业的创新要素来源是不同的,有的来源于内部开发,有的来源于外部技术。例如,海尔等国内家电企业的技术来源包括了三个方面,既进行企业内部研究开发,同时也从外部收购技术,买下了西湖电视机厂。在同一公司,每一个战略竞争领域的创新也不一定相同。因此,每个战略竞争领域需要区别对待。

(2) 产品创新程度的选择。

产品创新程度主要有先导型、适应型和模仿型。每种创新程度都有相对应的

第五章 新产品开发和生产流程设计与选择

费用、风格和利润,因而需要不同的管理风格和管理决策。

① 先导型创新。先导型创新是指首创的产品类型,可分为艺术性突破、杠杆性创造和应用技术三类。艺术性突破是指开发全新产品,如计算机、激光、复印机、一次成像照相机的开发。新产品开发采用艺术性突破是为了获得顾客的高价和市场垄断地位。杠杆性创造利用新的知识、方法和技术改进,来开发新产品。杠杆性创造可以带来新的结构、新的外形和新的特点,并且其开发风险较小,如圆珠笔、不锈钢刀片和光盘的开发等。应用技术是风险最小的新产品开发类型,往往采用一项新技术来实现一个特定的功能。应用技术的首创产品有轻便自行车(轻型材料的应用)、测量仪器的数字显示装置(数字显示技术的应用)、电视信号的光纤传输系统(光纤技术的应用)等。

② 适应型创新。适应型创新主要是吸收先导型创新成果进行改进,以适应市场的需要。先导型产品首次投放市场时,总有不足之处,提供了适应型的改进机会。通过对先导型产品进行改进,来提高产品的市场吸引力和竞争力,以提高产品价值。适应型创新也是有风险的,需要面对先导者的先入优势,需要有敏捷的反应速度、较强的技术能力、较多的研究开发费用,并且要求开发的产品不易被竞争对手仿制,顾客愿意支付相应的价格。一些具有很强生产能力的公司在新产品开发上常采用等待策略,即允许竞争对手进入先导产品领域,然后改进先导产品,进行回击。

③ 模仿型创新。模仿型创新是研究市场上的新产品,进行仿制。一种模仿型创新是利用市场的区域优势或特定市场的特许权,来仿制新产品。另一种模仿型创新是低成本模仿,即以比先导者和适应者更低的产品成本进行模仿和生产。这种战略比较适合市场容量足够大的产品。当市场容量较小时,价格竞争的空间一般也较小。模仿型创新需要一些条件,如生产灵活性、迅速复制产品的开发能力、高水平的市场营销量和产品快速投放市场的能力等。

(3) 时序或时机的选择。

时序或时机的选择是指选择向市场投放新产品的时机和顺序,主要有三种类型。

① 率先进入市场。率先进入的市场投放主要是能够引导消费,抢占市场制高点。但该战略风险大,既需要花费大量资源开发产品,有需要承担宣传新产品、开拓市场的营销费用。

② 敏捷反应。敏捷反应的市场投放是紧跟成功的先行者,成为第二位或第三位进入市场的紧随者。该战略市场风险较小,促销费用也较小,但需要较强的开发能力和柔性的生产能力。为区别率先进入的产品,宣传品牌是该战略的重点。

4. 新产品战略模式

新产品开发的战略竞争域、战略目标与战略规划措施的不同组合可以形成不同的新产品战略。这些战略从对企业资源的要求和风险程度的角度,可分为定位型战略模式、进取型战略模式和冒险型战略模式。

(1) 定位型战略模式。

定位型战略模式的基本思路是,有选择地开发一些风险较小或风险可控的新产品,以保持企业现有的市场地位和竞争能力。定位型战略也称为维持现有地位战略或防御战略。现在许多家电企业的新产品战略,包括彩电和冰箱等市场成熟产品,往往采用这种战略模式。该模式的新产品战略目标主要是维持市场占有率、维持利润水平,进行一些发展。其新产品的战略竞争域主要由产品和顾客群维度及其组合来界定。其实现目标的战略规划主要是,以市场营销为主的创新来源,选择模仿型及杠杆型创造的创新程度,选择缓慢反应型及敏捷反应型的进入市场时机。

(2) 进取型战略模式。

进取型战略模式的战略意图是,不拘泥于企业现有的资源和产品,主动创新,成为市场上的领先者或紧跟者,以获得高收益。因此,进取型战略创新,力图在一定的可控度范围内以高风险换取高收益。由于进取型战略投入新产品开发的资源有一定的限度,该战略虽然有高风险,但又仍是可以控制的。计算机、通信企业的新产品战略,如手机、交换机的开发等,较多采用进取型战略模式,以获得高收益。例如,英特尔公司在半导体市场的研究开发投入方面,着重技术突破,采用高风险、高收益的进取战略模式。该模式的新产品战略目标是增加销售量和提高市场占有率。其新产品的战略竞争域主要通过产品最终用途和技术维度及组合来界定。其实现目标的战略规划主要是,创新来源于市场营销和技术,采用先导型及适应型的创新程度,选择率先进入市场及敏捷反应的进入市场时机。

(3) 冒险型战略模式。

冒险型战略模式的基本思路是,突破现有经营条件和市场的限制,投放大量的资源开发具有高度风险的产品,以获得巨大发展。冒险型战略模式风险很大,投入资源也很多,收益也可观,但要求企业在技术、资金、市场营销等方面有强大的实力。例如,IBM公司20世纪60年代投资50亿美元,用4年时间开发360系列产品。新产品用集成电路取代晶体管电路,大大提高了计算机的运算速度,并且降低了成本。该产品开发的巨额投资伴随着可使公司破产的巨大风险,同时也带来了巨大的发展机会。该产品成功后,IBM在以后很长一段时间占据了市场领导地位。该模式的新产品战略目标是快速发展、大幅度提高市场占有率。其新产品的战略竞争域主要通过最终用途、技术和顾客群维度及组合来界定。其实现目标的战略规划主要是,以技术、收购或许可贸易为创新来源,采用先导型(艺术性突破或杠杆性创造)的创新程度,选择率先进入市场的进入市场时机。

各种战略模式在其战略内容上必须保持一致性,即战略目标、竞争领域和战略规划三者之间必须维持整合性。另外,企业新产品战略模式的选择需要考虑风险大小和企业能力,在利用新技术和新市场的同时,评价和平衡各种风险组合。

三、新产品开发的过程

不论是全新产品的开发,还是换代型新产品和改进型新产品的开发,都需要按照一定的程序进行。一般来说,新产品的开发程序可以概括为:构思方案的产生、方案选择、开发与设计和生产准备与生产。

(一) 产品构思(创意)

在这一阶段首先根据市场的需求,提出吸引顾客的新产品的构思方案。这里包括对新产品的原理、构造、材料、工艺过程以及新产品的性能指标、功能、用途等多方面的设想。然后对构思方案进行分析、评价、筛选,最后确定方案、制定开发计划。

产品创意可来自不同的渠道:有来自企业外部的,如用户、同行或销售代理商等;有来自企业内部的,如企业的技术人员、公司经理、生产技术人员等。

不论来自那个渠道,它们大体上可归为两类:一是受市场驱动,一是受技术驱动。

1. 市场驱动

市场是产品构思的主要源流。

市场驱动型产品是以"市场 — 研究与开发 — 生产 — 市场"的模式出现,即"把市场需求导入研究"。更新换代产品一般属于这一类,如当今市场上的更新换代十分迅速的电冰箱、空调等家用电器产品都是。

产品构思、开发首先应了解消费者的需求,如果闭门造车的开发产品,不考虑人们的需要,这种产品将毫无用处。因此,新产品在进行创意开发时必须根据来自市场的信息,以市场为导向来开发满足消费者需求和需要的新产品。消费者需求个性化的出现,诞生了个性化定制生产,要想实现个性化定制生产,需要柔性技术。

在汽车工业的发展史上,日本比欧美工业发达国家要落后很多,但是丰田公司打破汽车工业的传统生产方式(大量流水生产),以其高超的管理技术发展多品种小批量生产方式,以适应当时国内市场的多种需求,并且在高质量和低成本上取得成功。后来利用20世纪70年代石油危机的机遇,迅速推出节能省油的小型轿车,并一举打入欧美汽车市场。以后又扩大车型范围,向中、高档车型进军,丰田汽车一时风靡全球,在世界市场的竞争中取得了骄人的业绩。

(1) 个性化定制生产的出现。

进入20世纪90年代以来,由于科学技术飞速进步和生产力的发展,顾客消费水平不断提高,企业之间竞争加剧,加上政治、经济、社会环境的巨大变化,使得需求的不确定性大大增强,导致需求日益多样化。"3C"(顾客、竞争、变化的统称)既是多样性与市场需求不确定性的根源,也是促进企业不断提高自身竞争能力的外在压力。在全球市场的激烈竞争中,企业面对一个变化迅速且无法预测的买方市场,致使传统的生产与经营模式对市场巨变的响应越来越迟缓和被动。

这些变化导致产品生产方式革命性的变化。传统的生产方式是"一对多"的关系,即企业开发出一种产品,面对多种顾客,组织规模化大批量生产,达到高效低耗、占领市场的目的。

现在企业面临的是另一种生产模式:根据每一个顾客的特别要求定制产品或服务,即"一对一"的定制化服务。

正如大批量生产创造了20世纪经济奇迹一样,个性化定制生产成了21世纪经济发展的源泉。个性化定制生产或服务要求企业有很强的产品开发能力,这不仅指产品品种,更重要的是指产品上市时间,即尽可能提高对客户需求的响应速度。

与传统的规模化大量生产相比,个性化定制生产的优点在于大大削减库存。例如,宝马公司在欧洲所销售汽车的60%都是根据订单制造的,其销售商在每一笔这样的交易中可以在存货上节省450美元。

除此之外,个性化定制生产还必须采用先进的制造和生产组织技术,因为只有这样才能做到高质量、低成本、快速响应顾客需求,才能实现企业赢利的目的。

由此可见,企业面临外部环境变化带来的不确定性,包括市场因素(顾客对产品、产量、质量、交货期的需求和供应方面)和企业经营目标(新产品、市场扩展等)的变化。企业要想在这种严峻的竞争环境下生存下去,必须具有强有力的处理环境的变化和由环境引起的不确定性的能力,即通常所说的柔性。

(2) 产品柔性。

从企业提供产品的角度看,企业面临两大方面的变化:产品生产任务的变动和产品性能的变化。

生产任务的变动是由于顾客对产品规格型号、数量、质量和交货时间等需求的

第五章　新产品开发和生产流程设计与选择

随机性、独立性造成的。生产任务的变动要求企业具有较高的产品生产柔性,如组合柔性、产量柔性、交货期柔性、质量柔性。

产品性能变化指的是产品的功能、结构、加工工艺等方面发生了变化,它们将导致新产品的出现。当顾客有新产品要求时,企业要具有产品设计柔性。

产品设计柔性,就是快速开发新产品和改造老产品的能力。对于现代企业来说,加强新产品的研究与开发已经是一项经常性的工作,因为在当今市场需求迅速变化、技术进步日新月异的环境下,新产品的研究与开发能力和相应的生产技术是企业赢得竞争的根本保证。

2. 技术驱动

新技术的发展对产品创意有着极为重要的影响。技术驱动型产品是以"技术—生产—市场"的模式出现,即"将研究结果推向市场"。全新产品一般属于这一类,如个人电脑、数码照相机等都是。但是,即使是技术驱动型产品,在制定产品的技术指标、型号规格的时候,也必须认真分析市场,分析竞争对手,制定出包括生产到销售的完整的事业计划。

日本索尼公司从美国西屋电器公司购买到晶体管技术后,开发出了晶体管收音机和电视机,开创了世界范围的大市场。但是在晶体管诞生之前,人们根本不知道晶体管为何物。因此,无从产生对晶体管收音机和电视机的现实需求。只能说这种需求是潜在的,是被新产品发掘出来的。正如索尼创始人之盛田昭夫所说:"我们的政策并不是先调查消费者喜欢什么产品,然后就去开发什么,而是用新产品去引导他们的消费需求"。全新的技术驱动型产品往往能带来规模巨大的市场需求,从而推动生产和市场的繁荣和发展。

但要以技术为导向开发新产品,要求企业有自己的研究开发力量,或与大学、研究机关有密切的合作关系,才能把科学技术成果转化为有商业价值的产品。另一方面,研究开发需要巨大的资金投入。如 IBM 公司每年拿出销售额的 10%,即 50 亿美元作为研究开发经费,美国电报电话公司的研究开发经费更高,达到年销售额的 17%,计有 160 亿美元。我国著名的明星企业——深圳华为通信设备公司也每年投入销售额的 10%,即 1.2 亿元人民币进行研究开发。这些公司都在新产品开发和市场发展上取得了很大的成功。但应该指出,研究开发也存在着很大的风险,开发项目的成功率往往只达 10%~20%。不过,成功项目的收益能远远超过失败项目的投资损失,因而能给企业带来极大的利益。

(1)各国对研究与开发(research and development,R&D)的投入情况。

研究与开发包括基础研究、应用研究和技术开发研究。

在我国,基础研究和在此成果上进行的应用研究为国家政府和科技界所关注,企业关心和参与的大多数是技术开发。技术开发的作用是实现技术知识和市场需求的融合和转换,技术开发占 R&D 的 60%~70%。因此,技术开发从宏观上,它影响着一个国家技术进步水平和国民生产总值;从微观上,它决定着一个企业的生存与发展。

①国外情况。在世界经济渐趋一体化的当今社会,市场经济的激烈竞争,迫使越来越多的企业在 R&D 上投入大量的资金和人力。进入 21 世纪以来,以生命科学和生物技术、信息化技术和纳米技术为标志的科技创新更是一日千里,世界各国的研发投入不断增加,成为科学技术发展的坚实基础。美国是世界上最大的科技研发活动执行国。研发是美国极其重要的投入领域。美国的研发投入总量基本保持着稳定的增长态势。R&D 投入在世界各国都得到重视,每年均有不同程度的增长,但是伴随经济的发展,R&D 投入占其国内生产总值的比重的提升还是遵循着一定的客观规律,即 R&D 投入占其国内生产总值的比重总体在逐步提高,当占比达到一定比例时,又有一个较长的稳定期。根据联合国教科文组织统计,2017 年,科技研发投资排名前十的国家占投资总额的 80% 以上。美国远远超过全球其他国家,其研发支出超过了仅次于第二位中国约 1 000 亿美元。美国、中国、日本排名前三,分别为 4 765 亿美元、3 706 亿美元、1 705 亿美元。进一步研究联合国教科文组织的数据,还能得到另一个领先指标:美国每百万居民雇用 4 295 名研究人员,而中国仅有 1 096 名研究人员。当然,中国拥有比美国多得多的人口,但美国在研发市场上的主导地位是显而易见的,占全球总支出的 27%。这比排名靠后的 100 个国家加起来要高得多。科技研发涉及各个不同的行业,这里的数字包括了从人工智能研究到发明新药,再到制造尖端战斗机的一切开支。众所周知,一个国家对研究和开发的投资可以预测该国家的长期发展情况,很明显,美国、中国、日本和德国较世界其他国家和地区在长期发展上有比较明显的优势。

②国内情况。近年来,我国对企业的 R&D 越来越重视,已经成立了 200 多家企业技术中心,从事企业中长期产品发展。R&D 已形成与生产、营销、财务鼎足而立,甚至更为突出的趋势,这是现代经营的一个明显特性。目前,国内极力倡导的"哑铃型"企业就是重视 R&D 的一种表现。2017 年,中国的研发投入约 17 500 亿人民币,整体研发投入强度(占 GDP 比重)2.12%。其中基础科研 920 亿,企业投入 13 733 亿,其中华为一家投入 897 亿,占全国研发费用 5% 以上。我国研发投入总

第五章　新产品开发和生产流程设计与选择

量居世界第二,增速高于主要国家平均水平很多,2017 年研发增加 11.6%。且项目涉猎全面,不太会错过未来潜在关键项目,新的应用领域表现总体较优秀,对关键领域的支持执行力很强。但是,我国研发投入强度太低,不仅低于日本、德国和韩国,而且目前来看,很可能无法完成 2020 年研发投入强度 2.5% 的目标。并且基础研发所占比例太低,只有 5.3%。

我国在 R&D 经费投入上尽管逐年增长,但总量仍然很低,而且占 GDP 的比例也低。相比一些发达国家,它们平均的 R&D/GDP 在 2.5% 以上,而且在逐步向 3%~3.5% 发展。而我国近年来 R&D/GDP 在 1.7% 左右,见表 5.1。

表 5.1　近年来各国 R&D/GDP 的比值

国家	韩国	日本	美国	德国	法国	中国
R&D/GDP/%	4.0	3.8~4.0	2.8	2.8	2.5	1.7

青岛市以企业为主体的技术创新体系"羽翼渐丰"。企业在科技投入、科技人才培养、知识产权申请、新产品开发等方面已占据主体地位。大中型企业研究与试验发展经费支出占全市的 86%,研发投入约占全市的 90%。其中,海尔集团平均每天开发新产品 1.6 项、申报专利 2.7 项。海信集团研发的拥有全部自主知识产权的中国第一颗"信芯",打破了国内彩电生产核心技术一直被国外垄断的历史,成为 4 年来青岛市企业自主创新成果的最大亮点。

华为对传媒的冷漠,反而激起了传媒对它更强烈的探索欲望。当然这绝非华为的用意。可是,传媒能够不关注这样一家企业吗? 在中国的"电子信息百强企业"排行榜上,它的利润指标高居第一,2000 年实现利润 29 亿元,利润率为 19.08%,研发投入率为 13.62%。这些指标大大超过"百强"中营业收入排第一的中国普天信息产业集团 465 亿元的营业收入,利润 21.49 亿元,利润率 4.62%;排第二的海尔集团,406.28 亿元的销售收入,利润率为 3.36%,研发投入占收入比为 3.86%;排第三的联想集团,利润率 3.60%,研发投入占收入比 3.01%。如果人们了解到华为是一家 1988 年才在深圳成立的民营通信企业,或许对它的兴趣会更加浓烈。

(2) 新产品开发面临的压力。

产品是有生命周期的,新陈代谢是一种规律,企业必须改进老产品,开发新产品才能赢得市场。目前,新产品开发面临着费用高、成功率低、风险大、回报下降等压力。Greg A. Stevens 和 James Burley 调查统计后提出:3 000 个新产品的原始构思,只有 1 个能成功,见图 5.8。Albala 在总结以往研究的基础上,指出新产品开发的死亡率为98.2%。在初期的项目中只有2%可以进入市场,其他的都半途而废。通过对美国和欧洲的文献中报道的所谓失败事例进行研究,其结果是:大约25%的工业新产品与开发者的愿望相去甚远,同时30%~35%的消费品也遭到了同样的命运,新产品失败的三个关键原因如图5.9所示。

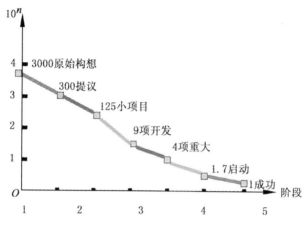

图5.8　产品开发的成功曲线

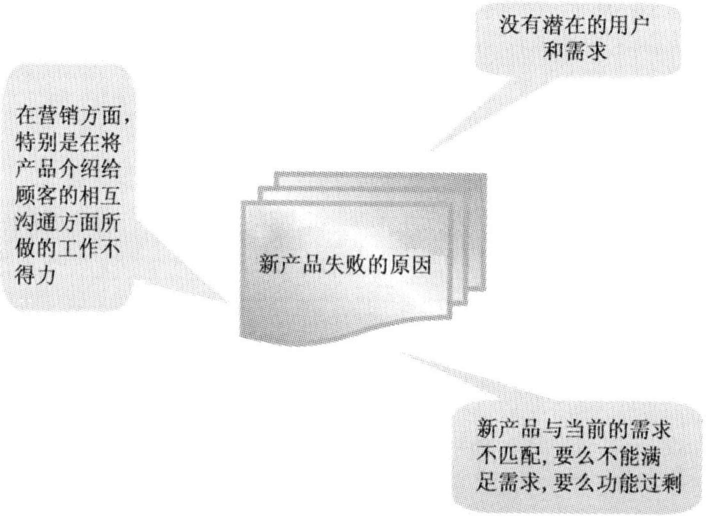

图5.9　新产品失败的三个关键原因

第五章 新产品开发和生产流程设计与选择

（3）产品生命周期与 R&D。

产品生命周期的概念是 1950 年由乔尔·迪安首先提出的，其后，西奥多·莱维特在他那篇著名的论文"利用产品生命周期"中对这一概念给予了高度肯定。自那以后，产品生命周期理论得到了广泛的应用。

产品生命周期是指任何一项产品都会经历从开发期经商品化而进入市场，为市场所接受，经过成长、成熟和衰退以至最终退出市场而消亡的过程。产品生命周期一般分为引入期、成长期、成熟期和衰退期四个阶段。

新产品的开发、企业 R&D 活动的开展和产品生命周期有着密切联系。在产品生命周期的各阶段，R&D 的内容、重点及数量都有不同变化。掌握这些，对于有计划的组织和管理 R&D，提高企业技术创新能力和经济效益具有重要的意义。

在产品引入期，市场需求与有关技术尚不明确，R&D 着重于改进产品的功能和特征，从多种多样的产品创新型号中筛选出性能最好、最具竞争力的型号。经过不断的评价和改进，确定产品的基型设计。

基型设计是产品引入阶段中一项非常重大的工作，它使产品具有创新的性质。在组织方面，不求规模大，需要的是生气勃勃、富有创新精神的灵活的组织形式。

在产品成长期，产品的标准化和工艺的合理化是该阶段的标志。从技术创新的角度来看，是从产品创新向工艺创新过渡的阶段。由于产品性能和结构已渐趋定型化，有可能在工艺方面进行创新和改进。另一方面，市场上同类产品的竞争，已从性能方面转向价格方面，因此，必须在工艺与生产组织方面为降低成本创造良好的条件。

在这一阶段，R&D 工作的重要性大大提高。由于风险较前阶段小，只要决定了企业的核心技术和明确了市场的需求，便可增大 R&D 的投资力度，大量开展应用研究与技术开发工作。但是为了长远的技术发展与储备的需要，在基础研究上也应该保证一定的力量。在组织上，特别要求那些同市场、R&D、规划及生产有关的职能部门之间加强合作与协调。

在产品成熟期，产品创新和工艺创新都已减少而趋于稳定。产品结构和工艺上的相互依赖性进一步增强。一种产品结构的改进往往要大量增加工艺改革费用。这时，R&D 工作集中在技术服务和工艺改进方面。在组织方面，强调组织的稳定，各职能部门之间的矛盾已相应减少。

从以上分析可以看出,在整个产品生命周期的过程中,产品创新和工艺创新有规律的变化。要使产品创新和工艺创新能有计划地进行,企业必须在整个产品生命周期各阶段进行相应的组织调整与改革,以及按照产品生命周期不同阶段制定的 R&D 策略。

从前面的讲述可知,新产品开发的动力可分为技术推动、市场牵引,同时也有同行竞争的因素。但归根结底,新产品开发成功首先必须满足技术与市场匹配的原则。

新产品诞生的一个基本条件是特定的技术(科学、方法、思维过程、设备等等)以一种特定的方式被利用,即它对人类的需求产生了新满足,或更高的层次上实现了这种满足。因此,了解和确定人们的需求,将这种需求用技术实现,这是新产品开发的关键。

(二)产品方案的选择与决策

对新产品方案如何进行选择与决策,主要应考虑企业的整体经营战略、新产品开发策略和企业的能力。筛选的目的是从众多的产品创意中挑选出有可能成功的项目,以避免过高的开发成本。在筛选过程中通常采用三项标准:

(1) 生产标准。

生产标准包括技术可行性、利用现有设施和经验、生产能力和原料供应的可能性、有无专利或其他法律问题等。

(2) 销售标准。

销售标准包括上市能力、预测的销售增长可能、对现有产品的影响及竞争力等。

(3) 财务标准。

财务标准包括投资需求、投资回报率、对企业总获利能力的贡献大小及预计的现金流等。

为按照上述标准对产品创意项目进行评价,通常采用一套评价标准系统对项目评分来进行比较。这种评价标准系统将每一项标准细化为若干条属性,每一项属性在分成几个档次,进一步订出各档的分值,所分配的分值反映了该档次的相对优劣性。

表5.2是这套评价标准系统的部分示例。利用这种评价系统对产品创意项目进行评价,根据它们得分的高低就可选出适当的产品创意了。

第五章　新产品开发和生产流程设计与选择

表5.2　产品创意评分表示例

评价标准		分级	评分值
生产标准	产品开发时间	小于6个月	+2
		6个月至1年	+1
		1～2年	-1
		大于2年	-2
	材料	企业内可解决	+2
		企业外可解决	+1
		企业内可解决的有限	-1
		企业外可解决的有限	-2
	设备	可利用现有设备	+2
		需要一些新设备	+1
		大多数需要新设备	-1
		新的生产设施	-2
市场标准	需求趋势	新市场	+2
		正在成长	+1
		稳定	-1
		衰退	-2
	竞争	没有	+2
		一两个竞争者	+1
		几个竞争者	-1
		许多竞争者	-2
财务标准	投资回报率	30%或更高	+2
		25%～30%	+1
		20%～25%	-1
		小于20%	-2
	资本费用	低	+2
		中等	+1
		高	-1
		特高	-2

产品创意项目的评分法只是一种粗略评价,要具体的确定出它们的获利性和投资回报率等的经济效果,还需要进行经济分析。为此,首先应进行需求预测,确定未来的需求量和需求发展趋势,其次,应估计出产品的售价及有关的成本。利用这些资料进行经济分析的方法主要有盈亏平衡法。下面举例说明如何应用盈亏平衡法对产品项目进行经济分析。

例 4.1 某公司预测到一种新产品的年销售量可达 4 000 个单位。公司的工程和财务部门估计该产品的生产成本如下:

单位可变成本:

制造成本　　　　　　　55 元

销售和管理成本　　　　5 元

合计　　　　　　　　　60 元

固定成本:

制造占用　　　　　　　350 000 元

销售和管理占用　　　　100 000 元

合计　　　　　　　　　450 000 元

该产品在市场上的价格是 100 – 250 元。为了尽可能提高市场占有份额,公司定价为 150 元。令 N 代表总销售量,则该产品的总成本可估计为 $TC = 450\,000 + 60N$

当价格定为 150 元时,一年的总销售额为 $R = 150N$

则临界产量应为 $N = 450\,000/(150 - 60) = 5\,000$

按一年销售 4 000 单位计算,只需 1 年 3 个月就能达到临界产量。由于该产品的寿命期相当长,因此,这项投资是很有利的。

(三) 新产品的设计

1. 新产品设计的内容

产品构思方案确定以后,就进入新产品设计阶段。在这一阶段,要对产品构思方案中的关键技术课题进行研究和试制,进一步确认和修改构思方案。然后开始进行产品的设计、试制或试验。确定新产品的基本结构、性能参数和技术经济指标等。通过这一阶段的工作后产品就基本上可以定型了。

2. 新产品设计的作用

无论是新产品开发、老产品改进还是外来产品仿制、顾客产品订制,产品设计始终是企业生产活动中的重要环节。设计阶段决定了产品的性能、质量、成本。因此,产品的设计阶段决定了产品的前途和命运,一旦设计出了错误或设计不合理,将导致产品的先天不足,工艺和生产上的一切努力都将无济于事。

3. 新产品设计的程序

为了保证质量,缩短设计周期,降低设计费用,产品设计必须遵循科学的设计程序。产品设计一般分为总体设计、技术设计、工作图设计三个阶段。

(1) 总体设计。

通过市场需求分析,确定产品的性能、设计原则、技术参数,概略计算产品的技术经济指标和进行产品设计方案的经济效果分析。产品设计过程示意图如图5.10所示。

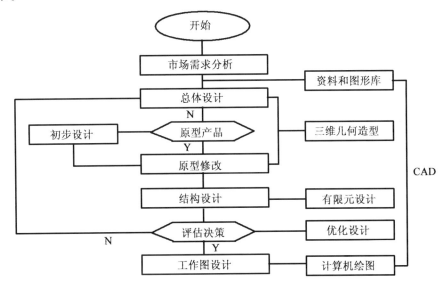

图5.10　产品设计过程

(2) 技术设计。

将技术任务书中确定的基本结构和主要参数具体化,根据技术任务书所规定的原则,进一步确定产品结构和技术经济指标,以总图、系统图、明细表、说明书等总括形式表现出来。

(3) 工作图设计。

根据技术设计阶段确定的结构布置和主要尺寸,进一步作结构的细节设计,逐步修改和完善,绘制全套工作图样和编制必要的技术文件,为产品制造和装配提供确定的依据。

产品设计是一个递阶、渐进的过程。产品设计总是从产品要实现的总体功能出发,系统构思产品方案,然后逐步细化,划分为不同的子系统、组件、部件、零件,然后确定设计参数。

4. 产品设计的原则和绩效评价

(1) 原则。

选择一个真正能为企业带来效益的产品并不容易,关键看产品设计人员是否真正具备市场经济的头脑。一方面,新技术的出现对新产品的形成有重要影响,而另一方面,则主要看企业是否真正把用户放在第一位。

因此,产品设计和选择应该遵循以下几条原则:

① 设计用户需要的产品(服务)。
② 设计出制造性强的产品。
③ 设计出强壮性强的产品(服务)。
④ 设计绿色产品(考虑环保要求)。

(2) 绩效评价。

为了使企业保持长久的竞争力,必须不断向市场推出新产品,为此,企业必须有效响应用户需求,并且能超过竞争对手。抓住机会的能力、快速开发出新产品、用很短的时间将产品推向市场,对一个企业而言是十分重要的,因为产品的市场寿命是有效的。

为此,必须对企业的产品和服务设计的绩效进行测量和控制,争取取得最大的效益。根据企业在市场上的竞争要素,通常用表5.3所列出的内容作为度量产品开发绩效的主要指标。

表5.3 产品设计绩效评价指标

绩效指标	度量	对竞争力的影响
上市时间	新产品引入频率 从新产品构思到上市的时间 构思数量和最终成功数量 实际效果与计划效果的差异	顾客/竞争对手的响应时间 设计的质量——接近市场的程度 项目的频率——模型的寿命
生产率	每一个项目的研究开发周期 每一个项目的材料及工具费用 实际与计划的差异	项目数量——新产品设计与开发的频率 项目的频率——开发的经济性
质量	舒适度——使用的可靠性 设计质量——绩效和用户的满意度 生产质量——工厂和车间的反映	信誉——用户的忠诚度 对用户的相对吸引力——市场份额 利润率

(四) 新产品的生产技术准备与生产

首先要对前一阶段的成果进行评价,决定投产后,首先要开始进行工艺设计,工夹具设计和技术文件准备等生产准备工作。必要时还应该进行样品试制和批量试生产及市场试销。

在这里我们主要介绍一下工艺设计。

1. 工艺设计

(1) 工艺过程设计的定义。

工艺过程设计是产品设计过程和制造过程之间的桥梁,它把产品的结构数据转换为面向制造的指令性数据。工艺过程设计的结果,一方面反馈给产品设计用以改进产品设计,另一方面作为生产实施的依据。

(2) 工艺过程设计的任务。

工艺过程设计的主要任务是确定产品的制造工艺及其相应的后勤支持过程,具体而言是指按产品设计要求,安排或规划出由原材料加工出产品所需要的一系列加工步骤和设备、工装需求的过程。

(3) 工艺过程设计的内容。

工艺过程设计的内容由零件图设计、加工毛坯、选择机床、制定加工工艺、选定加工条件、计算加工时间、选择工装和决定加工工序的操作顺序等内容组成,工艺过程设计的内容示意图如图 5.11 所示。

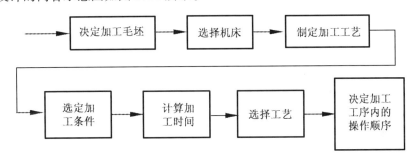

图 5.11　工艺过程设计的内容

(4) 工艺过程设计的程序。

工艺过程设计难度大,是技术系统中的瓶颈环节,它涉及的范围广,用到的数据和信息量相当庞大,又与生产现场的个人经验水平密切相关。工艺过程设计的程序包括:产品图纸的工艺分析和审查、拟定工艺方案、编织工艺规程、工艺装备的设计与制造。

① 产品图纸的工艺分析和审查。产品图纸的工艺分析和审查,是保证产品结构工艺性的重要措施。产品图纸的工艺分析和审查的主要内容有:产品结构是否与生产类型相适应,是否充分地利用了已有的工艺标准;零件的形状尺寸和配合是

否合适,所选用的材料是否适宜,以及在企业现有设备、技术力量等条件下的加工可能性和方便性程度。

② 拟定工艺方案。拟定工艺方案是工艺设计的总纲。在工艺方案中,要明确产品制造过程中会存在哪些主要问题,关键件用什么方法加工,工艺路线怎样安排,工艺装备的原则和系数如何确定等重大原则问题。具体来说,工艺方案的内容一般包括:确定产品所采取的工艺原则,规定生产时应达到的质量要求、材料利用率、设备利用率、劳动量和制造成本等技术经济指标,列出产品的各类加工关键件,确定工艺路线,进行工艺方案的经济效果分析。

③ 编制工艺规程。工艺规程是最主要的工艺文件,它是安排生产作业计划、生产调查、质量控制、原材料供应、工具供应、劳动组织的基础数据,是具体指导工人进行加工制造操作的文件。编制工艺规程包括:产品及零部件制造方法和顺序的确定,设备的选择,切削规范的选择,工艺装配的确定,设备调整方法的选择,产品装配与零件加工的技术条件的确定的等。

④ 工艺装备的设计与制造。为实现工艺过程所需要的工具、夹具、卡具、量具、模具等,总称为工艺装备。工艺装备的设计与制造对贯彻工艺规程,保证加工质量,提高生产效率,具有重要作用。

2. 生产阶段

进入这一阶段实际上就意味着开发的结束。但还有一种观点是把新产品投放市场、对初期市场进行跟踪调查、将调查结果反馈到有关部门,也包括在新产品的开发程序之内。从新产品开发管理的角度来说,这是很有意义的。

四、新产品开发的组织分析

为了实现新产品的战略目标,企业需要建立相应的组织来确保战略的正确、有效的实施。组织的结构特性和行为过程反映了一个组织的基本状况。因此,组织的复杂性、正规化、集权化程度等组织结构特性,以及计划决策过程、沟通过程、实施过程和控制过程等组织过程,都是新产品组织分析的重要内容。新产品开发的组织分析主要包括确定组织的基本目标,分析组织的各种因素及相互关系和确定组织的控制方式等方面。这里主要讨论新产品开发的组织因素及其影响关系、组织决策问题和组织形式的选择。

(一) 新产品开发的组织创新倾向

在新产品开发方面,组织力量往往同时起着推动和阻碍两个相反的作用,既组织中存在抵制和鼓励新产品开发的两种力量。我们用组织创新倾向来反映一个组

第五章 新产品开发和生产流程设计与选择

织内抵制新产品开发的组织力量与鼓励新产品开发的力量对立平衡,不同的组织有着不同的创新倾向,同一组织在不同的时期其创新倾向也不一样。

1. 影响新产品开发的组织矛盾

为实现新产品的成功目标,新产品开发过程需要修正资源配置,需要不同部门的介入,同时需要新的行为模式和新的态度。因而新产品开发过程需要变革,也带来变革。这些变革会引起组织内部的抵制。新产品开发的矛盾在于组织方面对新产品开发的推动力与抵制力的对立平衡。

(1)新产品开发的推动力。

外部的市场力量和内部的组织目标、激励因素推动着新产品的开发。

① 外部市场力量。外部市场力量形成了新产品开发的外部压力,如顾客的需求、竞争反应的需要等。屋外活动者对音乐的需要促使索尼公司开发了"随身听"。当网景公司推出互联网浏览器时,微软为了保护其市场份额,也推出了自己的网上浏览器。

② 组织目标。组织目标,如提高市场占有率、占据新市场等,是新产品开发的内部压力。20 世纪 80 年代末精简指令集计算机(Reduced Instruction Set Computer,RISC)市场迅速增大时,摩托罗拉公司为了在新市场立足,不得不加快了 RISC 芯片的开发。许多企业纷纷"触网",开发网络相关产品,也是为了满足企业发展目标的要求。

③ 激励因素。政府对高薪技术产品的激励政策和优惠措施等外部积极因素,企业希望成为创新者和市场领导者的愿望,以及充分利用自身技术、销售等方面的能力等内部激励因素促进了相关新产品的开发。宝洁公司和微软公司分别作为日用洗发护理品市场和操作系统市场的领先者,不断推出了一代又一代新产品,并广泛地利用了现有的技术和分销网络。

(2)新产品开发的组织体制抵制。

新产品开发引起了组织变革,给组织的前景带来的不确定性、怀疑和困惑,容易产生抵制。

① 组织的惰性。组织固有的结构惰性是抵制变革的重要原因。组织都有力求维持其现有格局的一种自身力量,从而十几组织具有强大的惯性和惰性。当数控机床出现时,许多机械加工工人的经验和技能受到了威胁。为了保护企业的现有社会体系不受数控技术的冲击,许多机械加工企业、机床制造企业推迟了数控机床的采用和生产。信息技术在企业管理和生产上的应用过程也遇到了同样的阻力。

② 组织对变革的消极反应。组织抵制变革的其他原因主要来源于回避不确定性的倾向、不愿背离计划和现有观念的意识、企业内部的政治斗争、维持组织权力

平衡的倾向以及回避改革成本的愿望等组织内部的消极反应。摩托罗拉追求卓越质量的理念导致了新产品开发时间的延长，而新产品RISC芯片与现有产品开发之间的资源争夺使公司不能对RISC芯片的需求做出及时的反应。而当晶体管出现时，电子管厂商所进行的强烈抵制则是为了回避变革的成本。

在新产品开发及变革中，支持和反对变革的组织力量都有其合理性。组织中抵制变革的力量是为了维持组织的秩序和稳定性，以发挥组织的正常功能，而支持变革的力量是为了实现组织的目标、促进组织及其成员的发展。

2. 影响新产品开发的主要组织因素

（1）影响组织创新倾向的主要因素。

新产品开发的组织创新倾向反映了组织接受变革或抵制变革的程度，不仅受组织的一致性、权力结构和信息交流过程等组织因素的影响，而且与领导和管理因素有关。

① 主要的组织因素。组织因素主要有组织一致性、权力结构和组织政治、信息交流过程、资源灵活性、决策过程和实施过程。

② 相关的领导因素。领导因素包括确定方针政策、建立组织和建立激励机制等方面。

③ 相关的管理因素。管理因素包括预算和规划、组织和配置人员、控制和解决问题等方面。

显然，组织因素与领导和管理因素之间存在着复杂的相互作用关系，一方面，领导和管理干预会受到各种组织因素的制约。另一方面，利用这种相互作用的关系，领导和管理干预可以影响组织，改变组织创新倾向。如果组织创新倾向高，则有迅速、敏感的新产品开发潜力，能缩短开发时间。如果组织创新倾向低，则组织对新产品开发的抵制强烈，新产品开发时间较长。因此，组织的创新倾向影响新产品开发的时间、费用及赢利。

（2）主要组织因素的影响应。

组织文化、组织结构和组织过程更主要组织因素影响着组织创新倾向。

① 组织一致性。组织一致性是维持组织整体性的组织内部压力，在变革的巨大压力下也能保持组织的结构和文化。这种组织一致性产生的制约作用类似于一种精神上的管制，结果妨碍素质对环境的变化做出及时的反应，并常常对某些问题产生异常的过敏反应。摩托罗拉在RISC芯片市场的压力下，仍顽强坚持技术卓越的精神，开发和创造高质量的产品。这反映了摩托罗拉有强烈的组织一致性。

组织一致性与创新倾向二者的吻合程度决定的组织创新倾向的大小。坚强、明确的组织一致性会引导组织内的决策和行为，因而可以利用组织一致性来形成

第五章　新产品开发和生产流程设计与选择

强大的组织力量,让组织使命推动日常决策。符合组织一致性的新产品会被阻滞热情接受,产生高创新倾向,而与之不相符合的新产品就会受到组织的抵制,难以被接受,造成低的创新倾向。组织变革成本的上升,如组织已有规范化的程序和标准的改变,往往成为抵制者反对变革的正当理由。

② 组织权力结构。组织权力结构对创新倾向的影响主要表现在组织政治的存在和组织权力平衡程度。

组织政治的存在可能会扼杀或支持新产品计划,因而不同方向地影响创新倾向。组织中的政治势力可以利用其权力基础去影响他人,如争夺预算和晋升机会等资源。这样,主导势力决定了新产品的创新倾向。组织政治势力也可以采用各种政治手腕,支持和抵制新产品的开发,如不授予开发小组实权、设立复杂的检查制度、减少激励措施,甚至玩弄"黑"手法进行抵制。

组织权力结构的平衡程度会对新产品所带来的变革产生不同的组织反应。当组织内的现有政治势力处于平衡状态时,新产品计划可能会破坏组织的权力平衡,造成部分势力抵制变革以维持其权力基础。这时,可以利用外压或采取政治手段来打破组织的权力平衡。企业过去的成功形成了组织现有的权力平衡,包括资源分配的平衡。因而,新产品计划一旦威胁到资源分配的平衡,就会引起抵制。当组织的权力未达到平衡状态时,新产品计划有可能被一个政治势力接受,用来解决权力的不平衡。因此,一般来说,权力平衡的组织创新倾向较低。

③ 组织信息交流过程。组织信息交流过程的质量、速度和公开性影响着组织创新倾向。

组织信息交流过程中存在的信息过滤降低了信息传递的质量和速度。组织成员出于政治上和自私自利的目的,由选择地过滤信息,以控制其上司或相关者收到的信息。信息过滤是为了使信息向有利于自己,而不利于其对手的方向流动,或者截流相关信息。显然,信息过滤使一些新产品开发的关键信息难以传递到最高管理层,容易造成决策的失误,从而降低了组织创新倾向。因此,组织需要建立一种"自净"的机制,消除"小人"的不良行为,以消减信息过滤的程度。

组织的层级结构、部门结构也促进了信息过滤。这些层级结构通过汇报使信息向上流动,通过指令把奖励和惩罚向下传递,结果向上报喜不报忧,造成高层管理者得不到充分的信息而影响决策,促进了创新倾向的降低。

组织信息交流过程的公开性和频繁性也影响其创新倾向。频繁的、公开的交流过程可以避免"暗箱操作",其组织创新倾向高于交流不太频繁的、封闭的组织在新产品开发上的创新倾向。

④ 组织资源的灵活性。组织资源灵活性是指财务资源、人员、设备和技术专长

等资源从目前状况转移到新产品上去的容易程度。资源越充足,柔性越大,则其灵活性越大,也就越能够保障满足组织内部和外部的需求,提高新产品开发中的创新倾向。组织资源灵活性越小,则组织创新倾向就越低。当一项技术出现收益递减时,企业的技术专长过于狭窄、僵化就会妨碍新技术的采用和新产品的开发,造成组织创新倾向的低下。为了降低这种情况发生的可能性,日本企业通过岗位培训和工作轮换来提高人力资源的灵活性,增强组织的创新倾向。

⑤ 组织决策过程。在组织决策过程中,组织成员参与决策的程度影响决策的时间和质量。在成员参与程度较少得的组织,如层级森严的组织中,信息需要逐级传递,因而新产品决策的时间延长,决策质量也降低。而松散的、成员参与程度较高的组织则能缩短新产品决策时间,减少信息失真。IBM 在开发笔记本电脑时,广泛授权,采用团队小组进行运作,促进了更多人的参与决策,提高了组织创新倾向,使该新产品的推出时间比往常缩短了一半时间。

⑥ 组织实施过程。组织实施过程的程序化(或机械化)程度影响组织创新倾向。实施程度越是程序化的,则组织抵制变化越强烈,组织创新倾向就越低。这是因为程序化高或标准化程度高的组织力图维持现有的组织程序和标准,不适应新产品开发所带来的变革。因此,稳定环境中的组织或程序化高的组织在新产品方面往往愿意奉行抵制最小路线,既把延误和困难缩小到最低程度,以成功地实施决策或计划。

组织实施过程采用抵制最小路线虽然可以加快开发速度,但对组织外部市场来说不一定产生最佳的产品,一些企业的产品开发部门在开发新产品时容易追求开发进度,而执行抵制最小路线,忽视生产和营销方面的意见,回避难以协调的问题。结果,产品推出市场后就发生了原本可以避免的问题,只得重新设计,甚至新产品没有什么优势,满足不了市场的需要。因此,在新产品开发过程中,需要权衡新产品质量与开发速度。

以上6个组织因素形成了一个组织的轮廓,反映了其创新倾向。常常见到的死气沉沉、创新倾向低的企业往往具有非常僵化的企业形象、平衡的权力结构、等级森严的缺乏交流的封闭系统、流动性差的资源、独裁式的决策过程和机械化的实施过程。而充满活力的、创新倾向高的企业组织轮廓则常常正好相反。

3. 影响组织创新倾向的领导和管理因素

当组织的创新倾向低时,企业可以通过领导和管理的干预来促进组织的变革,从而提高组织创新倾向。然而,领导和管理因素对组织起作用的程度是不同的,所需时间也是有差异的。领导层注重组织与环境的相互作用,发现问题和机会,并通过权利克服组织的变革阻力,影响成员的思想和行为,以应付变化和促进变革。而

第五章　新产品开发和生产流程设计与选择

管理层则注重组织内部的运作,通过与领导活动的相互作用来保证预期效果的实现,对付组织的各种复杂性和解决产生的问题,以确保组织的运作效率。因此,通过领导和管理活动,可以针对抵制变革的各种组织因素采取相应的措施,来影响组织的结构与过程,克服组织对变革的抵制,提高组织创新倾向。

(1) 领导因素。

领导因素主要包括三个方面,形成远景,确定方针政策;建立组织和交流网络,使员工理解远景;建立激励机制,激励员工实现远景。

① 确定方针政策。领导层确定方针政策意味着明确新产品的战略目标和措施等新产品战略,清晰界定核心产品概念。当新产品的方针政策与组织的文化、历史、企业形象相符合时,就容易被组织接受和实施。而当它们之间不相符合时,有关新产品的方针政策及新产品本身在组织内部就难以交流,容易遭受抵制。如果界定的新产品核心概念不同于组织的方针政策时,就需要改变组织的观念、战略方向及组织结构。

② 建立组织。新产品概念的实现需要组织员工、建立新产品开发小组,以克服组织惰性和提高开发效率。但是,建立新产品开发小组需要了解组织的权力基础和影响过程,以确保开发小组的组织地位。新产品的领头人或开发小组的领导是新产品成功的关键人物。通过这些关键人物,企业领导层可以增加新产品设想的交流,可以授权,并激励成员积极参与,从而形成强有力的开发团队。

③ 建立激励机制。领导层可以通过建立新产品开发的激励机制,来激励员工,向开发过程不断注入活力。

对员工的激励可以通过满足人们的基本需要来实现。通过满足和提高员工的安全感、归属感、认知感、自尊感、对自己命运的控制感和实现个人理想的能力,可以激励员工的开发热情、积极的工作和创造力的发挥。因此,领导层可以选择和采用各种相应的激励手段。通过明确组织的远景,可以提高员工对组织和未来的信心。通过提高员工的决策自主权、让员工自己决定如何去实现,能够使员工产生一种控制感。通过提供指导、反馈和建立角色模型,能够发展员工的专业化能力,满足员工的自尊感。也可以通过适当的刺激奖励,来满足和提高员工的归属感。此外,企业领导层利用组织的信息交流过程和非正式的关系网络,不仅可以协调领导活动,而且能够进行激励。特别是非正式渠道在调节、激励和解决冲突方面发挥了极大的作用。

(2) 管理因素。

管理层主要是对付新产品开发的复杂性,通过与领导活动的相互作用保证获取预期的效果。主要的管理因素包括编制计划和预算,组织和配备人员,控制和解决问题等方面。

① 编制计划和预算。管理层通过编制新产品开发的计划和预算,来对付各种复杂性。企业提供给新产品的资源越灵活、越充分,则编制开发计划和预算就越容易。通过开发计划和预算,能够使开发资源得到合理有效的配置,应付组织及其环境的复杂性,以实现新产品目标。

② 组织和配备人员。管理部门需要组织和配备新产品开发人员,来实现开发的行动计划。管理层在领导层的协调下,建立一个开发组织机构,确立一套开发工作和任务,配备合格的开发人员,授权给开发小组成员,并设计出监督开发执行的制度,以确保新产品开发计划的实现。

③ 控制和解决问题。管理层需要跟踪新产品开发过程,排除出现的困难,以确保开发计划的顺利完成。可以利用报告、会议、信息系统、决策支持系统等手段,来区别实际结果与开发计划的差别,并采取相应的对策,解决发生的问题。管理层的控制和监督在整个新产品开发过程中是不可缺少的。

(二) 新产品开发的组织决策

新产品开发组织具有自主性、分权化、竞争性、热情性和开放性等特点。虽然组织创新的效率和效益一般高于个体创新,但组织需要一套控制机制来协调组织的各项活动,以维持组织结构的稳定性。组织运作能力和效率的提高一般需要严格的组织控制,而组织适应能力和创新能力的提高则需要宽松的组织控制。新产品开发的组织决策需要考虑和解决这两者之间的矛盾。新产品开发的组织决策主要涉及新产品开发的管理层决策、管理职能决策、组织结构形式决策等相关问题。

1. 新产品开发的管理层次决策

新产品开发的战略性、综合性和持续性等原则要求建立新产品开发的规划与管理机制。

(1) 新产品开发规划的开发阶段及规划与管理业务范围。

① 新产品开发规划的开发阶段。新产品开发规划的开发阶段可以大致分为长期计划阶段、战略规划阶段、新产品开发项目或开发课题的选择与管理阶段、开发的组织实施阶段。

长期计划阶段。根据 5~10 年事业长期规划来制定新产品开发的长期计划。长期计划,包括 R&D 总额的确定,通常是由企业层级的规划部门来制定。

战略规划阶段。新产品战略规划通常是由战略管理人员与规划部门共同制定。根据长期技术预测和市场探索,估计本企业的技术力量和资源优势,制定出新产品战略,并由企业或事业部等组织层次的战略会议决定。

第五章 新产品开发和生产流程设计与选择

新产品开发项目的选择与管理阶段。新产品开发项目或开发课题可以由事业部、开发部门、营销部门或以上几个部门一起来进行评价和选择。开发项目或课题也可以由新产品开发委员会做出决定。

开发的组织实施阶段。实施新产品开发的组织负责成立项目小组,选择项目负责人,实施开发过程的控制。在对一个开发阶段的日程、预算、技术、可靠性、产品成本进行评价后,再决定向下一个开发阶段过渡。

② 新产品开发的规划与管理业务范围。在企业组织中,新产品开发的规划与管理不在同一部门的情况比较多。这时需要区别新产品开发的规划业务与管理业务范围,以利于二者之间的分工协作。新产品战略的规划、新产品开发课题的评价与选择和长期开发计划的制定和管理属于规划业务。开发预算管理、开发人员规划和开发项目的管理与控制属于管理业务。

(2) 新产品开发的组织管理体制。

新产品开发有三个主要的环节,即新产品开发的战略总体规划、特定计划项目的选择与管理和新产品开发的组织实施。明确这三个环节的组织决策层次对新产品开发的管理是非常必要的。根据这些管理层次决策,新产品开发的管理体制可以分为一级管理体制和多级管理体制。一级管理体制是企业层统一管理新产品开发,而多层管理体制是由多个组织层次管理新产品开发。例如,新产品开发由企业层和事业部层两个层级分别来管理。

(3) 新产品开发战略规划的层次决策。

新产品开发总体战略规划的组织层次决策主要有以下三种形式:

① 企业层决策和管理。
② 事业部层决策和管理。
③ 两级管理体制。新产品战略规划分别由企业和事业部两级进行决策和管理。这种形式较为常见。

(4) 特定的新产品项目规划的层次决策。

特定新产品项目规划的组织管理层次决策主要有企业和事业部两个层级。

① 企业层管理。当新产品战略规划属企业层级管理时,特定计划项目应属企业层管理。当新产品的战略规划采用两级管理体制时,应视情况而定。一些新领域的项目、涉及多个事业部的项目及风险大的项目都可以由企业层来管理。

② 事业部层管理。当新产品战略规划属事业部层级时,特定计划项目应属事业部层级管理。当新产品的战略规划采用两级管理时,本业务领域的项目、事业部有足够能力承担的新产品项目应由事业部层级来管理。

(5) 新产品开发组织实施的层次决策。

新产品开发组织实施的层次决策不仅与新产品的组织管理体制、计划项目的管理层次有关,而且与新产品开发的组织实施方式相联系。

①新产品开发组织实施的集中化与分散化方式。新产品开发组织实施方式主要有集中化与分散化两种。新产品开发的集中化方式主要是设立研究所和开发部门,集中进行新产品开发工作。而分散化方式是把新产品开发分散到下面的产品线、职能部门等各个层次,如分散到制造部门。新产品开发组织实施的集中化程度取决于项目的性质、新产品开发战略等许多因素。下面给出了影响集中化程度的几个重要因素。

开发项目的独特性。独特性强的新产品项目一般采用集中化开发方式,以有效地利用现有资源和提高开发力度。

事业部之间的共性。事业部之间的共性越强,新产品开发资源的共同利用部分就越多,集中化开发的倾向也就越强。

事业部的实力大小。事业部的实力越强,则独立组织实施开发的可能性就越高,集中化开发的形象倾向也就越低。

新产品开发战略。进取型和冒险型新产品战略往往要求新产品开发的组织实施集中地进行,以集中优势资源、力图获得突破。而定位新产品战略要求实施集中化开发的倾向较低,新产品开发一般分散到产品线等下层组织,以便于改进产品和降低产品成本。

②新产品开发组织实施的组织层次。根据新产品的组织管理体制决策、计划项目的管理层次决策和开发方式的有关影响因素,在进行新产品开发组织实施的组织层次决策。实施新产品开发的组织层次有企业层级、事业部层级和职能部门层级等多种形式。

企业层级组织实施。在冶金、食品、医药和化工行业,或中等规模的企业中,新产品开发的组织实施集中在企业层进行的较多。例如,AT&T 的开发实施集中在贝尔实验室。

事业部层级组织实施。在多角化经营企业中,新产品开发组织实施由所属的事业部负责进行的方式比较多。

在企业层级和事业部层级二层组织实施。采用这种开发实施方式的公司一般把创新程度高的新产品或基础研究部分集中在企业层级组织实施,而把升级换代产品开发或商业化开发部分的组织实施分散到事业部等下面的层次。这种开发实施方式比较适合生产规模大、产品领域宽的企业。例如,IBM 等大企业多采用该种开发实施方式。

职能部门层级组织实施。把新产品开发的组织实施分散到制造部门等职能部门，以便能够迅速地把制造等职能部门的意见反映到新产品开发中去。这种开发实施方式在机械工业行业比较常见。

2. 新产品开发的管理职能决策

在确定新产品开发的规划、组织实施的管理层次后，需要确定在已定的组织层次上，谁来组织管理新产品开发。新产品开发的管理职能决策主要是确定新产品开发由已定组织层次的主要管理人员，还是由该层次的开发部门、经营部门等职能部门来负责管理。

（1）在全面管理人员与职能部门之间的选择。

新产品开发的管理可以由该组织层级的最高主管负责。一些中小企业，或规模小、风险大的项目，往往采用这种管理职能形式。新产品开发管理也可以委托给某一职能部门负责。这种形式适用于产品范围广、多角化事业的场合。

在最高主管负责和职能部门负责之间进行选择时，需要考虑以下几个因素：

新产品战略。当采用产品改进、产品线扩张等定位型新产品战略时，新产品开发管理可以委托给某一职能部门。当采用进取战略和盲目战略，或需要开发新技术时，新产品开发一般由全面管理人员组织管理。

新产品开发的风险程度及紧迫性。当开发风险大或紧迫性大时，新产品开发应有全面管理人员组织管理。

开发项目的复杂程度。当项目复杂程度高、需要几个部门合作史时，新产品开发通常由全面管理人员负责管理，进行协调。

职能部门的客观能力。当职能部门的客观能力比较弱时，新产品应由主管人员管理。

（2）在职能部门之间的选择。

当新产品开发的管理决定委托给职能部门时，需要选择一个适合的职能部门。进行新产品开发管理的职能部门通常是开发部门和市场营销部门。新产品开发部门熟悉技术，善于开拓新的领域，但市场沟通能力较弱。市场营销部门熟悉市场，使开发的新产品容易被市场接受，但对技术不熟悉，缺乏远见。

在进行职能部门选择时，需要考虑以下一些因素：

新产品独创性的基本创新来源。当新产品独创性主要来源于市场调查和市场预测时，新产品开发一般由市场营销部门负责组织管理，如消费者驱动模式或竞争驱动模式的新产品开发。当新产品独创性主要来源于实验室时，新产品开发由开发部门负责组织管理，如技术驱动模式的新产品开发。

新产品的技术与市场需求的匹配状况。当开发部门与市场之间存在沟通障碍、观察能力不足时，容易造成技术与市场需求的偏离，新产品开发应由市场营销部门组织管理。

3. 新产品开发的组织结构形式决策

新产品开发的组织结构形式决策主要涉及决定组织结构形式的基本影响因素和组织结构形式的选择。

(1) 影响组织结构形式的基本因素。

组织的战略、规模、技术和环境是决定组织结构形式的基本因素。

① 组织的战略。"战略决定结构"理论认为组织结构必须服从组织的战略。随着组织的战略从单一产品向纵向一体化、多角化转变,组织结构应从松散灵活的结构形式逐渐转变为程序化和标准化的组织结构形式。进取型和冒险型新产品战略需要灵活性和适应性强的组织结构形式。而防御型和定位型新产品战略一般要求开发制造具有稳定性和效率性,多采用程序化和标准化的组织结构形式。

② 组织的规模。规模大的组织一般要求组织具有较高的专用化、较高的正规化、较高的纵向化和较高的集权化程度。因此,这样的组织成为程序化和标准化的组织结构形式的可能性大。但组织的规模对组织结构形式的影响趋势正在减弱。

③ 组织的技术。根据技术所完成任务的变化性和所处理问题的不确定性程度,技术可分为常规技术和非常规技术。企业或新产品技术的常规化程度越高,要求组织结构的标准化程度越高。企业技术的非常规化程度高,则要求组织具有较高的灵活性。

④ 组织的环境。如果组织面临的是一个稳定的外部环境,采用程序化和标准化的组织结构形式比较合适,能够带来相应的高效率;如果组织面临的是动态变化的不确定性环境,一般应采用灵活性和适应性强的组织结构形式。组织结构形式也必须与它的内部环境相适应,反映组织的文化价值观。例如,权力差距大的组织文化往往带来集权化的组织结构,而回避不确定性的组织文化倾向于建立正规化程度高的组织结构。

(2) 新产品开发的组织结构形式决策。

传统的具有高度正规化、集权化、程序化、规范化的组织结构与新产品开发的灵活性、自主性、创造力的发挥相矛盾,不适合新产品开发。根据新产品开发的特点及其对组织的要求,新产品开发倾向于采用灵活性和适应性强的组织结构形式。新产品开发的组织结构形式决策需要综合考虑组织的相关战略、规模、技术、市场环境变化、新产品重要性、组织内部能力及组织文化等许多因素的影响。

(三) 新产品开发的组织形式及其特点

1. 临时性开发小组

临时性开发小组是一种花费最少、集中度最大的组织结构形式,主要适用于新

第五章 新产品开发和生产流程设计与选择

产品开发较少的企业或没有专门的新产品开发组织的企业。

2. 新产品委员会

新产品委员会是矩阵结构组织形式的一种,是企业管理高层和事业部等中间管理层管理新产品开发的最普遍的组织形式。

(1)新产品委员会的主要作用。

新产品委员会负责评价新产品计划,指导和协调企业的新产品开发活动,以及进行相关的新产品决策,根据其主要作用,新产品委员会可以分为决策型、协调型和特别型三种类型。

(2)新产品委员会的优缺点评价。

优点:提高了各部门的参与程度;强化了各部门组织之间的信息沟通和协调;提高了决策的民主化和科学化。

缺点:难以统一各部门目标、部门利益与总体目标之间的差异,容易产生妥协的结果;成员都是兼职工作,容易受他们日常工作的影响;委员会的决策周期较长,一般是一个月一次或者更长,因而难以做出及时、快速的反应。

3. 矩阵小组

在新产品战略和计划项目确定后,需要确定项目实施的组织结构形式。矩阵小组是新产品开发项目经常采用的一种组织形式。矩阵小组成员来自不同的职能部门,小组负责人一般有人事使用权和预算使用权,但相关职能经理也可以参与小组的领导。

(1)矩阵小组的主要作用。

矩阵小组专职负责把某一具体的新产品引入市场。当新产品在市场中站稳脚跟后,小组便解散,各小组成员回归原处。

(2)矩阵小组的主要优缺点评价。

优点:小组成员来自职能部门,有利于提高技术水平和技术积累;企业的技术容易继承,能有效地利用人力资源;有利于部门之间的协调与沟通;小组成员彼此之间能够产生学习效果;能够共享专业化资源。

缺点:存在双重领导;容易形成无政府状态;容易导致权力斗争,建立组织壁垒;容易导致资源的重复配置,提高组织成本。

在矩阵组织中,对项目经理和职能经理的责任和权力分配的不同形成了各种类型的矩阵组织结构形式。这些矩阵组织形式是对组织效率与人的核心能力的权衡结果,反映了企业经营理念和新产品战略对组织形式的影响。

4. 产品经理结构

产品经理结构是矩阵结构的一种特别形式。产品经理结构形式是产品经理领导一个小组，负责新产品开发的计划、组织、实施和控制工作，包括新产品的构思、销售预测、市场机会和财务预测，制定新产品目标和战略，提出市场需求、产品需求功能等的开发要求，组织样品开发、市场测试和市场投放，进行信息反馈等方面。

产品经理结构是集中的新产品开发形式，能够明确责任和权力，并且产品经理拥有较大的自主权，如资源支配权、项目进度控制权和人事奖惩权等。但产品经理结构容易导致资源的重复配置，要求企业拥有足够的资源和实力。产品经理结构模式主要适合于规模大、资源比较丰富、新产品开发比较多的企业。例如，微软、德州仪器公司就采用产品经理结构来开发新产品。

5. 新产品部

新产品部是专门的新产品开发部门，主要负责新产品的构思、评价和开发活动的管理，以及产品测试和商业化生产的前期准备工作的安排。新产品部组织形式有以下一些特征：

优点：权力集中，能全力投入新产品的开发；因组织层次较高，容易与最高管理层接触；能够维持新产品开发的稳定性，避免日常工作的冲击；新产品开发比较规范化，可以避免随机事件的干扰。

缺点：需要支付大量的日常开支；需要增加投资和规模。

新产品部主要有自主型和协调型两种类型。自主型新产品开发部类似于事业部，拥有单独进行新产品开发的资源配置权、新产品总体规划权和组织协调权，能够避免职能之间的摩擦，但需要的投资较大。协调型新产品部是新产品开发矩阵小组的管理机构，统筹管理新产品开发的资源，协调各矩阵小组的活动。

6. 外部开发组织

企业把开发新产品的职能、任务委托给外部的开发组织或专门机构去做，企业自身只需制定新产品战略，选择特定新产品计划项目，对开发成果进行评价、筛选和商业化。利用外部开发组织有以下一些优缺点：

优点：可以避免企业内部的各种干扰；可以转移开发风险；可以弥补企业内部资源的不足。

缺点：需要较高的费用；技术等新产品信息容易泄密；难以控制新产品开发的进度和创新程度。

7. 合作开发

合作开发和授权协议是外部开发组织的一种特例，通常出现在需要大量的开发投资或产品内容广泛的行业，如计算机、电信行业。

合作开发在上、下游企业之间进行的情况较多。这种合作开发可以共同开发零部件，可以利用所拥有的技术或产品，共同开发新产品。例如，英特尔开发出386

芯片时,与康柏电脑公司合作,利用该芯片开发出了386型PC机。

五、缩短新产品开发时间的途径

在前面曾经指出,今天的产品成熟过程越来越快,为保持企业在市场的竞争优势,必须加快新产品的开发设计过程,缩短新产品的设计开发的周期。但实际上,许多企业的设计开发周期往往很长,一般要占到总生产周期的60%,因而成为企业经营的"瓶颈"。如何大力缩短设计开发周期已成为当今制造企业的一项重要课题。目前已有不少方法可用来缩短新产品的开发时间,下面介绍几种主要的方法。

1. 提高产品"三化"程度,扩大产品结构继承性

产品"三化"是指产品系列化、零部件的通用化和标准化。产品系列化是对使用条件相同、设计依据相同、结构与功能相同的产品,将其基本尺寸和参数按一定的规律编排,建立产品系列型谱,以减少产品品种,简化设计。零部件通用化是在产品系列化的基础上,在不同型号的产品之间扩大通用的零部件。这样,可以大大减少零部件的品种数而减少了产品设计的工作量;相应地又可以减少工艺准备,如编制工艺规程、设计制造专用工装等的工作量,因而能极大地缩短产品开发的周期。零部件品种数的减少还能使它们的制造批量扩大,这又有助于生产熟练程度和生产效率的提高,并保证了质量。零部件的标准化则是按国家标准生产零部件,或进一步扩大通用零部件的应用范围,将它们转为工厂标准,从而更多地减少设计和加工制造的工作量,缩短产品开发周期。

2. 产品结构模块化设计

产品结构模块化是另一种简化设计、减少零部件种数的设计合理化措施。它是将产品部件按功能特征分解成相对独立的功能单元,并使它们的接口(结构要素形状、尺寸)标准化,使它们成为可以互换、可按不同用途加以选用组合的标准模块。这些模块的不同接合,或模块与其他部件的组合就能构成各种变形产品,以满足不同的订货需要。

上述两种措施都是通过扩大产品结构的继承性来简化设计,提高设计工作效率,缩短设计周期;同时,由于大量利用已有的、设计和工艺都已成熟的零部件,产品设计的质量得以提高。这些都将给产品的设计、制造、使用和维修等带来显著的经济效益。

3. 计算机辅助设计

应用计算机辅助产品设计工作是客观发展的必然趋势。随着计算机技术的飞速发展,已经有许多计算机辅助设计软件系统被开发出来,包括绘图软件,工程分析软件和适用于各种产品技术领域的专用设计软件。

一个典型的CAD系统包括一个交互的计算机图形系统及文件数据库和图形库，并通过计算机网络系统将个人使用的工作站连接成统一的网络系统，达到信息共享和实时交换信息的作用。新的CAD软件还提供了计算机模拟功能，可直接在计算机上对产品的运行性能、装配结构等进行试验和选优。这样，应用CAD系统不仅可以大大提高设计工作的效率，缩短设计周期，而且能大大提高设计的质量，从根本上改变产品设计工作的面貌。

4. 并行工程

并行工程是一种新的设计概念。它提出了一套将产品开发从传统的串行过程改变为平行过程的系统化的设计方法。

多年来，企业的产品开发一直采用串行的方法。传统的产品开发过程是分阶段进行的。开始阶段，只由设计工程师开发和设计产品样品，然后转给制造工程师制定生产的工艺方法，进行试制，生产供应人员准备材料配件和组织生产，然后由销售人员负责产品销售。这种串行过程存在很多问题。首先，整个开发周期很长；其次，在产品设计阶段往往因未考虑生产实际，而引起许多返工，结果浪费了大量开发成本和时间，甚至给以后的生产带来沉重负担。最后，所开发的产品可能并不是适合市场需要的最佳设计，而不得不重新开发。

并行工程提出在开发设计产品的同时，同步地设计产品生命周期的有关过程，力求使产品开发人员在设计阶段就考虑到整个产品生命周期各个阶段的各种因素，包括设计、分析、制造、装配、检验、维护、可靠性和成本等。并行工程的具体做法是，在产品开发初期，组织多个职能协同工作的项目组，使有关人员从一开始就获得对新产品的要求和信息，积极研究涉及本部门的工作业务，并将所需要求提供给设计人员，使许多问题在开发早期就得到解决，从而保证了设计的质量，避免了大量的返工浪费。并行工程克服了原来的部门分割，流程中断，部门之间互不通气，消极等待的状况，把分阶段的顺序进行的过程变为并行进行的过程，使产品开发不再是产品设计一个部门的工作，而是所有对产品开发具有重要影响的部门都参与的集体工作。同时并行工程的另一个对传统设计方法的改革是"逆向工程"。它从市场调研开始，充分了解顾客的要求和爱好，并分析解剖其他工厂产品的结构性能，找出设计开发的突破点，还从生产线上工人那里征求意见，了解问题，然后才开始设计，从而减少产品早期设计阶段的盲目性，缩短开发周期。

实现并行工程的技术手段是利用产品模型，在计算机上进行仿真，产生软样品。通过各种职能人员对软样品的分析、评估，来改进设计。

第二节　生产流程设计与选择

一、生产流程分类

1. 按产品进行的生产流程

按产品进行的生产流程就是以产品或提供的服务为对象,按照生产产品或提供服务的生产要求,组织相应的生产设备或设施,形成流水般的连续生产,有时又称为流水线生产。如离散性制造企业的汽车装配线、电视机装配线等就是典型的流水式生产。连续型企业的生产一般都是按产品组织的生产流程。由于是以产品为对象组织的生产流程,它又叫对象专业化形式。这种形式适用于大批量生产类型。

2. 按加工路线进行的生产流程

对于多品种生产或服务情况,每一种产品的工艺路线都可能不同,因而不能像流水作业那样以产品为对象组织的生产流程,只能以所要完成的加工工艺内容为依据来构成生产流程,而不管是何种产品或服务。设备与人力按工艺内容组织成一个生产单位,每一个生产单位只完成相同或相似工艺内容的加工任务。不同的产品有不同的加工路线,它们流经的生产单位取决于产品本身的工艺过程,因而国内又叫工艺专业化形式。这种形式适用于多品种中小批量或单件生产类型。

3. 按项目进行的生产流程

对有些任务,如拍一部电影、组织一场音乐会、生产一件产品、盖一座大楼等,每一项任务都没有重复,所有的工序或作业环节都按一定秩序依次进行,有些工序可以并行作业,有些工序又必须顺序作业。

二、产品-流程矩阵

生产流程设计的一个重要内容就是要使生产系统的组织与市场需求相适应。生产过程的成败与生产过程组织有直接关系,什么样的需求特征,应该匹配什么样的生产过程,由此构成产品-流程矩阵,见图5.12。

产品-流程矩阵最初由Hayes和Wheelwright提出,后来得到了广泛应用,具体反映在:其一,根据产品结构性质,沿对角线选择和配置生产流程,可以达到最好的技术经济性,换言之,偏离对角线的产品结构-生产流程匹配战略,不能获得最佳的效益;其二,那种传统的根据市场需求变化仅仅调整产品结构的战略,往往不能达到预期目标,因为它忽视了同步调整生产流程的重要性。因此,产品-流程矩阵可以帮助管理人员选择生产流程,对制定企业的生产战略有一定的辅助作用。

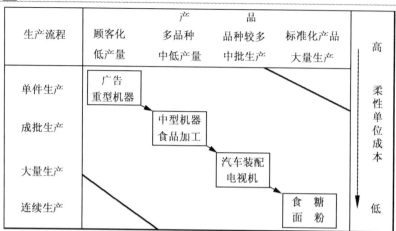

图5.12 产品-流程矩阵

三、影响生产流程设计的主要因素

影响生产系统生产流程设计的因素很多,其中最主要的是产品或服务的构成特征,因为生产系统就是为生产产品或提供服务而存在的,离开了用户对产品的需求,生产系统也就失去了存在的意义。

1. 产品或服务需求性质

生产系统要有足够的能力满足用户需求。首先要了解产品或服务需求的特点,从需求的数量、品种、季节波动性等方面考虑对生产系统能力的影响,从而决定选择哪种类型的生产流程。有的生产流程具有生产批量大、成本低的特点,而有的生产流程具有适应品种变化快的特点,因此,生产流程设计首先要考虑产品或服务特征。

2. 自制或外购决策

从产品成本、质量生产周期、生产能力和生产技术等几个方面综合考虑,企业通常要考虑构成产品所有零件的自制或外购问题。本企业的生产流程主要受自制件的影响。企业自己加工的零件种类越多,批量越大,对生产系统的能力和规模要求越高。不仅企业的投资额高,而且生产准备周期长。因此,现代企业为了提高生产系统的响应能力,只抓住关键零件的生产和整机产品的装配,而将大部分零件的生产扩散出去,充分利用其他企业的力量。这样一来既可降低本企业的生产投资,又可缩短产品设计、开发与生产周期。所以说,自制、外购决策影响着企业的生产流程设计。

第五章　新产品开发和生产流程设计与选择

3. 生产柔性

生产柔性是指生产系统对用户需求变化的响应速度,是对生产系统适应市场变化能力的一种度量,通常从品种柔性和产量柔性两个方面来衡量。所谓品种柔性,是指生成系统从生产一种产品快速地转换为生产另一种产品的能力。在多品种中小批量生产的情况下,品种柔性具有十分重要的实际意义。为了提高生产系统的品种柔性,生产设备应该具有较大的适应产品品种变化的加工范围。产量柔性是指生产系统快速增加或减少所生产产品产量的能力。在产品需求数量波动较大,或者产品不能依靠库存调节供需矛盾时,产量柔性具有特别重要的意义。在这种情况下,生产流程的设计必须考虑到具有快速且低廉地增加或减少产量的能力。

4. 产品或服务质量水平

产品质量无论在过去、现在还是将来都是市场竞争的武器。生产流程设计与产品质量水平有着密切关系。生产流程中的每个加工环节的设计都受到质量水平的约束,不同的质量水平决定了采用什么样的生产设备。

5. 接触顾客的程度

绝大多数的服务业企业和某些制造业企业,顾客是生产流程的一个组成部分,因此,顾客对生产的参与程度也影响着生产流程设计。例如理发店、卫生所、裁缝铺的运营,顾客是生产流程的一部分,企业提供的服务就发生在顾客身上。在这种情况下,顾客就成了生产流程设计的中心,营业场所和设备布置都要把方便顾客放在第一位。而另外一些服务企业,如银行、快餐店等,顾客参与程度很低,企业的服务是标准化的,生产流程的设计则应追求标准、简洁、高效。

四、生产流程选择决策

按不同生产流程构造的生产单位形式有不同的特点,企业应根据具体情况选择最为恰当的一种。在选择生产单位形式时,影响最大的是品种数的多少和每种产品产量的大小。图 5.13 给出了不同品种 – 产量水平下生产单位形式的选择方案。

1. 不同品种 – 产量水平下生产单位形式的选择方案

一般而言,随着图中的 A 点到 D 点的变化,单位产品成本和产品品种柔性都是不断增加的。在 A 点,对应的是单一品种的大量生产,在这种极端的情况下,采用高效自动化专用设备组成的流水线是最佳方案,它的生产效率最高、成本最低,但柔性最差。随着品种的增加及产量的下降(B 点),采用对象专业化形式的批量生产比较适宜,品种可以在有限范围内变化,系统有一定的柔性,而操作上的难度较大。另一个极端是 D 点,它对应的是单件生产情况,采用工艺专业化形式较为合适。C 点表示多品种中小批量生产采用成组生产单元和工艺专业化混合形式较好。

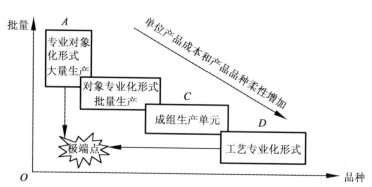

图 5.13 品种－产量变化与生产单元形式的关系

2. 不同生产过程方案的费用变化

图 5.13 给出的是一种定性分析的示意图,根据这一概念确定出生产流程方案后,还应从经济上做进一步分析,如图 5.14 所示。每一种形式的生产单位的构造都需要一定的投资,在运行中还要支出一定的费用,作为一种生产战略,要充分考虑这些费用对生产流程设计的影响。

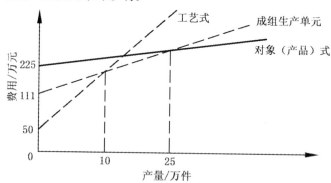

图 5.14 不同生产过程方案的费用变化

在图 5.14 中,产量等于零时的费用是固定费用,通常指生产系统的初始投资。从图中可以看出,对象式生产过程方案的固定费用最高,这是因为对象式生产系统一般采用较为昂贵的自动化加工设备和自动化的物料搬运设备。由于对象式生产系统的生产效率很高,单位时间出产量很大,劳动时间消耗少,因此单位产品的变动费用相对最低(成本曲线变化最平缓)。以图中的数字为例,生产同一种产品的对象式系统投资额为225万元,成组生产单元为111万元,工艺式为50万元。当产量在100 000件以下时,选择工艺式最经济,当产量在100 000~250 000件之间时,成组生产单元最经济,当产量在250 000件以上时,对象式最经济。当然还有一种选择,如果以上几种方案都不能得到满意的投资回报时,则应放弃该产品的生产。

3. 经营杠杆

经营杠杆是另外一个非常有用的经济分析工具。经营杠杆反映年总费用在一定的情况下和销售收入的关系。总费用在销售收入中所占比重越高,则经营杠杆的作用越大。在其他条件不变的情况下,这意味着销售收入很小的变化都会给企业带来很大的净收益。图5.15是经营杠杆在生产系统选择中的示意图。

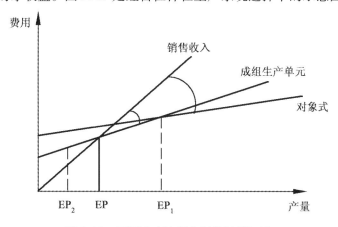

图5.15　不同生产流程方案的经营杠杆

经营杠杆就是成本函数和销售收入之间的夹角。夹角小,经营杠杆的作用小,利润或亏损的变化率也小;夹角大,经营杠杆的作用大,利润或亏损的变化率也大。例如,对象式生产的销售收入与总费用之间的夹角比采用成组生产单元的大,对象式生产的经营杠杆作用大。经营杠杆在选择生产系统方式时的作用有:

产品产量达到一定水平后,如图5.15中的EP_1点,经营杠杆作用越大,从生产系统获得的长期收益越大。

如果产量没有达到盈亏平衡点,如右图EP_2点,经营杠杆作用越大,则长期损失越大。

经营杠杆作用越大,未来预期利润的不确定性也越大。

销售预测的不确定性越高,经营杠杆作用大的生产系统产生损失的风险越高。

经营杠杆概念对生产过程设计的作用是:如果对所要生产的产品预测的不确定性很大,则以选用经营杠杆作用小的生产过程方式为佳。

思 考 题

1. 新产品的概念及发展趋势是什么?
2. 新产品开发的定义是什么?
3. 你认为新产品开发具有什么意义?如何缩短新产品开发的时间?
4. 新产品开发的过程及其内容是什么?
5. 市场驱动型产品和技术驱动型产品的概念是什么?
6. 你认为新产品开发失败的原因是什么?
7. 你认为新产品进行开发主要面临的压力是什么?
8. 产品生命周期和研究与开发是什么样的关系?
9. 新产品开发战略及其特性是什么?
10. 新产品开发战略的作用是什么?
11. 新产品开发战略的具体内容有哪些?
12. 新产品战略模式有哪些?
13. 产品方案选择的依据是什么?
14. 新产品设计的作用、程序是什么?
15. 新产品设计的原则和绩效评价指标是什么?
16. 矩阵小组有哪些特点?其具有哪些组织结构形式?
17. 新产品开发的职能和层次决策如何进行?
18. 新产品开发的两种方式及其区别是什么?
19. 缩短新产品开发的时间的途径及意义是什么?
20. 工艺设计在产品开发中的地位是什么?

第六章　　库存管理与控制

第一节　　物资管理

物资是企业十分关键的输入。要制造产品,必须输入原材料;要提供饮食服务,必须输入大米、面粉、蔬菜、肉类、油和燃料等。从前,在生产企业的成本构成中,原材料和外购件的成本仅占很小部分,劳动占绝大部分。在现代企业中,原材料和外购件的成本大约占产品成本的60%~70%,劳动仅占产品成本的7%~8%。因此,物资管理对提高企业的经济效益至关重要。良好的物资供应是企业维持正常生产和提高对顾客的服务水平所必需的。

一、物资和物资管理

(一) 物资

物资包括各种原材料、在制品、零部件和产成品。对制造性企业来讲,生产过程实质上是物料的转化过程。对服务性企业来说,同样存在物料流。运输离开物料就没有任何意义。物料通过运输,从批发商流向零售商,再从零售商流向顾客。从原料供应到将最终产品送到顾客手中,往往要经过多种企业加工和各种处理过程,这些过程构成了一条供应链。从整体上考虑,制造企业和服务企业都只是整个供应链的一部分。

(二) 物资的分类

企业所需的物资,品种繁多,特点迥异。为了便于编制物资需求计划、采购订货和加强管理,对于各种物资必须合理加以分类。一般的物资分类方法有如下几种:

1. 按物资在生产中的作用来划分

(1) 原材料是指经过加工后构成产品实体的材料。例如,炼铁用的铁矿石,织布用的棉纱,面粉厂用的小麦等。

(2) 辅助材料是指用于生产过程,有助于产品形成,但不构成产品实体的材料。例如,主要材料发生物理或化学变化时使用的催化剂,与设备使用有关的润滑油、皮带,与劳动条件有关的清扫工具、照明设备等。

（3）燃料是指用于工艺制造、动力生产、运输和取暖等方面的煤炭、汽油、木柴等。它应属于特殊的辅助材料,由于在其生产过程中具有重要作用,故单独归类。

（4）动力是指用于生产和管理等方面的电力、蒸汽、压缩空气等。

（5）工具是指生产中消耗的各种刀具、量具、卡具等。

（6）配件是指预先准备的用于更换设备中已磨损和老化的零部件的各种专用配件。

采用这种分类,便于企业制定物料消耗定额和计算各种物资消耗量,同时对于计算机产品成本和核定储备资金定额也有重要作用。

2. 按物资的自然属性来划分

（1）金属材料,包括黑金属和有色金属。

（2）非金属材料,包括化工产品、石油产品、纺织产品和建工产品等。

（3）机电产品,包括电机、电线、仪表、机械设备、电子和化学仪器,以及液压配套件等。

采用这种分类,主要便于企业编制物料供应目录,从而有利于物资的采购和保管。

3. 按物资的使用范围来划分

（1）基本建设用料。

（2）生产经营用料。

（3）经营维修用料。

（4）科学研究用料。

（5）技术措施用料。

（6）工艺装备和非标准设备用料。

采用这种分类,主要便于企业及有关主管部门按使用需要进行物料核算和平衡。

（三）物资管理的定义

从广义上讲,物资管理是对整个物料流管理的总称,包括采购、厂内运输、收货、生产物料的内部控制、厂内仓储、物料搬运、发货与分配、厂外运输、厂外仓储等环节的管理。从狭义上讲,物资管理是指对企业的物资输入部分的管理,包括采购、厂内运输、收货、物料搬运和厂内仓储。人们有时也用物流管理来描述物资输出部分的管理,如发货、分配、厂外运输和厂外仓储管理等。有时也用后勤管理来代表广义的物资管理。生产物料的内部控制属于生产控制中库存控制范围。

(四) 物资管理的基本任务

搞好物资管理,对于促进企业不断增加产品产量、保证产品质量、降低产品成本、加速企业资金周转、提高劳动生产率、增加企业赢利等有着重要意义。在社会主义市场经济条件下,企业搞好物资管理显得尤为重要。企业物资管理的任务主要有:

(1) 保证生产的正常进行。

现代化企业需要成千上万个品种规格的物资。企业必须做好物资的采购、保管、发放工作,按质、按量、按品种规格、按时间和空间成套备齐地满足生产经营的需要,从而保证生产的正常进行。

(2) 配合企业技术创新,促进技术进步。

物资管理部门要密切配合企业的生产技术部门,为开发新品种、改进老产品、提高产品质量、改革生产工艺等,提供新材料、新工具等供应方面的情报资料和建议,积极组织资源,开展标准化工作,及时修订物资供应目录等工作,使技改工作落到实处。

(3) 促进生产部门合理利用和节约使用物料,降低产品成本。

企业的物料耗用占据了产品成本的相当比重,降低单位产品的物料消耗是降低产品成本的主要途径。从整个国民经济的观点看,使用部门的物料节约等于物料生产部门和运输部门的增产。因此,企业要通过物资消耗定额的制定、贯彻和检查,督促和配合生产技术部门或其他物料使用部门改进生产技术和加强管理,降低物料的消耗,同时要努力消除和减少物料在储运过程中的各种损耗。

(4) 以较低的费用供应物资。

在市场经济条件下,企业作为独立的经济实体,具有完全的自主权。在这种条件下,当物资有多种供应来源时,企业应当在保证产品质量的前提下,尽量选择价格低廉、路途近和交通方便的资源,以节约运输费用和减少储备量,同时要注意不断降低物料的采购费用和保管费用。

(5) 遵守国家政策和法令,严格企业的物料管理制度和手续。

这不仅有利于建立物资管理的正常秩序,而且有利于堵塞漏洞,防范投机倒把和贪污盗窃等违法活动,尤其是在市场经济法制尚不健全的情况下,严格企业管理制度和手续更为重要。为了提高企业生产的经济效益,企业应当全面完成上述任务,防止只供不管、盲目储备、优材劣用等不良现象的产生。

（五）物资管理的意义

搞好物资管理，对于企业不断增加产品产量、保证产品质量、降低产品成本、加速企业资金周转、提高劳动生产率、增加企业赢利等有着重要意义。在社会主义市场经济条件下，企业搞好物资管理显得尤为重要。

企业物资管理的意义表现如下：

（1）物资是现代企业运营的五大要素之一。

企业设立的目的是使原料转换成成品，供给市场销售，以获取利润，没有原材料，即便是有机器、金钱、人力，也不能制成成品销售，且原材料质量的好坏，也会影响产品的质量。因此，物资管理的重要性也特别明显。现代化企业需要成千上万个品种规格的物资。企业必须做好物资的采购、保管、发放工作，按质、按量、按品种规格、按时间和空间成套备齐地满足生产经营的需要，从而保证生产的正常进行。

（2）物资在成本中占有很大的比重。

一般来说，产品成本主要包括四大项目，即原材料、工资、制造费用及管理费用，原材料在产品成本中又占最高的比例，约占成品费用的70%以上，物资管理不善，则成本势必增加，获取的利润也会随之减少。

（3）物资管理在现代企业中发挥着重要作用。

现代企业的物资耗用占据了产品成本的相当比重，降低单位产品的物资消耗是降低产品成本的主要途径。企业要赢得竞争优势，必须使产品品质优良、价格低廉，适合大众的要求，要达到这一目的，必须从加强物资的管理开始，因此企业要通过物资消耗定额的制定、贯彻和检查，督促和配合生产技术部门或其他物资使用部门改进生产技术和加强管理，降低物资的消耗，同时要努力消除和减少物资在储运过程中的各种损耗。

（六）物资管理的主要内容

物资管理的主要内容包括编制物资采购目录、制订物资采购计划、准时采购。

1. 编制物资采购目录

任何企业在生产过程中，都面临着材料的选择问题。为了便于企业正确选择和确定需用的物资品种，企业的物资采购部门必须认真编好物资采购目录。企业的物资采购目录，不是一成不变的。随着生产任务、技术条件、供应条件和市场的变化，企业生产经营所需物资可能会发生变化。因此，企业物资采购部门应当与生产、技术部门密切配合，通过有关部门和市场调查，及时搜集和掌握新材料、新产品的发展情况及物资供应的变化情况，及时审核和修订物资采购目录。

编制和修订物资采购目录,是一项细致和复杂的工作,在物资目录中,要把企业需用的各种不同规格的物资,按物资分类的顺序,系统地整理汇总,并详细列明各种物资的类别、名称、型号、技术标准、计量单位、计划价格及物资的供应来源等。企业需组织物资、技术、财务等部门,在保证和提高产品质量的前提下,选择最为经济合理的物资品种。正确选择物资品种,企业需要考虑如下几个重要因素:

(1)选用的物资必须保证生产的产品质量,立足于市场需求,保证生产出使用户满意的产品。

(2)尽量选用资源丰富、价格低廉的材料来代替稀缺、贵重的材料,用工业原料代替农业原料。

(3)使所选物资规格化和标准化,尽可能减少所选物资的品种规格。

(4)从节约、高效出发,使所选物资的规格、尺寸有利于减少下料时产生的余料、残料,并能减少生产过程中产生的废料数量。

(5)从综合角度考虑,所选物资应尽可能保证在生产中有较高的劳动生产率和设备利用率。

2. 制订物资采购计划

企业的物资采购计划是确定计划期内为保证生产正常进行所需各种物资的计划。正确的物资采购计划,是企业组织订货或市场采购物资的依据,也是促使企业节约使用物资、降低产品成本、加速资金周转的重要保证。编制正确的物资采购计划,还可以促使企业进一步加强物资管理,改进物资供、管、用三方面的工作。企业编制物资采购计划的主要内容有:确定物资需用量、制订物资储备定额、编制物资平衡表、确定物资采购量。下面主要介绍物资需用量的确定。

物资需用量是指企业为了完成计划期内产品生产、设备维修、基本建设、新产品试制和技术组织措施等任务所必需的物资数量。正确计算物资需用量,是编制物资采购计划的重要环节,是企业物资采购供应的重要依据。

物资需用量是按每一类物资、每一个具体品种、规格分别计算的。不同用途、不同种类的物资,需用量的确定方法也不同,主要有直接计算法和间接计算法两种。

直接计算法又称定额计算法,是用生产计划规定的产量乘以某物资的消耗定额,便得到该种物资的需要量。这种方法比较准确,应尽可能采用。但是,在编制物资采购计划时,企业的生产任务往往还没有最后确定,就不能用直接计算法。

间接计算法又称比例计算法,是按一定的比例来估算某种物资的需要量。比如,每千元销售额的材料消耗量。

下面说明各类主要物资需用量的计算方法。

(1) 主要原材料。

主要原材料的需用量,一般与产品数量有直接关系,且大多数有预先的消耗定额,主要应采用直接法计算。其计算公式为

某种主要原材料需用量 =（计划产量 + 计划技术上不可避的废品损失）×

工艺消耗定额 − 计划回收利用废料数量　　　(6.1)

(2) 辅助材料。

辅助材料需用量一般是按它的各种用途分别计算的。有消耗定额的辅助材料,其需用量采用直接法计算,其公式为

某种辅助材料的需用量 =（计划产量 + 废品量）× 某种辅助材料的消耗定额

(6.2)

没有消耗定额的辅助材料,其需用量可用间接法计算。若按千元产值所需辅助材料的百分比估算确定,其计算公式为

某种辅助材料的需用量 = $\dfrac{上年实际消耗量}{上年产值(千元)}$ × 计划年度产值(千元) ×

（1 − 可能降低的百分比）　　　(6.3)

(3) 燃料。

企业需用燃料,主要用于工艺过程、生产动力、运输和取暖等方面。燃料需用量一般据消耗定额直接计算,其公式为

实际品种的燃料需用量 = 计划产量 × $\left(\dfrac{标准燃料的消耗定额}{发热量换算系统}\right)$　　　(6.4)

若是生产动力用燃料,以生产蒸汽为例,计算公式为

实际品种的燃烧需用量 =

$\dfrac{所需蒸汽量 \times (一定价格的蒸汽含热量 - 锅炉进水的原有含热量)}{7\,000 \times 该种燃料发热量换算系数 \times 锅炉效率}$　　　(6.5)

运输工具用的汽油需用量,可根据运输工具的型号、耗油量和计划期内的货运量来计算；取暖用的燃料需用量,则根据取暖季节时间、房舍面积等来计算。

(4) 设备维修用料。

设备维修用料,一般是根据设备维修计划中的大、中、小修理单位总数,以及每一修理单位的物资消耗定额来计算,每个修理单位材料平均消耗量的计算公式为

每修理单位材料平均消耗量 = $\dfrac{修理某类设备用料的全年消耗总量}{某类设备的全年修理单位总数}$　　　(6.6)

(5) 工具。

一般在机械加工企业,才需计算工具需用量。一般的计算原则是：

① 在大批量生产的条件下,按计划产品数量和工具消耗定额来计算。

② 在成批生产条件下,按设备的计划工作台时数和设备每一台时的工具消耗定额来计算。

③ 在单件小批量生产的条件下,一般采用间接计算方式,如按每千元产值的工具消耗计算。

企业计算出各类物资需用量后,就可编制物资需用量汇总表。它是物资采购计划的重要组成部分。

3. 准时采购

(1) 准时采购的概念。

准时采购是企业内部准时系统的延伸,是实施准时生产经营的必然要求和前提条件,是一种理想的物料采购方式。它的极限目标是原材料和外购件的库存为零、缺陷为零。在向最终目标努力的过程中,企业不断地降低原材料和外购件的库存,从而不断地暴露物料采购工作中的问题,采取措施解决问题,进一步降低库存的目标。

(2) 准时采购的意义。

① 可以大幅度地减少原材料与外购件的库存。根据国外一些实施准时制采购的企业测算,材料与外购件的库存可降低 40%~85%。这对于企业减少流动资金的占用、加快流动资金周转具有重要意义。

② 可以保证所采购的原材料与外购件的质量。既减少了采购的直接损失,又保证了生产正常有序地进行。

③ 降低了原材料与外购件的采购价格。由于供应商和制造商的密切合作及内部规模效益与长期订货,再加上简化手续而消除浪费,可以使价格得以降低。资料显示,生产复印机的美国施乐公司通过实施准时制采购,使采购价格降低了 40%~50%。

(3) 准时采购的策略。

① 减少供货商的数量。最理想的情况是,对某种原材料或外购件只从一个供货商处采购,这种做法称之为单源供应。单源供应的好处是,企业与供货商之间增加了依赖性,有利于建立长期互利合作的伙伴关系。供货商获得了长期稳定的订货,也可能提供更低价格的原材料与外购件。在日本,有 98% 的准时采购企业都实行单源供应。

② 小批量采购。由于准时制采购旨在消除原材料或外购件的库存,采购必然是小批量的。采购批量小将使送货频率增加,从而引起运输物流费用的增加。必

须相应改善供货物流系统。

③保证采购的质量。实施准时制采购时,原材料与外购件的库存极少,以至接近于零,因此必须保证所采购物资的质量。这种保证不是由本企业的物资采购部门负责,而是应由供货商负责,这就从根本上保证了供货的质量。

④合理选择供货方。由于准时采购实行单源供应,选择合格的供货商成为关键。选择的因素包括产品质量、交货期、价格、技术能力、应变能力、批量柔性、交货期与价格的均衡、批量与价格的均衡、地理位置等。不应该如传统方式那样把价格作为唯一因素。

⑤可靠的送货和特定的包装要求。由于消除了缓冲库存,任何交货失误和送货延迟都会造成难以弥补的损失。送货可靠性主要取决于供货商的生产能力、运输条件和应变能力;准时采购对包装也有特定的要求,目的是方便运输和装卸搬运,如采用标准且可重复使用的容器等。

由上述可见,实施准时采购不但取决于企业内部,而且取决于供货商的管理水平,取决于全社会的管理水平,因此在实施的过程中,只有慎重而全面地考虑各种因素才能做出正确的决策。

二、物资消耗定额

物资消耗定额的制定和管理是物资管理的一项基础工作。要组织好企业的物资采购工作,就要弄清物资的需要量。物资的需要量是由产品的产量和物资消耗定额所决定的,物资消耗定额不仅是决定物资需要量的依据,而且是计算产品成本的依据。

(一)物资消耗的构成

物资消耗定额是在一定生产技术组织条件下,制造单位产品或完成单位生产任务所需消耗的物资数量标准。按其综合程度不同,可分为物资消耗单项定额和物资消耗综合定额;按其构成情况不同,可分为物资消耗工艺定额和物资消耗供应定额。其中,物资消耗工艺定额由产品净重所消耗的原材料和工艺性损耗构成。物资消耗供应定额是在物资消耗工艺定额的基础上,加上一定比例的非工艺性损耗构成。

对于机械制造行业来说,物资的消耗主要是材料的消耗。材料消耗的构成包括以下三部分:

(1)构成产品或零件净重的材料消耗。这是材料的有效消耗部分。

(2) 工艺性消耗。工艺性消耗指产品或零件在加工过程中产生的消耗,如边角余料、切屑等。

(3) 非工艺性消耗。非工艺性消耗包括由于供应条件的限制所造成的消耗和其他不正常的消耗。

(二) 物资消耗定额的作用

(1) 物资消耗定额是编制企业物资采购计划重要依据之一,企业物资采购计划中的物资需要量是根据生产计划量和消耗定额计算出来的。

(2) 物资消耗定额是做好物资采购管理的基础,物资采购管理的主要任务是管供、管用、管节约,有了物资消耗定额,就可以按定额要求,按生产计划进度,及时地、均衡地组织物资采购;按定额发料;按定额检查、监督物资使用;按定额开展物资核销工作;按定额核算合理的储备库存。

(3) 加强物资消耗定额管理是开展增产节约的重要途径,物资消耗定额从制度上明确规定了耗用物资的数量标准,这就要求生产过程合理地、节约地使用物资,防止和杜绝物资浪费,使有限的物资生产出更多的产品,以低消耗获得高效益。

(4) 物资消耗定额是开展经济核算的工具,也是编制成本计划、计算产品成本的重要依据。有了物资消耗定额,才能对每种产品类别和工程项目进行核算分析,才能逐个逐次核算成本高低、资金占用多少,经济核算工作才能更准确。

(5) 科学的物资消耗定额能促使生产企业管理水平的提高,先进合理的物资消耗定额,是考虑到先进的生产技术、工艺和管理经验等因素而制定的,因而物资消耗定额的执行,也将推动生产组织的改进,促使产品结构和设备工具的改进,促使企业生产技术和管理水平的提高。

(三) 物资消耗定额的制定

物资消耗定额应制定的先进合理。先进合理的消耗定额是在保证产品质量的前提下,大多数职工经过努力可以达到的消耗定额。工艺定额包括产品或零件的净重和工艺性损耗,通常由工艺部门制定。供应定额通常由供应部门制定,一般由工艺定额乘上一个比例系数来确定。比例系数同该物资的供应条件有关,也和企业的管理水平有关。系数的确定一般是根据经验和当时的供应条件。

工艺定额是物资消耗定额的基础,供应定额是核算材料需要量的依据。非工艺损耗应该尽量减少,但在一定的供应条件和管理水平下还难以避免。

1. 制定物资消耗定额的基本方法

（1）技术计算法。对于机械加工企业，由设计人员按产品零件的形状、尺寸和材质计算出零件的净重。然后，由定额员按工艺文件确定工艺损耗部分，得出工艺定额。这种方法比较准确，但工作量大。对于产量较高或材料贵重的产品，通常采用这种方法。

（2）统计分析法。按以往同类产品物资消耗的统计资料，考虑到当前产品的特点和技术条件的变化，经过类比来制定物资消耗定额，这种方法较第一种方法简单，但不够精确。在产品设计还未完成时，常常需要申报材料，这时可以用这种方法作粗略估计。

（3）经验估计法。根据技术人员和工人的经验，经过分析来确定物资消耗定额。这种方法简单易行，但不精确。

不同行业产品对象和工艺方法差别很大，制定物资消耗定额的方法也就不同。不仅如此，主要材料和辅助材料消耗定额制定的方法也不同。

物料消耗定额的管理要求做好物资消耗定额的一系列具体工作，包括定额的制订、审批、执行、考核与修订，使定额在物资管理中发挥应有的作用。定额的制订，前面已做论述，定额的管理工作还有编制定额文件；定额经过制订、审批、下达后，重要的问题是要采用各种技术组织措施贯彻执行；建立健全物资消耗的原始记录和做好统计工作；对物资消耗的分析、考核；及时修订或定期修订，使定额经常保持在先进合理的水平上。

2. 降低物资消耗定额的途径

在物资管理中，可以通过以下途径降低物资消耗定额：

（1）首先要在产品设计中贯彻节约原则，改革产品设计，减少构成产品或零件净重的物资消耗。

（2）采用先进工艺，尽可能地减少工艺性消耗。

（3）在保证产品质量的前提下，采用新材料和代用品，以减少物资的消耗，降低产品成本。

（4）加强运输保管工作，建立健全管理制度，尽量减小物资在流通过程中的损耗。

（5）着眼于全局需要，实行集中下料，推广套裁下料方法，可最大限度地提高物资利用率。

（6）对生产过程中不可避免地产生的废旧物料及时进行回收利用，也是节约物资消耗的有效途径。

第二节 ABC分类控制法

一、ABC分类控制法原理

ABC分类控制法又称重点管理法、分类管理法、ABC分类法、ABC管理法、ABC管理、巴雷特分析法、帕累托分析法、柏拉图分析、主次因分析法、二八定律等,是一种在现代经济管理中广泛应用、简单可行、易见成效的现代管理方法之一。

这种管理方法的基本原理是根据处理任何事情都要分清主次、轻重,区别关键的少数和次要的多数,根据不同的情况进行分类管理,帮助人们正确的观察问题并做出决策。

在经济工作中,做每一件事都要受到多种因素的影响,而这些因素所处的地位有主、次,有轻、重。例如一个企业需要的原材料有成千上万种,但它总有个规律:经常使用的贵重的原材料可能只有几种或几十种;企业生产的产品品种很多,但销售量大、赢利多的产品可能只有少数几种;产品质量不合格或造成废品,原因是多方面,但主要原因可能就是一两个。

这样在实际工作中,企业对某一个具体管理对象,选择两个相关的主要标志(如物资品种数和资金占用额;零部件数和成本;废品数和废品原因等)进行数量分析,计算出该对象中各个组成部分占总体比重,按照一定的标准把管理对象人为的分成A、B、C三类,并根据各类型的特点,采用不同管理方法,达到既保证重点,又照顾一般,事半功倍之目的。

ABC分类控制法是意大利经济学家巴雷特于1879年引入经济领域的,他在分析研究本国财务分配状况时从大量的统计资料中发现,占人口总数20%左右的人占有社会财富的80%左右,而占有少量财富的则是大多数人,即发现了关键的少数和次要的多数的关系,依据统计数字画成排列图(图6.1),图中的曲线称为巴雷特曲线,这个排列图称作巴雷特图。

后来发现很多社会现象都符合该规律。如在生产实践中,人们发现了经济管理活动也存在此种不均匀分布的规律,逐步将巴雷特ABC分类控制的原理和方法转化为经济管理工作中,获得十分显著的效果。通过合理分配时间和力量到A类——总数中的少数部分,将会得到更好的结果。当然忽视B类和C类也是危险的,在巴雷特规则中,它们得到与A类相对少得多的注意。

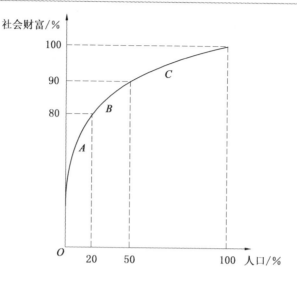

图 6.1　巴雷特曲线

这种方法应用最早算是美国通用电气公司对物资的管理,该公司对所属工厂的库存物资,经调查分析,分为 A、B、C 三类,并定出库存量和采购标准。

(1) 分类。

A 类,物资的品种数量较少,仅占全部物资总数量的 8%;它们的价值占全部物资价值的 75%;库存和采购量均定为 1~2 周的使用量。

B 类,物料的品种数量较多,占总数量的 23%;占全物资价值的 21%;库存量和采购量定为 2~4 周的使用量。

C 类,物资的品种数量最多,占总数量的 69%;占全物料价值的 4%;库存量和采购量定为 8~12 月的使用量。

(2) 管理方法。

通过上述分类可说明:

A 类物料最重要,应作为重点加强管理,严格控制。

B 类物料较为重要,可按通常办法进行管理和控制。

C 类物料虽数量多,但价值小,可采用最简便的方法加以管理和控制。

由于该公司科学分类,针对特点采取不同的管理方法和存货政策,节约了大量资本,取得了可喜的经济效果。

在企业经营管理中,存在着许多类似上例情况的关系:在产品销售工作中,少数几种产品销售额却占销售总额的很大比重,而多数产品销售额却占较小比重;在流动资金的管理中,某几个仓库的流动资金占流动资金总额的绝大比重;在质量管理中,少数几个因素造成的废品数和废品损失额,占废品总数或废品损失总额的大部分等。

因此,凡属管理对象繁杂,又可按不同指标进行相关数据分析的如成本管理、设备管理、生产管理、销售管理、资金管理、质量管理、物资管理和技术经济分析等各方面均可采用这一方法来抓住事物的主要矛盾,并区别对待取得有效的收益。

ABC分类控制法被不断应用于管理的各个方面,1951年,管理学家戴克(H. F. Dickie)将其应用于库存管理,命名为ABC分类法;1951—1956年,朱兰将ABC分类法引入质量管理,用于质量问题的分析,被称为排列图。1963年,德鲁克将这一方法推广到全部社会现象,使ABC分类法成为企业提高效益的普遍应用的管理方法。

二、ABC分类控制法的具体做法

(一)ABC分类控制法的一般分类标准

按其以"关键的是少数,次要的是多数"的基本原理,将研究对象的构成因素划分为A、B、C三大类:

A类是关键的少数因素,其价值一般累计百分数在0~80%,其数量占10%以下的因素为A类。

B类是一般性的因素,其价值累计百分数在80%~90%,其数量占30%左右的因素为B类。

C类是次要的因素,其价值累计百分数在90%~100%,其数量占60%左右的因素为C类。

(二)ABC分类控制法的一般步骤

(1)计算所研究对象各个构成因素的资金占用额(或废品损失额)。

(2)根据各因素占用资金额(或废品损失额)的大小,从大到小按顺序进行排队。

(3)计算各构成因素的累计数与累计数百分比。

(4)计算研究对象各构成因素累计金额(或累计废品损失额)以及金额累计百分比(或废品损失百分比)。

(5)根据A、B、C三类的分类标准,进行A、B、C分类。

(6)按各类分别以其两个相关标志的累计百分数,在坐标图上作点,连线即成巴雷特曲线图。

(7) 分类进行管理决策。

(三) 应用实例分析

例6.1 假定某企业生产某种产品,需要a、b、c、d、e等50种物料各2件,共100件,其价格分别为800元、700元、600元、350元、100元不等,共计价值7 000元,试对生产该产品所需物资进行A、B、C分类。

(1) 制作A、B、C分类计算表。

制作A、B、C分类计算表,如表6.1所示。

表6.1 A、B、C分类计算表

物资	需用件数	累计需用件数	累计比率/%	单价/元	每台金额/元	累计金额/元	累积金额比率/%
A	2	2	2	800	1 600	1 600	22.86
B	2	4	4	700	1 400	3 000	42.86
C	2	6	6	600	1 200	4 200	60.00
D	2	8	8	350	700	4 900	70.00
E	2	10	10	100	200	5 100	72.86
⋮	⋮	⋮	⋮	⋮	⋮	⋮	⋮
	2	28	28	50	100	6 650	95.00
⋮	⋮	⋮	⋮	⋮	⋮	⋮	⋮
X	2	100	100			7 000	100
合计	100						

表6.1中有关项目计算方法是:

累计需用件数:从物资A开始,按每种物资需要件数依次累加。

累计比率:各种物资累计总需要件数与到某种物资为止的累计需用件数之比。

累计金额:从物资A开始,将每台产品需要的物资金额依次相加。

累计金额比率:各种物资累计总金额与到某种物资为止的累计金额之比。

(2) 画出物资分类表。

ABC分类控制法的一般分类标准并不是绝对的,是在二八定律的指导下,试图对物资进行分类,以找出占用大量资金的少数物资,并严格对它们进行控制与管理。对占少量资金的大多数物资,则施以较松的控制和管理。物资分类如表6.2

所示。

表 6.2 物资分类表

物资分类	累计品种数	累计比率/%	累计金额/元	累计金额比率/%
A	8	8	4 900	70
B	28	28	6 650	95
C	100	100	7 000	100

（3）绘制 ABC 分类曲线图。

根据物资分类表中的累计金额比率与累计比率两个相关标志数值在坐标图上作点连线即成，如图 6.2 所示。

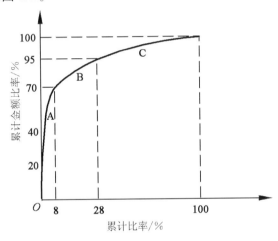

图 6.2 ABC 分类曲线

（4）ABC 分类库存控制策略。

A 类物资，重点加强管理，严格控制，包括最完整、精确的记录，最高的作业优先权，高层管理人员

经常检查，连续监控库存水平，精确地确定订货量和订货点，紧密的跟踪措施以使库存时间最短。

B 类物资，正常的控制，包括做记录和固定时间的检查；只有在紧急情况下，才赋予较高的优先权；定期观察库存水平，可按经济批量订货。

C 类物资，控制级别最低，如设立简单的记录或不设记录，可通过半年或一年一次的盘存来补充大量的库存，给予最低的优先权作业次序等。

第三节　　库存概述

"库存"无论对制造业还是对服务业都十分重要。传统意义下的库存就像蓄水池中的水一样,是暂时派不上用场的备用品。库存是既有利又有弊的。库存一方面占有了大量的资金,减少了企业利润,甚至导致企业亏损;另一方面它能防止短缺,有效地缓解供需矛盾,使生产尽可能均衡地进行。它有时还有"居奇"的投机功能,为企业赢利。

一、物料流

大多数生产过程都伴随着物料流动。从各种原材料供应商到消费者的合理有效的物料流不仅能满足消费者的需求,而且有利于提高企业的利润。

众所周知,任何企业都不是孤立地存在于社会之中的,它必定与周围的企业发生联系。这种联系是通过物料流、信息流、人员流和资金流来实现的。企业的物料流不是封闭的,而是开放的。机械厂的原材料主要是各种钢材,其产品主要是各种机械设备。对机械厂而言,从钢材到机械设备之间要经过一系列物料转换,物料转换的过程构成了企业内部的物料流。这一物料流从内部看起来是有头有尾的,是封闭的。然而,各种钢材是钢铁厂的产品,钢铁通过矿石冶炼而成,而开采矿石又离不开各种机械。这样,物料流将各种不同的企业联系在一起,形成一个复杂的"供需网络"。从宏观上考虑,封闭的、单一的物料流是不存在的。相反,各种错综复杂的物料流构成的网络却遍布于各行各业。每个企业的物料流都只是这个大网络中的一小部分。

二、库存的定义

从一般意义上来说,库存是为了满足未来需要而暂时闲置的资源。资源的闲置就是库存,与这种资源是否存放在仓库中没有关系,与资源是否处于运动状态也没有关系。汽车运输的货物处于运动状态,但这些货物是为了未来需要而暂时闲置的,就是库存,是一种在途库存。这里所说的资源,不仅包括工厂里的各种原材料、毛坯、工具、半成品和成品,而且包括银行里的现金,医院里的药品、病床,运输部门的车辆等。一般地说,人、财、物、信息各方面的资源都有库存问题。专门人才的储备就是人力资源的库存,计算机硬盘贮存的大量信息,是信息的库存。

三、库存类型

从不同角度对库存进行的分类：

1. 按物质形态分类

库存可分为原材料库存、在制品库存和成品库存。三种库存可以存放在一条供应链上的不同位置。

（1）原材料库存可以存放在供应商或生产商处。

（2）原材料进入生产企业后，依次通过不同的工序，每经过一道工序，附加价值都有所增加，从而成为不同水准的在制品库存。

（3）当在制品在最后一道工序被加工完后，最终形成产品。产品一时销售不出去，就形成了成品库存。产品可以放在不同的储存点：生产企业内、配送中心、零售点，直至转移到最终消费者手中。

对于一个零售企业来说，其库存只有完成品一种形态。对于一个大型制造企业来说，生产工序较多，各种不同水准的在制品就会大量存在，使库存包括多种不同程度的中间产品。企业还有可能拥有自己的配送中心，从而成品的库存也会大量存在，这样整个物流和库存系统就会相当复杂。这三种库存占用企业的绝大部分流动资金。因此，若能有效地控制库存，将大大减少资金占用，提高资金周转速度，从而提高企业的经济效益。

2. 按库存作用分类

库存可分为周转库存、安全库存、调节库存和在途库存。

（1）周转库存的产生是基于这样的思想：采购批量或生产批量越大，单位采购成本或生产成本就越低（节省订货费用或作业交换费用，得到数量折扣），从而每次批量购入或批量生产。这种由批量周期性地形成的库存就称为周转库存。

这里有两个概念：一个是订货周期，即两次订货之间的间隔时间；另一个是订货批量，即每次订货的数量。这二者之间的关系是显而易见的：每次订货批量越大，两次订货之间的间隔也越长，周转库存量也就越大。平均周转库存量为 $Q/2$，其中 Q 为订货批量。由于周转库存的大小与订货的频率成反比，因此如何在订货成本和库存成本之间进行权衡，是决策时考虑的主要因素。

（2）安全库存是为了应付需求、生产周期或供应周期等可能发生的不测变化而设置的一定数量的库存。例如，供货商没能按预订的时间供货；生产过程中发生意外的设备故障导致停工等。

设置安全库存的一种方法是：比正常的订货时间提前一段时间订货，或比交货期限提前一段时间开始生产。例如，假定从发出订单到货物到位需3周，企业可提前5周发出订单,这样安全库存量是2周的需要量。另一种方法是:每次的订货量大于到下次订货为止的需要量,多余部分就是安全库存。安全库存的数量除了受需求和供应的不确定性影响外,还与企业希望达到的顾客服务水平有关,这些是制定安全库存决策时的主要考虑因素。

(3)调节库存是用于调节需求或供应的不均衡、生产速度与供应速度的不均衡、各个生产阶段的产出不均衡而设置的。例如,季节性需求产品(空调、电扇等),为了保持生产能力的均衡,在淡季生产的产品置于调节库存,以备满足旺季的需求。有些季节性较强的原材料,或供应商的供应能力不均衡时,也需设置调节库存。

(4)在途库存是指正处于运输以及停放在相邻两个工作地之间或相邻两个组织之间的库存,这种库存是一种客观存在的,而不是有意设置的。在途库存的大小取决于运输时间以及该期间内的平均需求。

3. 按需求可控性分类

库存可分为独立需求库存与相关需求库存。

(1)独立需求库存是来自用户的对企业产品和服务的需求。独立需求最明显的特征是需求的对象、数量、时间都有很大的不确定性,但可以通过预测方法粗略的估算。

从库存管理的角度来说,独立需求库存是指那些随机的、企业自身不能控制的、由市场所决定的需求。这种需求与企业对其他库存产品所做的生产决策没有关系,如用户对企业最终成品、维修备件等的需求。

(2)相关需求是企业内部物料转化各环节之间所发生的需求,也称为非独立需求,它可以根据最终产品的独立需求精确的计算出来。例如,某汽车制造厂年产汽车30万辆,这是通过预测市场对该厂产品的独立需求来确定的,一旦30万辆汽车的生产任务确定之后,对构成该种汽车的零部件和原材料的数量和需要时间是可以通过精确计算得到的。对零部件和原材料的需求就是相关需求。

独立需求库存问题和相关需求库存问题是两类不同的库存问题。企业里成品库存的控制问题属于独立需求库存问题,在制品库存和原材料库存控制问题属于相关需求库存问题。

对相关需求库存的管理,这种需求实际上是对完成品生产的物料需求,与完成品的需求之间有确定的对应关系,其中的数量关系可以用物料清单来表示,时间关系可用生产周期、生产提前期、运输时间等通过计算得出,这实际上也就是生产计划所要控制的对象,即相关需求的库存控制实际上是生产计划与控制系统中的一部分;对独立需求库存的管理,由于其需求时间和数量都不是由企业本身所能控制的,所以不能像相关需求那样来处理,只能采用补充库存的控制机制,将不确定的

外部需求问题转化为对内部库存水平的动态监视与补充的问题;

4. 按需求重复性分类

库存可分为单周期需求库存和多周期需求库存。

(1)单周期需求即仅仅发生在比较短的一段时间内或库存时间不可能太长的需求,也被称作一次性订货量问题。经常发生的某种生命周期短的物品的不定量的需求。如那些易腐物品(鲜鱼)、生命周期短的易过时的商品如服装、日报和期刊;偶尔发生的某种需求。如新年贺卡,圣诞树。

(2)多周期需求则指在足够长时间内对某种物品的重复的、连续的需求,其库存需要不断的补充。与单周期需求比,多周期需求问题普遍得多。

另外,相关需求和独立需求都是多周期需求,对于单周期需求是不必考虑相关与独立的。

5. 按需求确定性分类

库存可分为确定型库存和随机型库存。

(1)确定型库存的需求率和订货提前期被视为确定的。

(2)随机型库存的需求率和订货提前期中有一个为随机变量的库存就是随机型库存。

订货提前期是从发出订货至到货的时间间隔,其中包括订货准备时间、发出订单、供方接受订单、供方生产、产品发运、产品到达、提货、验收、入库等过程。显然,订货提前期一般为随机变量。

四、库存利弊分析

关于库存,有人说它是企业生产运作所必不可少的,有人说它是一个"必要的恶魔",还有人说它是"万恶之源"。也就是说,库存的存在有利有弊。因此,有必要分析库存的大小主要取决于哪些因素,会带来什么样的影响和作用。

(一)库存的作用

库存的作用主要在于能有效地缓解供需矛盾,使生产尽可能均匀,有时甚至还有"奇货可居"的投机功能。具体而言,库存的作用包括以下几项。

(1)缩短订货提前期。当制造厂维持一定量的成品库存时,顾客就可以很快采购到他们所需的物品,这样缩短了顾客的订货提前期,加快了社会生产的速度,也使供应商争取到顾客。

(2)防止短缺。维持一定量可以防止短缺。为了应付自然灾害和战争,一个国家必须要有储备。

(3) 稳定作用。在当代处于激烈竞争的社会中,外部需求不稳定性是正常现象。生产的均衡性又是企业内部组织生产的客观要求。外部需求的不稳定性和内部生产的均衡性是矛盾的。要保证满足需方的要求,又使供方的生产均衡,就需要维持一定量的成品库存。成品库存将外部需求和内部生产隔开,像水库一样起着稳定作用。

(4) 分摊订货费用。需要一件采购一件,可以不需要库存,但不一定经济。订货需要一笔费用,这笔费用若摊在一件物品上,将是很高的。如果一次采购一批,分摊在每件物品上的订货费就少了,但这样会有一些物品一时用不上,造成库存。对生产过程,采取批量加工,可以分摊调整准备费用,但批量生产就会造成库存。

(5) 防止中断。在生产过程中维持一定量的在制品库存,可以防止生产中断。显然,当某道工序的加工设备发生故障时,如果工序间有在制品库存,其后续工序就不会中断。同样,在运输途中维持一定量的库存(原材料),可以保证供应,使生产正常运行。例如,某工厂每天需要100吨原料,供方到需方的运输时间为2天,则在途库存为200吨,才能保证生产不中断。

(二) 库存带来的弊端

反过来,库存也会给企业带来不利的影响。

(1) 占用大量资金。

(2) 发生库存成本。

库存成本是指企业为持有库存所需花费的成本。库存成本包括:占用资金的利息、储藏保管费(仓库费用、搬运费用、管理人员费用等)、保险费、库存物品价值损失费用(丢失或被盗、库存物品变旧、发生物理化学变化导致价值的降低、库存物品过时导致的价值降低)等。

(3) 掩盖企业生产经营中存在的问题。

这是精益生产方式的一个基本管理思想。精益生产方式认为,高库存有可能掩盖一系列的生产经营问题,例如,掩盖经常性的产品或零部件的制造质量问题。当废品率和返修率很高时,一种很自然的做法就是加大生产批量和在制品、成品库存;掩盖工人的缺勤问题、技能训练差问题、劳动纪律松弛和现场管理混乱问题;掩盖供应商的供应质量问题、交货不及时问题;掩盖企业计划安排不当问题、生产控制不健全问题等。总之,生产经营中的诸多问题,都有可能用高库存掩盖。而问题如果不暴露到表面,就不会有压力和动力去致力于改进。反过来,如果库存水平很低,所有这些问题就会立刻暴露出来,迫使企业去改进。所以,在精益生产方式中,把库存当作"万恶之源",致力于尽量通过减少库存来暴露生产经营中潜藏的问题,从根本上解决问题,从而不断提高生产经营系统的"体质"。

五、库存的放置位置

这里分两种情况来考虑库存的放置位置。

① 成品的放置位置。在这种情况下,是要决定在成品制造完毕后、送到消费者手中之前,成品的库存置于何处。

② 制造业企业内的标准品库存的放置位置。在这种情况下,是要决定把原材料在制品预先制造成什么水平(最终产品完成所需的加工时间)的标准品。

1. 成品放置位置

成品放置位置是配送管理中的一个重要问题。有两种基本选择:向前放置和靠后放置。向前放置是指尽量把成品库存储放在靠近用户的仓库或配送中心,或放置在批发商或零售商处。靠后放置是指将成品储放在生产厂家的仓库内或不保持成品库存。向前放置的两个优点是快速交货和降低运输成本。前一个优点是显而易见的,因为成品放置的位置距用户越近,对用户要求的响应时间就越短。后一个优点是指,在向前放置中,产品出厂后不是零散地送往各个用户,而是集中送到几个配送中心,这样运费可以用整车,而不是零担费用来计。尤其是企业产品品种较多的情况下,如果分别送往各个用户,可能全部需要以零担费用来计,但如果送到配送中心,配送中心可把不同工厂送来的、给同一用户的产品再集中起来,以整车方式运送。这种前置的优点在连锁商店、超市等批发、零售业中得到了最好的体现。在企业的全球生产运作中,将多个生产基地生产的多种产品按不同国家和地区分别设置配送中心,以加速全线销售,也已经成为越来越重要的一个问题。

但前置放置在有些情况下也不一定适用。例如,当竞争策略是把重点放在产品顾客化、多样化上时,就不应该持有大量的库存。又如,一个地区的需求可能是某月高、某月低,而且这种变化难以精确预测,在这种情况下,如果把几个地区的需求品种集中放置在靠后的中心仓库里,而不是向前放置在各个地区,地区之间的不同需求就会有一种互补效应,使总需求的不确定性变小,并使必要的总库存量降低。此外,还可以避免需求变化较大时从一个地区向另一个地区的重复运输。

2. 标准品的放置位置

与成品的放置位置类似,制造业企业内也需要考虑把库存置于什么样的半成品位置上,即标准品的放置位置。所谓标准品,是与特殊品相对应的概念,特殊品是指按照用户的特定要求生产的产品,通常只是有了订单才生产,没有现成的库存。标准品是指常备品,库存中常有,随时可以利用显而易见,标准品大多指各种不同程度的半成品,可用来加工或装配成用户所需的特殊品。一个订单接收以后,供货周期的长短取决于从库存中的标准品制成用户所需的特殊品的生产周期,而生产周期的长短与标准品的放置位置有很大关系。图 6.3(a) 是某产品 A 的物料清单和形成不同程度的标准品所需的生产周期。例如,D 本身的生产周期为 5 周,从 D 和 C 装配成 B 需要 11 周,从 B 和 E 装配成 A 需要 1 周。如图 6.3(b) 所示,标准品的放置位置可有 6 种不同的选择,每一种选择之下的供货周期各有不同。例如,如果把 B 和 E 作为标准品放置,一个订单接收以后,一周之后即可交货。C 和 D 作为标准品放置的情况下,则 12 周以后才可交货。可见,标准品库存越向前放置,满足用户需求所需的时间也越短。但反过来,标准品库存越靠前,因其附加价值越大,所占用的库存金额值也就越大。

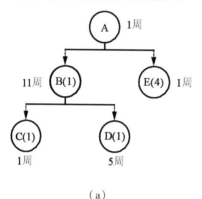

标准品位置	最长路径	供货时间 / 周
无	D—B—A	5 + 11 + 1 = 17
D	C—B—A	11 + 1 + 1 = 13
C&D	B—A	11 + 1 = 12
B	E—A	1 + 1 = 2
B&E	A	1
A	—	0

(a)　　　　　　　　　　　(b)

图 6.3　标准品的放置位置

六、降低库存的基本策略

1. 关于周转库存

由于平均周转库存等于 $Q/2$,所以降低周转库存的基本策略很明了:减小批量 Q。有一些运作管理水平较高的日本企业可以做到周转库存只相当于几个小时的需求量,而对于大多数企业来说,至少需要几周,甚至几个月的需求量。但是,只单纯地减小 Q 而不在其他方面做相应的变化将是很危险的,有可能带来严重的后果,例如,订货成本或作业交换成本有可能急剧上升。因此,必须再采取一些具体措施,寻找使订货成本或作业交换成本降低的办法。在这方面,精益生产方式有很多成功的经验,如"快速换模法"等。利用一人多机、成组技术或柔性制造技术,即尽量利用"相似性"来增大生产批量、减少作业交换是另一种可以考虑的途径。此

第六章 库存管理与控制

外,还可尽量采用通用零件等。

2. 关于安全库存

如前所述,安全库存是为了防止意外情况发生而比需要的时间提前订货,或订货量大于需求量而产生的。因此,降低这种库存所必须采取的行动也很显然:订货时间尽量接近需求时间,订货量尽量接近需求量。但是与此同时,由于意外情况发生而导致供应中断、生产中断的危险也随之加大,从而影响顾客服务,除非有可能使需求的不确定性和供应的不确定性消除,或减到最小限度。这样,至少有四种具体措施可以考虑使用:

（1）改善需求预测。就越小,还可以采取一些方法鼓励用户提前订货。

（2）缩短订货提前期与生产提前期。这一期间越短,在该期间内发生意外的可能性也越小。

（3）减少供应的不稳定性。其中的途径之一是让供应商知道你的生产计划,以便他们能够及早做出安排。另一个途径是改善现场管理,减少废品和返修品的数量,从而减少由于这种原因造成的不能按时按量供应。还有一种途径是加强设备的预防维修,以减少由于设备故障而引发的供应中断或延迟。

（4）增加设备、人员的柔性。这可以通过生产能力的缓冲、培养多面手人员等方法来实现。这种方法更多地用于非制造业,因为对于非制造业来说,服务无法预先储存。

3. 关于调节库存

降低调节库存的基本策略是尽量使生产速度与需求变化吻合。但这是一件说到容易做到难的事情。一种思路是想办法把需求的波动尽量"拉平",有针对性地开发新产品,使不同产品之间的需求"峰""谷"错开,相互补偿;又如在需求淡季通过价格折扣等促销活动转移需求。

4. 关于在途库存

影响在途库存的变量有两个:需求和生产－配送周期。由于企业难以控制需求,因此,降低这种库存的基本策略是缩短生产－配送周期。可采取的具体措施之一是标准品库存前置。另一个措施是选择更可靠的供应商和运输商,以尽量缩短不同存放地点之间的运输和存储时间。还可利用计算机管理信息系统来减少信息传递上的延误,以及由此引起的在途时间的增加。此外,还可以通过减小批量 Q 来降低在途库存。

从以上所述可以看出,这四种库存的不同降低策略实际上是相互关联、相互作用的,因此在实际的库存管理中需要全盘统筹,综合考虑。降低库存的基本策略如表 6.3 所示。

表 6.3　降低库存的策略

库存类型	基本策略	具体措施
周转库存	减小批量 Q	降低订货费用,缩短作业交换时间,利用"相似性"增大生产批量
安全库存	订货时间尽量接近需求时间 订货量尽量接近需求量	改善需求预测工作,缩短生产周期与订货周期,减少供应的不稳定性,增加设备与人员的柔性
调节库存	使生产速度与需求变化吻合	尽量拉平需求波动
在途库存	缩短生产-配送周期	标准品库存前置,慎重选择供应商与运输商,减小批量 Q

七、库存管理

(一) 库存管理的概念

1. 定义

库存管理,是指对企业内部的原材料、辅助材料、在制品、产成品和外购件等物资进行管理,目的是以尽可能低的成本满足服务流程或顾客的要求。这一目标意味着要解决库存量、订货时间和订货批量三个问题。库存管理是基于两点考虑:

(1) 用户服务水平,即在正确的地点、正确的时间,有足够数量的合适商品。

(2) 降低订货成本和持有成本。

2. 作用

库存管理的作用表现在:

(1) 在保证企业生产、经营需求的前提下,防止脱销,平衡生产与需求,使库存量经常保持在合理的水平上。

(2) 掌握库存量动态,适时、适量提出订货,避免超储或缺货。

(3) 减少库存空间占用,降低库存总费用。

(4) 控制库存资金占用,加速资金周转。

3. 总目标

库存管理的总目标是:在库存成本的合理范围内达到满意的顾客服务水平。为达成这一目标,决策者务必尽量使库存平衡,他必须做出两项基本决策:何时订货和订多少货(即订货时机与订货批量)。

第六章　库存管理与控制

(二) 库存管理的基本策略

由于库存有利有弊,在企业生产管理中,必须对库存加以控制,使其既能为企业经营有效利用,又不为企业带来太多的负面影响。因此,制定正确的库存管理策略非常重要。这里讨论几个库存管理中的基本策略问题。

管理学中有种说法:没有衡量就没有管理。在库存管理中,管理者也需要用一些指标对库存进行监控和衡量,使其保持在一个适当的水平。衡量库存的方法有很多种,例如,库存物品的种类、数量、重量等。但是,在管理中具有重要意义的衡量指标有三个:平均库存值、可供应时间和库存周转率。

1. 平均库存值

全部库存物品的价值之和。之所以用"平均"二字,是因为这一指标一般来说是指某一时间段内(而不是某一时刻)库存所占用的资金。这一指标可以告诉管理者,企业资产中的多大部分是与库存相关联的。一般来说,制造业企业大约是25%,而批发、零售业有可能占到75%左右。管理人员可以根据历史数据或同行业的平均水平从纵横两方面评价本企业的这一指标是过高还是过低。但是,一个不可忽视的因素是市场需求。也就是说,必须从满足市场需求的角度来考虑库存管理的好坏。为此,下面两个指标可能更重要。

2. 可供应时间

现有库存能够满足多长时间的需求。这一指标可用平均库存值除以相应时间段内单位时间(如每周、每月等)的需求来得到,也可以分别用每种物资的平均库存量除以相应时间段内单位时间的需求量来得到。在有些情况下,后者更具现实意义。例如,在有些企业,根据物资可获得性的不同,有些物资的库存量为两周的用量,而另外一些物资的库存量可能只是两三天的用量。

3. 库存周转率

可用式(6.7)表示

$$库存周转率 = \frac{年销售额}{年平均库存值} \times 100\% \qquad (6.7)$$

还可以细分为以下三种

$$成品库存周转率 = \frac{年销售额}{成品平均库存值} \times 100\% \qquad (6.8)$$

$$在制品库存周转率 = \frac{生产产值}{在制品平均库存值} \times 100\% \qquad (6.9)$$

$$原材料库存周转率 = \frac{原材料销售额}{原材料平均库存值} \times 100\% \qquad (6.10)$$

需要注意的是,式(6.7)至式(6.10)中的分子分母的数值均应指相同时间段内的数值。

库存周转越快表明库存管理的效率越高。反过来,库存周转慢意味着库存占用资金量大,保管等各种费用也会大量发生。库存周转率对企业经营中至关重要的资金周转率指标也有极大的影响作用。

八、库存控制系统

(一) 库存控制

物资管理的中心问题就是订购量的确定,订购量过多,容易造成企业资金周转不灵;订购量过少,则容易造成缺料停工。为防止物资订购数量过多或过少现象的发生,就必须进行科学的库存控制及物资预算。

1. 定义

库存控制,是指使各种物资的库存数量经常保持在适当的水平上,以免过多或过少,造成资金积压,浪费仓库容量,增加保管困难,或供不应求,停工待料等不良现象。其目的是:随时可以知道各种物资的正常存量;随时可以知道物资移动的情况;可使必需的物资经常保持适量的存储;可以防止物资的走漏和舞弊现象发生;能够为供应部门在质量、价格等方面提供有意义的参考;能够使生产部门和管理部门及时了解各种物资耗用的数量,为控制成本提供依据;能够为会计部门核算成本提供准确的数字。

2. 库存控制的环节与标准

(1) 库存控制的环节。

库存控制的环节即记录、订购及报告,现分述如下:

① 记录,是指记载物料收入及发出情况,最好每一笔物料的移动均能结出其余额,这种记录通常称为"永续盘存式"。

② 订购,是指欲使物资控制得当,必须建立适当的订购制度,必须符合下列两大原则:但凡物资的订购,均须经过物资控制机构的审核;物资订购必须在"最低存量"接近时才能进行,其订购量不得超过一次订购量或"最高存量"之规定。

③ 报告,是控制的另一种有力武器,物资的收发必须逐笔登记,到月终时应将物资收发情况编制月报表,并将月终结存量同时编列在表内。

(2) 库存控制标准。

减少过多的库存或避免原材料供应不足生产延误的现象,必须进行存量上的控制,库存控制建立于以下四种标准之上。

① 最高存量,是指在一定时间内,不得超过这一预定数。
② 最低存量,是指在一定时间内应维持的最低数量标准。
③ 订货点,如存货低于某一标准时,应订购补充的界限点。
④ 订购量,是指所确定的订购补充的数量,此数量购入后,才能使存量不低于最低存量点,也不超过最高存量点。

(二)库存控制系统

库存控制系统是解决订货时间和订货数量问题的常规联动系统。有效的系统要达到下列目的:保证获得足够物资;鉴别出超储物品、畅销品和滞销品;向管理部门提供准确、简明和适时的报告;花费最低的成本余额。

一个完整的库存控制系统所涉及的内容远不止是各种定量库存模型,必须考虑如下方面:开展需求预测和处理预测误差;选择库存模型,如经济订货量、经济订货间隔期、经济生产量、物料需求计划、一次性订货量;测定存货成本;用以记录和盘点物品的方法;验收、搬运、保管和发放物品的方法;用以报告例外情况的信息程序。

库存控制系统是通过控制订货点和订货量来满足外界需求并使总库存费用最低。

任何库存控制系统都必须回答如下三个问题:
① 隔多长时间检查一次库存量?
② 何时提出补充订货?
③ 每次订多少?

按照对以上三个问题回答方式的不同,可以分成三种典型的库存控制系统。

1. 固定量系统

(1) 原理。

固定量系统是订货点和订货量都为固定量的库存控制系统,如图 6.4 所示。当库存控制系统的现有库存量降到订货点(RP)及以下时,库存控制系统就向供应厂商发出订货,每次订货量均为一个固定的量 Q。经过一个订货提前期(LT),所发出的订货到达,库存量增加 Q。

(2) 优缺点。

要发现现有库存量是否到达订货点,必须随时检查库存量。固定量系统需要随时检查库存量,并随时发出订货。这样,增加了管理工作量,但它使得库存量得到严密的控制。因此,固定量系统适用于重要物资的库存控制。

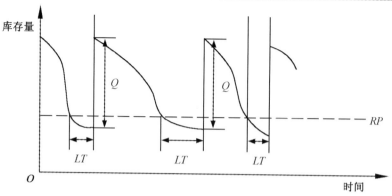

图 6.4　固定量系统

(3) 双仓系统。

为了减少管理工作量,可采用双仓系统(Two-bin System)。所谓双仓系统是将同一种物资分放两仓(或两个容器),其中一仓使用完之后,库存控制系统就发出订货。在发出订货后,就开始使用另一仓的物资,直到到货,再将物资按两仓存放。

2. 固定间隔期系统

(1) 原理。

固定间隔期系统是每经过一个相同的时间间隔,发出一次订货,订货量为将现有库存补充到一个最高水平 S,如图 6.5 所示。当经过固定间隔时间 t 之后,发出订货,这时库存量降到 L_1,订货量为 $S-L_1$;经过一段时间 LT 到货,库存量增加 $S-L_1$;再经过固定间隔时间 t 之后,又发出订货,这时库存量降到 L_2,订货量为 $S-L_2$,经过一段时间 LT 到货,库存量增加 $S-L_2$。

(2) 优缺点。

固定量系统需要随时监视库存变化,对于物资种类很多且订货费用较高的情况,是很不经济的。固定间隔期系统可以弥补固定量系统的不足。

固定间隔期系统不需要随时检查库存量,到了固定的间隔期,各种不同的物资可以同时订货。

这样,简化了管理,也节省了订货费。不同物资的最高水平 S 可以不同。固定间隔期系统的缺点是不论目前库存水平 L 降得多还是少,都要按期发出订货,当 L 很高时,订货量是很少的。最大最小系统克服了这个缺点。

3. 最大最小系统

最大最小系统仍然是一种固定间隔期系统,只不过它需要确定一个订货点,当经过固定间隔时间 t 时,如果库存量降到 RP 以下,则发出订货;否则,再经过固定间

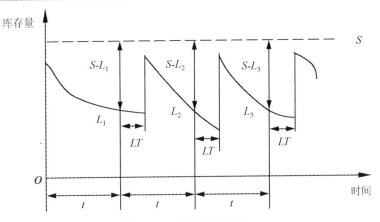

图 6.5　固定间隔期系统

隔时间 t 时再考虑是否发出订货。最大最小系统如图 6.6 所示。当经过固定间隔时间 t 之后，库存量降到 L_1，L_1 小于 RP，发出订货，订货量为 $S - L_1$，经过一段时间 LT 到货，库存量增加 $S - L_1$。再经过固定间隔时间 t 之后，库存量降到 L_2，L_2 大于 RP，不发出订货。再经过时间 t，库存量降到 L_3，L_3 小于 RP，发出订货，订货量为 $S - L_3$，经过一段时间 LT 到货，库存量增加 $S - L_3$，如此循环。

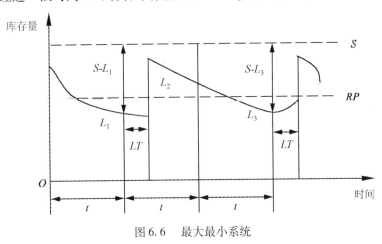

图 6.6　最大最小系统

第四节　库存问题模型

本节将介绍单周期库存模型、多周期库存模型和随机型库存模型。多周期库存模型为确定型库存，包括经济订货批量模型、经济生产批量(EPL)模型和价格折扣模型。

一、单周期库存模型

对于单周期需求来说,库存控制的关键在于确定订货批量。对于单周期库存问题,订货量就等于预测的需求量。

由于预测误差的存在,根据预测确定的订货量和实际需求量不可能一致。如果需求量大于订货量,就会失去潜在的销售机会,导致机会损失,即订货的机会(欠储)成本。另一方面,假如需求量小于订货量,所有未销售出去的物品将可能以低于成本的价格出售,甚至可能报废还要另外支付一笔处理费。这种由于供过于求导致的费用称为陈旧(超储)成本。显然,最理想的情况是订货量恰恰等于需求量。

确定最佳订货量时,需要考虑由订货产生的各种费用,分别是订货费、库存费、机会成本、陈旧成本。由于只发生一次订货费用,所以订货费用为一种沉没成本,它与决策无关。库存费用也可视为一种沉没成本,因为单周期物品的现实需求无法准确预计,而且只通过一次订货满足。所以即使有库存,其费用的变化也不会很大。因此,只有机会成本和陈旧成本对最佳订货量的确定起决定性作用。确定最佳订货量可采用期望损失最小法、期望利润最大法或边际分析法。

(一) 期望损失最小法

期望损失最小法就是比较不同订货量下的期望损失,取期望损失最小的订货量作为最佳订货量。

已知库存物品的单位成本为 C,单位售价为 P。若在预定的时间内卖不出去,则单价只能降为 $S(S < C)$ 卖出,单位超储损失为 C_o;若需求超过存货,则单位欠储损失(缺货损失、机会损失) C_u。设订货量为 Q 时的期望损失为 $E_L(Q)$,则取使 $E_L(Q)$ 最小的 Q 作为最佳订货量。$E_L(Q)$ 可通过下式计算

$$E_L(Q) = \sum_{d>Q} C_u(d-Q)p(d) + \sum_{d<Q} C_o(Q-d)p(d) \qquad (6.11)$$

式中　$E_L(Q)$——订货量 Q 时的期望损失值;

C_o——单位超储损失,$C_o = C - S$;

C_u——单位缺货损失,$C_u = P - C$;

P——单位售价;

C——单位成本;

Q——订货量;

$p(d)$——需求为 d 时的概率,且 $\sum p(d) = 1$;

d——实际需求量。

例6.2 按过去的记录,新年期间对某商品挂历的需求分布率如表6.4所示。

表6.4 某商品挂历的需求分布率

需求 d/份	0	10	20	30	40	50
概率 $p(d)$	0.05	0.15	0.20	0.25	0.20	0.25

已知,每份挂历的进价为 $C = 50$ 元,售价 $P = 80$ 元。若在一个月内卖不出去,则每份挂历只能按 $S = 30$ 元卖出。求该商店应该进多少挂历为好。

解 设该商店买进 Q 份挂历。

当实际需求 $d < Q$ 时,将有一部分挂历卖不出去,每份超储损失为
$$C_o = C - S = 50 - 30 = 20(元)$$

当实际需求 $d > Q$ 时,将有机会损失,每份欠储损失为
$$C_u = P - C = 80 - 50 = 30(元)$$

$E_L(0) = 30 \times (10-0) \times 0.15 + 30 \times (20-0) \times 0.20 + 30 \times (30-0) \times 0.25 +$
$\qquad 30 \times (40-0) \times 0.20 + 30 \times (50-0) \times 0.15 = 300 \times 0.15 +$
$\qquad 600 \times 0.20 + 900 \times 0.25 + 1200 \times 0.20 + 1500 \times 0.15 = 855(元)$

$E_L(10) = 20 \times (10-0) \times 0.05 + 30 \times (20-10) \times 0.20 + 30 \times (30-10) \times$
$\qquad 0.25 + 30 \times (40-10) \times 0.20 + 30 \times (50-10) \times 0.15 = 200 \times 0.05 +$
$\qquad 300 \times 0.20 + 600 \times 0.25 + 900 \times 0.20 + 1200 \times 0.15 = 580(元)$

$E_L(20) = 20 \times (20-0) \times 0.05 + 20 \times (20-10) \times 0.15 + 30 \times (30-20) \times$
$\qquad 0.25 + 30 \times (40-20) \times 0.20 + 30 \times (50-20) \times 0.15 = 400 \times 0.05 +$
$\qquad 200 \times 0.15 + 300 \times 0.25 + 600 \times 0.20 + 900 \times 0.15 = 380(元)$

$E_L(30) = 20 \times (30-0) \times 0.05 + 20 \times (30-10) \times 0.15 + 20 \times (30-20) \times$
$\qquad 0.20 + 30 \times (40-30) \times 0.20 + 30 \times (50-30) \times 0.15 = 600 \times 0.05 +$
$\qquad 400 \times 0.15 + 200 \times 0.20 + 300 \times 0.20 + 600 \times 0.15 = 280(元)$

$E_L(40) = 20 \times (40-0) \times 0.05 + 20 \times (40-10) \times 0.15 + 20 \times (40-20) \times$
$\qquad 0.20 + 20 \times (40-30) \times 0.25 + 30 \times (50-40) \times 0.15 = 800 \times 0.05 +$
$\qquad 600 \times 0.15 + 400 \times 0.20 + 200 \times 0.25 + 300 \times 0.15 = 305(元)$

$E_L(40) = 20 \times (50-0) \times 0.05 + 20 \times (50-10) \times 0.15 + 20 \times (50-20) \times$
$\qquad 0.20 + 20 \times (50-30) \times 0.25 + 20 \times (50-40) \times 0.20 =$
$\qquad 1\,000 \times 0.05 + 800 \times 0.15 + 600 \times 0.20 + 400 \times 0.25 +$
$\qquad 200 \times 0.20 = 430(元)$

经计算得知,最佳订货量为30份。结果如表6.5所示。

表 6.5　期望损失计算表

订货量 Q	实际需求 d						期望损失 $E_L(Q)$ /元
	0	10	20	30	40	50	
	$p(D=d)$						
	0.05	0.15	0.20	0.25	0.20	0.15	
0	0	300	600	900	1 200	1 500	855
10	200	0	300	600	900	1 200	580
20	400	200	0	300	600	900	380
30	600	400	200	0	300	600	280
40	800	600	400	200	0	300	305
50	1 000	800	600	400	200	0	430

从表 6.5 可以看出,"零"对角线上方数值为机会成本,由 $C_u(d-Q)$ 计算所得,下方数值为超储成本,由 $C_o(Q-d)$ 计算所得。可以直接用表进行计算,先算出订货量正好等于需求的数值,填入相应位置,再用"零"对角线上方下方公式进行计算,最后计算出不同订货量下的期望损失值,最小的期望损失值所对应的订货量为最佳订货量。直观简便,不易出错。

(二) 期望利润最大法

期望利润最大法就是比较不同订货量下的期望利润,取期望利润最大的订货量为最佳订货量。

设订货量 Q 时的期望利润为 $E_p(Q)$,则

$$E_P(Q) = \sum_{d<Q}[C_ud - C_o(Q-d)]p(d) + \sum_{d>Q}C_uQp(d) \quad (6.12)$$

例 6.3　已知数据同例 6.2,求最佳订货量。

解　设该商店买进 Q 份挂历。

当实际需求 $d < Q$ 时,将有一部分挂历卖不出去,每份超储损失为

$$C_o = C - S = 50 - 30 = 20(元)$$

当实际需求 $d > Q$ 时,将有机会损失,每份欠储损失为

$$C_u = P - C = 80 - 50 = 30(元)$$

采用表 6.6 进行计算。首先计算订货量等于需求量的数值,填入相应位置。然后对角线上方为 $d > Q$,由 C_uQ 计算所得;对角线上方为 $d < Q$,由 $C_ud - C_o(Q-d)$ 计算所得。最后计算出不同订货量的期望利润值,取期望利润最大的订货量为

最佳订货量 30 份。

表 6.6 期望利润计算表

订货量 Q	实际需求 d						期望利润 $E_p(Q)$ /元
	0	10	20	30	40	50	
	$p(D=d)$						
	0.05	0.15	0.20	0.25	0.20	0.15	
0	0	0	0	0	0	0	0
10	−200	300	300	300	300	300	275
20	−400	100	600	600	600	600	475
30	−600	−100	400	900	900	900	575
40	−800	−300	200	700	1 200	1 200	550
50	−1 000	−500	0	500	1 000	1 500	425

(三) 边际分析法

假定原订货量为 Q,考虑追加一个单位订货量的情况,由于追加了 1 个单位的订货,使得期望损失的变化为

$$\Delta E_L(Q) = E_L(Q+1) - E_L(Q) =$$
$$\left[C_u \sum_{d>Q}(d-Q-1)p(d) + C_o \sum_{d<Q}(Q+1-d)p(d) \right] -$$
$$\left[C_u \sum_{d>Q}(d-Q)p(d) + C_o \sum_{d<Q}(Q-d)p(d) \right] =$$
$$(C_u + C_o)\sum_{d=0}^{Q} p(d) - C_u = 0 \qquad (6.13)$$

$$\sum_{d=0}^{Q^*} p(d) = 1 - p(D^*) = \frac{C_u}{C_u + C_o} \qquad (6.14)$$

则

$$p(D^*) = \frac{C_o}{C_u + C_o} \qquad (6.15)$$

式中　Q^*——最佳订货量；

$P(D^*)$——概率分布函数,确定了 $P(D*)$ 再根据经验分布就可以找出最佳订货量。

例 6.4　某批发商准备订购一批圣诞树供圣诞节期间销售。该批发商对包括

订货费在内的每棵圣诞树要支付 2 美元,树的售价为 6 美元。未售出的树只能按 1 美元出售。节日期间圣诞树需求量的概率分布如表 6.7 所示(批发商的订货量必须是 10 的倍数)。试求该批发商的最佳订货量。

表 6.7 圣诞树需求量的概率分布

需求量	10	20	30	40	50	60
概率	0.10	0.10	0.20	0.35	0.15	0.10
$p(D)$	1.00	0.90	0.80	0.60	0.25	0.10

解
$$C_o = 2 - 1 = 1(美元)$$
$$C_u = 6 - 2 = 4(美元)$$

所以
$$p(D^*) = \frac{C_o}{C_u + C_o} = 1/(1+4) = 0.20$$

查表 6.7 可知,实际需求大于 50 棵的概率为 0.25,再结合求 D^* 的条件可以求出最佳订货量为 50 棵。

二、多周期库存模型

对于多周期库存模型,本书将讨论经济订货批量模型、经济生产批量模型和价格折扣模型。在介绍这些模型之前,先要对与库存有关的费用进行分析。

(一) 与库存有关的费用

与库存有关的费用分为两种,一种随着库存量的增加而增加,另一种随着库存量的增加而减少。正是这两种费用相互作用的结果,才有经济订货批量(最佳订货量)。

1. 随库存量增加而增加的费用

(1) 资金的成本。

库存的资源本身有价值,占用了资金。这些资金本可以用于其他活动来创造新的价值,库存使这部分资金闲置起来,造成机会损失。资金成本是维持库存物品本身所必需的花费。

(2) 仓储空间费用。

要维持库存必须建造仓库、配备设备,还有供暖、照明、修理、保管等维持仓储空间的费用。

(3) 物品变质和陈旧。

在闲置过程中,物品会发生变质和陈旧,如金属生锈,药物过时,油漆褪色,鲜货变质。这又会造成一部分损失。

(4) 税收和保险。

以上费用都随着库存量增加而增加。如果只有随着库存量增加而增加的费用，则库存量越少越好。但也有随着库存量增加而减少的费用，使得库存量既不能太低，也不能太高。

2. 随库存量增加而减少的费用

(1) 订货费。

订货费与发出订单活动和收货活动有关，包括评判要价、谈判、准备订单、通信、收货检查等，它一般与订货次数有关，而与一次订多少无关。一次多订货，分摊在每项物资上的订货费就少。

(2) 调整准备费。

在生产过程中，工人加工零件，一般需要准备图纸、工艺和工具，需要调整机床、安装工艺装备。这些活动都需要时间和费用。如果花费一次调整准备费，多加工一些零件，则分摊在每个零件上的调整准备费就少。但扩大加工批量会增加库存。

(3) 购买费和加工费。

采购或加工的批量大，可能会有价格折扣。

(4) 生产管理费。

加工批量大，为每批工作做出安排的工作量就会少。

(5) 缺货损失费。

批量大则发生缺货的情况就少，缺货损失就少。

3. 库存总费用

计算库存总费用一般以年为时间单位。归纳起来，年库存费用包括以下四项：

(1) 年维持库存费。

以 C_H 表示，是维持库存所必需的费用。包括资金成本、仓库及设备折旧、税收、保险、陈旧化损失等。这部分费用与物品价值和平均库存量有关。

(2) 年补充订货费。

以 C_R 表示，与全年发生的订货次数有关，一般与一次订多少无关。

(3) 年购买费(加工费)。

以 C_P 表示，与价格和订货数量有关。

(4) 年缺货损失费。

以 C_S 表示，反映失去销售机会带来的损失、信誉损失及影响生产造成的损失。它与缺货多少、缺货次数有关。

若以 C_T 表示年库存总费用，则 $C_T = C_H + C_R + C_p + C_s$。对库存进行优化的目标就是要使 C_T 最小。

（二）经济订货批量模型

1. 经济订货批量模型的假设条件

经济订货批量模型最早是由哈里斯于 1915 年提出的。该模型有如下假设条件：

① 外部对库存系统的需求率已知，需求率均匀且为常量。年需求率以 D 表示，单位时间需求率以 d 表示。

② 一次订货量无最大最小限制。

③ 采购、运输均无价格折扣。

④ 订货提前期已知，且为常量。

⑤ 订货费与订货批量无关。

⑥ 维持库存费是库存量的线性函数。

⑦ 不允许缺货。

⑧ 补充率为无限大，全部订货一次交付。

⑨ 采用固定量系统。

在以上假设条件下，库存量的变化如图 6.7 所示。从图 6.7 可以看出，系统的最大库存量为 Q，最小库存量为 0，不存在缺货。库存按数值为 D 的固定需求率减少。当库存量降到订货点 RP 时，就按固定订货量 Q 发出订货。经过一固定的订货提前期 LT，新的一批订货 Q 到达（订货刚好在库存变为 0 时到达），库存量立即达到

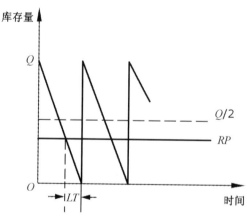

图 6.7　经济订货批量假设下的库存量变化

Q。显然,平均库存量为 $Q/2$。

2. 经济订货批量

在经济订货批量模型的假设条件下,$C_T = C_H + C_R + C_p + C_s$ 中的 C_s 为零,C_p 与订货批量大小无关,为常量,因此

$$C_T = C_H + C_R + C_P = H(Q/2) + S(D/Q) + pD \qquad (6.16)$$

式中　　S—— 一次订货费或调整准备费;

　　　　H—— 单位维持库存费,$H = p \times h$,p 为单价,h 为资金效果系数;

　　　　D—— 年需求量。

年维持库存费 C_H 随订货批量 Q 增加而增加,是 Q 的线性函数;年订货费 C_R 与 Q 的变化呈反比,随 Q 增加而下降。不计年采购费用 C_P,总费用 C_T 曲线为 C_H 曲线与 C_R 曲线的叠加。C_T 曲线最低点对应的订货批量就是经济订货批量,如图 6.8 所示。为了求出经济订货批量,即求 C_T 曲线的最小值,运用高等数学知识将式(6.16) 对 Q 求导,并令一阶导数为零,可得

$$Q^* = EOQ = \sqrt{\frac{2DS}{H}} \qquad (6.17)$$

式中　　Q^*—— 经济订货批量。

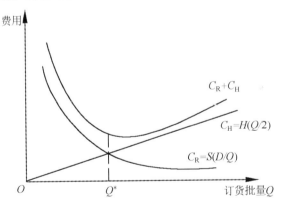

图 6.8　年费用曲线

订货点 RP 可按下式计算

$$RP = d \times LT \qquad (6.18)$$

在经济订货批量下

$$C_R + C_H = S\left(\frac{D}{Q^*}\right) + H\left(\frac{Q^*}{2}\right) = \frac{DS}{\sqrt{\frac{2DS}{H}}} + \frac{H}{2}\sqrt{\frac{2DS}{H}} = \sqrt{2DSH} \quad (6.19)$$

$$C_R + C_H = S(D/Q^*) + H(Q^*/2) = \frac{DS}{\sqrt{\frac{2DS}{H}}} + \frac{H}{2}\sqrt{\frac{2DS}{H}} = \sqrt{2DSH} \quad (6.20)$$

从式(6.20)中可以看出,经济订货批量随单位订货费 S 增加而增加,随单位维持库存费 H 增加而减少。因此,价格昂贵的物品订货批量小,难采购的物品一次订货批量要大一些。

例6.5 某公司以单价 10 元每年购入某种产品 8 000 件。每次订货费用为 30 元,资金年利息率为 12% ,单位维持库存费按所库存货物价值的 18% 计算。若每次订货的提前期为两周,试求经济订货批量、最低年库存总费用、年订货次数和订货点。

解 $p = 10$ 元/件,$D = 8\,000$ 件/年,$S = 30$ 元,$LT = 2$ 周

H 则由两部分组成,一是资金利息,一是仓储费用,即

$$H = 10 \times 12\% + 10 \times 18\% = 3 \text{ 元}/(\text{件} \cdot \text{年})$$

$$EOQ = \sqrt{\frac{2DS}{H}} = \sqrt{\frac{2 \times 8\,000 \times 30}{3}} = 400(\text{件})$$

最低年库存总费用为

$$C_T = p \times D + \left(\frac{D}{Q}\right) \times S + \left(\frac{Q}{2}\right) \times H =$$

$$8\,000 \times 10 + \left(\frac{8\,000}{400}\right) \times 30 +$$

$$\left(\frac{400}{2}\right) \times 3 = 81\,200(\text{元})$$

年订货次数

$$n = \frac{D}{EOQ} = \frac{8\,000}{400} = 20$$

订货点

$$RP = \left(\frac{D}{52}\right) \times LT = \frac{8\,000}{52} \times 2 = 307.7(\text{件})$$

我们看一看经济订货批量为 400 件时的 C_H 和 C_R

$$C_H = H \times \frac{Q^*}{2} = p \times h \times \left(\frac{Q^*}{2}\right) = 10 \times (12\% + 18\%) \times \frac{400}{2} = 3 \times \frac{400}{2} = 600(\text{元})$$

$$C_R = S \times \frac{D}{Q^*} = 30 \times \frac{8\,000}{400} = 600(元)$$

从计算结果可以发现,以经济订货批量订货时,年维持库存费和年补充订货费相等,此现象并非巧合,订货费和维持库存费相等时正好与最小总成本相对应。

例 6.6 某企业每年需耗用 1 000 件的某种物资,现已知该物资的单价为 20 元,同时已知每次订货成本为 5 元,每件物资的年维持库存费为 20%。假定每年有 250 个工作日,订货提前期为 10 天。试求经济订货批量、订货点、订货次数。

解 $D = 1\,000$ 件,$p = 20$ 元,$h = 20\%$

$$Q^* = \sqrt{\frac{2DS}{H}} = \sqrt{2 \times 1\,000 \times \frac{5}{20 \times 20\%}} = 50(件)$$

$$RP = d \times LT = \frac{1\,000}{250} \times 10 = 40(件)$$

$$n = \frac{D}{Q^*} = \frac{1\,000}{50} = 20(次)$$

验证

$$C_H = H \times \frac{Q^*}{2} = P \times h \times \frac{Q^*}{2} = 20 \times 20\% \times \frac{50}{2} = 100(件)$$

$$C_R = S \times \left(\frac{D}{Q^*}\right) = 5 \times \frac{1\,000}{50} = 100(件)$$

(三) 经济生产批量模型

经济生产批量模型假设整批订货在一定时刻同时到达,补充率为无限大。这种假设是不符合企业生产过程的实际。一般来说,在进行某种产品生产时,成品是逐渐生产出来的。也就是说,当生产率大于需求率时,库存是逐渐增加的,不是一瞬间上去的。要使库存不致无限增加,当库存达到一定量时,应该停止生产一段时间。由于生产系统调整准备时间的存在,在补充成品库存生产中,也有一次生产多少最经济的问题,这就是经济生产批量问题。

经济生产批量模型,又称经济生产量模型,其假设条件除与经济订货批量模型第八条假设不一样之外,其余都相同。

图 6.9 描述了在经济生产批量模型下库存量随时间变化的过程。生产在库存为 0 时开始进行,经过生产时间 t_p 结束,由于生产率 P 大于需求率 d,库存将以 $(P-d)$ 的速率上升。经过时间 t_p,库存达到 I_{max}。生产停止后,库存按需求率 d 下降。当库存减少到 0 时,又开始了新一轮生产。Q 是在 t_p 时间内的生产量,Q 又是一个补充周期 T 内消耗的量。

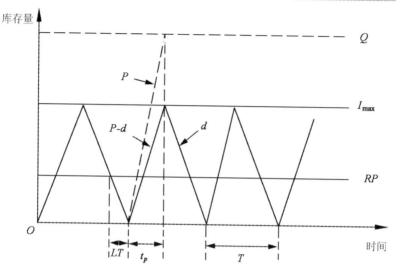

图6.9 经济生产批量模型假设下的库存量变化

在图6.9中,P为生产率(单位时间产量);d为需求率(单位时间出库量),$d < P$;t_p为生产的时间;I_{max}为最大库存量;Q为生产批量;RP为订货点;LT为生产提前期。

在经济生产批量模型的假设条件下,$C_T = C_H + C_R + C_p + C_s$中的$C_s$为零,$C_p$与加工量大小无关,为常量。与经济订货批量模型不同的是,由于补充率不是无限大,这里平均库存量不是$Q/2$,而是$I_{max}/2$。于是

$$C_T = C_H + C_R + C_P = H\left(\frac{I_{max}}{2}\right) + S\left(\frac{D}{Q}\right) + pD \tag{6.21}$$

问题现在归结为求I_{max}。由图6.9可以看出

$$I_{max} = t_p(P - d) \tag{6.22}$$

由$Q = Pt_p$,可以得出$t_p = Q/P$。所以

$$C_T = \frac{H\left(1 - \dfrac{d}{P}\right)Q}{2} + S\left(\frac{D}{Q}\right) + pD \tag{6.23}$$

将式(6.23)与式(6.16)比较,可以得出

$$EPL = \sqrt{\frac{2DS}{H\left(1 - \dfrac{d}{p}\right)}} \tag{6.24}$$

例6.7 根据预测,市场每年对X公司生产的产品的需求量为20 000台,一年按250个工作日计算。生产率为每天100台,生产提前期为4天。单位产品的生产

成本为50元,单位产品的年维持库存费为10元,每次生产的生产准备费用为20元。试求经济生产批量、年生产次数、订货点和最低年总费用。

解 这是一个典型的经济生产批量问题,$D = 20\,000$ 台;$P = 100$ 台／天;$LT = 4$ 天;$H = 10$ 元;$S = 20$ 元;$p = 50$ 元／台;将各变量取相应的单位,代入相应的公式即可求解。

$$d = D/N = 20000/250 = 80\ \text{台／日}$$

$$EPL = \sqrt{\frac{2DS}{H\left(1 - \dfrac{d}{p}\right)}} = \sqrt{\frac{2 \times 20\,000 \times 20}{10 \times (1 - 80/100)}} = \sqrt{\frac{800\,000}{2}} = 632$$

年生产次数

$$n = \frac{D}{EPL} = \frac{20\,000}{632} = 31.6$$

订货点

$$RP = d \times LT = 80 \times 4 = 320(\text{台})$$

最低年库存总费用

$$C_T = \frac{H\left(1 - \dfrac{d}{p}\right)Q}{2} + S\left(\frac{D}{Q}\right) + pD =$$

$$10 \times \left(1 - \frac{80}{100}\right) \times \frac{632}{2} + 20 \times \frac{20\,000}{632} + 50 \times 20\,000 =$$

$$1\,001\,265(\text{元})$$

经济生产批量模型比经济订货批量模型更具一般性,经济订货批量模型可以看作经济生产批量模型的一个特例。当生产率 P 趋于无限大时,经济生产批量公式就同经济订货批量公式一样。

(四) 价格折扣模型

为了刺激需求,诱发更大的购买行为,供应商往往在顾客的采购批量大于某一值时提供优惠的价格。这就是价格折扣。图6.10表示有两种数量折扣的情况。当采购批量小于 Q_1 时,单价为 p_1;当采购批量大于或等于 Q_1 而小于 Q_2 时,单价为 p_2;当采购批量大于或等于 Q_2 时,单价为 p_3,且 $p_3 < p_2 < p_1$。

价格折扣对于供应厂家是有利的。因为,生产批量大,则生产成本低,销售量扩大可以占领市场,获取更大利润。价格折扣对用户是否有利,要作具体分析。在有价格折扣的情况下,由于每次订货量大,订货次数减少,年订货费用会降低。但订货量大会使库存增加,从而使维持库存费增加。按数量折扣订货的优点是单价较低,年订购成本较低,较少发生缺货,装运成本较低,而且能比较有效的对付价格上涨。其缺点是库存量大，储存费用高，存货周转较慢且容易陈旧。接不接受价格折扣，需要经过价格折扣模型计算才能决定。

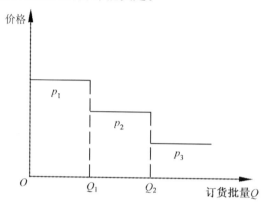

图 6.10　有数量折扣的价格曲线

价格折扣模型的假设条件仅有一条与经济订货批量模型假设条件不一样，即允许有价格折扣。

由于有价格折扣时，物资的单价不再是固定的了，因而传统的经济订货批量公式不能简单地套用。图 6.11 所示为有两个折扣点的价格折扣模型的费用。

年订货费 C_R 与价格折扣无关，曲线与经济订货批量模型的一样。年维持库存费 C_H 和年购买费 C_P 都与物资的单价有关。因此，费用曲线是一条不连续的折线。

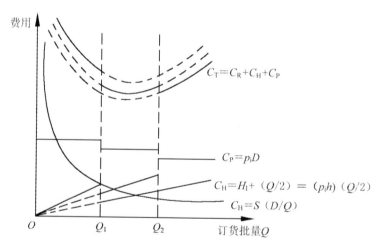

图 6.11　有两个折扣点的价格折扣模型的费用

三条曲线的叠加,构成的总费用曲线也是一条不连续的曲线。但是,不论如何变化,最经济的订货批量仍然是总费用曲线 C_T 上最低点所对应的数量。

由于价格折扣模型的总费用曲线不连续,所以成本最低点或者是曲线斜率(亦即一阶导数)为零的点,或者是曲线的中断点。

求有价格折扣的最佳订货批量可按下面步骤进行:

(1) 取最低价格代入基本经济订货批量公式求出最佳订货批量 Q^*,若 Q^* 可行(即所求的点在曲线 C_T 上),Q^* 即为最佳订货批量,停止。否则转步骤(2)。

(2) 取次低价格代入基本经济订货批量公式求出 Q^*。如果 Q^* 可行,计算订货量为 Q^* 时的总费用和所有大于 Q^* 的数量折扣点(曲线中断点)所对应的总费用,取其中最小的总费用所对应的数量即为最佳订货批量,停止。

(3) 如果 Q^* 不可行,重复步骤(2),直到找到一个可行的经济订货批量为止。

例 6.8 S 公司每年要购入 1 200 台 X 产品。供应商的条件是:① 订货量大于等于 75 单位时单价为 32.5 元;② 订货量小于 75 单位时单价为 35 元。每次订货的费用为 8 元,单位产品的年库存维持费用为单价的 12%。试求最佳订货批量。

解 这是一个典型的数量折扣问题,可按这类问题的一般求解步骤求解。

第一步,当 $p = 32.5$ 时

$$H = 32.5 \times 12\% = 3.9, S = 8, D = 1\ 200$$

则

$$EOQ(32.50) = \sqrt{\frac{2 \times 1\ 200 \times 8}{3.90}} = 70.16$$

因为只有当订货量大于等于 75 时,才可能享受单价为 32.5 元的优惠价格,也就是说,70.16 是不可行的(即 70.16 所对应的点不在曲线 C_T 的实线上)。

第二步,求次低的单价,$p = 35$ 时的情况。此时

$$H = 35 \times 12\% = 4.2, S = 8, D = 1\ 200$$

$$EOQ(35) = \sqrt{\frac{2 \times 1\ 200 \times 8}{4.20}} = 67.61$$

当单价为 35 元时,经济订货批量取 68 单位,这与供应商的条件是不矛盾的,因而 68 为可行的订货量。在这里,订货量大于 68 的数量折扣点只有一个,即 75 单位。因此应该分别计算订货量为 68 单位和 75 单位时的总成本 $C_T(68)$ 和 $C_T(75)$。

$$C_T(68) = \left(\frac{68}{2}\right) \times 4.2 + \left(\frac{1\ 200}{68}\right) \times 8 + 1\ 200 \times 35 = 42\ 283.98(\text{元})$$

$$C_T(75) = \left(\frac{75}{2}\right) \times 3.9 + \left(\frac{1\ 200}{75}\right) \times 8 + 1\ 200 \times 32.5 = 39\ 274.25(\text{元})$$

由于 $C_T(75) < C_T(68)$,所以最佳订货批量应为 75 单位。

三、随机型库存问题

在前面的讨论中,需求率和订货提前期都被视为确定的,但这只是一种理想情况。在实践中需求率和提前期都是随机变量。需求率和提前期中有一个为随机变量的库存控制问题,就是随机型库存问题。

(一)假设条件

(1)需求率和提前期为已知分布的随机变量,且在不同的补充周期,这种分布不变。

(2)补充率无限大,全部订货一次同时交。

(3)允许晚交货,即供应过程中允许缺货,但一旦到货,所欠货必须补上。

(4)年平均需求量为 D。

(5)已知一次订货费为 S,单位维持库存费为单位缺货损失费为 C_S。

(6)无价格折扣。

按照以上假设条件,库存量的变化如图 6.12 所示。

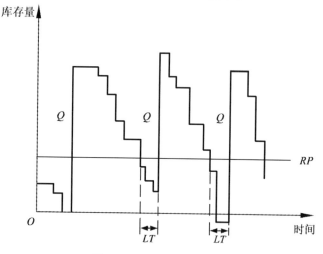

图 6.12 随机型库存问题

(二)固定量系统下订货量和订货点的确定

确定固定量系统下订货量和订货点的目标仍然是使总库存费用最少,随机型库存问题与确定性库存问题的最大差别在于它允许缺货,因此必须考虑缺货损失费。由式 $C_T = C_R + C_H + C_S + C_P$ 可知,由于没有价格折扣,C_P 为常量,可不考虑。

$$C_T = C_R + C_H + C_S = S(D/Q) + HE_L + C_S E_S(RP)(D/Q) \tag{6.25}$$

式中 C_T——库存相关费用;

E_I——各周期库存量期望值;

$E_s(RP)$——订货点为 RP 下各周期缺货量的期望值;

C_S——单位缺货损失费;

其余符号意义同前。

由于库存量降到订货点就发出订货,缺货只是在提前期内发生。因此

$$E_S(RP) = \sum_{y > ROP} (y - RP)p(y) \tag{6.26}$$

式中 y——提前期的需求量;

$p(y)$——提前期内需求的分布律。

$$E_I = \frac{Q}{2} + RP - D_E \tag{6.27}$$

式中 D_E——提前期内需求的期望值。

于是,则

$$C_T = S\left(\frac{D}{Q}\right) + H\left(\frac{Q}{2} + RP - D_L\right) + c_S\left(\frac{D}{Q}\right)\left[\sum_{y > ROP} (y - RP)p(y)\right] \tag{6.28}$$

欲求最佳订货量 Q^* 和最佳订货点 RP^*,可通过对 Q 和 RP 求一阶偏导数,并令其等于零。

通过对订货点求偏导数,得出

$$H - c_S\left(\frac{D}{Q}\right)\left[\sum_{y > ROP} p(y)\right] = 0 \tag{6.29}$$

$$\sum_{y > ROP} p(y) = P(D_L > RP^*) = 1 - P(D_L \leq RP^*) - \frac{HQ}{c_S D} \tag{6.30}$$

通过对订货批量 Q 求偏导数,得出

$$\frac{HQ^2}{2} = SD + c_S D E_s(RP)$$

$$Q^* = \sqrt{\frac{2D(S + c_S E_s(RP))}{H}} \tag{6.31}$$

如果订货批量 Q 和订货点 RP 可以连续取值,则联立求解式(6.30)和(6.31)便可以求出最佳订货批量 Q^* 和最佳订货点 RP^*。但无论是订货量还是订货点,都只能取离散值。因此,只能用逐步逼近的方法求近优解。

先用公式(6.31)计算一个 Q,然后将该 Q 值代入式(6.30),求得一个 RP,再求 $E_s(RP)$,用式(6.31)又求的一个 Q 值,再代入式(6.30)求得另一个 RP,如此进行下去,可以求得满意解。

(三) 提前期内需求分布律的确定

从前面的讨论可知,无论是求各周期库存量的期望值 E_I,还是求订货点为 RP 下各周期缺货量的期望值 $E_S(RP)$,都需要确定提前期内需求分布律 $p(y)$。

1. 计算法

当已知单位时间内(比如每周)需求的分布律和提前期的分布律时,可以通过计算的方法求出提前期内需求分布律。现举例说明。

例 6.9 已知对某种物资的日需求分布律如表 6.8 所示,其提前期的分布律如表 6.9 所示,求提前期的分布律 $p(y)$。

表 6.8　某种物资的周需求分布律

x/件	0	1	2
分布律 $p(x)$	0.40	0.30	0.30

表 6.9　提前期的分布律

L/周	1	2
分布律 $p(L)$	0.4	0.6

解　提前期最长为 2 周,其间需求量可能为 0,1,2,3,4 个单位。下面用树形图来说明。图 6.13 为求提前期需求分布律的计算图。从图 6.13 的左边往右看,提前期可能为 1 周,也可能为 2 周。根据过去统计,为 1 周的概率为 0.4,为 2 周的概率为 0.6。对提前期为 1 周的情况,需求量为 0 的概率为 0.4,为 1 个单位的概率为 0.3,为 2 个单位的概率也为 0.3。对提前期为 2 周的情况,第 1 周需求量为 0 的概率为 0.4,为 1 个单位的概率为 0.3,为 2 个单位的概率也为 0.3。在第 1 周需求量为 0 的情况下,第 2 周的需求可能为 0,1,2 三种情况。在第 1 周需求量为 1 个单位的情况下,第 2 周的需求也可能为 0,1,2 三种情况。在第 1 周需求量为 2 个单位的情况下,第 2 周的需求也可能为 0,1,2 三种情况。将这些情况综合考虑,得出提前期内需求量为 0,1,2,3,4 五种情况,计算其概率,从而得出提前期内需求的分布律,如表 6.10 所示。

$$p(0) = (0.4)(0.4) + (0.6)(0.4)(0.4) = 0.256$$
$$p(1) = (0.4)(0.3) + (0.6)(0.4)(0.3) + (0.6)(0.3)(0.4) = 0.264$$
$$p(2) = (0.4)(0.3) + (0.6)(0.4)(0.3) + (0.6)(0.3)(0.3) +$$
$$(0.6)(0.3)(0.4) = 0.318$$
$$p(3) = (0.6)(0.3)(0.3) + (0.6)(0.3)(0.3) = 0.108$$
$$p(4) = (0.6)(0.3)(0.3) = 0.054$$

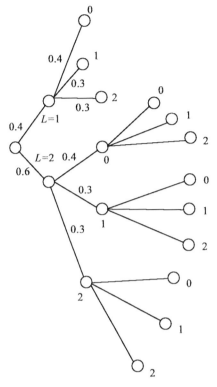

图 6.13　分布律计算图

表 6.10　提前期内需求的分布律

y	0	1	2	3	4
$p(y)$	0.256	0.264	0.318	0.108	0.054

2. 模拟法

模拟过程为：

① 由计算机产生一个均匀分布的随机数,按提前期的分布律确定提前期 LT 的一个值 L；

② 产生 L 个均匀分布的随机数,按单位时间需求的分布律 L 个需求量 x_1, $x_2,\cdots,x_L$；

③ 求 L 内的需求 $y = x_1 + x_2 + \cdots + x_L$；

④ 将 y 的频数增加 1；

⑤ 模拟次数加 1,检查是否达到模拟次数,若未达到,转步骤 ①,否则转步骤

⑥;

⑥求 y 发生的频率;

⑦停止。

模拟程序框图如图 6.14 所示。其中 k 表示迭代计数器,N 表示最大迭代次数。

(四) 求订货量和订货点的近似方法

前述求最佳订货量和订货点的方法十分复杂,难以在生产实际中应用。加之实际数据并不一定很准确,用精确的方法处理不精确的数据,其结果还是不精确。因此,有必要研究简单易行并足够准确的求订货量和订货点的近似方法。

对于订货量,可以直接用经济订货批量公式计算。对于订货点,可以采用经验方法确定,也可以通过确定安全库存或服务水平的办法来计算。经验办法比较粗糙,比如,手头库存是提前期内需求的 2 倍(或 1.5 倍,1.2 倍)时,就提出订货。通过安全库存或服务水平来计算则比较精确。

1. 安全库存

安全库存(safety stock, SS)如已确定,就可以按下式来计算订货点

$$RP = SS + D_e \qquad (6.32)$$

式中　SS——安全库存;

　　　D_e——提前期内需求的期望值。

图 6.14　模拟法求提前期需求分布律流程图

在随机型库存系统中,需求率和订货提前期的随机变化都被预设的安全库存所吸收。安全库存是一种额外持有的库存,它作为一种缓冲器用来补偿在订货提前期内实际需求量超过期望需求量或实际提前期超过期望提前期所产生的需求。图 6.15 表示提前期内需求近似服从正态分布的情况。图中左边阴影部分面积表示不发生缺货的概率,可以作为库存系统的服务水平;右边阴影部分面积表示发生缺货的概率。从图 6.15 可以看出,如果没有安全库存,缺货的概率可达到 50%。安全库存对公司的成本有双重的影响:降低缺货损失费,提高了服务水平,却又增加了维持库存的费用。但是,即使有安全库存存在,仍不能保证顾客的每一次需求都能得到满足,因此缺货是不可避免的。

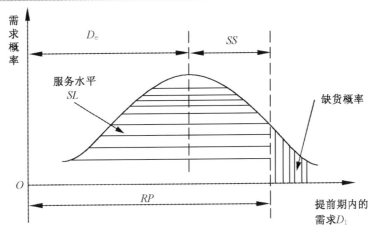

图 6.15　提前期内需求的概率分布

2. 服务水平

服务水平是衡量随机型库存系统的一个重要指标,它关系到库存系统的竞争能力。有很多种衡量服务水平的方法。

① 整个周期内供货的数量/整个周期的需求量。
② 提前期内供货的数量/提前期的需求量。
③ 顾客订货得到完全满足的次数/订货发生的总次数。
④ 不发生缺货的补充周期数/总补充周期数;
⑤ 手头有货可供的时间/总服务时间。

取提前期内需求不超过订货点的概率作为服务水平

$$SL = p(D_L \leqslant RP) \tag{6.33}$$

3. 安全库存与服务水平的关系

很明显,服务水平越高,安全库存量越大,所花的代价也越大,但服务水平过低又将失去顾客,减少利润,因而确定适当的服务水平是十分重要的。图 6.16 中的曲线描述订货点和服务水平的关系。在服务水平比较低时,将服务水平提高同样比例,订货点增加幅度(安全库存增加幅度)小(L_1);在服务水平比较高时,将服务水平提高同样比例,订货点增加幅度(安全库存增加幅度)大(L_2),$L_2 > L_1$。这就是说,在服务水平较低时,稍稍增加点安全库存,服务水平提高的效果就很明显。但是,当服务水平增加到比较高的水平(如 90%),再提高服务水平就需大幅度增加安全库存。

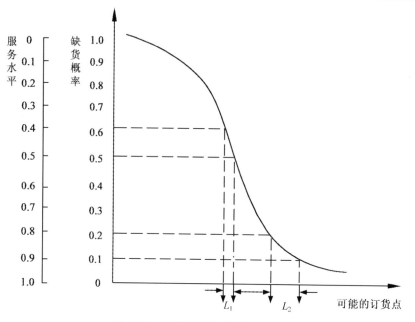

图 6.16　订货点和服务水平的关系

对于提前期内需求符合正态分布的情形,式(6.32)可以改写成

$$RP = D_E + Z\sigma_L \tag{6.34}$$

式中　Z——标准正态分布上的百分位点;

　　　σ_L——提前期内需求量的标准差。

对于提前期内各单位时间内需求分布相互独立的情况,有

$$\sigma_L = \sqrt{(LT)\sigma_P^2} \tag{6.35}$$

式中　LT——提前期所含时间单位数;

　　　σ_P——提前期内各单位时间需求量的标准差。

例 6.9　根据历年资料,可知的的 C 公司在提前期内需求呈正态分布,提前期平均销售 A 产品 320 台,其标准差为 40 台;订货提前期 1 周,单位订货费是 14 元,单位维持库存费用是每台每年 1.68 元,缺货成本是每台 2 元。试确定该公司的库存策略。

解　利用有关公式可求得

$$经济订货批量 = \sqrt{\frac{2DS}{H}} = \sqrt{\frac{2 \times 320 \times 52 \times 14}{1.68}} = \sqrt{27\,733.33} = 526.62$$

公司订货批量为 527 台。

最优服务水平下的缺货概率为

$$P(D_L)^* = \frac{HQ}{C_S D} = 1.68 \times \frac{527}{2} \times 320 \times 52 = 0.0266$$

查正态分布表可求得

$$Z = 1.93$$

利用公式(6.39)计算订货点

$$RP = 320 + 1.93 \times 40 = 397 \text{ 台}$$

安全库存为

$$SS = RP - D_L = 397 - 320 = 77 \text{ 台}$$

服务水平为

$$SL = 1 - 0.0266 = 0.9734 = 97.34\%$$

第五节　仓库管理

一、仓库管理概述

有效的仓库存储和管理，便利于物资的收发与盘点，能充分有效地利用空间，有效保护物资的功效，减少储存中的损耗，提高物资管理的时效，减少人力、物力、时间等方面的浪费。仓库管理是企业物资管理的重要环节。做好仓库管理工作，对于确保物资的完好无缺，有效地组织物资供应，充分利用库容，节约仓库投资，减少货物进仓、堆垛、发放过程中的搬运成本和物资损耗，提高企业经济效益，有着重要的作用。

1. 仓库管理的目的

仓库管理的目的在于妥善保管存料，不使遭受损失，更要存放经济，方便收发与点数。要实现这一目的，必须注意下列事项：

（1）应注意仓库建筑。仓库建筑应选择地点干燥广阔而交通便利的位置，必须注意建筑物料的坚固与能够发挥最大的吞吐能量。

（2）必须注意物料的存放。存料必须排列整齐以便利收发盘点，必须注意各种物料的性质，进行最合适的存放。

（3）注意存料的保护。存料所遭受的损失，必须尽力避免。主要是外表的损失，如水、火、盗窃等。另外，还必须注意物料因保管不善而出现的生锈、霉变等损失。

2. 物资存储应注意的原则

（1）应集中保管，即各单位所有物资，由专管部门集中保管，实现事权统一。

（2）应分类保管，即将物资分门别类，各用适当的方法与工具保管，各得其所。

（3）应妥善保管，即主管机构及保管人员应尽人力与财力最大可能，充实设备，缜密保护，避免物料遭受不应有的损失。

3. 物资库存的方式

（1）堆置储存方式。

凡物资的包装形状整齐划一，如箱装、盒装、桶装、袋装等，须视其耐压程度及装卸之便利，作适当高度之堆置，以节省空间。但每种物资数量不多而集中堆置时，必须于物资之上，挂贴标签，以便识别。

（2）框架储存方式。

对于价值较高，体积轻小，或数量不足整箱之散装物资，或已做初步包装的物资，或其他经常收发之零星物资，均可采用这种方式，以免混乱。但框架之上，均应划分界限，并张贴标签。

（3）散装架储存方式。

多用于体大而质轻，或形状扁平细长，或数量多，形状一致而未经包装的物资。

（4）散装储存方式。

如属粒状、块状之物料，如稻麦、矿石、煤炭等，常不加以包装，属于散装物资，这类物资储存于仓库内即为散装储存。

4. 物资库管理的要点

（1）应力求收发方便。修筑铁路或公路至仓库门前，使车辆可以驶进库门，以求材料上下车之方便。仓库中的材料设置地点也应适宜。

（2）应注意通风干燥。大部分材料在保存期中，要使品质不变，必须注意通风干燥。

（3）要有效利用空间。有效利用空间，就是使仓库的储藏量能达到最大容积。

（4）须有防火避雷装置。材料库最怕失火，所以平时要加强防范。

5. 仓库管理的业务内容

（1）物资的验收入库。

物资的验收，主要包括两个方面，即数量、品种、规格的验收和质量的验收。验收物资是管好物资的第一步，也是做好仓库管理工作的基础。要通过验收工作，把好物资入库前的数量关、质量关和单据关。只有当单据、数量和质量验收无误后，才能办理入库、登账、立卡等手续。要把好物资验收入库关就应做到"四不收"，即凭证不全不收、手续不齐不收、数量不符不收、质量不合格不收。

（2）物资的保管、保养。

物资的保管、保养是仓库管理工作的主要业务。物资经验收入库后，到发出使用前,有一段时间需要仓库妥善保管。物资保管的基本要求是摆放科学、数量准确、质量不变、消灭差错。物资保养是保持物资完好的性能,防止意外的损耗。物资保养的方法包括检查、保养与修理三种方法。

检查。包括购进检查、日常检查和紧急检查。购进检查属于采购部门的验收范围,验收时如发现质量问题,应及时退货;日常检查是指管理人员应按照物料的性能,定期在仓库内部及使用单位经常检查;紧急检查是指每当飓风、地震、人祸、洪水、空袭等紧急情况之后,应当进行全面检查。

保养。物资经检查后,未发现破损情况,应采取各种养护措施,使其继续保持其用途,养护的方法有清洁、防浸、防锈、包装、防火、防损等。

修理。这是指旧品翻新,使破损之物还原,修理必须及时彻底。

(3) 物资的发放。

物资的发放是物资管理为生产服务和节约使用物资的重要环节。在物资发放的过程中,要求出库单据和手续必须符合要求,严格执行限额领料制度,一般要贯彻先进先出的原则并实行余料退库和核销制度。

(4) 清仓盘点。

仓库物资的流动性很大,为了及时掌握物资的变动结存情况,避免物资的短缺损失和超储积压,保持账、卡、物相符,企业必须认真做好清仓盘点工作。盘点方式有经常盘点和定期盘点两种,主要内容和要求是:

① 检查物资的账面数与实存数是否相符。
② 检查物资收发有无错误等。
③ 检查有无超储积压、损坏、变质。
④ 检查全设施和库存设备有无损坏等。

如在清仓盘点中发现盘亏或盘盈,必须分析原因,说明情况;如发现严重短缺和损坏,应查原因,追究责任;对于清查出来的超储、呆滞物资,必须及时处理。

6. 搞好仓库管理的基本途径

中国企业根据长期的仓库管理经验,总结出"分区分类、四号定位、立牌立卡、五五摆放"的十六字口诀,在仓库管理中收效颇大。

"分区分类",即按物资类型合理规划物资存放的固定区域。

"四号定位",即把物资存放的库号、架号、层号、位号标准化,并与账册编号统一。

"立牌立卡",即对定位、编号的各类物料建立料牌与卡片,注明物资名称、到货日期、进、出、调、存的数量。

"五五摆放",即按物资的性质和形状以五为基数做到"五五成行、五五成方、五五成堆、五五成层",以便盘存、发放时点数。

在仓库管理实践中,为了便于存储、方便记录、统计分析和机器记账,一般要对物资进行分类和编号。主要编号方法有:

(1)字母制,即以一个或数个拉丁字母,代表一级分类,若干级连续,即代表物资的类别、名称和规范。

(2)数字制,即以一个或数个以上阿拉伯数字代表一级分类,若干级连续,即代表物资的类别、名称和规范。

(3)暗示制,即以英文原名的第一个字母,或其中容易表示原名的一两个字母,代表分类,顺序选用适合的字母代表名称与规范,如此可收到望文生义之效。

(4)混合制,即用字母和数字,暗示三种混合使用,其伸缩性较前面三种方法大。

二、仓库建筑与仓库吞吐能力的计算

1. 仓库的建筑样式

(1)平房式仓库。

平房式仓库的优点是便于搬运和装卸,建筑材料及费用较低,因重量均由地面负荷,墙架不必用昂贵的建筑材料;缺点是不易保持干燥,不宜储存对潮湿敏感类物料,占用基地较大,不适于地价高昂之区域。

(2)楼房式仓库。

楼房式仓库比较适合于体积轻巧或需要特别干燥的物资。其优点是较为干燥,利于物资的安全,且占用基地小,可以节省地价负担;缺点是搬运装卸较为困难,建筑材料价格较高。

(3)棚舍式仓库。

棚舍式仓库的优点是建筑费用低廉,缺点是不能耐久。

2. 仓库吞吐能力及容量的计算

(1)仓库吞吐能力。

是指物资搬入与搬出的速度而言。吞吐能力的大小与物资的安全及工作便利情况有着密切的关系。若吞吐能力强大,则可在较短的时间内收进或发出大量物资,不仅工作便利,且遇火灾紧急抢救时,也可减少损失。

一般而言,增加仓库吞吐能力的方法有三种:

① 加宽走道宽度。

② 多开库门。

③ 增加库内走道。

(2) 仓库容量的计算。

仓库的容量通常以"容积吨"或"体积吨"为单位,以英制计算,40立方英尺(1立方英尺≈0.028 316 8立方米)为1容积吨,折合公制,则每容积吨等于1.13立方米。全容量吨位是指每座仓库全部空间所能容纳的容积吨数。

设:L——仓库内长度;

W——库内宽度;

H——地面至屋架横梁或钢筋水泥梁的高度。

则有

$$全容量吨位 = L \times W \times H/40(以英尺为单位)$$
$$全容量吨位 = L \times W \times H/1.13(以米为单位)$$

仓库最大容量的计算,仓库堆存物料,往往限于事实,无法利用其全部空间,习惯上为便于装卸,每层堆存高度以7英尺为限,称为"有效高度"。

如以L代表长度,W代表宽度,He代表有效高度,则最大容量吨位的计算公式为

$$最大容量吨位 = L \times W \times He/40(以英尺为单位)$$
$$最大容量吨位 = L \times W \times He/1.13(以米为单位)$$

有效容量吨位的计算:

仓库内必须酌留通道及整理空间,故实际可供利用的容量,一般不超过最大容量的40%,故有效容量应将实际上所应保留的空间除去。有效容量也因存储方法不同而有所差异。

箱装存储有效吨位:

设:L——库内长度;

W——库内宽度;

He——有效高度;

A——不划作存储区域的总面积。

则有

$$有效容量吨位 = (L \times W - A) \times He/40(以英尺为单位)$$
$$有效容量吨位 = (L \times W - A) \times He/1.13(以米为单位)$$

散装存储有效容量吨位:

散装件无法堆至有效高度,取平均高度约3尺,与箱装存储相比,浪费空间约50%,如将箱装存储有效空间吨位乘以50%,即得散装存储有效吨位。

框架存储有效容量吨位:

框架存储,每一格子均不能存满,此法存储,至少浪费格子空间40%左右,也

即将箱装存储有效容量乘以 60%，即为框架存储有效容量 1 吨位。

箱装、框架、散装混合存储有效容量吨位计算方法为：

令：A_1——箱装存储区域总面积；

A_2——框架存储区域总面积；

A_3——散装存储区域总面积；

C_1——框架存储对箱装存储空间利用的百分比；

C_2——散装存储对箱装存储空间利用的百分比；

He——有效高度。

则有

全库有效容量吨位 $= (A_1 + A_2C_2 + A_3C_3)He/40$（以英尺为单位）

全库有效容量吨位 $= (A_1 + A_2C_2 + A_3C_3)He/1.13$（以米为单位）

思 考 题

1. 物资的分类有哪些？
2. 物资管理的定义是什么？
3. 物资管理的基本任务是什么？
4. 物资管理的意义是什么？
5. 物资管理的主要内容有哪些？
6. 物资消耗定额的定义及作用是什么？
7. ABC 分类控制法的基本原理是什么？
8. ABC 分类法的一般步骤是什么？
9. 什么是库存？
10. 怎样认识库存的作用？
11. 库存可能带来的弊端有哪些？
12. 不同种类的库存问题各有什么特点？
13. 降低库存的基本策略有哪些？
14. 哪些费用随库存量增加而上升，哪些费用随库存量增加而减少？
15. 三种典型的库存空中系统的控制机制是什么？
16. 经济订货批量模型有哪些假设条件？
17. 如何确定提前期内需求分布律？
18. 仓库管理的概念是什么？
19. 物资存放的方式有哪些？

20. 仓库业务管理的基本内容有哪些?

21. 某种时令产品在适销季节到来前一个月,批发单价为 16.25 元,零售时单价为 26.95 元,如果该时令产品销售完了,当时是不能补充的。过时卖不出去的产品单价为 14.95 元,根据往年情况,该产品需求分布律如下表所示。试求使期望利润最大的订货量。

需求 d/打	6	7	8	9	10	11	12	13	14	15
分布律 $p(D=d)$	0.03	0.05	0.07	0.15	0.20	0.20	0.15	0.07	0.05	0.03

22. 四达设备公司每年要按单价 4 元购入 54 000 套轴承组合件。单位维持库存费为每年每套轴承 9 元,每次订货费用为 20 元。试求经济订货批量和年订货次数。

23. 某自行车公司计划下年度生产特种轮胎 40 000 只。生产率为每天 200 只,一年按 250 天计算,一次生产准备费用为 200.00 元,提前期为 5 天。单位生产费用为 15.00 元,单位维持库存费为 11.50 元。试求经济生产批量和订货点。

24. 某公司每年需用某元件 3 000 单位。每次订购的固定成本为 250.00 元,单位维持库存费为货物价值的 25%。现有三个货源可供选择。A:不论订购多少单价都为 10.00 元;B:订购量必须大于等于 600 单位,单价 9.50 元;C:订货起点为 800 单位,单价 9.00 元。试确定该公司的订货策略,并计算年最低库存费用。

25. 某汽车配件供应商每三个月以批量为 500 盒购买一次垫圈。每盒价格为 12.50 元,每次订货费为 15.00 元,单位维持库存费为单价的 20%。试以经济效益为标准评价其订货策略。

26. 某公经销 Y 产品,Y 的单位成本为 60.00 元,日平均销售量为 5 件,单位维持库存费为单价的 25%,订货费用为每次 450.00 元,订货提前期为 20 天。Y 的年需求量为 1 500 件,每件的缺货损失为 50.00 元。订货提前期内的需求信息如下表所示。试确定订货批量、安全库存和订货点。

需求量/件	70	80	90	100	110	120
出现次数/次	3	3	4	80	6	4

27. LOUIS 公司每年要按单价 4 元购入 C 零件 36 000 个。每次订货费用为 90.00 元,订货提前期为 5 天,每年按 250 天计算。单位维持库存费为单价的 25%。试求经济订货间隔期、最高库存水平和最低年总成本。

第七章 设备管理

第一节 设备管理概述

一、设备及设备管理的概念

(一) 设备及其分类

1. 设备

设备有时也称为装备或机器,通常是指在人类生产活动或其他活动中能起到工具作用的物体。"设备"一词本身的含义极广,包容的范围很大。本章"设备管理"中使用的"设备"的含义,主要是指企业生产所使用的除土地和建筑物以外的有形固定资产,如各种机器、机械电子装置、各种车辆,等等。生产中耗用的工装模具不包括在"设备"的范畴之内。

2. 设备的分类

从设备在生产中的作用这一角度,可把企业中所用设备分为五类,如表7.1。

表7.1 设备的分类

生产工艺设备	即用于改变劳动对象形状或性能、发生直接生产行为的设备,如金属切削机床、铸造、锻压与焊接等设备,这是企业设备中的主要部分
辅助生产设备	指为生产服务的各种设备,如机械制造企业中的动力设备(电机)、运输设备(车辆)等
试验研究设备	如计量、测试设备等
管理用设备	指企业管理机构中用于生产经营管理的各种计算机、复印机、传真机和各种其他装置
公用福利设备	主要指企业内医疗卫生、通信、炊事机械等设备

当然,还可以从其他角度对设备进行分类,例如,我国机械制造企业通常按设备工艺性质将其分为两大类十大项。两大类为机械设备和动力设备。机械设备又分为金属切削机床、锻压设备、起重运输设备、木工铸造设备、专业生产用设备及其

他机械设备六大项;动力设备分为动能发生设备、电气设备、工业炉窑及其他动力设备四大项。每大项还可细分。

(二)设备管理

1. 设备管理的概念

所谓设备管理,是指依据企业的生产经营目标,通过一系列的技术、经济和组织措施,对设备寿命周期内的所有设备物质运动形态(良好、故障)和价值运动形态(折旧情况)进行的综合管理工作。其中,设备寿命周期指的是设备从规划、购置、安装、调试、使用、维修直至改造、更新及报废全过程所经历的全部时间。

购买设备时必须考虑设备全寿命周期费用(life cycle cost,LCC),例如:运输费、国外的设备及海关费等。

2. 设备管理的主要内容

设备管理分为前期管理和后期管理两部分,主要内容有技术、经济、组织三个方面,三者是不可分割的有机整体。设备的前期管理包括的主要内容有:

(1) 依据企业经营目标及生产需要,制订生产运作系统规划。

(2) 根据系统需要,选择和购置所需设备,必要时组织设计和制造。

(3) 组织安装和调试即将投入运行的设备。

设备的后期管理包括的主要内容有:

(1) 对投入运行的设备正确、合理地使用。

(2) 精心维护保养和及时检修设备,保证设备正常运行。

(3) 适时改造和更新设备。

3. 设备管理的意义

在生产的主体由人力逐渐向设备转移的今天,搞好设备管理具有十分重要的意义,体现在以下几个方面:

(1) 设备管理是企业生产经营管理的基础工作。

现代企业依靠机器和机器体系进行生产,生产中各个环节和工序要求严格地衔接、配合。生产过程的连续性和均衡性主要靠机器设备的正常运转来保证。只有加强设备管理,正确地操作使用,精心地维护保养,实时地进行设备的状态监测,科学地修理、改造,使设备处于良好的技术状态,才能保证生产连续、稳定地运行。

(2) 设备管理是企业产品质量的保证。

产品质量是企业的生命、竞争的支柱。产品是通过设备生产出来的,如果生产设备特别是关键设备的技术状态不良,严重失修,必然会造成产品质量下降,甚至废品成堆。加强企业质量管理,就必须同时加强设备管理。

(3) 设备管理是提高企业经济效益的重要途径。

设备是企业固定资产的重要组成部分(设备及其备品备件所占用的资金,往往占企业全部生产资金的 50%,甚至 60% 以上),随着科学技术的迅猛发展,现代设备的性能不断高级化、结构不断复杂化、作业不断连续化、自动化,以及设备的综合化、大型化等,致使设备的投资费用越来越高。设备的折旧费、税金、维修费用在产品的成本中的比重不断增加。因此,加强设备管理,经济合理地选择和使用设备,是降低成本、提高企业经济效益的重要基础。

(4) 搞好设备管理,有利于加速企业生产现代化。

为了提高企业的竞争能力,适应社会主义市场经济的需求,企业的生产手段必须不断地现代化。生产手段的现代化是企业生产现代化的重要标志。因此,加强设备管理,搞好设备的技术改造,及时更新设备,不断改善机器设备的技术性能,安全生产性能,必将有利于加速实现企业生产的现代化。

(5) 设备管理是搞好安全生产和环境保护的前提。

设备技术落后和管理不善是导致发生设备事故和人身伤害,排放有毒有害的气体、液体、粉尘而污染环境的重要原因。消除事故和净化环境是人类生存、社会发展的长远利益所在。加速发展经济,必须重视设备管理,为安全生产和环境保护创造良好的条件。

(6) 设备管理是企业长远发展的重要条件。

科学技术进步是推动经济发展的主要动力。企业的科技进步主要体现在产品的开发、生产工艺的革新和生产装备技术水平的提高上。企业要在激烈的市场竞争中求得生存和发展,需要不断采用新技术、开发新产品,这就要求企业加强设备管理,推动生产装备的技术进步,以先进的试验研究装置和检测设备来保证新产品的开发和生产,实现企业的长远发展目标。

二、设备管理的发展过程

随着工业革命的产生和发展,生产由手工向机器转化,机器设备逐步加入到工业生产中来,并且发挥着越来越重要的作用。然而并不是随着设备的产生就产生了设备管理。在工业革命初期,生产规模小,设备简陋,设备的维修一般由操作工人负责,并无专门的设备管理。随着工厂生产规模的扩大,设备的技术复杂程度不断提高、设备的数量和种类不断增多,对设备维修的要求也逐步提高,设备维修逐步发展成为一个独立的工种。

当以泰勒为代表的科学管理取代传统的经验管理之后,设备管理最终独立出来成为一个专门职能。

设备管理大致经历了三个不同的发展时期:

1. 事后维修时期

所谓事后维修,是指机器设备在生产过程中发生故障或损坏之后才进行修理。工业革命前,工场生产以手工作业为主,生产规模小,技术水平低,使用的设备和工具比较简单,维修工作由生产工人实施,即所谓的兼修时代。18 世纪末 19 世纪初,随着企业采用机器生产规模的不断扩大,机器设备的技术日益复杂,维修机器的难度与消耗的费用也日渐增加,维修工作逐步形成了由专职的维修人员进行,这一阶段的表现形式主要体现在事后修理机器,因此叫事后维修时期。

2. 预防维修时期

随着机器设备的日益复杂,修理所占用的时间已成为影响生产的一个重要因素。20 世纪 50 年代,为了尽量减少设备修理对生产的影响,美苏等国在 20 世纪二三十年代提出的预防维修概念,开始由事后维修向定期预防维修转变,强调采用适当的方法和组织措施,尽可能早地发现设备的隐患,预防和修理相结合,保证设备的正常运行。这时美国提出了预防维修制度,苏联提出了计划预修制度。

人们习惯上把设备管理发展的这两个时期称为传统的设备管理时期。这一时期所采用的设备管理模式是以维护修理为中心的,存在着固有的局限性:

(1) 传统设备管理是一种阶段性的管理。它把设备的设计制造与使用截然分开,只限于对设备的使用进行管理,因而不能全面系统地解决设备使用中出现的问题。

(2) 传统设备管理是一种片面的管理。它往往把注意力更多地集中于设备管理中的技术方面,而忽略了设备管理中的经济因素。在现代的企业管理中,有时经济的因素要比技术方面的因素重要得多。

(3) 传统设备管理是一种封闭式的管理。它只限于设备使用企业内部的管理,而忽视同设备的设计、制造和销售等外部单位的联系。企业是一个开放性系统,作为企业管理一部分的设备管理自然也要具备与外界交换和反馈信息的功能。

3. 设备综合管理时期

这一时期开始于 20 世纪 70 年代,有关这一时期的特点将在后面详细论述。

三、我国设备管理的发展概况及趋势

(一) 发展概况

中华人民共和国成立以来,我国工业交通企业的设备管理工作大体上经历了从事后维修、计划预修到综合管理,即从经验管理、科学管理到现代管理的三个发展阶段。

1. 经验管理阶段(1949年—1952年)

从1949年到第一个五年计划开始之前的三年经济恢复时期,我国工业交通企业一般沿袭旧中国的设备管理模式,采用设备坏了再修的做法,处于事后维修的阶段。

2. 科学管理阶段(1953年—1978年)

从1953年开始,全面引进了苏联的设备管理制度,把我国的设备管理从事后维修推进到定期计划预防修理阶段。由于实行预防维修,设备的故障停机大大减少,有力地保证了我国工业骨干建设项目的顺利投产和正常运行。

3. 现代管理阶段(1979年至今)

从1979年开始,国家有关部委以多种形式介绍英国设备综合工程学、日本全员生产维修等现代设备管理理论和方法,组织一批企业试点推行,逐渐形成了一套有中国特色的设备综合管理思想,但未形成统一的模式。

(二) 发展趋势

现代设备正朝着大型化、高速化、精密化、电子化、自动化等方向发展,而社会经济逐步实现市场化、国际化,作为企业管理的一个重要组成部分的设备管理必须适应这一大趋势,运用现代管理的思想,遵循市场规律,充分利用社会资源,做好设备管理工作。

1. 设备管理的社会化

设备管理社会化是指适应社会化大生产的客观规律,按市场经济发展的客观要求,组织设备运行各环节的专业化服务,形成全社会的设备管理服务网络,使企业设备运行过程中所需要的各种服务由自给转变为由社会提供。其主要内容为:完善设备制造企业的售后服务体系,建立健全设备维修与改造专业化服务中心、备品配件服务中心、设备润滑技术服务中心、设备交易中心、设备诊断技术中心、设备技术信息中心,以及设备管理教育培训中心。

2. 设备管理的市场化

设备管理市场化是指通过建立完善的设备要素市场,为全社会设备管理提供规范化、标准化的交易场所,以最经济合理的方式为全社会设备资源的优化配置和有效利用提供保障,促使设备管理由企业自我服务向市场提供服务转化。培育和规范设备要素市场,充分发挥市场机制在优化资源配置中的作用,是实现设备管理市场化的前提。

3. 设备管理的现代化

设备管理现代化是为了适应现代科学技术和生产力发展水平,遵循社会主义市场经济发展的客观规律,把现代科学技术的理论、方法、手段,系统地、综合地应用于设备管理,充分发挥设备的综合效能,适应生产现代化的需要,创造最佳的设备投资效益。设备管理的现代化是设备管理的综合发展过程和趋势,是一个不断发展的动态过程,它的内容体系随科学技术的进步而不断更新和发展。

四、我国设备管理的依据

1983年,原国家经贸委发布实施《国营工业交通企业设备管理试行条例》,经过三年试行,总结经验、修改补充,国务院于1987年正式发布了《全民所有制工业交通企业设备管理条例》(以下简称《设备管理条例》)。从此,我国设备管理进入了依法治理的新阶段,企业设备管理工作有法可依、有章可循。《设备管理条例》明确规定了我国设备管理工作的基本方针、政策、主要任务和要求。它是适应我国经济建设和企业管理现代化的要求,把现代设备管理的理论和方法与我国具体实践相结合的产物,既借鉴了国外的先进理论和实践,又总结和融合了我国设备管理的成功经验,体现了"以我为主,博采众长,融合提炼,自成一家"的方针,具有一定的中国特色。

1. 设备管理的方针

《设备管理条例》要求,企业设备管理应当以效益为中心,坚持依靠技术进步,促进生产经营发展和预防为主的方针。

(1)以效益为中心。

以效益为中心就是要建立设备管理的良好运行机制,积极推行设备综合管理,加强企业设备资产的优化组合,加大企业设备资产的改造更新力度,确保企业设备资产的保值增值。

(2)依靠技术进步。

一是要适时用新设备替换老设备;二是运用高新技术对老旧设备进行改造;三是推广设备诊断技术、计算机辅助管理技术等管理新手段。

(3)促进生产经营发展。

促进生产经营发展就是要正确处理企业生产经营与设备管理的辩证关系。

(4)预防为主。

使用单位为确保设备持续高效正常运行,防止设备非正常劣化,在依靠检查、状态监测、故障诊断等技术的基础上,逐步向以状态监测维修为主的维修方式发展。

2. 设备管理的原则

《设备管理条例》规定,我国设备管理的原则是:设计、制造与使用相结合;维护与计划检修相结合;修理、改造与更新相结合;群众管理与专业管理相结合;技术管理与经济管理相结合。

（1）制造与使用相结合。

做好制造与使用相结合,必须抓好产品的质量、品种、成套和服务等基本环节。质量是产品的生命,制造厂要力求做到产品可靠、耐用、高效、经济,以及好用、好修和美观。品种是成套的基础,成套是形成生产能力的手段。服务是使用和制造之间的桥梁。出厂产品应实行三包:包用、包修和包换。

（2）修理与改造、更新相结合。

目前,我国大部分国有企业设备的老化程度都比较严重,许多设备的精度、性能已满足不了产品更新换代和技术开发的需要。但由于国家财力和技术力量的限制,目前我们还无法以一大批技术先进、性能优越的设备来替换现有设备。

根据我们的国情,我国的设备管理必须走修理与改造、更新相结合的道路。能改造的尽量改造,该报废的就报废,需要更新的就更新,总之要合理地使用好固定资产折旧资金和大修资金。

（3）群众管理与专业技术队伍管理相结合。

让操作人员参与设备管理是设备现代化管理的一个重要方面。我们要从长期以来行之有效的群众参与设备管理的实践中挖掘和整理出符合我国特色的设备管理方法和理论。在加强群众管理的同时,根据企业生产规模的大小,设备拥有量的多少,设备技术的复杂程度,以及设备管理工作的实际需要,配备适当懂技术、懂经济、年富力强的工程师、技师和技术员作为专职设备管理人员,使企业设备管理的组织机构和人员能适应企业生产的发展,并不断提高他们的素质才能,保证设备检修的质量和生产效益。

（4）技术管理与经济管理相结合。

传统的设备管理只注重它的物质形态,即技术方面,而不太注重经济效果。设备综合管理强调以设备寿命周期费用最佳为目标,要求以经济观点指导技术管理,即购置设备、设备修理必须进行经济核算,加速处理闲置设备,紧紧围绕设备的技术经济综合指标抓设备管理和对设备的寿命周期费用进行研究和分析。因此,实行技术管理与经济管理相结合是设备现代化管理的一个重要特征。

（5）日常维护与计划检修相结合。

日常维护极为重要,设备维护工作搞好了,可以延长设备的检修周期和使用寿命。尤其要注重设备的润滑和防腐工作,特别是一些有色金属企业,生产工艺流程长,连续性强,工作环境恶劣;矿山设备工作环境更加糟糕,要么在潮湿、多尘的地下工作,要么在日晒雨淋的露天中作业,这些设备在使用过程中还会产生粉尘、噪声或有害物质而污染环境,危害人身安全与健康;化工厂设备大多是在高温、高压、高真空、强腐蚀的条件下工作,或者是在多烟、多尘、易燃易爆的环境中工作,不仅腐蚀和磨损快,而且因管理不周而引起爆炸、火灾和毒气污染等恶性事故。

上述"五个结合"是我国多年设备管理实践的结晶。随着市场经济体制和现代企业制度的建立和完善,企业应推行设备综合管理与企业管理相结合,把以提高企业竞争力和企业生产经营效益为中心、建立适应社会主义市场经济和集约经营的设备管理体制、实行设备综合管理、不断改善和提高企业技术装备素质、充分发挥设备效能、不断提高设备综合效率、降低设备寿命周期费用和促进企业经济效益的不断提高作为设备管理的主要任务。

五、现代设备的特点

(1) 高速化。

随着市场竞争的加剧,生产周期的缩短,对设备加工速度的要求也越来越高。

(2) 连续化。

设备的连续化一般是指时间上连续、流程上连续(产品按其固有工艺流程连续通过各环节,不发生或很少发生不必要的中断);待加工的原料一般是液体、气体或粉状原料,主要应用在化工、造纸、化纤、塑料、玻璃、印染、制药行业中等。

(3) 自动化。

随着设备制造技术的提高,自动控制设备被大量地应用于企业中,已部分代替以至于全部代替手工操作。

(4) 电子化。

目前在机器设备中大量采用电子技术,企业的设备正逐步走向数控化。

(5) 多能化。

单一功能的设备已不能适应现代生产发展的需要,一机多能,提高设备利用率已成为一个方向,加工中心、FMC、FMS 的出现即是十分显著的例证。

(6) 精密化。

随着对产品性能和质量要求的提高,对某些设备的制造与加工精度亦提出了更高的要求。

(7) 两极化。

某些设备出现大型复杂化趋势,而另一些设备则朝着小型简易型发展。

正是现代设备的这些特点对现代企业的设备管理提出了相应的要求。只有进行科学合理的现代化管理,才能使现代设备的优越性充分发挥出来。

六、设备的综合管理

(一)设备综合管理的形成

面对现代设备的这些特点,在系统观点指导下,逐步形成设备综合管理的新制度。设备综合管理有两个典型的代表,即英国的设备综合工程学和日本的全员设备制度。设备综合管理是在总结中华人民共和国成立以来设备管理实践经验的基础上,吸收了国外设备综合工程学等观点而提出的设备管理模式。

1. 设备综合工程学

1971年在英国工商部的指导下,英国设备综合工程中心的丹尼斯·帕克斯(Dennis Parkes)在国际设备工程年会上发表了设备综合工程学研究报告,运用系统论、控制论、信息论的基本原理,提出了一种新的设备管理理论——设备综合工程学(terotechnology)。

设备综合工程学主要内容如下:

(1)设备综合工程学的研究目标是设备的最经济的LCC。

(2)它综合了与设备相关的工程技术、管理及财务等各方面的内容,是综合的管理科学。

(3)它提出了进行设备可靠性、维修性设计的理论和方法。

(4)它强调关于设计、使用效果及费用信息反馈在设备管理中的重要性,要求建立相应的信息交流和反馈系统。

2. 全员生产维修(TPM)

同一时期,日本在吸收欧美最新研究成果的基础上,结合他们自己丰富的管理经验,创建了富有特色的全员生产维修。

(1)TPM的定义。

TPM是日本现代设备管理维修制度,它是以达到最高的设备综合效率为目标,确立以设备一生为对象的生产维修全系统,涉及设备的计划、使用、维修等所有部门,从最高领导到第一线工人全员参加,依靠开展小组自主活动来推行的生产维修,概括为:T表示全员、全系统、全效率,PM表示生产维修(包括事后维修、预防维修、改善维修、维修预防)。

(2)TPM的目标。

TPM的目标可以概括为四个"零",即停机为零、废品为零、事故为零及速度损失为零。

①停机为零。停机为零指计划外的设备停机时间为零。计划外的停机对生产造成冲击相当大,使整个生产品配发生困难,造成资源闲置等浪费。计划时间要有一个合理值,不能为了满足非计划停机为零而使计划停机时间值达到很高。

②废品为零。废品为零指由设备原因造成的废品为零。"完美的质量需要完善的机器",机器是保证产品质量的关键,而人是保证机器好坏的关键。

③事故为零。事故为零指设备运行过程中事故为零。设备事故的危害非常大,影响生产不说,可能会造成人身伤害,严重的可能会"机毁人亡"。

④速度损失为零。速度损失为零指设备速度降低造成的产量损失为零。由于设备保养不好,设备精度降低而不能按高速度使用设备,等于降低了设备性能。

(3)TPM 的主要内容。

TPM 的主要内容包括日常点检、定期检查、计划修理、改善修理、故障修理及维修记录分析。

①日常点检。日常点检即操作者每天班前用听、看、摸等方法,按点检标准对设备进行检查。日常点检的目的是保证设备正常运转,不发生故障。点检的主要内容有:异声、漏油、振动、温度、润滑和调整等。

②定期检查。定期检查即维修工人按计划定期对重点设备进行的检查。定期检查的目的是保证设备达到规定的性能。检查工作包括:测定设备的劣化程度,确定设备性能,调整设备等。

③计划修理。计划修理即根据日常点检、定期检查的结果所提出的设备修理委托书、维修报告、机床性能检查记录等资料编制的计划,定期进行修理。这种修理属于恢复性修理。

④改善修理。改善修理即对设备的某些结构进行改进的修理,这种修理主要用于经常重复发生故障的设备。

⑤故障修理。当设备突然发生故障或由于设备原因造成废品时必须立即组织抢修,这种修理叫作故障修理。

⑥维修记录分析。维修记录分析是全面生产维修的一项重要内容,尤其是"平均故障间隔时间"分析(MTBF),很受日本设备维修界的重视。

(4)TPM 的推行。

推行 TPM 要从三大要素上下功夫,这三大要素是:

①提高工作技能。不管是操作工,还是设备工程师,都要努力提高工作技能,没有好的工作技能,全员参与将是一句空话。

②改进精神面貌。精神面貌好,才能形成好的团队,共同促进,共同提高。

③改善操作环境。通过5S等活动,使操作环境良好,一方面可以提高工作热

情及效率,另一方面可以避免一些不必要设备事故。现场整洁,物料、工具等分门别类摆放,也可使设置调整时间缩短。

可以看出,TPM 与设备综合工程学在本质上是一致的,只不过 TPM 更具操作性,设备综合工程学更具理论性。

(二)设备综合管理的特点

综合管理是设备管理现代化的重要标志,是以提高设备综合效益和实现设备寿命周期费用最小为目标的一种新型设备管理模式,其特点有:

(1)设备管理由低水平向制度化、标准化、系列化和程序化发展。

(2)由设备定期大小修、按期按时检修,向预知检修、按需检修发展。

(3)由不讲究经济效益的纯维修型管理,向修、管、用并重,追求设备一生最佳效益的综合型管理发展。

(4)由单一固定型维修方式,向多种维修方式、集中检修和联合检修发展。

(5)由单纯行政管理向运用经济手段管理发展。

(6)维修技术向新工艺、新材料、新工具和新技术发展。

第二节　设备前期管理

一、设备前期管理的基本概念

1. 设备前期管理的定义

设备前期管理又称设备规划工程,是指从制定设备规划方案起到设备投产至这一阶段全部活动的管理工作,包括设备的规划决策、外购设备的选型采购和自制设备的设计制造、设备的安装调试、设备使用的初期管理四个环节。其主要研究内容包括:设备规划方案的调研、制定、论证和决策;设备货源调查及市场情报的搜集、整理与分析;设备投资计划及费用预算的编制与实施程序的确定;自制设备的设计方案的选择和制造;外购设备的选型、订货及合同管理;设备的开箱检查、安装、调试运转、验收与投产使用,设备初期使用的分析、评价和信息反馈等,做好设备的前期管理工作,为进行设备投产后的使用、维修、更新改造等管理工作奠定了基础,创造了条件。

2. 设备前期管理与设备一生管理

从设备一生的全过程来看,设备的规划对设备一生的综合效益影响较大。维修固然重要,但就维修的本质来说是事后的补救,而设计制造中的问题,在单纯的维修中往往无法解决。

一般来说,降低设备成本的关键在于设备的规划、设计与制造阶段。因为在这个阶段设备的成本(包括使用的器材、施工的工程量和附属装置等的费用)已基本上决定了。显然,精湛优良的设计会使设备的造价和寿命周期费用大为降低,并且性能完全达到要求。

设备的寿命周期费用主要取决于设备的规划阶段,如图7.1所示。在前期管理的各个阶段中,费用的实际支出由曲线A表示,寿命周期费用由曲线B表示。可以看出,在设备规划到50%时,ab段虽然只花去20%的费用,但已决定了85%的设备寿命周期。在规划bc段花的费用多,但对寿命周期费用的影响不大。

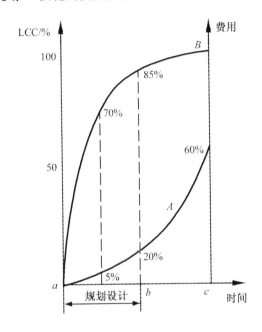

图7.1 设备的费用曲线

设备前期管理若不涉及外购设备的设计和制造,设备的寿命周期费用一般无法直接控制。所以,首要的任务就是要把握设备的规划决策和外购设备的选型购置两个关键环节,做好了这一部分工作,就抓住了前期工作的关键,也就基本上做好了设备的前期管理工作。

(1)设备的规划和选择决定企业的生产规模、生产方式、工艺过程和技术水平。这些都是关系企业发展方向的根本性问题。设备的规划合理,设备的选择得当,就能为企业掌握和应用先进的技术装备奠定良好基础,就能使企业的生产经营目标顺利实现;如果决策失误,选择不当,必将妨碍企业生产的正常进行和经营目标的实现,影响企业的顺利发展。

(2)设备投资一般占企业固定资产投资的60%~70%,而投资的使用是否合理得当则取决于对设备的规划和选择设备规划得当,选择合理,便可求得满足生产要求与节约投资的统一;反之,就会造成投资的浪费和设备积压。

(3)设备的规划和选择,决定着设备的质量。设备的生产效率,精度性能,可靠程度如何,生产是否适用,维修是否方便,使用是否安全,能源节省或浪费,对环境有无污染等,都决定于规划和选择,如果规划、选型得当,将可使设备长期稳定地运转,使设备的有效利用率得到提高,使产品生产工艺对设备的各项要求得到满足,使生产在保证产品质量的条件下顺利进行;反之,精度性能不能满足产品生产工艺要求,可靠性差,维修不便,故障不断,修理频繁,安全事故时有发生,修理停歇时间增长,必将严重影响生产的正常进行。

(4)设备的规划和选型,决定着设备全寿命周期的费用,决定着产品的生产成本。设备的寿命周期费用是设置费和维持费的总和。设备的设置费是以折旧的形式转入产品成本的,构成产品固定成本的重要部分,使用费(包括动力费和操作工人工资等)则直接影响着产品的变动成本,设备寿命周期费用的大小,直接决定着产品制造成本的高低,决定着产品竞争能力的强弱和企业经营的经济效益;而设备寿命周期费用的95%以上,则取决于设备的规划、设计与选型阶段的决策。欲使在保证设备的技术性能、满足生产使用要求的前提下使设备的寿命周期费用最小,就必须做好设备规划选型决策前的方案论证和可行性分析工作,在满足生产技术要求下,设法降低设备的设置费和维持费。这样才能以较低的寿命周期费用,取得较高的综合效益。

二、设备前期管理的工作程序

设备的前期管理按照工作时间先后可分为规划、实施和总结评价三个阶段,各阶段的内容具体描述如下:

(1)规划阶段主要是进行规划构思、初步选择、编制规划、评价和决策,本阶段工作的重点是进行规划项目的可行性研究,确定设备的规划方案。

(2)实施阶段主要是进行设备的设计制造,或者是进行选型(招标)、订货和购置等工作,也可以从租赁市场租赁设备,并对这些工作加以管理。如设备正式使用前的人员培训、检查验收和试运行等的管理。本阶段工作的重点是尽可能地缩短设备的投资周期,及时发挥设备的投资效益。

（3）总结阶段主要进行设备在规划、设计制造或选型采购、安装调试、使用初期等阶段的数据和信息的搜集、整理、分析和反馈，为以后企业设备的规划、设计或选型提供依据。

三、设备前期管理的职责分工

设备前期管理是一项系统工程，企业各个职能部门应有合理的分工和协调的配合，否则前期管理会受到影响和制约。设备前期管理涉及企业的规划和决策部门、工艺部门、设备管理部门、动力部门、安全环保部门、基建管理部门、生产管理部门、财会部门及质量检验部门。其具体的职责分工如下：

（1）规划和决策部门。

企业的规划和决策部门一般都要涉及企业的董事会和经理、总工程师及总设计师。应根据市场的变化和发展趋向，结合企业的实际状况，在企业总体发展战略和经营规划的基础上委托规划部门编制企业的中长期设备规划方案，并进行论证，提出技术经济可行性分析报告，作为领导层决策的依据。在中长期规划得到批准之后，规划部门再根据中长期规划和年度企业发展需要制定年度设备投资计划。企业应指定专门的领导负责各部门的总体指挥和协调工作，规划部门加以配合，同时组织人员对设备和工程质量进行监督评价。

（2）工艺部门。

从新产品、新工艺和提高产品质量的角度向企业规划和高级决策部门提出设备更新计划和可行性分析报告；编制自制设备的设计任务书，负责签订委托设计技术协议；提出外购设备的选型建议和可行性分析；负责新设备的安装布置图设计、工艺装备设计、制定试车和运行的工艺操作规程；参加设备试车验收等。

（3）设备管理部门。

负责设备规划和选型的审查与论证；提出设备可靠性、维修性要求和可行性分析；协助企业领导做好设备前期管理的组织、协调工作；参加自制设备设计方案的审查及制造后的技术鉴定和验收；参加外购设备的试车验收；收集信息，组织对设备质量和工程质量进行评价与反馈。

负责设备的外购订货和合同管理，包括订货、到货验收与保管及安装调试等。对于一般常规设备，可以由设备和生产部门派专人共同组成选型、采购小组，按照设备年度规划和工艺部门、能源部门、环保部门及安全部门的要求进行；对于精密、大型、关键、稀有、流程、价值昂贵的设备，应以设备管理部门为主，由生产、工艺、基建管理、设计及信息部门的有关人员组成选型决策小组，以保证设备引进的先进性、经济性。

(4) 动力部门。

根据生产发展规划、节能要求、设备实际动力要求,提出动力站房技术改造要求,做出动力配置设计方案并组织实施;参加设备试车验收工作。

(5) 安全与环保部门。

提出新设备的安全环保要求,对于可能对安全、环保造成影响的设备,提出安全、环保技术措施的计划并组织实施;参加设备的试车和验收,并对设备的安全与环保实际状况做出评价。

(6) 基建管理部门。

负责设备基础及安装工程预算;负责组织设备的基础设计、施工。配合做好设备安装与试车工作。

(7) 生产管理部门。

负责新设备工艺装备的制造,新设备试车准备,如人员培训、材料、辅助工具等;负责自制设备的加工制造。

(8) 财务部门。

筹集设备投资资金;参加设备技术经济分析,控制设备资金的合理使用,审核工程和设备预算,核算实际需要费用。

(9) 质量检测部门。

负责自制和外购设备质量、安装质量和试生产产品质量的检查;参加设备验收。

以上介绍了企业各职能部门对设备前期管理的责任分工。这项工作一般应由企业领导统筹安排,指定一个主要责任部门,如设备管理部门作为牵头单位,明确职责分工,加强相互配合与协调。

四、设备规划的制定

企业设备规划即设备投资规划,是企业中、长期生产经营发展规划的重要组成部分。制定和执行设备规划对企业新技术、新工艺的应用,产品质量提高,扩大再生产,设备更新计划及其他技术措施的实施,起着促进和保证作用。因此,设备规划的制定必须首先由生产(使用)部门、设备管理部门和工艺部门等在全面执行企业生产经营目标的前提下,提出本部门对新增设备或技术改造实施意见草案,报送企业规划(或计划)部门,由其汇总并形成企业设备规划草案。经组织有关方面(财务、物资、生产、设备和经营等职能部门)讨论、修改整理后,送企业领导审查批准即为正式设备规划,并下达至各有关业务部门执行。

（一）设备规划的可行性研究

设备规划可行性研究一般情况下应包括以下几个内容：

（1）确定设备规划项目的目的、任务和要求。

广泛地与决策者及相关人员对话，分析研究规划的由来、背景及重要性和规划可能涉及的组织及个人；明确规划的目标、任务和要求，初步推述规划项目的评价指标、约束条件及方案等。

（2）规划项目技术经济方案论述。

论述规划项目与产品的关系，包括产品的年产量、质量和总生产能力等，以及生产是否平衡问题；提出规划设备的基本规格，包括设备的功能、精度、性能、生产效率、技术水平、能源消耗指标、安全环保条件和对工艺需要的满足程度等技术性内容；提出因此而导致的设备管理体制、人员结构、辅助设施（车间、车库、备件库供水、采暖和供电等）建设方案实施意见；进行投资、成本和利润的估算，确定资金来源，预计投资回收期，销售收入及预测投资效果等。

（3）环保与能源的评价。

在论述设备购置规划与实施意见中，要同时包含对实施规划而带来的环境治理（包括对空气和水质污染、噪声污染等）和能源消耗方面问题的影响因素分析与对策的论述。

（4）实施条件的评述。

设备规划的实施方案意见，应对设备市场（国内和国际）调查分析、价格类比、设备运输与安装场所等方面的条件进行综合性论述。

（5）总结。

总结阶段必须形成设备规划可行性论证报告，内容应包括：

① 规划制定的目的、背景、条件和任务，明确提出规划研究范围。

② 对所制定的设备规划的结论性的整体技术经济评价。

③ 由于在设备规划实施周期内可能会遇到企业经济效果、国家经济（或贸易）政策调整、金融或商品（燃料或建材等原材料）市场情况变化，以及规划分析论证时未估计到的诸多影响因素，都要进行恰当分析。

④ 对规划中设备资金使用、实施进度控制和各主管部门间的协调配合等重要问题提出明确意见。

（二）设备投资分析

设备投资是设备规划的重要内容，涉及企业远景规划、经营目标和发展等重大事项。随着科学技术的发展，为企业发展和满足市场需求而进行的设备投资不断增加,因此,设备投资是否合理,对企业的生存和发展有重要影响,同时也是对设备规划制定是否正确的最终评定。所以,投资规划的制定,必须建立在充分的调查、论证的基础上,具有科学性及较强的说服力和可操作性。在实际工作中,企业的设备投资分析主要有以下内容。

1. 投资原因分析

(1) 对企业现有设备能力在实现生产经营目标、生产发展规划、技术改造规划及满足市场需求等情况进行分析。

(2) 依靠技术进步,提高产品质量,增强市场竞争能力,针对企业现有设备技术状况而需要更新改造的原因分析。

(3) 为节约能源和原材料,改善劳动条件,满足环境保护与安全生产方面的新需要等原因分析。

2. 技术选择分析

技术选择分析主要指通过网内外设备的技术信息和市场信息的搜集与分析,对装备技术规格与型号的选择。在设备购置的分析中,由设备技术主管部门会同相关部门,对新提出的设备的主要技术参数进行分析论证,并经讨论通过,正式向有关方面报送。

3. 财务选择

在立项报告中,必须对拟选购设备的经济性进行全面论述,并提出投资的具体分项内容(如整台设备购置费、配件定购费、运输费和安装调试费等),在综合分析计算后,遵循成本低,投资效益好的基本原则进行判断。

4. 资金来源分析

经营性企业设备投资的资金来源,在中国现行经济体制下主要有以下渠道:
(1) 政府财政贷款。
在市场经济条件下,凡对社会发展有特别意义的项目,可申请政府贷款。
(2) 银行贷款。
凡属独立核算的企业投资项目,只要符合既定的审批程序和要求,银行将按规定准予办理贷款事项。
(3) 自筹资金。
企业的经营利润留成、发行债券和股票、自收自支的业务收入和资产处理收入等项资金均可以用于设备投资。
(4) 利用外资。
利用外资进行固定资产投资,是中国固定资产投资的一个重要资金来源。主要有以下几点:

① 国际贷款。国际贷款包括国际金融组织贷款和外国政府贷款。

联合国的国际货币基金组织（世界银行、亚洲银行等）的无息贷款,是近十年来使用较多的国际贷款。凡符合有关国家及世界金融机构要求,贷款国可向用款国家提供有针对性的贷款。此类贷款主要是使用期较长（10~20年）、利率低的商务贷款。

② 吸收外商直接投资。吸收外商直接投资包括中外合营、合资与独资等形式。凡中外两个以上国家的企业（集团）,彼此利用对方的资金、资源等方面的优势,联合投资而组建的合营企业又称合资企业。通常情况下都是由中方提供厂房、原材料、劳动力等资源,而外方提供资金或成套设备而组合起来共同经营的企业（公司）。

③ 融资租赁和发行证券、股票等方式筹资。常用的设备投资决策的经济分析方法有投资回收期法、成本比较法、投资收益率法等,请读者参考相关的书籍。

(三) 设备租赁、外购和自制的经济性分析

1. 设备租赁的经济性分析

设备租赁是设备的使用单位（承租人）从设备所有单位（出租人如租赁公司）租借,并付给一定的租金,在租借期内享有使用权,而不变更设备所有权的一种交换形式。

由于设备的大型化、精密化、电子化等原因,设备的价格愈来愈昂贵。为了节省设备的巨额投资,租赁设备是一个重要的途径。同时,由于科学技术的迅速发展,设备更新的速度普遍加快,为了避免承担技术落后的风险,也可以采用租赁的办法。

(1) 设备租赁优点。

对于使用设备的单位来说,设备租赁具有以下主要优点：

① 减少设备投资,减少固定资金的占有,改变"大而全小而全"的状况。对季节性强、临时性使用的设备（如农机设备、仪器、仪表等）,采用租赁方式更为有利。

② 避免技术落后的风险。当前科学技术发展日新月异,设备更新换代很快,设备技术寿命缩短,使用单位自购设备而利用率又不高,设备技术落后的风险是很大的。租赁则可解决这个问题。如租赁电子计算机,出现新型电子计算机后,则可以把旧的型号调换新的型号。这样各计算中心的装备可及时更换,以保证设备的最新水平。

③ 减少维修使用人员的配备和维修费用的支出。一般租赁合同规定:租赁设备的维修工作由租赁公司（厂家）负责,当然维修费用已包括在租金中。如电子计

算机的全部维修费用较大,可由租赁公司(厂家)承担并转包给电子计算机生产厂家。这样,用户可保证得到良好的技术服务。

④ 可缩短企业建设时间,争取早日投产租赁方式可以争取时间,而时间价值带来的经济效益相当于积累资金的购买方式的十几倍。比如,购买一架高级客机,每年积累的资金只相当于飞机价款的20%,这样要等5年。如果采用租赁方式,每年用这20%的积累作为租金就可以租到一架同样的飞机,5年就能租到5架飞机。

⑤ 租赁方式手续简便,到货迅速,有利于经济核算。单台设备租赁费可列入成套费用,由于租赁设备到货快,但支付租金却要慢得多,通常是使用6个月才支付第一次租金。所以,从经济核算角度看是有利的。

⑥ 免受通货膨胀之害,由国际性的通货膨胀而引起的产品设备价格不断上涨,几乎形成了规律。而采用租赁方式,由于租金规定在前,支付在后,并且在整个租期内是固定不变的,所以,用户不受通货膨胀的影响。

租赁对象主要是生产设备,另外也包括运输设备、建筑机械、采油和矿山的设备、电信设备、精密仪器、办公用设备甚至成套的工业设备和服务设施等。

中国租赁业从无到有,从小到大,在国民经济中的重要性不断增强。加入WTO后,中国将对外开放租赁市场,必然会加剧租赁市场的竞争,但同时也会带来先进的管理方式和管理理念,这将促进中国租赁业的不断发展。

但是,租赁方式也有弊端,主要是设备租赁的累计费用比购买时所花费用要高,特别是在使用设备效果不佳的情况下,支付租金可能成为沉重的负担。

(2) 设备租赁方式。

设备租赁的方式主要有以下两种:

① 运行租赁(operating lease),即任何一方可以随时通知对方,在规定时间内取消或中止租约。临时使用的设备(如车辆、电子计算机和仪器等)通常采取这种方式。

② 融资租赁(financial lease),即双方承担确定时期的租借和付费的义务,而不得任意终止或取消租约,贵重的设备(如车皮、重型施工设备等)宜采用此种方式。

对租赁设备方案,其现金流量计算具体如式(7.1)所示

$$\text{现金流量} = (\text{销售收入} - \text{作业成本} - \text{租赁费}) \times (1 - \text{税率}) \quad (7.1)$$

对购置设备方案,其现金流量计算具体如式(7.2)所示

$$\text{现金流量} = (\text{销售收入} - \text{作业成本} - \text{已发生的设备购置费}) -$$
$$(\text{销售收入} - \text{作业成本} - \text{折旧}) \times \text{税率} \quad (7.2)$$

通过以上两式,可以进行租赁或购置方案的经济性比较。

2. 设备外购和自制的经济性分析

企业为了开发新产品和改革老产品,扩大生产规模,以及对生产薄弱环节的技术改造,都需要增添和更新设备,以扩大和加强生产的物质技术基础,增添和更新设备的途径一般有外购(或订货外包)和自行设计与制造。

一般说来,高精度的设备、结构复杂的设备、大型稀有的设备和通用万能的设备等以外购为宜,对于某些关键设备,必要时还需有重点地从国外引进。因为这类设备对产品的质量和产量起决定作用。外购设备的经济技术论证方法其内容同前。

凡属与本企业生产作业线(流程工业)相配套的高效率设备,属非通用、非标准的产品,如对于一些单工序或多工位等专用工艺设备,尤其是用于大批量生产的设备,如生产标准件、工具、汽车、拖拉机、轴承、家用电器的设备,以及流水生产线上的设备和流程设备等,以本企业自行设计制造为宜。自行设计制造专用高效率或工艺先进的设备,是国内外不少企业提高生产水平的重要途径。

自制设备的经济技术论证方法,除要符合相关要求外,还应考虑沉没费用这个概念,对此可用下例说明。

某设备上需用一种配件,外购单价为700元,而自制成本为800元,但成本数据表明,此800元中有150元是管理费,如果该管理费将不因不自制而减少,属固定成本,则此150元就是一笔沉没费用,并与决策无关。

因此,如果将800－150＝650元的增量成本与700元的外购成本相比较,可见自制还是较合算的。

五、自制设备规划的管理

(一)自制设备的定义及作用

对于一些专用和非标准设备,企业往往需要自行设计制造。自制设备具有针对性强、周期短、收效快等特点。它是企业为解决生产关键、按时保质完成任务、获得经济效益的有力措施,也是企业实现技术改造的重要途径。自制设备的主要作用有:

(1)培养和锻炼企业技术人员和操作人员技术水平,提高企业维修水平。

(2)有效地解决设计制造与使用相脱节的问题,易于实现设备一生管理。

(3)有利于设备采用新工艺、新技术和新材料。

(4)更好地为企业生产经营服务,满足工艺上的特殊要求,以提高产品质量、降低成本。

发达国家与地区设备维修改造工作已逐步走向专业化和社会化，很多大中型企业设备管理部门的工作重点已由维修转向设备自制与更新改造等方面。

（二）自制设备的原则

企业自行设计制造的设备必须从生产实际需要出发，立足于企业的具体条件，因地制宜，讲究适用。注意经济分析，追求设备全寿命周期中的设计制造费与使用维修费两者结构合理。同时，应遵循"生产上适用、技术上先进、经济上合理"三项基本原则。

（三）自制设备的实施管理

1. 自制设备管理工作的内容

自制设备的工作是在企业设备规划决策基础上进行的。其管理工作包括编制设备设计任务书、设计方案审查、试制、鉴定、质量管理、资料归档、费用核算和验收移交等。

（1）编制设备设计任务书。设备的设计任务书是指导、监督设计制造过程和自制设备验收的主要依据。设计任务书明确规定各项技术指标、费用概算、验收标准及完成日期。

（2）设计方案审查。设计方案包括全部技术文件：设计计算书、设计图纸、使用维修说明书、验收标准、易损件图纸和关键部件的工艺等。设计方案需组织有关部门进行可行性论证，从技术经济等方面进行综合评价。

（3）编制计划与费用预算表。

（4）制造质量检查。

（5）设备安装与试车。

（6）验收移交，并转入固定资产。

（7）技术资料归档。

（8）总结评价。

（9）使用信息反馈。为改进设计和修理、改造提供资料与数据。

2. 自制设备的管理程序与分工

（1）使用或工艺部门根据生产发展提出自制设备申请。

（2）设备部门、技术部门组织相关论证，重大项目由企业领导直接决策。

（3）企业主管领导研究决策后批转主管部门（总师室、基改办或设备部门）立项，并确定设计、制造部门。

（4）主管部门组织使用单位、工艺部门研究编制设计任务书，下达工作令号。

（5）设计部门提出设计方案及全部图纸资料。

(6) 设计方案审查一般实行分级管理:价格在5 000元以下的由设计单位报主管部门转计划和财务部门;价格在5 000~10 000元的由设计单位提出,主管部门主持,设备、使用(含维修)、工艺、财务和制造等部门参加审查后报主管厂领导批准;价格在10 000元以上的由企业主管领导或总工程师组织各有关部门进行审查。

(7) 设计或制造单位负责编制工艺、工装检具等技术工作。

(8) 劳动部门核定工时定额,生产部门安排制造计划。

(9) 制造单位组织制造。设计部门应派设计人员现场服务处理制造过程中的技术问题。

(10) 制造完成后由检查部门按设计任务书规定的项目进行检查鉴定。

3. 自制设备的委托设计与制造管理

不具备能力的企业可以委托外单位设计制造。一般工作程序如下:

(1) 调查研究。选择设计制造能力强、信誉好、价格合理、对用户负责的承制单位。大型设备可采用招标的方法。

(2) 提供该设备所要加工的产品图纸或实物,提出工艺、技术、精度、效率及对产品保密等方面的要求,商定设计制造价格。

(3) 签订设计制造合同。合同中应明确规定设计制造标准、质量要求、完工日期、制造价格及违约责任。并应经本单位审计法律部门(人员)审定。

(4) 设计工作完成后,组织本单位设备管理、技术、维修、使用人员对设计方案图纸资料进行审查,提出修改意见。

(5) 制造过程中,可派员到承制单位进行监制,及时发现和处理制造过程中的问题,保证设备制造质量。

(6) 造价高的大型或成套设备应实行监理制。

4. 自制设备的验收

自制设备设计、制造的重要环节是质量鉴定和验收工作。企业有关部门参加的自制设备鉴定验收会议,应根据设计任务书和图纸要求所规定的验收标准,对自制设备进行全面的技术、经济鉴定和评价。验收合格,由质量检查部门发给合格证,准许使用部门进行安装试用。经半年的生产验证,能稳定达到产品工艺要求,设计、制造部门将修改后的完整的技术资料(包括装配图、零件图、基础图、传动图、电气系统图、润滑系统图、检查标准、说明书、易损件及附件清单、设计数据和文件、质量检验证书、制造过程中的技术文件、图纸修改等文件凭证、工艺试验资料以及制造费用结算成本等)移交给设备部门。经设备部门核查,资料与实物相符,并符合固定资产标准者,方可转入企业固定资产进行管理。否则,不能转入固定资产。

(四) 设备规划的选型

1. 设备选型的基本原则

所谓设备选型就是从多种可以满足相同需要的不同型号、规格的设备中,经过技术经济的分析评价,选择最佳方案以做出购买决策。合理选择设备,可使有限的资金发挥最大的经济效益。

设备选型应遵循的原则如下:

①生产上适用。所选购的设备应与本企业扩大生产规模或开发新产品等需求相适应。

②技术上先进。在满足生产需要的前提下,要求其性能指标保持先进水平,以提高产品质量和延长其技术寿命。

③经济上合理。经济上合理即要求设备价格合理,在使用过程中能耗、维护费用低,并且回收期较短。

设备选型应考虑:首先,生产上适用,只有生产上适用的设备才能发挥其投资效果;其次,技术上先进,即必须以生产适用为前提,以获得最大经济效益为目的;最后,把生产上适用、技术上先进与经济上合理统一起来。一般情况下,技术先进与经济合理是统一的。因为技术上先进的设备不仅具有高的生产效率,而且生产的产品也是高质量的,但是,有时两者也是矛盾的。例如,某台设备效率较高,但可能能源消耗量很大,或者设备的零部件磨损很快,所以,根据总的经济效益来衡量就不一定适宜。有些设备技术上很先进,自动化程度很高,适合于大批量连续生产,但在生产批量不大的情况下使用,往往负荷不足,不能充分发挥设备的能力,而且这类设备通常价格很高,维持费用大,从总的经济效益来看是不合算的,因而也是不可取的。

2. 设备选型考虑的主要因素

(1) 设备的主要参数选择。

①生产率。设备的生产率一般用设备单位时间(分、时、班、年)的产品产量来表示。例如,锅炉以每小时蒸发蒸汽吨数;空压机以每小时输出压缩空气的体积;制冷设备以每小时的制冷量;发动机以功率;流水线以生产节拍(先后两产品之间的生产间隔期);水泵以扬程和流量来表示,但有些设备无法直接估计产量,则可用主要参数来衡量,如车床的中心高、主轴转速,压力机的最大压力等。设备生产率要与企业的经营方针、工厂的规划、生产计划、运输能力、技术力量、劳动力、动力和原材料供应等相适应,不能盲目要求生产率越高越好,否则生产不平衡,服务供应工作跟不上,不仅不能发挥全部效果反而造成损失,因为生产率高的设备,一般自

动化程度高、投资多、能耗大、维护复杂,如不能达到设计产量,单位产品的平均成本就会增加。

② 工艺性。机器设备最基本的一条是要符合产品工艺的技术要求,把设备满足生产工艺要求的能力叫工艺性。例如:金属切削机床应能保证所加工零件的尺寸精度、几何形状精度和表面质量的要求;需要坐标镗床的场合很难用铣床代替;加热设备要满足产品工艺的最高和最低温度要求、温度均匀性和温度控制精度等。除上面基本要求外,设备操作控制的要求也很重要,一般要求设备操作轻便,控制灵活。产量大的设备自动化程度应高,进行有害有毒作业的设备则要求能自动控制或远距离监督控制等。

(2) 设备的可靠性和维修性。

① 设备的可靠性。可靠性是保持和提高设备生产率的前提条件。人们投资购置设备都希望设备能无故障地工作,以期达到预期的目的,这就是设备可靠性的概念。可靠性在很大程度上取决于设备的设计与制造,因此,在进行设备选型时必须考虑设备的设计制造质量。选择设备可靠性时要求使其主要零部件平均故障间隔期越长越好,具体的可以从设备设计选择的安全系数、冗余性设计、环境设计、元器件稳定性设计、安全性设计和人机因素等方面进行分析。随着产品的不断更新对设备的可靠性要求也不断提高,设备的设计制造商应提供产品设计的可靠性指标,方便用户选择设备。

② 设备的维修性。同样,人们希望投资购置的设备一旦发生故障后能方便地进行维修,即设备的维修性要好。选择设备时,对设备的维修性可从以下几方面衡量:

i.设备的技术图纸、资料齐全。这便于维修人员了解设备结构,易于拆装、检查。

ii.结构设计合理。设备结构的总体布局应符合可达性原则,各零部件和结构应易于接近,便于检查与维修。

iii.结构的简单性。在符合使用要求的前提下,设备的结构应力求简单,需维修的零部件数量越小越好,拆卸较容易,并能迅速更换易损件。

iv.标准化、组合化原则。设备尽可能采用标准零部件和元器件,容易被拆成几个独立的部件、装置和组件,并且不需要特殊手段即可装配成整机。

v.结构先进。设备尽量采用参数自动调整、磨损自动补偿和预防措施自动化原理来设计。

vi.状态监测与故障诊断能力。可以利用设备上的仪器、仪表、传感器和配套仪器来检测设备有关部位的温度、压力、电压、电流、振动频率、消耗功率、效率、自动检测成品及设备输出参数动态等,以判断设备的技术状态和故障部位。今后,高效、稍密、复杂设备中具有诊断能力的将会越来越多,故障诊断能力将成为设备设计的重要内容之一,检测和诊断软件也成为设备必不可少的一部分。

vii. 提供特殊工具和仪器、适量的备件或有方便的供应渠道。

此外,要有良好的售后服务质量,维修技术要求尽量符合设备所在区域情况。

(3) 设备的安全性和操作性。

① 设备的安全性。安全性是设备对生产安全的保障性能,即设备应具有必要的安全防护设计与装置,以避免带来人、机事故和经济损失。在设备选型中,若遇有新投入使用的安全防护性元部件,必须要求其提供实验和使用情况报告等资料。

② 设备的操作性。设备的操作性属人机工程学范畴内容,总的要求是方便、可靠、安全,符合人机工程学原理。通常要考虑的主要事项如下:

i. 操作机构及其所设位置应符合劳动保护法规要求,适合一般体型的操作者的要求。

ii. 充分考虑操作者生理限度,不能使其在法定的操作时间内承受超过体能限度的操作力、活动节奏、动作速度及耐久力等。例如操作手柄和操作轮的位置及操作力必须合理,脚踏板控制部位和节拍及其操作力必须符合劳动法规规定。

iii. 设备及其操作室的设计必须符合有利于减轻劳动者精神疲劳的要求。例如,设备及其控制室内的噪声必须小于规定值;设备控制信号、油漆色调、危险警示等都必须尽可能地符合绝大多数操作者的生理与心理要求。

(4) 设备的环保与节能。

工业、交通运输业和建筑业等行业企业设备的环保性,通常是指其噪声振动和有害物质排放等对周围环境的影响程度。在设备选型时必须要求其噪声、振动频率和有害物排放等控制在国家和地区标准的规定范围内。

设备的能源消耗是指其一次能源或二次能源消耗。通常是以设备单位开动时间的能源消耗量来表示;在化工、冶金和交通运输行业,也有以单位产量的能源消耗量来评价设备的能耗情况。在选型时,无论哪种类型的企业,其所选购的设备必须要符合国家《节约能源法》规定的各项标准要求。

(5) 设备的经济性。

设备选择的经济性,其定义范围很宽,各企业可视自身的特点和需要而从中选择影响设备经济性的主要因素进行分析论证。设备选型时要考虑的经济性影响因素主要有:① 初期投资;② 对产品的适应性;③ 生产效率;④ 耐久性;⑤ 能源与原材料消耗;⑥ 维护修理费用等。

设备的初期投资主要指购置费、运输与保险费、安装费、辅助设施费、培训费及关税费等。在选购设备时不能简单寻求价格便宜而降低其他影响因素的评价标准,尤其要充分考虑停机损失、维修、备件和能源消耗等项费用,以及各项管理费。总之,以设备寿命周期费用为依据衡量设备的经济性,在寿命周期费用合理的基础上追求设备投资的经济效益最高。

3.设备的选型

设备选型必须注意调查研究,在广泛搜集信息资料的基础上,经多方分析、比较、论证后,进行选型决策。其工作的主要程序如下:

(1)收集市场信息。

通过广告、样本资料、产品目录、技术交流等各种渠道,广泛收集所需设备及设备的关键配套件的技术性能资料、销售价格和售后服务情况,以及产品销售者的信誉、商业道德等全面信息资料。

(2)筛选信息资料。

将所收集到的资料按自身的选择要求,进行排队对比,从中选择出2~3个产品厂作为候选单位,对这些单位进行咨询、联系和调查访问,详细了解设备的技术性能(效率、精度可靠性、安全性、维修性、技术寿命及其能耗、环保、灵活性等各方面情况);制造商的信誉和服务质量;各用户对产品的反映和评价;货源及供货时间;订货渠道;价格及随机附件等情况。通过分析比较,从中选择几个合适的机型和厂家。

(3)选型决策。

对上一步选出的几个机型进一步到制造厂和用户进行深入调查,就产品质量、性能、运输安装条件、服务承诺、价格和配套件供应等情况,分别向各厂仔细地询问,并做详细笔录,最后在认真比较分析的基础上,再选定最终认可的订购厂家。

第三节　设备磨损与故障

一、设备磨损

(一)设备磨损的概念

设备在使用或闲置过程中,会发生两种形式的磨损:一种是有形磨损,也称物理磨损或物理损耗;一种是无形磨损,也称精神磨损或经济磨损。这两种磨损都会造成经济损失。为了减少设备磨损和在设备磨损后及时进行补偿,首先必须弄清产生磨损的原因和磨损规律,以便采取相应的技术、组织与经济措施。

设备磨损产生的原因及其规律描述如下:

1. 有形磨损产生的原因及其规律

设备无论在使用或是在闲置过程中,都会产生有形磨损。

(1) 设备在运转使用过程中,做相互运动的零部件的表面,在力的作用下,因摩擦而产生各种复杂的变化,使表面磨损、剥落和形态改变,以及物理、化学因素引起零部件疲劳、腐蚀和老化等,这种有形磨损为阶段Ⅰ的有形磨损。其磨损的结果,通常表现如下:

① 使组成设备的各零部件的原始尺寸改变。当磨损到一定程度时,甚至会改变零部件的几何形状。

② 使零部件之间的相互配合性质改变,导致传动松动,精度和工作性能下降。

③ 零件损坏,甚至因个别零件的损坏而引起与之相关联的其他零件的损坏,导致整个部件损坏,造成严重事故。如压铸机的曲轴箱,会因曲轴断裂而引起箱体开裂,连杆损坏等,造成曲轴箱整套报废。

在一般情况下,设备在使用过程中,零部件的有形磨损都有一定规律,大致可分为三个阶段,如图7.2所示。

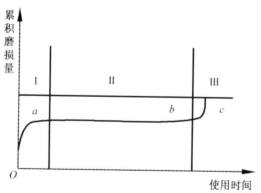

图7.2 设备有形磨损曲线

阶段Ⅰ是初期磨损阶段(也称磨合磨损阶段)。在这个阶段,设备各零部件表面的宏观几何形状和微观几何形状(粗糙度)都要发生明显的变化。这种现象的产生,原因是零件在加工、制造过程中,其表面总有一定的粗糙度。当相互配合做相对运动时,其粗糙表面由于摩擦而磨损。此时的磨损速度很快,而后减慢,如图7.2的 oa 段。这种现象一般发生在设备制造、修理的总装调试时和投入使用期的调试和初期使用阶段。

阶段Ⅱ是正常磨损阶段。进入了这一阶段,如果零部件的工作条件不变或变化很小时,磨损量基本随时间匀速增加,如图7.2的ab段。即在正常情况下,零部件的磨损速度非常缓慢。当磨损至一定程度,零件不能继续正常工作时(b点),这一阶段的时间就是这个零件的使用寿命。

阶段Ⅲ称为剧烈磨损阶段。这一阶段的出现,往往是由于零件已到达它的使用寿命期而仍继续使用,破坏了正常磨损关系,使磨损加剧,磨损量急剧上升,如图7.2的bc段。这时,机器设备的精度、技术性能和生产效率明显下降。例如,机器设备上的轴和滑动轴承之间的相互摩擦,在正常情况下是由相互配合间隙内的流体或半流体(即润滑油或油脂)隔开,使它们不直接接触摩擦。当轴或轴承磨损至一定程度而仍继续使用时,就因间隙增大,造成油或油脂量不足,液体摩擦失去作用,使轴和轴承直接摩擦,因而磨损加剧。

了解设备磨损规律,就可以研究如何使初期磨损阶段越短越好,正常磨损阶段越长越好,避免出现剧烈磨损阶段。初期磨损阶段短,说明设备的零部件加工、制造的质量好。正常磨损阶段长,说明零部件的磨损速率低,且稳定,故使用寿命长,可以减少更换或修复的次数和停机时间,提高了设备的可利用率。如果能控制零部件的磨损在未进入剧烈磨损阶段时,就采取了相应措施,说明设备技术状况的管理已具有一定水平,基本掌握了磨损阶段规律及零部件的使用寿命。

(2)设备在闲置过程中,由于自然力的作用而锈蚀,或由于保管不善,缺乏必要的维护保养措施而使设备遭受有形磨损,随着时间的延长,腐蚀面和深度不断扩大、加深,造成精度和工作能力自然丧失,甚至因锈蚀严重而报废。这种有形磨损为阶段Ⅱ的有形磨损。

在实际生产中,以上两种磨损形式往往不是以单一形式表现出来,而是共同作用于机器设备上。设备有形磨损的技术后果是导致性能、精度下降,到一定程度可使设备丧失使用价值。设备有形磨损的经济后果是生产效率逐步下降,消耗不断增加,废品率上升,与设备有关的费用逐步提高,从而使所生产的单位产品成本上升。当有形磨损比较严重,或达到一定程度仍未采取措施时,设备就不能继续正常工作,并由此会发生事故,使设备提前失去工作能力,这样,不仅要付出较大的修理费用,才能恢复其性能、精度,造成经济上的严重损失,还可能直接危及人身安全,影响工人劳动情绪,由此所造成的经济损失就难以估量了。

2. 无形磨损产生的原因及其规律

设备投入生产以后,在产生有形磨损的同时,还存在无形磨损。所谓无形磨损,是指设备在有效使用期内(即其自然寿命),生产同样结构的设备,由于劳动生产率提高,其重置价值不断降低,而引起原有设备的贬值;或者由于科学技术进步而出现性能更完善、生产效率更高的设备,以致原有设备价值降低。无形磨损由两种原因引起,因而有两种不同的形式,前者为阶段Ⅰ的无形磨损,后者为阶段Ⅱ的无形磨损。

在阶段Ⅰ的无形磨损情况下,设备技术结构和经济性能并未改变,但由于技术进步的影响,生产工艺不断改进,成本不断降低,劳动生产率不断提高,使生产这种设备的社会必要劳动耗费相应降低,从而使原有设备发生贬值,这种无形磨损虽然使生产领域中的现有设备部分贬值,但是设备本身的技术性能和功能不受影响,设备尚可继续使用,因此一般不用更新,但如果设备贬值速度比修理费用降低的速度快,修理费用高于设备贬值后的价格,就要重新考虑。

在阶段Ⅱ的无形磨损情况下,由于出现了具有更高生产率和经济性的设备,不仅原设备的价值会相应降低,而且,如果继续使用旧设备还会相对降低生产经济效率(即原设备所生产产品的品种、质量不及新设备,以及生产中耗用的原材料、燃料、动力和工资等比新设备多)这种经济效果的降低,实际上反映了原设备使用价值的局部或全部丧失,这就产生了用新设备代替现有旧设备的必要性,不过这种更换的经济合理性取决于现有设备的贬值程度,以及在生产中继续使用旧设备的经济效果下降的幅度。

一般说来,无形磨损的速度与科学技术的发展速度成正比。因此,应充分重视对设备磨损规律的研究。在当代,科学技术的迅速发展,使设备的技术寿命日趋缩短,现时评价是先进的设备,过了不多久,这种设备在技术上就落后了,技术寿命的长短,取决于无形磨损的速度。

(二) 设备磨损的补偿

从以上分析可知,两种磨损的相同点是都会引起原始价值的降低,不同之处是有形磨损的设备,特别是有形磨损严重的设备,在进行修理之前,常常不能正常运转使用,而任何无形磨损都不影响设备的继续使用,因为它本身的技术性能和功能并不因无形磨损而受到影响,设备的使用价值没有多大降低。

首先,对运行和闲置中的设备,应加强使用维护及保养管理,做到正确使用、精心维护、合理润滑,减缓有形磨损的发生速度。

其次,根据设备不同的磨损形式,采取不同的措施和补偿磨损的形式。设备产生有形磨损后,有一部分可以通过维修来消除,这类磨损属可消除性的有形磨损,其补偿形式,一般称为磨损的局部补偿。另一部分是不能通过维修消除的,这类磨损属不可消除性的有形磨损。不可消除性的有形磨损又可分为两种:一种是因为可消除性有形磨损不及时或没有进行局部补偿,形成磨损的积累,导致提前丧失工作能力,修理代价大而不经济,需重置新的设备来替代;另一种是设备已到达其自然寿命,不能继续使用、修理又不经济时,需要用同样用途的新设备来替换更新。用设备更新的技术措施进行有形磨损补偿,称为有形磨损的完全补偿或整体补偿。

有形磨损的补偿,是为了恢复设备在使用过程中应有的技术性能和生产效率,延长使用寿命,保证生产正常进行的一项基础技术管理工作。但是,由于设备在使用过程中始终面临着新技术的挑战,要使设备技术性能适应科学技术的发展,就要在有形磨损补偿的同时,进行无形磨损的补偿,即结合修理进行局部改进、改装,乃至设备的技术改造,提高原有设备的生产效率和使用经济效果,使之现代化。设备的各种磨损形式及其补偿方式之间的关系,如图7.3所示。

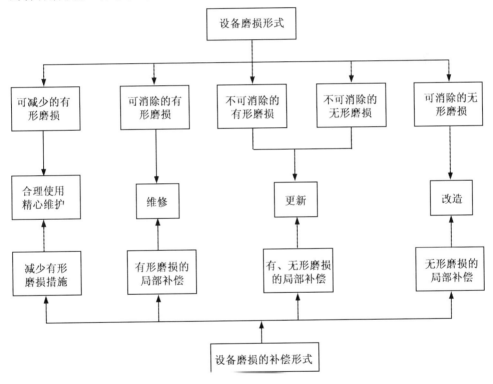

图7.3 设备磨损及其补偿形式

二、设备故障及其管理

人们希望设备在安装调试合格后,尽早投入正常使用,尽快发挥效益;在使用运行过程中,要求连续正常运行,故障停机损失趋于零,设备可利用率达100%。然而,设备运动过程中技术状态的变化是不可避免的,所以这种设想也就难以实现。但是,要使故障发生率降低到最小限度并非不能实现。为此,研究设备的故障的发生发展规律,降低设备故障率是设备管理和维修工作的一项重要的研究内容。

1. 设备故障的定义

故障、异常、缺陷等反映设备技术状态的术语,在实际工作中往往很难确切地加以区别。设备故障的定义一般为设备(系统)或零部件丧失其规定性能的状态。显然,这种状态只在设备运转状态下才能显现出来;如设备已丧失(或局部丧失)规定性能而一直未开动,故障便无从发现。如一台电力设备的接地保护装置已损坏,但未影响其正常供电,只有当设备的绝缘遭到破坏时,才能暴露接地装置已失效可见,上述情况不仅是设备状态问题,而且和人们对故障的认识方法有关。因此,判断设备是否处于故障状态,必须有具体的判别标准,要明确设备应保持的规定性能的具体内容;或者说,设备性能丧失到什么程度才算出了故障。这样,设备的异常、缺陷也就比较容易区别。一般来说,异常、缺陷是尚未发生故障,但已越出了正常状态,往往是不久就会发展成故障。由于设备结构上的层次关系,对于上一层次的系统来说,这种状态有时称为故障前状态(系统异常或有缺陷)。

2. 设备故障的分类

设备故障的分类方法较多,这里主要介绍以下四种分类:

(1)按故障发生的速度分类。

按故障发生的速度可分为突发性故障和渐发性故障。突发性故障是由于各种不利因素和偶然的外界影响的共同作用超出了设备所能承受的限度而突然发生的故障。这类故障一般无明显征兆,是突然发生的,依靠事前检查或监视不能预知的故障。如因使用机器不当或超负荷使用而引起零部件损坏;因润滑油中断而使零件产生热变形裂纹;因电压过高、电流过大而引起元器件损坏而造成的故障。

渐发性故障是由于各种影响因素的作用使设备的初始参数逐渐劣化、衰减过程逐渐发展而引起的故障,一般与设备零部件的磨损、腐蚀、疲劳及老化有关,是在工作过程中逐渐形成的。这类故障的发生一般有明显的预兆,能通过预先检查或监视早期发现,如能采取一定的预防措施,可以控制或延缓故障的发生。

(2)按故障发生的后果分类。

按故障发生的后果可分为功能性故障与参数型故障。功能故障是指设备不能继续完成自己规定功能的故障。这类故障往往是由于个别零件损坏造成的,如内燃机不能发动,油泵不能供油。参数故障是指设备的工作参数不能保持在允许范围内的故障。这类故障属渐发性的,一般不妨碍设备的运转,但影响产品的加工质量,如机床加工精度达不到规定标准,动力设备出力达不到规定值的故障。

(3) 按故障的损伤程度分类。

按故障的损伤是否容忍分为允许故障和不允许故障。允许故障是指考虑到设备在正常使用条件下,随着使用时间的增长,设备参数的逐渐劣化是不可避免的,因而允许发生某些损伤但不引起严重后果的故障,如零件的某些正常磨损、腐蚀和老化等。不允许故障是由于设计时考虑不周,制造装配质量不合格,违反操作规程所造成的故障,如设计强度不够造成的零件的断裂,超负荷使用设备造成的设备损坏等。

(4) 按故障的易见性分类。

明显安全性故障是指可能直接危及作业安全的故障,这种故障发生在具有明显功能部件上。明显使用性故障是指对使用能力或完成作业任务有直接影响的故障。这种故障不是安全性的,也是发生在具有明显功能的部件上。明显非使用性故障是指对使用能力或完成作业任务没有不利的直接影响的故障。隐蔽安全性故障是指同另一故障(明显功能故障)结合后会危及作业安全的隐蔽功能故障。隐蔽经济性故障是指同另一故障(明显功能故障)结合后不会产生安全性后果,只有经济性影响的故障。

3. 设备故障的典型模式

当设备发生故障时,人们首先接触到的是故障实物(现场)和故障的外部形态即故障现象。故障现象是故障过程的结果。为了查明故障的原因,首先必须全面准确地搞清故障现象。这是开展故障分析的前提。

每一项故障都有其主要特征即故障的表现形式,称其为故障模式,它是通过人的感官或测量仪器等观测到的,如磨损、腐蚀、断裂等。

故障现象可为分析故障的原因、机理提供可靠的线索,是分析故障原因的客观依据,因此,为了搞清故障的原因及其发生发展的过程,首先就须采用有效的技术手段查明故障的特征,并以此为起点逐步探索故障的原因和机理。第一步工作是故障现象(现场)的纪实。发生故障后,应立刻利用图像记录和文字记录,将故障的现象、负载、环境条件和有关故障的情况、数据全部记录下来,力求保持故障现场的实况。同时,要根据有关的文字记载(例如运行日志等)、仪表记录及有关人员的回忆,弄清设备发生故障前的情况及有关数据资料,以便全面掌握故障现象(状态)及其有关的环境、应力等情况。进行故障纪实时应强调以下原则:

① 故障纪实工作抓得越早,确定故障原因、机理的机会越大。

② 不允许改变故障的损坏表面及周围环境,不得销毁和故障有关的证据,直至负责鉴定人员提出故障纪实工作已经完成并同意改变现场时为止。

③尽可能收集故障的全部事实真相,然后逐步排除与故障无关的内容;不能因故障是常见的而不认真收集有关资料,不得主观地排除可能造成故障的各种原因。

④尽可能地收集故障设备(故障件)的全部历史资料。

⑤分析故障必须凭事实,凭证据,不得主观臆断。所有的记录和收集到的资料必须真实准确,方可作为故障分析的凭证。

实际工作中常见的故障模式有:异常振动、磨损、疲劳、裂纹、腐蚀、剥离、渗漏、堵塞、松弛、绝缘老化、异常声响、油质劣化、材质劣化、黏合及其他。不同类型设备各种故障模式所占比例如表7.2所示。

表7.2 不同类型设备各种故障模式所占比例(%)

故障模式	回转设备	静止设备	故障模式	回转设备	静止设备
异常振动	30.4	—	油质劣化	3	3.6
磨损	19.8	7.3	材质劣化	2.5	5.8
异常声响	11.4	—	松弛	3.3	1.5
腐蚀	2.5	32.1	异常湿度	2.1	2.2
渗漏	2.5	10.2	堵塞	—	3.7
裂纹	8.4	18.3	剥离	1.7	2.9
疲劳	7.6	5.8	其他	4	4.4
绝缘老化	0.8	2.2	合计	100	100

实际上,不同类型企业、不同类型设备的主要故障模式和各种故障模式所占的比重,有着明显的差别。

从表7.2可以看出,回转机械的主要故障模式是异常振动、磨损、异常声响、裂纹、疲劳,而静止设备的主要故障模式是腐蚀、裂纹、渗漏。每个企业由于设备和管理的特点不同,各有其主要的故障模式,经常发生的故障模式便是故障管理的重点目标。

4. 故障发生机理分析

故障机理是指诱发零部件、设备系统发生故障的物理与化学过程、电学与机械学过程,也可以说是形成故障源的原因,故障机理还可以表述为设备的某种故障在达到表面化之前,其内部的演变过程及其因果原理。弄清发生故障的机理和原因,对判断故障,防止故障的再发生,有重要的意义。

故障的发生受空间、时间、设备(故障件)的内部和外界多方面因素的影响,有

第七章 设备管理

的是某一种因素起主导作用,有的是几种因素共同作用的结果。所以,研究故障发生的机理时,首先需要考察各种直接和间接影响故障产生的因素及其所起的作用。

① 对象。指发生故障的对象本身,其内部状态与结构对故障的抑制与诱发作用,即内因的作用,如设备的功能、特性、强度、内部应力、内部缺陷、设计方法、安全系数及使用条件等。

② 原因。能引起设备与系统发生故障的破坏因素,如动作应力(体重、电流、电压及辐射能等)、环境应力(温度、湿度、放射线及日照等)、人为的失误(设计、制造、装配、使用、操作及维修等的失误行为),以及时间的因素(环境等的时间变化、负荷周期及时间的劣化)等故障诱因。

③ 结果。输出的故障种类、异常状态、故障模式及故障状态等。

产生故障的共同点是:来自工作条件、环境条件等因素作用于故障对象,当故障对象的能量积累超过某一界限时,设备或零部件就会发生故障,表现出各种不同的故障模式。

一般说来,故障模式反映着故障机理的差别。但是,即使故障模式相同,其故障机理不一定相同。同一故障机理,可能出现不同的故障模式。也就是说,纵然故障模式不同,也可能是同一机理派生的。因此,即使全面掌握了故障的现象,并不等于完全具备搞清故障发生原因和机理的条件。然而,搞清故障现象却总是分析故障发生机理和原因的必要前提。

故障分析的基本程序和方法如图 7.4 所示。在故障分析的初期,要对故障实物(现场)和故障发生时的情况,进行详细的调查和鉴定,还要尽可能详细地从使用者和制造者那里收集有关故障的历史资料,通过对故障的外观检查鉴定,找出故障的特征,查出各种可能引起故障的影响因素。在判断阶段,要根据初步研究结果,提出需要进一步开展的研究工作,以缩小产生故障的可能原因的范围。在研究阶段,要用不同方法仔细地研究故障实物,测定材料参数,重新估算故障的负载。研究阶段应找出故障的类型及产生的原因,提出预防的措施。故障分析的常用研究方法如图 7.5 所示。

产生故障的主要原因大体有以下四个方面:

(1) 设计错误。应力过高,应力集中,材料、配合、润滑方式选用不当,对使用条件,环境影响考虑不周。

(2) 原材料缺陷。材料不符合技术条件,如铸锻件缺陷、热处理变形、热处理缺陷等。

(3) 制造缺陷。切削、压力加工和装配缺陷,热处理、焊接和电镀缺陷,混料,热应力,管理混乱等。

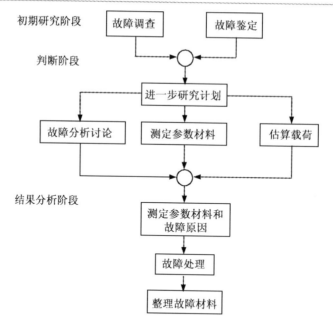

图 7.4　故障分析的基本程序和方法

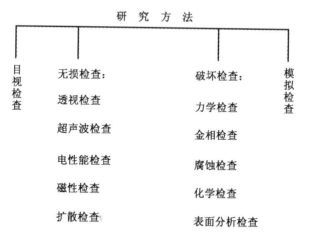

图 7.5　故障分析常用的研究方法

（4）运转缺陷。没有预料到的使用条件影响，已知使用条件发生变化未相应改变运行条件，过载、过热、腐蚀、润滑不良、漏电、操作失误、维护和修理不当等。

有的故障是上述一种原因造成的，有的是上述多种原因综合影响的结果，有的是上述一种原因起主导作用而另一种（或几种）原因起媒介作用等等。因此，判断何种因素对故障的产生起主要作用,是故障分析的主要内容。

5. 设备可靠性

(1) 设备可靠性的含义。

所谓可靠性,是指系统、设备或零部件在规定条件下和规定时间内完成规定功能的能力。

一般地说,设备的许多技术性能指标(如几何精度、工作精度、运行速度、耗油量等)是可以通过仪表来测定的,合格与否,较易判断,但可靠性指标则不能用仪表测定,要衡量设备的可靠性,必须进行可靠性研究、试验和分析,才有可能做出正确的估计和评定。

评定设备的可靠性要注意以下几点:

① 弄清研究的对象是什么,明确对象包含的范围。研究的对象可以是系统,也可能是某台设备或一个零部件。

② 条件的规定。所谓规定条件是指设备所处的环境条件、使用条件和维护保养条件等。同样的设备在实验室、野外(寒带或热带地区)、海上、高空、冲击振动、电磁辐射等各种条件下,其可靠性是不相同的,条件愈恶劣,可靠性愈低。由于设备可靠性是对规定条件而言的,所以在评价一台设备的可靠性时,尤其应注意其工作时所处的实际条件与所规定的条件是否一致。

③ 时间的规定。通常工作时间愈长,可靠性愈低。特别是设备的电子元器件,经过一个时期使用后,其可靠性便随时间的增长而降低,时间愈长,失效愈多。所以,必须明确作用次数、重复次数等反映时间的指标,在规定的时间内评价其优劣,是设备可靠性与其他技术性能指标的根本区别。

④ 被研究对象的功能和丧失功能的规定。既要有明确的功能指标,也要有明确的发生故障或不能正常工作的界限,一般需视具体情况而定,如当研究对象是指某个齿轮;当齿面发生了某种程度的磨损,对某些精密或重要机械来说,该齿轮就算是故障,但对一般机械来说并不影响其正常运转,就不能视为故障。

设备的可靠性有固有可靠性与使用可靠性之分。固有可靠性指设备在设计、制造时内在的可靠性(狭义的可靠性)。设备按一定的设计图纸和工艺方法制造完成后,其可靠性即成为设备的固有属性,即固有可靠性。使用可靠性指设备在使用过程中,受环境条件、操作、维修、储运等种种因素影响而决定的可靠性大小。工作可靠性指设备在规定的目的和条件下使用时,在预定时间内,发挥规定功能的能力。设备实际工作时的可靠性的大小除了受固有可靠性影响外,还受到使用可靠性的影响,但固有可靠性是设备可靠度最基本、最重要的方面。在影响设备固有可靠性的各个因素中,以设计技术所占的比重最大,所以设备在设计过程中就必须研究"可靠性设计"然后考虑制造、使用、维修直到报废的整个寿命周期的"可靠性管理"。

对于可修复系统来说,除可靠性问题,还有发生故障后修复的问题,即广义可靠性的概念,包括可靠性与维修性。

（2）设备可靠性的特征量。

上述的可靠性是一般的定性定义,并没有进行数量化研究,能够对设备可靠性的相应能力做出数量表示的量,称为可靠性的特征量。其主要特征量有：可靠度、故障率、平均无故障工作时间及有效度等。任一特征量只能表示可靠性的某一个特征方面。所以,对于不同类型的设备要使用不同的特征量来描述。

① 可靠度和不可靠度。可靠度是指系统、设备或零部件在规定条件下和规定时间内完成规定功能的概率,记为在故障分析中,常用的故障分布密度函数为指数分布、正态分布和威布尔分布。

设故障服从正态分布,其故障分布密度函数为

$$f(t) = \frac{1}{\sigma\sqrt{2\pi}} e^{-\frac{(t-u)^2}{2\sigma^2}} \tag{7.3}$$

则 $F(t)$ 为设备在某一时间内的累积故障概率（如图7.6中的阴影面积）函数为

$$F(t) = P(T \leq t) = \int_0^t f(t)d(t) \tag{7.4}$$

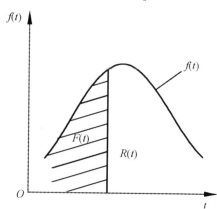

图7.6　故障分布密度函数、可靠度函数及不可靠度函数

而未画斜线部分的面积,就相当于某一时间不发生故障的累积概率,即可靠度函数为

$$R(t) = P(T > t) = 1 - P(T \leq t) = 1 - F(t) = \int_t^\infty f(t)\mathrm{d}(t) \tag{7.5}$$

显然，$R(t) + F(t) = 1$。

所以 $F(t)$ 也称为不可靠度函数。可靠度的取值范围为

$$0 \leq R(t) \leq 1, R(0) = 1, R(\infty) = 0 \tag{7.6}$$

②故障率。故障率是指工作到某时刻尚未发生故障的系统、设备或零部件，在该时刻后单位时间内发生故障的概率，记为 $\lambda(t)$。

据上述定义，故障率是在某一时间尚未发生故障的设备在 $t \sim t + \triangle t$ 的单位时间内发生故障的条件概率，即

$$\lambda(t) = \lim_{\triangle t \to 0} \frac{1}{\triangle t} P(t \leq T \leq t + \triangle t \mid _{T>t}) = \frac{f(t)}{R(t)} = -\frac{1}{R(t)} \times \frac{\mathrm{d}R(t)}{\mathrm{d}t} \tag{7.7}$$

③平均寿命。对于可修复系统、设备来说，平均寿命即为平均无故障工作时间；对于不可修复系统、设备来说，平均失效前时间（Mean Time To Failure, MTTF）是它的平均寿命。

平均无故障工作时间又称平均故障间隔时间（Mean Time Between Failure, MTBF），是指相邻两故障间正常工作时间的平均值。平均无故障工作时间越长，设备越可靠。由于平均无故障工作时间较通俗和直观，易为人们所掌握和接受，所以在可修复系统中被广泛作为其可靠性的数量度量。

如果是对可修复系统（一个系统或多个相同系统）只要有足够的累积工作时间与故障发生次数的原始数据，就可求得它们的比值。MTBF 的计算方式为

$$MTBF = \frac{\sum t_i N_{f_i}}{N} \tag{7.8}$$

式中　N——设备发生故障的总次数；

　　　t_i——设备发生故障时的工作时间；

　　　N_{f_i}——在时间 f_i 时发生故障的设备台数。

如果已知系统的可靠度函数或者故障分布密度函数，可以通过积分处理求得系统的 MTBF，即

$$MTBF = \int_0^\infty R(t)\mathrm{d}(t) = \int_0^\infty tf(t)\mathrm{d}(t) \tag{7.9}$$

对于不可修复系统，可用失效前平均时间作为其可靠性的数量度量。MTTF 是系统从开始工作到失效这一段时间的平均值。

一般来说，系统的 MTTF 是通过试验得到的。当所有试验样品都观察到寿命终了的实际值时，是指它们的算术平均值，当不是所有试验样品都能观测到寿命终

了的截尾试验时,是指受试样品的累积试验时间与失效数之比。

特殊情况下,如不可修复系统的可靠度函数为指数分布时,系统的MTTF也可利用分布积分求得。

6.设备故障的发生发展规律

设备故障的发生发展过程都有其客观规律,研究故障规律对制定维修对策,以至建立更加科学的维修体制都是十分有利的。设备在使用过程中,其性能或状态随着使用时间的推移而逐步下降,呈现如图7.7的曲线。很多故障发生前会有一些预兆,这就是所谓潜在故障,其可识别的物理参数表明一种功能性故障即将发生,功能性故障表明设备丧失了规定的性能标准。

图7.7中P点表示性能已经变化,并发展到可识别潜在故障的程度:这可能是表明金属疲劳的一个裂纹;可能是振动,说明即将会发生轴承故障;可能是一个过热点,表明炉体耐火材料的损坏;可能是一个轮胎的轮面过多的磨损等。F点表示潜在故障已变成功能故障,即它已质变到损坏的程度。P~F间隔,就是从潜在故障的显露到转变为功能性故障的时间间隔,各种故障的P~F间隔差别很大,可由几秒到好几年,突发故障的P~F间隔就很短。较长的间隔意味着有更多的时间来预防功能性故障的发生,因而要不断地花费很大的精力去寻找潜在故障的物理参数,为采取新的预防技术,避免功能性故障,争得较长的时间。

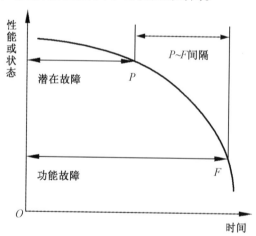

图7.7 设备性能或状态变化

设备故障率随时间推移的变化规律称为设备的典型故障率曲线,如图7.8所示,该曲线表明设备的故障率随时间的变化大致分三个阶段:初期故障期、偶发故障期和磨损故障期。

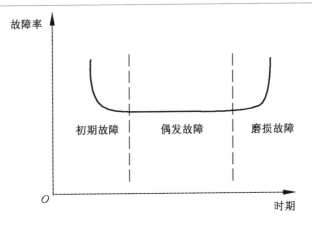

图 7.8　设备的典型故障率曲线

从浴盆曲线可以看出，设备故障率的变化显现三个不同的阶段：

（1）初期故障期。在这一阶段，设备刚投入使用，由于设计、制造中的缺陷或操作上的不熟悉，往往会出现较多的故障，但这样的故障随着缺陷的消除和使用的熟练而逐渐减少，因此，故障率也就随着时间的增加而减少，经过一段时间之后，故障率就相对稳定，变化不大了。

（2）偶发故障期。在这一阶段，故障较少，所出现的故障主要是由于维护不好和操作失误等偶然性因素引起的，发生故障的时间不能预测，并且是随机性的，所以称为偶发故障期。这一阶段故障率稳定、时间较长，是设备的正常运转阶段。

（3）磨损故障期。这一阶段可与设备物理磨损的相应阶段相对应，主要是由于设备某些零部件的磨损已达到了剧烈磨损阶段，从而使设备老化。在这一阶段，设备的故障率急剧上升。

三、设备状态监测与诊断技术

为了掌握设备的劣化、故障状态及造成劣化的原因，过去常常是采用停机解体检查的方法，或者用感官诊断的办法。停机解体不仅增加了停机的生产损失，而且设备的多次解体也必然造成设备的过度维修和精度下降，从而影响生产和产品的质量。由于现代的设备日益向大型化、高速化、连续化和精密化发展，这种停机解体检查和感官诊断的方法也造成财力、人力和时间上的巨大浪费，以及诊断结果的不准确，因而影响设备的维护和修理工作。于是，人们进行了探索，把人类医学的原理引入设备管理之中，把研究故障机理的故障物理学同现代信号处理技术结合起来，创造了设备状态监测和故障诊断技术。

设备状态监测。指用人工或专用的仪器工具,按照规定的监测点进行间断或连续的监测,掌握设备异常的征兆和劣化程度。所谓的设备诊断技术,是指在设备运行中或基本不拆卸的情况下,根据设备的运行技术状态,判断故障的部位和原因,并预测设备今后的技术状态变化。设备技术状态是指:

① 设备的性能和运动状态等;

② 设备的受力和应力状态;

③ 设备的故障和劣化状态。

设备状态监测和诊断技术是两项既有区别又有联系的设备管理技术。设备状态监测和诊断技术是实施状态维修、预知维修的重要基础。可以这么认为,设备状态监测是状态维修的初级阶段,而设备诊断技术是状态监测后的识别和判断阶段。

设备状态监测的对象一般以设备为主。目前,设备状态监测方法主要有两种:

(1)维修人员凭感官和普通量仪,对设备的技术状态进行检查、判断,这是目前在机械设备监测中最普遍采用的一种简易监测方法。

(2)利用各种监测仪器,对整体设备或关键部位进行定期、间断或连续监测,以获得技术状态的图像、参数等确切信息,这是一种能精确测定劣化和故障信息的方法。

状态监测技术不同于一般的测试技术,其运用是有条件的。比如对于突发性故障使用状态监测技术就没有意义,而且从经济上看,当采用系统监测时,由于要使用监测仪器,需要增加费用,所以只有当状态监测所需费用低于故障维修的总费用或者对于安全因素应予以特别考虑时,采用状态监测才有必要。一般说来,在确定采用状态监测技术时,以下几种设备是应优先考虑的:

① 价值昂贵的高、精、大及稀有设备;

② 发生故障对整个生产系统产生严重影响的设备,如自动线、生产线上的关键设备;

③ 必须确保安全性能的设备;

④ 故障停机修理费用及停机损失大的设备。

设备诊断技术一般包括两部分:一是对设备的技术状态简便而迅速地做出概括评价,主要由现场作业人员实施的简易诊断技术;二是当简易诊断难以做出正确判断时,由专门人员实施的精密诊断技术,它是对经过简易诊断判定为异常的设备做进一步的详细诊断,以确定应采取的措施。它不仅需要简单的测定和分析,还需运用一系列复杂的定量检测和分析技术。

四、设备不同故障期的维修对策

（1）在初期故障期，主要是由设计、制造中的缺陷所引起的故障。减少故障的主要对策是严格认真做好设备的前期管理，在设备出厂前应进行严格试验运转，按规定调试验收，对有些产品要有严格的筛选检查。

（2）在偶发故障期，故障主要是运转操作中的不当所致，因此主要对策是执行正确的操作，进行预防维护，提高操作工人与维修工人的技术水平。

（3）在磨损故障期，设备的某些零部件已达到使用寿命，因此主要对策除实行设备预防维修外，还应在适当时期进行设备的技术改造。

第四节　设备的使用及维修管理工作

一、设备的合理使用

设备只有在使用中才能发挥其作为生产工具的作用，而对设备的使用合理与否又直接影响着设备的使用寿命、精度和性能，从而影响其生产的产品数量、质量和企业的经济效益。因此，对设备的合理和正确使用，就成了实现设备综合管理的及其重要的方面。

目前，许多企业创造了很多有效的合理使用设备的方法和制度，综合起来可以看出，合理正确使用设备应从三个方面着手：① 提高设备的利用程度；② 保证设备的工作精度；③ 是建立健全的规章制度。

设备管理的根本目标在于使设备在其寿命周期内发挥最大的效益。因此，如何充分利用设备、提高设备的利用程度就成了设备管理中的重要问题。一般来说，提高设备的利用程度主要有两方面的含义：

1. 提高设备的利用广度

所谓提高设备的利用广度，就是要充分利用设备可能的工作时间，不能让设备闲置。一般而言，要提高设备的利用广度，首先，在选择和购置设备时，就要严格按生产能力发展的需要选购设备，不要盲目购置和引进，从而在保证各生产环节之间设备能力平衡的同时，能使设备在其使用寿命之内有合理的负荷；其次，要做好计划管理工作，在保证设备有必要的休息和维修时间的条件下，保证设备有充足的任务，减少因各种原因引起的设备停工。但是，需要注意的是，不能为了提高设备的利用率而盲目生产市场不需要的产品，造成产品积压，导致更大的浪费。提高设备利用率应该从新产品开发与市场营销入手，服从于企业的最终目标，即创造利润。

2. 提高设备的利用强度

为了充分利用设备的能力,只注意设备的利用广度还是远远不够的。我们的目标是要让设备在使用寿命周期内生产出尽可能多的合格产品,因此,还存在着一个利用强度的问题,即要使设备在单位工作时间内生产出尽可能多的合格产品,这就是提高所谓的机器生产率的问题。机器生产率公式为

$$Q = \frac{1}{t} = \frac{1}{t_j + t_f} \tag{7.10}$$

式中　Q——机器生产率(件/分);

　　　T——单件工时,设备加工一个工件所需时间(分/件);

　　　t_j——机动工时(分/件);

　　　t_f——辅助工时(分/件)。

从式(7.10)我们可以看出,机器生产率与设备的机动工时和辅助工时有关,要想提高机器生产率,就要从降低以下两方面入手:

(1)降低设备的切削工时。这一点对于自动化程度较高的专用设备来说尤其重要,因为在这种设备上,机动工时占总工时的比重往往较高。由于机动工时主要受设备切削用量的影响,因此,提高设备的切削速度、每次进给量等就成了降低设备机动工时的重要手段。目前,许多新的材料、新的方法已用于提高设备的刀具硬度和机床的刚性,增加功率,从而使切削速度提高。因此,对现有设备不断进行技术改造、挖掘其潜力,成了提高设备利用强度不可缺少的条件。这一点,目前许多企业存在着相当大的潜力。

(2)减少设备的辅助工时。这对于辅助工时占总工时比重较大的万能设备来说尤其重要。一般来说,设备的辅助工时与刀具的更换、工件的装夹、设备的调整、工人的熟练程度及现场的组织管理等诸多技术上和管理上的因素有关。因此,减少设备的辅助工时是一项复杂的工作。然而,对于万能机床占绝大多数,且管理水平相对落后的工业企业来说,这又是一个有着巨大潜力的重要方面,如通过采用一些先进的管理技术(如科学的工作设计等)来不断挖掘这方面的潜力,可使设备的利用强度不断提高。

二、设备的维护保养

设备维护是指消除设备在运行过程中不可避免的不正常技术状况(如零件的松动、干摩擦、异常响声等)的作业。作好设备维护工作,及时消除上述不正常现象,可以防止设备过早磨损,消除设备隐患,减少或消灭事故,延长设备使用寿命,使设备保持良好的技术状态。设备维护保养,按其工作量的大小,可以分为以下几

个类别:

(1) 日常保养(例行保养)。它的主要内容是:进行清洗、润滑、紧固松动的螺丝,检查零部件状况。

(2) 一级保养。它的主要内容是:普遍地进行清洗、润滑、紧固,对部分部件进行拆卸、清洁,以及进行部分的调整。

(3) 二级保养。它的主要内容是:进行内部清洗、润滑、局部解体检查和调整。

三、设备的检查

设备的检查是对设备的运行情况、工作精度、磨损程度进行检查和校验。通过检查,全面掌握设备的技术状况变化和磨损情况,及时查明和消除设备隐患,针对检查发现的问题,改进设备维修工作,提高修理质量和缩短修理时间。设备的检查按以下两种方式分类:

1. 按检查的时间间隔分类

(1) 日常检查。日常检查就是在交接班时,由操作工人结合日常保养进行检查,以便及时发现异常的技术状况,进行必要的维护和检修工作。

(2) 定期检查。定期检查就是在操作工人的参加下,由专职维修工人按计划定期对设备进行检查,以便全面准确地掌握设备的技术状况、零部件磨损、老化情况,确定是否有进行修理的必要。

2. 按检查的技术功能分类

(1) 机能检查。机能检查是对设备的各项机能进行检查与测定,如是否漏油、漏水、漏气、防尘密闭性如何,零部件耐高温、高速、高压的性能等。

(2) 精度检查。精度检查是指对设备的实际加工精度进行检查和测定,以便确定设备精度的劣化程度,为设备验收、修理和更新提供依据。

衡量设备综合精度的指标有设备能力系数和设备精度指数。设备能力系数计算公式为

$$C_m = \frac{T}{8\sigma_m} \tag{7.11}$$

式中　C_m——设备能力系数;

　　　T——在该设备上加工的代表零件的公差带;

　　　σ_m——设备的标准偏差。

$C_m \geq 1$ 表示设备的综合精度能满足生产工艺要求;$C_m < 1$ 表示设备不能满足生产工艺要求,需要进行调整和修理。

设备精度指数计算公式为

$$T = \sqrt{\frac{\sum (T_p/T_g)}{n}} \tag{7.12}$$

式中　T——设备精度指数；

　　　T_p——精度实测值；

　　　T_g——精度容许值；

　　　n——测定精度项目。

T 值越小，设备精度越高，根据国外经验：$T \leq 0.5$ 为新设备的验收条件，$T \leq 1$ 为大修后验收条件；$T \leq 2$ 表示设备可以使用，但需要注意调整；$2 < T < 2.5$ 时，设备应进行大修；$T > 3$ 时，设备需要进行大修或更新。设备检查可以采用现场观察、分析运转记录和仪器检测等方法来进行。

四、设备的修理

设备的维修，必须贯彻预防为主的方针，根据企业的生产性质、设备特点及设备在生产中所起的作用，选择适当的维修方式。

1. 设备的维修方式

设备的维修方式具有维修策略的含义。现代设备管理强调对各类设备采用不同的维修方式，就是强调设备维修应遵循设备物质运动的客观规律，在保证生产的前提下，合理利用维修资源，达到寿命周期费用最经济的目的。目前国内外常用的维修方式如下所述。

（1）事后维修。

事后维修就是将一些未列入预防维修计划的生产设备，在其发生故障后或性能、精度降低到不能满足生产要求时再进行修理。采用事后维修（即坏了再修），可以发挥主要零件的最大寿命，维修经济性好。它作为一种维修策略，不同于原始落后的事后修理。事后维修不适用于对生产影响较大的设备，其一般适用范围是：

① 故障停机后再修理不会给生产造成损失的设备；

② 修理技术不复杂而又能及时提供配件的设备；

③ 一些利用率低或有备用的设备。

（2）预防维修。

为了防止设备性能、精度劣化或为了降低故障率，按事先规定的修理计划和技术要求进行的维修活动，称为预防维修。预防维修主要有以下维修方式：

① 定期维修。定期维修是在规定时间的基础上实行的预防维修活动，具有周

期性特点。我国目前实行的设备定期维修制度主要有计划预防维修制和计划保修制两种。

② 状态监测维修。这是一种以设备技术状态为基础,按实际需要进行修理的预防维修方式。

这种维修方式的基础是将各种检查、维护、使用和修理,尤其是诊断和监测提供的大量信息,通过统计分析,正确判断设备的劣化程度、发生(或将要发生)故障的部位、技术状态的发展趋势,从而采取正确的维修类别。这样能充分掌握维修活动的主动权,做好修前准备,并且可以和生产计划协调安排,既能提高设备的利用率,又能充分发挥零件的最大寿命。因受到诊断技术发展的限制,它主要适用于重点设备以及利用率高的精密、大型、稀有类设备,即值得投入诊断与监测费用的设备,以使设备故障后果影响最小,避免盲目安排检修。它是今后企业设备维修的发展方向。

③ 改善维修。为消除设备先天性缺陷或频发故障,对设备局部结构和零件设计加以改进,结合修理进行改装以提高其可靠性和维修性的措施,称为改善维修。

设备的修理是修复由于正常的或不正常的原因而造成的设备损坏和精度劣化,通过修理、更换已经磨损、老化、腐蚀的零部件,使设备性能得到恢复。设备的修理是必需的,尤其是到了设备寿命周期的后期,修理工作更为重要。

2. 设备修理的种类

设备的修理,按照其对于设备性能恢复的程度和修理范围的大小,修理间隔期的长短,修理费用的多少等,可分为大、中、小修理三类。

① 大修理。大修理是对机器设备进行全面的修理。大修理具有设备局部再生产的性质,它需将设备全部拆卸分解,进行磨削刮研,修理基准件,更换或修复所有磨损、腐蚀、老化等已丧失工作性能的主要部件或零件,恢复设备原有的精度、性能和生产效率。

② 中修理。中修理是对设备进行部分解体,修理或更换部分主要零件与基准件,或修理使用期限等于或小于修理间隔期的零件,检查整个机械系统,紧固所有机件,消除扩大的间隙,校正设备的基准,以保证机器设备能恢复和达到应有标准和技术要求。中修理的特点是:发生次数较多,修理间隔期较短,工作量不很大,每次修理时间较短,支付费用较少,且由生产费用开支。

③ 小修理。小修理是对设备进行局部的修理。通常只需修复、更换部分磨损较快和使用期限等于或小于修理间隔期的零件,调整设备的局部机构,以保证设备能正常运转到下一次计划修理时间。小修理的特点是:修理次数多,工作量小,一般在生产现场,由车间专职维修工执行,修理费用计入生产费用。

3. 设备修理周期

设备修理周期与修理周期结构是建立在设备磨损与摩擦的理论基础上的,是指导计划修理的基础。

① 修理周期(用 T 表示)。对已在使用的设备来说,是指相邻两次大修之间的间隔时间;对新设备来说,是指开始使用到第一次大修之间的间隔时间(单位:月或年)。

② 修理间隔期是指相邻两次计划修理之间的工作时间(单位:月)。

③ 修理周期结构是指在一个修理周期内应采取的各种修理类别的次数和排列顺序。

4. 设备修理制度

(1) 计划预防修理制度。

计划预防修理制度是企业长期推行的一种设备修理制度。其基本特征是按计划对设备进行修理,通过计划来实现修理的预防性,从而预防设备事故的发生,保证设备经常处于良好状态。

计划预防修理制度的实施,依赖于两个基本手段,即修理的计划方法和修理的定额标准。在编制和实施修理计划时,只有预先正确地确定上述两个基本手段,才能保证设备修理工作防患于未然,取得事半功倍的效果。

设备计划预防修理制度的计划方法一般有以下三种:

① 标准修理法。即将设备的修理日期、类别、内容、工作量等制定成标准计划,到期按计划严格执行。不管设备实际技术状况如何,生产任务紧急或大小情况如何,都要进行强制修理。这种方法有利于充分做好修理准备工作,预防设备的损坏,按计划完成设备修理任务。

② 定期修理法。只是细致制定设备的检查计划,修理的计划比较粗略。具体详细的修理日期、类别、内容及工作量,要根据设备检查计划执行的结果来确定。这种方法既有利于作好修理准备工作,又比较符合设备实际情况,能减少设备修理的费用和停产损失,也能提高修理工作的针对性和质量。

③ 检查后修理法。检查后修理法即完全不制定设备修理计划,只制定设备检查计划。每次根据设备检查的结果,再来制定设备的修理计划,然后按计划的要求对设备进行修理。此法简便易行,但有时使设备修理准备工作跟不上,往往会耽误修理时间和影响修理工作任务的完满实现。

设备修理计划的定额标准,主要包括以下几种:

① 修理周期定额。具体包括修理周期、修理间隔期、修理周期结构等定额标准。修理周期是指设备相邻两次大修之间的时间。修理间隔期是指两次修理之间

的间隔时间。修理周期结构是指在一个修理周期内,大、中、小修的次数和排列次序。

②修理劳动量定额。修理劳动量定额是指完成一个修理复杂系数的修理工作所规定的工时消耗标准。这里的修理复杂系数是表示不同设备修理复杂程度的假定单位。设备结构愈复杂,其修理复杂系数越高,例如 C620 车床修理复杂系数为10,而大型平面磨床、铣床的修理复杂系数就大于 10 等。一旦一个修理复杂系数的工时消耗确定以后,任何设备只要知其修理复杂系数的具体数值,其修理劳动量就可据以计算确定。

③修理费用定额。修理费用定额是指完成一个修理复杂系数的修理工作所需要的费用标准。一般包括所需材料、配件的费用和工时的费用。

(2)保养修理制度。

保养修理制度是由一定类别的保养和一定类别的修理结合所构成的制度。

(3)生产性修理制度。

生产性修理制度是我国吸收国外先进管理经验,在国内逐步推行的一种设备修理制度。

(4)设备点检定修制度。

设备点检定修制度是现代企业创新的一种制度,在推行中已取得显著的成效。

设备点检定修制度的基本思想,是要像照管好不会说话的婴儿并使之健康成长那样来对待设备和管理设备。

首先,对设备各主要部位定点管理。如设备主机部位是否发热,加油孔是否畅通,设备的振动是否正常,设备运行的响声是否正常,设备是否漏油、漏水,设备是否清洁卫生等。

其次,确定设备管理点标准。如噪声超过多少分贝属不正常,设备漏油、漏水量超过多少属异常等。

再次,确定检查方法和检查周期。如用耳听声响还是用仪器测量,多长时间检查一次等。

最后,确定检查人员。如是设备操作人员自己检查,还是专业从事点检工作的点检员检查。

这种设备点检定修制度,具有以下特点:

①将生产工人、设备点检员和设备修理职能部门人员联结起来,既有分工,又有协作。共同管理好设备,保证设备的完好。生产工人是承担照看"婴儿"(类似设备)健康的"母亲",点检员负"医生"的职责,而修理部门则是婴儿的"住院

部"。

② 将点检和定修联系起来,强调点检是制度的基础和核心。企业设备管理的重心下移到点检员,一支专业从事点检工作的点检员队伍,在设备管理中起着重要作用。

③ 有一整套点检业务流程,技术标准和维修工作标准,点检和定修工作可以按标准化推行。

设备点检定修制度的优点是:

① 使设备维修工程计划更符合实际,更能完满实现。设备点检人员根据点检状态记录表、倾向管理表和周期管理表进行设备维修工程计划的编制工作。由于计划的项目、具体措施方案及估工、估料都比较符合实际,在计划实施过程中,点检员又能掌握进度,组织协调,所以维修工程常能顺利、完满实现。

② 使设备经常处于良好运行状态之下。设备点检人员随时掌握设备在运行中状态的变化,以使设备的维修达到及时和最佳经济化。点检作为设备状态管理的基础,对设备的故障进行分析处理,及时掌握设备状态变化的信息,采取各种有效措施,消除设备状态失效因素,保证设备处在良好技术状态管理之中。

③ 使维修技术和点检作业标准便于推行。点检人员不但要熟悉维修技术,会发现故障点、分析原因、提出技术性改善对策,而且要求能掌握点检业务标准,依据标准来开展点检活动。

④ 使设备维修费用逐步降低。点检人员是本设备管理区维修费用的直接预算者和使用者。由于充分发挥点检人员自主管理积极性,使他们在预算时就精打细算,实际使用时总是从严控制,以使本区维修费用达到最低水平。

⑤ 为设备管理决策部门提供大量有用的信息。设备点检人员在最基层工作,天天与设备打交道,掌握各类设备运转情况、结构变化、状态异常及故障情况。点检人员可随时将有关信息输入计算机,以使设备管理部门及时获取大量有用信息,以便调整设备检修计划,修订修理作业标准,为设备管理做出正确有效的决策。

五、设备修理计划

设备修理计划要准确、真实地反映生产与设备相互关联的运动规律,必须与生产计划同时下达、同时考核,其内容包括各类修理计划和技术改造计划。

1. 设备修理计划的分类及内容

(1) 年度修理计划。

年度修理计划包括大修、中修、技术改造、实行定期维修的小修和定期维护,以及更新设备的安装等项目。

(2) 季度修理计划。

季度修理计划包括按年度计划分解的大修、中修、技术改造、小修、定期维护及安装,以及按设备技术状态劣化程度,经使用单位或部门提出的必须小修的项目。

(3) 月度修理计划。

月度修理计划包括按年度分解的大修、中修、技术改造、小修、定期维护及安装;精度调整;根据上月设备故障修理遗留的问题及定期检查发现的问题,必须且有可能安排在本月的小修项目。

年度、季度、月度修理计划是考核企业及车间设备修理工作的依据。

(4) 年度设备大修计划与年度设备定期维护计划(包括预防性试验)

设备大修计划主要供企业财务管理部门准备大修资金和控制大修费使用,并上报管理部门备案。

2. 修理计划的编制依据

(1) 设备的技术状态。

由车间设备工程师(或设备员)根据日常点检、定期检查、状态监测和故障修理记录所积累的设备状态信息,结合年度设备普查(一般安排在每年的第三季度,由设备管理部门组织实施)鉴定的结果,经综合分析后向设备管理部门填报设备技术状态普查表,将其中技术状态劣化须修理的设备,申请列入年度设备修理计划。

工艺要求提出,如设备的实际技术状态不能满足工艺要求,应安排计划修理。

(2) 安全与环境保护的要求。

根据国家和有关主管部门的规定,设备的安全防护装置不符合规定,排放的气体、液体、粉尘等污染环境时,应安排改善修理。

(3) 设备的修理周期与修理间隔期。

设备的修理周期和修理间隔期是根据设备磨损规律和零部件的使用寿命,在考虑到各种客观条件影响程度的基础上确定的,这也是编制修理计划的依据之一。

编制季度、月份计划时,应根据年度修理计划,并考虑到各种因素的变化(修前生产技术准备工作的变化、设备事故造成的损坏、生产工艺要求变化对设备的要求、生产任务的变化对停修时间的改变及要求等),进行适当调整和补充。

3. 修理计划的编制

(1) 年度修理计划。

年度设备修理计划是企业全年设备检修工作的指导性文件。对年度设备修理计划的要求是:力求达到既准确可行,又有利于生产。

（2）季度修理计划。

它是年度修理计划的实施计划,必须在落实停修时间、修理技术、生产准备工作及劳动组织的基础上编制。按设备的实际技术状态和生产的变化情况,它可能使年度计划有变动。季度修理计划在前一季度第二个月开始编制,可按编制计划草案、平衡审定、下达执行三个基本程序进行,一般在上季度最后一个月 10 日前由计划部门下达到车间,并作为其季度生产计划的组成部分加以考核。

（3）月度修理计划。

它是季度计划的分解,是执行修理计划的作业计划,是检查和考核企业修理工作好坏的最基本的依据。在编制月度修理计划中,应列出应修项目的具体开工、竣工日期,对跨月份项目可分阶段考核;应注意与生产任务的平衡,要合理利用维修资源。一般每月中旬编制下一个月度的修理计划,经有关部门会签、主管领导批准后,由生产计划部门下达,与生产计划同时检查考核。

思 考 题

1. 设备管理的主要内容及意义是什么?
2. 全员生产维修制度的主要内容是什么?
3. 什么是设备前期管理?
4. 设备前期管理的工作程序是什么?
5. 设备规划可行性研究包括哪些内容?
6. 企业的设备投资分析主要包括哪些内容?
7. 自制设备管理工作的内容有哪些?
8. 设备租赁的优点是什么?
9. 设备选型的基本原则及所要考虑的主要因素有哪些?
10. 有形磨损产生的原因及其规律是什么?
11. 设备的各种磨损形式及其补偿方式之间有什么关系?
12. 设备故障的定义、分类及发展规律是什么?
13. 设备故障分析的基本程序是什么?
14. 什么是设备的可靠性?
15. 绘制设备的典型故障率曲线图并阐述其内涵。
16. 什么是故障率?

17. 设备不同故障期有什么维修对策?
18. 设备维修的方式有哪些?
19. 设备修理的种类有哪些?
20. 设备修理计划的分类及内容是什么?

参考文献

[1] 张群.生产管理[M].2版.北京:高等教育出版社,2014.
[2] 大野耐一.丰田生产方式[M].谢克俭,李颖秋,译.北京:中国铁道出版社.2016.
[3] 陈荣秋,马士华.生产与运作管理[M].北京:高等教育出版社,2008.
[4] 新乡重夫.新乡重夫谈丰田生产方式[M].北京:机械工业出版社,2018.
[5] 佃律志.精益制造022:零浪费丰田生产方式[M].滕永红,译.北京:东方出版社,2013.
[6] 刘树华,鲁建厦,王家尧.精益生产[M].北京:机械工业出版社,2009.
[7] 潘家轺,曹德弼.现代生产管理学[M].2版.北京:清华大学出版社,2003.
[8] 丹尼斯.简化精益生产[M].曹岩,杨丽娜,译.北京:机械工业出版社,2017.
[9] 雅各布斯,蔡斯.运营管理[M].任建标,译.13版.北京:机械工业出版社,2011.
[10] 日本日经制造编辑部.精益制造053:工业4.0之智能工厂[M].北京:东方出版社,2018.
[11] 刘丽文.生产与运作管理[M].5版.北京:清华大学出版社,2016.
[12] 欧阳生.精益智能制造[M].北京:机械工业出版社,2018.
[13] 王芳,赵中宁.智能制造基础与应用[M].北京:机械工业出版社,2018.
[14] 赵晓波,黄四民.库存管理[M].北京:清华大学出版社,2008.
[15] 耿修林.管理科学管理[M].北京:科学出版社,2006.
[16] 高光锐,任俊义.生产与运作管理[M].2版.北京:电子工业出版社,2014.
[17] 黄静.新产品管理[M].武汉:华中科技大学出版社,2009.
[18] 克劳福德,毕尼迪托.新产品管理[M].黄炜,李奇玮,郭敬禹,等,译.7版.北京:中国人民大学出版社,2006.
[19] 诸鸿,陈智勇.新产品开发[M].北京:中国人民大学出版社,2014.
[20] 赵艳萍,姚冠新,陈骏.设备管理与维修[M].2版.北京:化学工业出版社,2010.
[21] 罗宾斯.管理学[M].李原,译.11版.北京:中国人民大学出版社,2012.

[22] 宁宜熙,刘思峰.管理预测与决策方法[M].2版.北京:科学出版社,2009.
[23] 刘红霞.市场调查与预测[M].3版.北京:科学出版社,2014.
[24] 张建林.MATLAB & Excel 定量预测与决策:运作案例精编[M].北京:电子工业出版社,2012.